Descentralização e Desenvolvimento Local em Angola e Moçambique: processos, terrenos e atores

Descentralização e Desenvolvimento Local em Angola e Moçambique: processos, terrenos e atores

2011

Yves-A. Fauré
Cristina Udelsmann Rodrigues
(Org.)

DESCENTRALIZAÇÃO E DESENVOLVIMENTO
LOCAL EM ANGOLA E MOÇAMBIQUE:
PROCESSOS, TERRENOS E ATORES

ORGANIZADORES
Yves-A. Fauré
Cristina Udelsmann Rodrigues
EDITOR
EDIÇÕES ALMEDINA, S.A.
Rua Fernandes Tomás, nºs 76, 78 e 80
3000-167 Coimbra
Tel.: 239 851 904 · Fax: 239 851 901
www.almedina.net · editora@almedina.net
DESIGN DE CAPA
FBA.
PRÉ-IMPRESSÃO, IMPRESSÃO E ACABAMENTO
G.C. – GRÁFICA DE COIMBRA, LDA.
Palheira Assafarge, 3001-153 Coimbra
producao@graficadecoimbra.pt
Março, 2012
DEPÓSITO LEGAL
337766/11

Apesar do cuidado e rigor colocados na elaboração da presente obra, devem os diplomas legais dela constantes ser sempre objecto de confirmação com as publicações oficiais.
Toda a reprodução desta obra, por fotocópia ou outro qualquer processo, sem prévia autorização escrita do Editor, é ilícita e passível de procedimento judicial contra o infractor.

 GRUPOALMEDINA

BIBLIOTECA NACIONAL DE PORTUGAL – CATALOGAÇÃO NA PUBLICAÇÃO

DESCENTRALIZAÇÃO E DESENVOLVIMENTO LOCAL EM ANGOLA E MOÇAMBIQUE

Descentralização e desenvolvimento local em Angola e Moçambique : processos, terrenos
e atores / org. Yves-A. Fauré, Cristina Udelsmann Rodrigues
ISBN 978-972-40-4782-9

I – FAURÉ, Yves-A.
II – RODRIGUES, Cristina Odete Udelsmann

CDU   323
        316
        332
        342

AGRADECIMENTOS

A presente publicação coletiva apresenta os principais resultados do projeto de investigação colaborativo sobre a problemática da descentralização e do desenvolvimento local em Angola e em Moçambique que foi conduzido, no quadro e através dos meios do programa CORUS II do Ministério dos Negócios Estrangeiros e Europeus (Paris), por várias equipas com as seguintes responsabilidades:

- Unidade de Pesquisa *Développement local. Dynamique et régulation* do IRD (França) associada à Universidade Federal do Ceará, Fortaleza, Brasil. Yves-A. Fauré, coordenador geral;
- Centro de Estudos Africanos do ISCTE-Instituto Universitário de Lisboa (CEA, ISCTE-IUL), Portugal. Cristina Udelsmann Rodrigues, coordenadora da equipa Norte;
- Cruzeiro do Sul, Instituto de Investigação para o Desenvolvimento José Negrão, (CS/IIDJN), Maputo, Moçambique. Dipac Jaiantilal, coordenador da equipa Sul 1;
- Centro de Estudos e de Investigação Científica, Universidade Católica de Angola (CEIC/UCAN), Luanda, Angola. Nelson Pestana, coordenador da equipa Sul 2.

Para além do programa de investigação e levantamentos de campo inerentes ao projeto, os resultados aqui apresentados decorrem também das atividades realizadas no âmbito do mesmo, nomeadamente várias séries de reuniões científicas, conferências e *workshops* temáticos, seminários de formação metodológica em Angola, Moçambique e em Portugal.

Os investigadores e académicos que participaram neste projeto expressam com agrado o seu prazer e agradecem ao programa CORUS II, sob a autoridade do Ministério dos Negócios Estrangeiros Francês e Europeu. A seleção da proposta de intercâmbio e pesquisa por parte dos especialistas da comissão *ad hoc* e a provisão de recursos financeiros, permitiram não só realizar as tarefas definidas e executar as várias operações incluídas no programa de trabalho como também deram a oportunidade para ajudar a fortalecer laços académicos e científicos entre Norte/Sul e para promover, com a devida modéstia, a conexão entre entidades francófonas e lusófonas. Os animadores e colaboradores enfatizam também a disponibilidade, pontualidade e profissionalismo dos membros da secretaria executiva do programa CORUS II, especialmente o Sr. Philippe Hamelin e a Sra. Penda Bary, que facilitaram o bom funcionamento do projeto.

Os responsáveis por esta publicação reconhecem igualmente a excelente cooperação que regeu as relações entre as diferentes equipas de pesquisa e reiteram a esperança de que essas relações de amizade, bem como de realização, possam ser estendidas no futuro a novos projetos. Agradecem à Almedina e a Isabel Cardana a sua assistência eficaz na elaboração, formatação, edição e impressão do livro. Ainda em Portugal, não esquecem o generoso apoio intelectual e logístico proporcionado pelo Centro de Estudos Africanos do ISCTE-IUL (Instituto Universitário de Lisboa), presidido pela Professora Clara Carvalho.

Finalmente, os responsáveis querem sublinhar a excelente hospitalidade recebida em Angola e em Moçambique da parte de muitas pessoas e de diferentes departamentos e organizações, envolvidas ou afetadas pelo processo de descentralização em curso. Agradecem a oportunidade de obter um melhor entendimento das políticas implementadas nesta área e, sem pretender nesta publicação fazer apenas uma restituição do conteúdo e sentido exato e exaustivo das decisões e ações no âmbito da descentralização, esperam poder ter captado a extensão das mudanças em curso que conduzem a dispositivos multidimensionais, complexos e em evolução.

Mesmo se o tempo presente convoca por todo o lado à sensatez de gestão e a uma utilização rigorosa dos fundos públicos, deseja-se que a rica experiência obtida através deste tipo de projeto encontre formas e meios de renovação, sendo o valor acrescentado de iniciativas do tipo do programa CORUS a abertura de caminhos, especificamente os que se traçam entre as balizas dos grandes programas de instituições académicas e organizações de investigação para acolher e incentivar novos e variados temas que refletem as múltiplas realidades do Sul e atender aos requisitos do desenvolvimento.

Primeira parte

Aspetos gerais: problemática, comparações, instrumentos

1

Um tema digno de investigação: a construção do estudo

YVES-A. FAURÉ
CRISTINA UDELSMANN RODRIGUES

Esta introdução geral irá relembrar a intenção inicial do projeto, sinalizar as inflexões temáticas em relação à sua conceção original, precisar o quadro conceptual estabilizado aquando da sua implementação na prática, detalhar as investigações substantivas e metodológicas realizadas, tentar esclarecer a análise que sustenta o trabalho coletivo e delinear os principais resultados.

Definição preliminar do projeto e objetivos

A problemática do desenvolvimento local e dos processos de descentralização em Angola e Moçambique são o cerne do projeto de pesquisa. Ambos os componentes temáticos são abordados tanto nas suas especificidades como nas suas inter-relações. O estudo, de uma maneira global, incide nas dimensões sensíveis das transformações urbanas, nas mudanças socioeconómicas e nas reorganizações institucionais à escala local, inscrevendo-se plenamente no campo do desenvolvimento. Este último caracteriza-se por um cunho fundamentalmente multidimensional. Trata-se, portanto, de abordar os factos através de conceitos e métodos provenientes de diversas disciplinas das ciências sociais, com base em abordagens, estudos e dados qualitativos e quantitativos. O projeto privilegiou, numa abordagem concreta, a referência ao "terreno"; teve em conta a diversidade das situações e trajetórias locais, clarificando-as através das tendências mais abrangentes que colocam em destaque as perspetivas internacional e regional, sem as tornar o centro da questão. Esta diversidade implicou a mobilização de uma variedade de perspetivas e ferramentas analíticas e justificou os dispositivos operacionais interinstitucionais e interdisciplinares. A antropologia, o direito, a economia, a geografia, a sociologia e, parcialmente, a estatística, foram mobilizadas neste sentido.

Os investigadores envolvidos neste projeto desenvolvem, há longos anos, relações de cooperação científica (investigação e publicações conjuntas, visitas recíprocas entre laboratórios, etc.) num quadro essencialmente bilateral (França-Brasil, Portugal-Moçambique, França-Portugal, Portugal-Angola). Este projeto teve como objetivo elevar essas parcerias, doravante, ao estatuto multilateral e incentivar os intercâmbios Sul-Sul.

Para além do tema de pesquisa a ser tratado em si e implicando investigações de campo – apresentando-se uma evolução, um estado atual e uma compreensão do conjunto – vários objetivos foram associados a este objetivo principal para melhor responder à missão de cooperação científica Norte-Sul na qual, naturalmente, o projeto de investigação assumiu o seu lugar.

Tratou-se, portanto, em primeiro lugar de um intercâmbio; os participantes foram capazes assim de implementar meios práticos e contínuos de intercâmbio: acervos científicos e teóricos, instrumentos e abordagens metodológicas, trabalhos e experiências. Tais trocas materializaram-se em visitas recíprocas aos centros e unidades de pesquisa envolvidos no projeto, em missões de campo conjuntas, em reuniões e *workshops*, na distribuição de documentos. O funcionamento em rede, suportado pela informática e pelo recurso à internet permitiu facilitar e assegurar a continuidade do intercâmbio sem que fosse necessária a deslocação física dos participantes.

Em segundo lugar, a intenção era permitir uma abordagem comparativa, não para a estabelecer como preocupação científica central – principalmente devido a dificuldades metodológicas para fazer uma comparação no sentido estrito – mas para colocar as situações observadas numa perspetiva internacional que permitisse identificar certas idiossincrasias locais/nacionais e identificar tendências gerais e recorrentes. Isto permitiu, no final, afinar a compreensão das transformações contemporâneas institucionais, sociais e económicas abrangidas pelo projeto, embora os diversos enfoques de terreno, metodológicos e perspetivas teóricas não tenham tido a pretensão de abranger a multiplicidade de contextos e situações relativas quer ao desenvolvimento local quer à descentralização.

Um outro objetivo foi valorizar o capital de conhecimentos e experiências; a experiência acumulada pelos investigadores participantes no projeto sobre o desenvolvimento local – nas suas diferentes componentes e abordagens e a partir de diversos terrenos – foi disponibilizada para todos os membros da rede. Foi neste sentido que foram, entre outros, distribuídos os estudos já realizados e divulgados os resultados anteriormente obtidos em programas próximos da temática aqui tratada.

O programa CORUS II também permitiu prosseguir o plano de se abrir a novos países e novas situações; os investigadores franceses e brasileiros foram colocados numa posição de melhor conhecimento das realidades de Angola e Moçambique, assim como os pesquisadores de Angola, Moçambique e Portugal tiveram a oportunidade de se interessar pelos contextos da África ocidental e do Brasil, paradoxalmente e ao mesmo tempo tão próximos e tão mal conhecidos.

Uma das preocupações importantes que se manteve viva no decurso das atividades consistiu em assegurar uma componente de formação. Como tal, os doutorandos e jovens investigadores de Angola e Moçambique associados às equipas participantes no projeto foram articulados aos intercâmbios mantidos dentro da rede, aos *workshops*, aos seminários. Por outro lado, as conferências sobre aspetos temáticos relacionados com o objeto de estudo – o federalismo como forma de organização dos estados, as políticas de desenvolvimento regional e local, os dispositivos de apoio às pequenas empresas, temas abordados em relação aos exemplos brasileiros e da África Ocidental – mas também apoiados sobre os métodos e ferramentas de análise dos processos observados, foram abertos aos estudantes em Luanda e Maputo. Os participantes do projeto esperam atrair a atenção de professores e pesquisadores da área das ciências sociais em ambos os países para as questões abordadas pelo projeto, normalmente subestimadas, apesar de tocarem em aspetos-chave das transformações em curso em ambas as sociedades.

Finalmente, os participantes do projeto foram motivados pela intenção de contribuir, na medida do possível, para as práticas renovadas de desenvolvimento. Seria certamente pretensioso pensar que os resultados obtidos ajudarão diretamente os processos de tomada de decisão por parte dos responsáveis pelas políticas públicas ou que irão influenciar medidas específicas. No entanto, enquanto fontes de informação e como fatores de enriquecimento dos sistemas de conhecimento, os resultados obtidos e as produções realizadas neste projeto poderão ser úteis para os profissionais do desenvolvimento, autoridades e administrações do sector público, agências técnicas, organizações não-governamentais (ONG) e associações; enfim, a todos os atores e todas as instituições envolvidas na dinamização e reforço das capacidades das coletividades locais.

Enquadramento científico geral do projeto

Nas últimas duas décadas, as mudanças que afetaram os paradigmas teóricos e ideológicos do desenvolvimento e, na prática, a diferenciação cada vez maior entre os espaços infranacionais – ao nível do seu ritmo, equilíbrio socioeconómico, organização produtiva e modo de articulação com os mercados nacional e mundial – abriram um campo de observação e pesquisa para entender e caracterizar as dinâmicas urbanas e locais. As dificuldades económicas, financeiras e institucionais dos estados que têm a responsabilidade das políticas macroscópicas de desenvolvimento e a força das abordagens de inspiração liberal no seio das instituições internacionais – que condicionam os seus concursos, a partir dos anos 80, à execução de programas de ajustamento estrutural, à adoção de políticas económicas estandardizadas e à reorganização dos poderes e das administrações a favor das coletividades públicas descentralizadas – contribuíram para o enfraquecimento dos diversos modelos de regulação estatal e centralizada e impuseram uma renovação profunda das problemáticas de pesquisa, fixando-se, nomeadamente, nas dinâmicas infranacionais como objeto de estudo. Convergentemente, a globalização, entendida como uma intensificação da interdependência das economias, contribuiu tanto para a projeção das dinâmicas socioeconómicas das nações do Sul no contexto internacional como para conferir um papel importante aos fatores locais na dinâmica socioeconómica, em termos de desenvolvimento.

Além disso, a crise do modelo de produção fordista – dificuldade nas suas formas de regulação, transformações suscitadas pelas novas dinâmicas con-

UM TEMA DIGNO DE INVESTIGAÇÃO: A CONSTRUÇÃO DO ESTUDO

correnciais de uma economia globalizada, etc. – e, em paralelo, a descoberta ou redescoberta das virtudes atribuídas a formas de organização produtiva com base em conjuntos de empresas de menor porte (micro, pequenas e médias empresas, estabelecimentos informais) mais ou menos engajados no processo de cooperação localizada, conduziu, em muitos lugares, à reorganização de atividades no sentido de uma maior descentralização. Daí que reflitam, por exemplo, os conceitos de industrialização difusa e modelos de produção flexível ou modelos de aglomerados de empresas.

Tendo em conta estas mudanças, o projeto estabeleceu como objetivo inicial a promoção do intercâmbio de conhecimentos, trabalhos e experiências em torno das transformações locais e seus determinantes políticos, económicos, sociológicos e geográficos que conduzem, em Angola e em Moçambique, ao surgimento de dinâmicas singulares no seio de espaços infranacionais. Estes espaços tendem, de facto, a diferenciar-se e a conferir ao nível local – regiões e microrregiões, aglomerações urbanas – um papel central, que é aqui diretamente questionado. Contudo, a escala macroscópica das regras económicas e a escala nacional das políticas públicas continuam a condicionar as situações locais. Mas a conjugação dos processos – mais ou menos avançados de acordo com o país – de descentralização dos poderes e das dinâmicas ligadas à desregulamentação, à abertura internacional e à globalização das atividades, abrem oportunidades para a tomada de iniciativas, para a mobilização de recursos, para a implementação de ações, projetos e planos que podem contribuir para o desenvolvimento local.

O conceito de "desenvolvimento local", embora raramente definido pela literatura especializada, integra várias dimensões – espacial, económica, social, cultural, política e institucional – cuja interação permite abordar as transformações locais sem as reduzir apenas à evolução das taxas de crescimento do produto local bruto. Entre os possíveis componentes do conceito de "desenvolvimento local" figura o estudo dos efeitos de aglomeração; da formação de economias de proximidade; das condições de enraizamento local das empresas; dos modos de regulação das atividades informais e a sua articulação com as estruturas económicas e políticas tradicionais e modernas; o impacto dos programas de criação de empregos e rendimentos; as políticas de modernização do tecido empresarial e de melhoria das qualificações e competências; as estratégias de incorporação e de difusão das inovações; a construção de territórios por um conjunto de organizações e serviços; os modos renovados de governação que associam as esferas pública e privada; e, além disso, a reestruturação dos modos de organização e funcionamento dos estados, através de políticas de desconcentração das administrações centrais e de descentralização a favor das coletividades locais.

No decurso da investigação realizada nos últimos anos sobre este tema e a esta escala, a análise do desenvolvimento local tem sido enriquecida pelo destaque, principalmente, de três dimensões. A primeira refere-se à endogeneidade que se baseia na mobilização e valorização dos recursos locais, materiais e imateriais, até aí pouco ou nada explorados. A segunda destaca a territorialização que, longe de ser reduzida à imagem clássica de um espaço físico de apoio mais ou menos neutro de atividades, é visto como uma construção social resultante da interação dos agentes, eles próprios estruturados em torno de serviços e equipamentos coletivos. Finalmente, a noção de instituições remete para o conjunto de regras e normas, costumes, valores e crenças, bem como para as organizações que favorecem ou não a coordenação das ações.

As mudanças paradigmáticas do desenvolvimento não se basearam apenas nas modificações conceptuais e nas mudanças de pontos de vista e de análise. Elas foram também mantidas, correlativamente, pelas reorientações substanciais no domínio prático das políticas públicas. Seja por causa das crises financeiras profundas e pelas pressões exercidas nessa altura pelos doadores – défices das contas públicas e da balança de pagamentos, dívida externa crescente, etc. – seja pela ineficiência dos estados que, em múltiplas ocasiões, falharam na sua missão de promover o desenvolvimento e melhorar as condições de vida das populações. Os países africanos, em particular a África subsaariana, tiveram que implementar grandes reformas, especialmente a partir do final dos anos 80 – reformas económicas de inspiração neoliberal, por um lado, reformas políticas, por outro – visando, se não a democratização profunda, pelo menos a instalação de uma dose significativa de descompressão autoritária através da introdução do pluralismo partidário e da realização de eleições competitivas, duas das grandes novas vias a que se comprometeram inúmeros governos. Estas duas grandes orientações, relacionadas umas com as outras à medida que o plano de fundo dessas reformas conduzia a um aumento das liberdades – individuais, coletivas e públicas –foram suficientemente proclamadas e,

UM TEMA DIGNO DE INVESTIGAÇÃO: A CONSTRUÇÃO DO ESTUDO

por vezes, celebradas para serem bem conhecidas. Estas transformações permitiram igualmente identificar escalas, atores e contornos da intervenção sobre as realidades locais, distinguindo e analisando as interações entre uma atuação ao nível local dos governos centrais e as dinâmicas do desenvolvimento endógeno.

Não podemos minimizar essas mudanças, apesar das suas limitações; ocorreram certamente falhas, atrasos, ineficiências, retrocessos e contradições no decurso das reformas que, em muitos países, conduziram a insatisfações e frustrações tanto por parte dos atores nacionais como dos parceiros externos. Para além dos juízos de valor que cada um pode nutrir relativamente às orientações dessas políticas e aos seus efeitos reais – são precisas, pertinentes, coerentes e adequadas às situações de referência? – elas operaram, em inúmeros casos, enormes transformações na natureza dos estados e amplas mudanças em relação às políticas adotadas desde as independências africanas. Resta, contudo, a perceção que os processos de descentralização/desconcentração se desenvolvem de forma iníqua, o que transparece ainda na análise global dos diversos capítulos aqui apresentados.

Ainda, esses novos caminhos foram traçados, em muitas circunstâncias, pelos mesmos líderes políticos e pelas mesmas elites administrativas que até então tinham muitas vezes unido os seus interesses para estabelecer e manter poderes fortes, muitas vezes autocráticos, colocando em ação economias planeadas a partir do centro, o que não deixa de ser um dos grandes paradoxos deste período de mudança.

A par destes dois tipos principais de reformas, a estrutura organizacional e o funcionamento dos estados constituíram o objeto de mudanças importantes cujos aspetos técnicos deram origem a inúmeros documentos especializados. No entanto, por serem objetos relativamente ingratos, foram menos conhecidos do grande público, apesar de alguns livros publicados sobre o assunto que não alcançaram a notoriedade das publicações editadas sobre as reformas acima mencionadas. Assim, esses processos de reestruturação dos estados e dos poderes parecem tão cruciais como as outras mudanças importantes iniciadas pelos países africanos. Deram origem a grandes projetos reformadores, ainda longe de estarem completos, que tiveram como objetivos oficiais, entre outros, modificar os modos de governação no topo e no seio dos estados, criar novos níveis de competências e de responsabilidades, organizar os sistemas financeiros e fiscais entre esses níveis. A partir desta janela aparentemente técnica, que constitui estes processos de descentralização, podemos observar e analisar inúmeros aspetos dinâmicos das sociedades contemporâneas e analisar as bases para o desenvolvimento local, potenciais ou efetivas. A reestruturação dos estados é um dos fatores que determinam o ritmo, o alcance e os resultados de outras reformas. Fixando-se apenas esta fórmula, de que serve estabelecer uma economia de mercado e liberalizar o espaço político se o aparelho administrativo ainda está longe dos agentes económicos e se os gestores da coisa pública não têm a confiança das comunidades e não respondem, ao nível local, às necessidades, expectativas e demandas da população?

Inflexões e estabilização do projeto

Originalmente o projeto intitulava-se *As dinâmicas do desenvolvimento urbano local. Estudos de caso em Angola e Moçambique, à luz da experiência internacional.* Vários fatores contribuíram para uma maior precisão do programa que teve em conta, de forma muito mais clara, os processos de descentralização e as realidades locais, em movimento, que estão para além da área estritamente urbana e que incluem também os cenários rurais. Inicialmente previu-se que o projeto fosse organizado em torno de duas grandes linhas complementares. A primeira deveria centrar-se sobre as aglomerações de atividades e sobre as dinâmicas socio-produtivas locais. O objetivo era caracterizar os tecidos produtivos locais, compreender as condições económicas, sociais e institucionais das suas transformações e avaliar a capacidade das atividades económicas locais para apoiar, através da fiscalidade, os processos de descentralização bem como o seu impacto em termos de desenvolvimento local. Um objetivo mais conceptual consistiu em alimentar a reflexão coletiva sobre os modelos descentralizados de produção. A segunda linha foi dedicada ao estudo da descentralização e da governação territorial urbana. Fazia eco diretamente com a "centralidade do local" nos novos dispositivos de desenvolvimento e propunha-se abordá-lo a partir de duas pistas. Por um lado, a descentralização que pode ser vista sob o ângulo instrumental de uma reforma da ação e das finanças públicas que permitirá ajustar a oferta de bens públicos aos contextos socioeconómicos locais e assim tornar mais eficientes a sua produção, o fornecimento e a gestão. Por outro lado, a descentralização acompanhada tendencialmente de uma transformação dos processos de decisão, associando e responsabilizando no quadro dos novos dispositivos de governação a totalidade ou parte dos atores envolvidos nas políticas públicas, anteriormente atribuídas apenas aos governos centrais.

O seminário de lançamento do projeto, realizado em Lisboa (CEA, ISCTE-IUL), com a participação de representantes de todas as equipas envolvidas, no seguimento de inúmeros e frutuosos debates, destacou a importância que deve ser dada aos processos de descentralização em curso em Angola e em Moçambique. Sem negligenciar outras dimensões e orientações originalmente previstas, os participantes concordaram, de forma consensual e ao longo das discussões, atribuir de alguma forma uma atenção primordial à descentralização, não no sentido de inverter o programa de trabalho inicial, mas reorganizá-lo em função das realidades e suas dinâmicas.

O seminário, realizado mais de um ano depois da elaboração do projeto inicial, fez revelar os seguintes pontos fortes que permitiram tanto enriquecer o programa como orientá-lo definitivamente, modificando a hierarquia dos objetos de estudo. Os intervenientes concordaram que quase por toda a África os processos de descentralização e os projetos de desenvolvimento local ou regional estão bastante avançados, naturalmente com diferenças entre contextos e com resultados bastante desiguais. É o caso, por exemplo da África ocidental (Benim, Burkina Faso, Mali, Senegal, etc.), do norte de África (Marrocos) e de outras regiões subsaarianas. Por outro lado, as situações relatadas aos participantes sobre a África ocidental, as experiências sul-africanas e brasileiras expostas durante o seminário – cf. Bibliografia – tiveram o interesse diferencial de se inscreverem nos estados de estrutura federal, permitindo perspetivas promissoras mas evidentemente limitadas em relação à maioria das outras situações africanas onde os estados são geralmente de estruturação unitária. Foi devidamente anotado que os processos de descentralização e os programas de desenvolvimento local também seguem o seu curso em Angola e Moçambique, de acordo com ritmos e magnitudes diferentes nos dois países. Foi feita uma avaliação preliminar de ambos os países aquando da elaboração do projeto, não havendo por isso necessidade de a contradizer um ano depois. No entanto, sem dúvida, foi necessário atualizá-la e reforçar a necessidade de distinguir no plano analítico, medidas e formatos de uma desconcentração dos serviços do Estado e de processos de descentralização em si, implicando a transferência de poderes a vários níveis para a esfera do local

Dois exemplos, entre muitos outros, mostram eficazmente os avanços da descentralização nos dois países lusófonos, a sua importância, bem como as suas diferenças em termos de forma e de conteúdos. O primeiro diz respeito a Moçambique onde as novas leis da terra – problema crucial – tinham acabado de ser aprovadas e onde se assinalava uma tendência para a privatização efetiva da terra com o surgimento de um mercado de terras urbanas e a sua extensão, esta mais implícita, para o meio rural, enquanto ao mesmo tempo a terra é oficialmente propriedade do estado. Moçambique também começou a caracterizar-se pela existência de corredores de desenvolvimento e pelo facto de províncias como Nampula terem recentemente adotado planos estratégicos de desenvolvimento, acentuando assim a desconcentração do aparelho público central em conjugação com medidas de descentralização. O segundo exemplo refere-se a Angola, onde a descentralização – sem dúvida menos avançada que em Moçambique – acabava de estabelecer o seu ponto de partida decisivo através da instituição formal de orçamentos municipais.

A atenção central, mas não exclusiva, focada nos processos de descentralização foi completada, de acordo com participantes do seminário, pelo interesse que havia em concentrar a pesquisa sobre as origens e vetores de impulso desses processos. Observa-se em inúmeros países – e isto é verdade em Angola e particularmente em Moçambique, onde a ajuda externa é fundamental para a alimentação do orçamento do estado e passa, para além dos concursos oficiais, pelas inúmeras ONG ativas e pelas associações – uma dupla convergência. Por um lado, as agências internacionais, os governos internacionais doadores, pressionam no sentido da descentralização, mas essas recomendações – ou até mesmo condicionamentos – para a obtenção de empréstimos, juntam-se aos interesses dos responsáveis políticos nacionais e regionais, ansiosos por obter ou manter uma base territorial de poder e para os seus mandatos. Por outro lado, há uma "aliança objetiva" de ordem ideológica entre essas agências internacionais e países doadores e as grandes ONG do norte e ONG e associações do sul, que muitas vezes servem como intermediárias, uma vez que se verifica a procura de meios de atenuar as limitações financeiras enfrentadas pelos governos do sul através do apoio à descentralização e ao desenvolvimento de nível local ou regional, aos quais estão muito ligadas as ONG e associações da sociedade civil, de acordo com a filosofia definida há alguns anos atrás por Schumacher segundo a qual *small is beautifull*. Finalmente, a questão das fontes e canais de inspiração e impulsionamento da descentralização e do desenvolvimento local levantam a questão da endogeneidade desses processos, ou seja, da capacidade de as forças vivas locais, se não para tomar a iniciativa, pelo menos para a animar e atribuir-lhe um conteúdo que per-

UM TEMA DIGNO DE INVESTIGAÇÃO: A CONSTRUÇÃO DO ESTUDO

mita precisamente o enriquecimento destes processos, o seu enraizamento e perpetuação, em resumo, a sua interiorização.

Os intercâmbios durante o seminário destacaram um dado cultural e antropológico que condiciona em parte o contexto da descentralização e do desenvolvimento local e que certamente não se deve perder de vista no caso de Angola e Moçambique. O longo período de guerra e conflito armado que ambos os países sofreram com a sua porção trágica de destruição e violência, as migrações do campo para as cidades e as sequelas psicológicas e intelectuais que afetaram os espíritos, fragilizaram por um lado as populações, aumentando consideravelmente a incerteza, seja no campo do direito seja nas atividades económicas e, por outro lado, reforçaram os laços comunitários. Os efeitos destes contextos sociais e culturais verificam-se, tanto nas expectativas abertas das sociedades locais relativamente à melhoria das suas condições de vida e à adesão aos projetos de desenvolvimento como na capacidade de resiliência dessas mesmas populações por muito tempo habituadas a "desembaraçar-se" por si próprias e a procurar as vias para a sua sobrevivência. Neste plano, as mulheres, as primeiras vítimas do conflito e da violência, souberam demonstrar aptidões excecionais em muitas áreas.

Os participantes identificaram três dimensões principais dos processos de descentralização e de desenvolvimento local que não devem ser negligenciados em futuros estudos. Tratou-se, por um lado, de analisar o quadro e o conteúdo institucionais dos processos de descentralização que, para além das suas características intrínsecas, permitem estudar os mecanismos de governação, o jogo sociopolítico de relações de força e de interesse, os arranjos de negociação entre a pluralidade de atores, públicos e privados, políticos, administrativos, mas também da sociedade civil e económica que, em conjunto, contribuem, se não para a definição de normas e decisões públicas, pelo menos para a sua interpretação e aplicação prática que tende a desafiar o tradicional, jurídico e hierárquico, as regras impostas verticalmente de forma *top down* pelo aparelho público. Tratava-se, por outro lado, de levar em linha de conta o contexto socioeconómico desses processos, atentando por exemplo nos programas de ajuda; nas redes sociais de atores e produtores (capital social); nas redes de solidariedade; na capacidade de auto-organização da população, que remete também para elementos intangíveis como os valores, a cultura, etc.; nas iniciativas capazes de desenvolver o tecido sócioprodutivo local; nas ligações com a questão da redução da pobreza para a qual o processo de descentralização deve contribuir. Tratou-se, finalmente, na medida em que existissem dados disponíveis, de conhecer melhor os fluxos financeiros, incluindo os orçamentos dos descentralizados e as transferências de recursos entre os diversos escalões do estado (governo e administrações centrais, órgãos provinciais, comunas). As condições para a adoção dos orçamentos locais, incluindo o grau de participação da sociedade civil, bem como o montante de recursos disponíveis para as autoridades responsáveis pelas coletividades locais, permitem conhecer a extensão e eficácia da descentralização e alguns dos fatores de desenvolvimento local.

O resultado destes intercâmbios férteis que tiveram lugar no lançamento operacional do projeto, como mencionado acima, consistiu na modificação, por fim, de prioridades e metas no seio do projeto, tanto em termos de subtemas como de objetos de investigação, atribuindo um maior interesse ao processo de descentralização em curso em Angola e em Moçambique, independentemente dos progressos realmente alcançados e dos resultados obtidos pelas autoridades públicas no quadro desses processos. Trata-se de facto de políticas essenciais de reestruturação destes dois estados até aqui fortemente centralizados, que obviamente não excluem outros grandes programas governamentais mas que, muitas vezes, têm a ver com outros compromissos públicos que afetam inúmeros aspetos importantes das sociedades em questão, de ordem política e institucional, bem como nos domínios económico, financeiro, social e cultural. Por essa razão, tendo tomado a opção, fundamentada, de colocar o processo de descentralização no centro do projeto de pesquisa, os investigadores não negligenciaram outras dimensões do desenvolvimento local, como estas são ou não afetadas por políticas de descentralização implementadas já que – hipótese forte do presente projeto de investigação – se a descentralização pode ser vista como uma condição necessária para o desenvolvimento local, provavelmente não é suficiente para o garantir.

Abordagem e tratamento do objeto
No decorrer do programa de trabalho, no que respeita o plano metodológico, foram mobilizadas técnicas comuns utilizadas nas ciências sociais. Estas consistiram principalmente na exploração e utilização da literatura publicada sobre o assunto, em Angola e em Moçambique, mas também fora destes dois países; na recolha e análise de documentos políticos, administrativos, jurídicos, financeiros, estatísticos; na pesquisa e leitura atenta de relatórios

e regulamentos. Foram realizadas inúmeras entrevistas a responsáveis oficiais, administrativos e políticos, líderes de associações e líderes locais e foram feitos levantamentos de terreno em várias localidades dos dois países, que permitiram uma aproximação às coletividades locais e intercâmbios com administradores e funcionários selecionados. Uma vez exploradas as informações e os dados, qualitativos e quantitativos, foram partilhadas as primeiras versões da análise entre os participantes do projeto.

Estando descritos estes detalhes técnicos, foca-se agora sobre a postura, sobre a forma como se procedeu para abordar e tratar o objeto de estudo. Estas indicações parecem úteis para compreender o sentido e as orientações que guiaram as operações e para avaliar os resultados obtidos, as interpretações propostas e as suas limitações.

Dado que os processos reformadores examinados e as questões do desenvolvimento local comportam em si mesmos aspetos multidimensionais e têm a ver com múltiplas características das sociedades, era indispensável preservar a pluralidade de disciplinas e sensibilidades académicas, garantia de riqueza e complementaridade da análise. Evitar padronizar as abordagens e não limitar, *a priori*, os objetos de estudo, constituiu um modo de revelar as diversas facetas, tanto da descentralização como do desenvolvimento local. É neste sentido que, por exemplo, se tornou necessário estudar e dar conta de realidades que se estendem para além da simples descentralização político-administrativa e que mostram a efervescência local, as iniciativas e as "invenções" sociais que animam as sociedades em questão.

De facto, os estados independentes africanos afirmaram a sua vontade centralizadora, prolongando assim as tendências governamentais do período colonial. Angola e Moçambique não foram exceção em relação a esta orientação continental bastante generalizada e, inclusive, acentuaram-nas como reação aos acontecimentos dolorosos que cercearam o seu acesso à soberania plena e que acarretaram riscos centrífugos muito sérios. De um ponto de vista político e administrativo, as políticas visaram sem dúvida a construção de estados centralizados. Mas muitos aspetos escapam ao controle do estado e do poder central: uma grande parte da economia, nomeadamente o informal que representa uma parte significativa do PIB nacional; a organização social que responde ainda aos requisitos específicos das comunidades quando estas não foram afetadas por eventos dolorosos e trágicos – guerras, migrações, êxodos; as atitudes e comportamentos de indivíduos ou grupos, etc. A literatura, política, sociológica, antropológica, fornece múltiplos exemplos dessas vias, individuais e coletivas, que se desenrolam fora do âmbito do comando e do controle do estado. Este último, apesar dos seus meios e da vontade dos seus líderes e elites, está longe de reger o curso das coisas do quotidiano em todas as partes de um país, particularmente quando este é extenso e abarca uma população numerosa.

Assim, o foco colocado sobre a governação ao nível local não deve conduzir à ingenuidade ou ao idealismo. Ela é suscetível de ser influenciada e limitada pelo menos por dois conjuntos de fenómenos. O primeiro pode ser resumido como um processo paradoxal de "descentralização centralizadora", em que as autoridades e elites locais beneficiárias da descentralização reproduzem à escala local as formas de agir e o funcionamento hierárquico (autoritário) dos dirigentes das instituições centrais. Não se trata, portanto, de uma deslocalização simples dos locais de exercício do poder nem de uma mudança estrutural da ordem governamental. O segundo conjunto de fenómenos refere-se ao facto de a descentralização e as eventuais novas oportunidades de desenvolvimento à escala local que ela induz estarem em grande parte condicionadas pelas relações estabelecidas com as autoridades centrais. A transferência de competências para as coletividades locais pode ser anulada pela transferência insuficiente de recursos. Um outro caso exemplificativo, que é possível examinar em relação a Angola, consiste em questionar se as inúmeras responsabilidades administrativas confiadas pelo poder central aos militares fiéis, assim como o quase monopólio de representatividade obtido pelo partido dominante não tiveram como consequência a limitação do processo de descentralização. Pode realmente assistir-se a um esquema de redundância no qual os avanços na descentralização administrativa e financeira podem ser contrabalançados pela existência de uma cadeia hierárquica fundada sobre a fidelidade política e sobre a filiação partidária.

Sabe-se também que a temática aqui tratada pode ser influenciada por valores e interesses práticos e que corre o risco de ser de alguma forma instrumentalizada em termos políticos e militantes, na medida em que se inscreve nas agendas dos atores da cena nacional e local (governos, associações e ONG, líderes da sociedade civil e até mesmo agências internacionais). É portanto necessário prevenir uma série de preconceitos de forma a preservar a qualidade, a seriedade e – espera-se – a objetividade dos estudos. Por exemplo, não se pode afirmar que existe uma assimilação firme e definitiva entre descentralização e democratização. Compreende-se que a primeira pode ser um vetor da segunda, mas não necessariamente. Da mesma forma,

UM TEMA DIGNO DE INVESTIGAÇÃO: A CONSTRUÇÃO DO ESTUDO

é difícil sustentar *a priori* a confusão entre descentralização e redução das assimetrias locais ou regionais. Estas podem ser reduzidas ou aumentadas, dependendo da orientação e dos resultados dos programas de desenvolvimento e de acordo com o conteúdo e os efeitos da descentralização.

Para abordar a realidade da descentralização e desenvolvimento local não é suficiente prestar atenção a processos formais – políticas públicas, decisões governamentais, normas legislativas, textos administrativos, organigramas oficiais – que podem ser desmentidos, ignoradas ou fracamente aplicados nas realidades do terreno à escala local.[1] O pluralismo normativo que faz com que as referências da ação e da resolução de conflitos e dificuldades possam ser diferentes, dependendo se se trata de atores centrais ou de atores na periferia do sistema político-administrativo, incita a uma certa cautela. Por outro lado, o estudo, para fornecer um estado relativamente completo e realista das condições da descentralização e do desenvolvimento local, deve poder comportar localmente uma variedade de sectores e não apenas os administrativos, políticos e financeiros, que estão direta e aparentemente envolvidos nos processos em questão. É por isso que, por exemplo, uma análise das questões relativas ao ensino superior de um país fornece informação sobre as condições de constituição de elites locais, sobre as relações entre o sistema de formação e o emprego e sobre a sua capacidade de fazer emergir ou sustentar os meios empresariais *in situ*, etc. A diversidade social e étnica, as diferenciações regionais, a pluralidade de línguas e culturas, as especificidades organizacionais e territoriais, as especializações económicas, contribuem para a produção de paisagens humanas, materiais e físicas variadas e fragmentadas e para a produção de realidades diferenciadas e, de facto, descentralizadas.

Não pode ser esquecido que a descentralização, enquanto processo instável mais do que resultado robusto, enfrenta muitos obstáculos em África. Por outro lado, a opção inicial, na maior parte das situações africanas, favorável ao estabelecimento de estados unitários, de governos autoritários e administrações tradicionalmente centralizadas, legados da colonização, das guerras de independência e de guerras civis, a falta de segurança institucional e legal, infraestruturas locais fracas, a pobreza

---

[1] Num trabalho recente de análise da questão da descentralização no Burkina Faso, Senegal, Gana e Quénia, os autores mostram as discrepâncias claras entre os projetos descentralizados dos respetivos governos e o estado concreto dos avanços (Dafflon & Madiès, 2011).

das populações e as capacidades precárias – *capabilities*, na aceção de Sen – das comunidades, colocam-se como dificuldades no caminho de uma verdadeira descentralização. Recorrendo a um conjunto de indicadores provenientes de três dimensões – política, administrativa e financeira – um estudo mostrou que a África do Sul, o Uganda, o Quénia e o Gana eram os países mais descentralizados; e que a República Central Africana, o Níger, a Serra Leoa e o Chade eram os mais centralizados (Ndegwa, 2002). Para além das observações críticas que é possível fazer relativamente à metodologia utilizada, este tipo de publicação é interessante porque permite insistir, de certa forma de maneira regressiva, no facto de a descentralização não ser algo adquirido e fixo, sendo apenas um processo ou um objeto evolutivo afetado pelos avanços bem como pelos atrasos, estagnações e negações. Daí que o espírito do presente estudo não tenha a pretensão de fixar as observações feitas nem de tirar conclusões definitivas de uma realidade cuja característica é precisamente estar em movimento. Na mesma linha de ideias, os autores especialistas sobre estas questões colocaram em destaque os pré-requisitos necessários para um processo firme de descentralização, nomeadamente o engajamento sincero e o interesse genuíno dos governantes, o apoio eficaz das elites administrativas, a força das comunidades e das organizações da sociedade civil de forma a alcançar mais responsabilidade à escala local (Ndegwa & Levy, 2003).

O presente estudo não tem a pretensão de fornecer uma avaliação completa e detalhada da descentralização – e ainda menos dos problemas do desenvolvimento local – em Angola e em Moçambique, tanto em termos das operações realizadas como dos resultados obtidos. Trata-se ainda menos de alimentar a ambição de formular recomendações para a ação pública. A intenção dos investigadores é mais limitada e mais modesta. Trata-se de observar e compreender a partir de inquéritos com base em entrevistas; de abordar os documentos oficiais com um mínimo de distanciamento crítico; de verificar os efeitos de uma decisão particular; de apreciar o estado das reformas, pesquisando sobre os fatores explicativos das situações observadas; de analisar os papéis e os interesses dos atores; de ter em conta as realidades e iniciativas que não entram, necessariamente, nos processos formais de descentralização, mas que fazem parte dos contextos locais onde a descentralização é implementada. Daí que os diferentes capítulos, partindo de realidades locais e processos específicos diferenciados, analisem a descentralização sob diversos prismas, perspetivas, atores e sectores. Mais do que avançar com conclusões definitivas, os estudos de caso pretendem contribuir para a discussão dos processos em curso destacando simultaneamente a variedade de temas, áreas, processos, atores em causa. Por outras palavras, a intenção é realizar uma análise em ciências sociais respeitando uma metodologia de tipo hipotético-dedutivo e uma epistemologia que incentiva a uma certa neutralidade axiomática que permita circunscrever os juízos de valor. Finalmente, não se tratando de apresentar lições e receitas, espera-se que o estudo seja uma oportunidade de colocar elementos informativos e interpretativos à disposição do público e dos envolvidos na dupla temática aqui tratada, a descentralização e o desenvolvimento local.

Um estudo focado em Angola e em Moçambique

Angola e Moçambique constituem o cerne do estudo. Mas este comporta igualmente referências a situações no Brasil e na África Ocidental. Estas aberturas pareceram necessárias, não só no âmbito da tentativa de fazer comparações informadas entre diferentes realidades – tarefa muito difícil em termos metodológicos e com mais-valias incertas – mas, mais modestamente, para destacar os aspetos comuns às políticas e situações de descentralização e às características particulares, idiossincráticas, das realidades angolana e moçambicana. Esta perspetiva internacional, embora rápida, fornece sinais interessantes para o estudo destes dois países africanos lusófonos. O Brasil, onde a forma federativa de organização político-administrativa é antiga – e embora esta tenha experimentado alguma regressão sob a influência de regimes autoritários – representa um caso de descentralização muito avançado, atribuindo às autoridades e comunidades subestatais – estados federados e municípios – poderes de decisão e competências bastante amplas (Fauré & Hasenclever, 2005; 2007). Tanto assim que muitos dos conflitos entre os diferentes níveis da federação devem ser decididos pela justiça. A referência aos países da África ocidental, evocados através da apresentação da matriz de contabilidade social, explica-se pelo facto de as políticas de descentralização terem sido conduzidas desde o final dos anos 80 e por ter sido possível realizar estudos bastante aprofundados sobre a natureza desses processos e sobre a avaliação dos seus efeitos. Ver-se-á que os resultados são muito mistos, encontrando a orientação descentralizadora sérias limitações relativas às modestas transferências financeiras para benefício das coletividades territoriais; relativas à fraca formação dos recursos humanos das administrações; relativas às dificuldades de cobrança de impostos e taxas ao nível local.

Se a evocação destas situações internacionais permite compreender melhor as evoluções da descentralização em Angola e em Moçambique, permanece evidente que o enfoque do estudo é justamente identificar e compreender de forma particular os processos envolvidos – causas e influências, atores e comportamentos, interesses e resultados, etc. – nestes dois países, principalmente do ponto de vista interno e, mais moderadamente, avançando alguns elementos de comparação entre eles.

Várias razões tiveram um papel ativo na escolha destes dois países, por um lado, o facto de os seus percursos serem em parte semelhantes, por outro, a sua posição relativamente à questão da descentralização. Esta última não tinha sido incluída na agenda política das autoridades governamentais de Luanda e Maputo até há relativamente pouco tempo. Se vários estudos estão disponíveis sobre o tema – provavelmente por razões óbvias mais antigos sobre Moçambique do que sobre Angola – faltava até à data reunir numa mesma pesquisa coletiva os trabalhos dedicados a estes dois países. Sabe-se também que, para além da sua pertença ao mundo lusófono, o seu acesso à independência resultou, para além da famosa Revolução dos Cravos em Portugal, de lutas armadas contra as forças do colonizador. Tendo alcançado a independência, nem Angola nem Moçambique conheceram a paz e as guerras civis nos dois países prolongaram por muitos anos as guerras de libertação nacional. Ao mesmo tempo, os partidos que dominaram a cena política e militar transformaram-se em partidos únicos, partidos-estado; os seus líderes, inspirados pela ideologia da época e pelos incentivos soviéticos, chineses e cubanos, tiveram como intenção a instalação de uma administração rigorosamente centralizada e implementar uma economia planificada. Sob estas condições – mesmo que o processo seja anterior e mais avançado em termos de conteúdo em Moçambique – a transição para orientações e políticas de descentralização constitui uma inversão importante das opções do governo em vigor até aí nos dois países. O interesse é, portanto, tentar analisar o *porquê* e *como* surgem tais reformas e avaliar a magnitude das alterações em causa ou, em alguns casos, já operadas.

Do ponto de vista económico, diferenças notáveis separam os dois países. Angola é um país muito mais rico do que Moçambique e os indicadores da contabilidade nacional correspondente refletem essa diferença. Limitando-se os dados ao ano de 2009 – último ano para o qual existem dados disponíveis de agências internacionais (Banco Mundial, PNUD) – o PIB de Angola chegou a 75,5 mil milhões de dólares contra 9,8 mil milhões em Moçambique. O PIB *per capita* é de 3.750 dólares no primeiro país e de 440 dólares no segundo.

Mas Angola e Moçambique partilham também semelhanças e enfrentam desafios de natureza diferente mas com a mesma magnitude. Após um longo período de agitação, os dois países conseguiram assegurar alguma estabilidade macroeconómica e conhecem há vários anos um crescimento significativo dos seus PIB. Contudo, este crescimento à escala macroeconómica ainda está longe de beneficiar as populações. Um e outro país devem reduzir a sua pesada dependência, a de Angola em relação à exploração e exportação de petróleo, a de Moçambique em relação ao apoio externo ao orçamento, promovendo iniciativas empresariais, diversificando a produção e apoiando as especializações regionais e locais. Assim, em ambos os países, a questão de estabelecer um aparelho político-administrativo próximo das realidades locais – e, ainda, a temática da participação dos cidadãos ou mesmo a democratização – e a questão económica regional, estão intimamente relacionados (Rocha, 2010).

Situação em Angola e em Moçambique desde a conceção do projeto
A evolução recente observada nestes dois países tocou todos os aspetos do desenvolvimento local, de acordo com ritmos e com extensões desiguais. No momento da elaboração do projeto, o balanço provisório apontava para as condições que a seguir se descrevem.

É sabido que as guerras das últimas décadas foram o principal fator do crescimento notável das taxas de urbanização, tanto em Angola como em Moçambique e, especialmente mas não exclusivamente, nas duas capitais, Luanda e Maputo, que atualmente contam com mais de quatro milhões e mais de um milhão de habitantes, respetivamente. Ambas as capitais foram polos de atração de uma população que fugiu da violência em busca de melhores condições de vida e de oportunidades económicas. O êxodo rural, se bem que apresente atualmente uma desaceleração, constituiu um fenómeno de grande importância que caracterizou o desenvolvimento urbano nos dois países. As migrações em massa para as cidades e concentração urbana levaram a um aumento e diversificação das atividades económicas informais. Na ausência de um quadro económico adaptado capaz de absorver a mão-de-obra disponível, são as múltiplas – e muitas vezes modestas – atividades geradoras de rendimento que permitem fazer face ao elevado crescimento demográfico urbano.

No que toca à descentralização, é sabido que após as independências os dois países herdaram e mantiveram o princípio da centralização do poder e da administração. No entanto, a orientação mais recente, em ambos os casos, é no sentido da descentralização, já está em curso em Moçambique e a ser implementada em Angola.

Em Angola, a nova Constituição, ainda em discussão no momento da conceção deste projeto, adotou o princípio da descentralização (artigo 274) e a criação de coletividades locais autónomas (poder autárquico, artigos 269 e 270), novidades que são consistentes com a estratégia oficial de luta contra a pobreza (*Estratégia de Combate à Pobreza*). O PNUD apoia o governo angolano nestes esforços através do Programa de Descentralização e Governação Local e as primeiras experiências foram feitas nas províncias de Luanda, Benguela, Bié, Huíla, Uíge e Malange. A divisão territorial do país está organizada em três níveis hierárquicos: as províncias, municípios e as comunas (ver quadro 1.1).[2]

Quadro 1.1. Evolução da descentralização em Angola aquando do início do projeto CORUS

Províncias	Municípios	Comunas
Governador provincial diretamente nomeado pelo Presidente da República.	Administrador municipal nomeado pelo Governador da Província.	Administrado comunal nomeado pelo Governador da Província.
Administração subdividida em Delegações e Direções provinciais.	Poderes no plano administrativo.	Responsabilidades ao nível da organização e funcionamento dos serviços públicos.
Orçamento alimentado pelo Orçamento Geral do Estado.	Orçamento alimentado pelo orçamento da Província.	Acompanhamento e apoio das autoridades tradicionais (Sobas e Sekulos).
		Acompanhamento das atividades das Comissões de Bairro criadas na 1ª República.

Fonte: Compilação dos autores do projeto a partir dos documentos oficiais angolanos.

[2] Os leitores poderão notar, entre os textos e desenvolvimentos relacionados com Angola, pequenas diferenças no número de municípios e comunas. Isso é explicado não só pelas diferenças nas fontes oficiais consultadas pelos autores, mas também pelo facto de que o governo angolano ter criado novos governos locais no decurso deste estudo. Optou-se por manter o estado dessas pequenas diferenças quantitativas, porque estas não alteram a análise, respeitam as fontes utilizadas por diferentes pesquisadores e, finalmente, porque correspondem a diferentes momentos de condução do estudo.

Em Moçambique, o ano de 1994 foi marcado pelas primeiras eleições multipartidárias e pela aprovação da primeira legislação sobre a descentralização (Lei 3/94) pela assembleia legislativa, no âmbito do Programa de Reforma dos Órgãos Locais (PROL) que foi lançado em 1991 e que tinha estabelecido o quadro jurídico e institucional. Em 1997, uma nova legislação (Lei 2/97) substituiu a primeira e introduziu mudanças significativas.

Enquanto em Moçambique o governo pós-independência revogou o quadro de reconhecimento das autoridades tradicionais (régulos) com o apoio do slogan "acabar com o obscurantismo" e depois as integrou novamente no novo quadro regulamentar, em Angola as autoridades foram incorporadas no sistema de governo sem, contudo, lhes ser atribuída a capacidade de influenciar os processos de tomada de decisão (ver quadro 1.2).

Quadro 1.2. Evolução da descentralização em Moçambique
aquando do início do projeto CORUS

Legislação de 1994	Legislação de 1997
Divisão administrativa em 128 distritos rurais e 23 distritos municipais urbanos.	Criação de coletividades territoriais autónomas (autarquias) compostas por comunas e coletividades rurais (povoações). Cidades, aldeias e coletividades rurais (544) adquirem o estatuto de coletividades territoriais autónomas, excetuando 128 distritos locais geridos diretamente pela administração central.
Enumeração de funções e serviços dos governos locais (incluindo a segurança pública, o uso do solo, o abastecimento de água, etc.).	As funções dos governos locais são reduzidas a questões básicas como o uso da terra e condicionadas à existência de recursos financeiros locais.
Definição de responsabilidades e prerrogativas do governo central e os municípios.	Representação dos órgãos da administração central na organização das coletividades territoriais autónomas. Possibilidade de os representantes de órgãos centrais controlar e participar na gestão local (princípio denominado de administração dupla).
Autonomia orçamental, patrimonial, financeira e no domínio do planeamento.	Autonomia administrativa, financeira, patrimonial e organizacional. Submissão administrativa das coletividades territoriais ao princípio dito de unidade do poder político.
Integração das autoridades tradicionais no processo de consulta e tomada de decisão local (especialmente nas questões e conflitos relacionados com a terra).	Participação substancialmente reduzida das autoridades tradicionais e sujeita a regras ministeriais.

Direito à criação de uma associação de municípios.	Ausência da referência ao direito de associação dos municípios.
Princípio do gradualismo: instalação progressiva de municípios de acordo com as condições socioeconómicas, administrativas e das infra-estruturas.	Princípio do gradualismo: a lei da criação de coletividades (desenvolvida e posteriormente aprovado) limita na primeira fase o número de coletividades a 33.
Supervisão legal e financeira dos municípios assumida conjuntamente pelo Ministério da Administração Estatal (MAE) e pelo Ministério do Plano e Finanças (MPF).	Tutela conjunta jurídica e financeira, dos municípios pelo MFA e pelo MPF. A lei relativa à tutela administrativa do estado (elaborada e posteriormente aprovada) prevê que a tutela pode ser delegada aos governos provinciais.

Fonte: adaptado de Faria e Chichava (1999).

Finalmente, relativamente às questões do desenvolvimento económico local, pode argumentar-se que as mudanças ocorridas em termos da administração local constituem a base da reorganização económica. Isto na medida em que a transferência de competências e de capacidades governamentais e administrativas – o que se constata ser mais avançado em Moçambique – condiciona as recomposições e o desenvolvimento das configurações produtivas locais, as redes de atividades e de empreendimentos, bem como o ambiente dos operadores económicos. Contudo, por ora e de uma maneira geral, há que notar que as atenções renovadas atribuídas ao tema do desenvolvimento local são, de forma bastante compreensível, suscitadas pelas questões da democratização do que pelas das oportunidades económicas, das possibilidades de criação de estruturas e instrumentos de apoio e consolidação das atividades e das novas potencialidades em termos de desenvolvimento socioeconómico. Ao mesmo tempo, encontram-se reunidas à escala nacional graças à pacificação, à democratização e ao retomar das atividades, as condições para uma prosperidade significativa e, à escala local, observam-se importantes transformações que afetam tanto a dinâmica urbana como a dinâmica produtiva, envolvendo os poderes públicos e as administrações descentralizadas, as populações e as suas associações, bem como os operadores económicos e as suas organizações.

Conteúdo do estudo, resultados e análises

Capítulo 2: Uma visão sintética dos aspetos institucionais que regem o processo de descentralização em África é a proposta de Tiago Fernandes de Matos. O autor expõe diferentes definições gerais da descentralização e da desconcentração a partir de doutrinas jurídicas internacionais e do mundo lusófono, apresentando as diferenças significativas entre os conceitos gerais e as noções *strictu sensu*, entre processos parciais e processos profundos. Tratando-se especialmente da descentralização, o investigador identifica quatro tipos sob os quais ela se apresenta, sobretudo nos seus aspetos administrativos, sectoriais, financeiros ou democráticos, podendo a realidade mostrar elementos exclusivos ou compostos por estes quatro tipos. Para além destes modelos formais, funcionais e organizacionais, é a existência e a eficácia dos dispositivos que asseguram a participação do cidadão e da comunidade bem como a implementação de mecanismos de prestação de contas por parte dos responsáveis que atestam a realidade e a extensão da descentralização. O capítulo foca portanto, como se verá, na intervenção e atuação ao nível local e nas bases para o desenvolvimento local conceptualizadas e postas em prática.

Capítulo 3: Igualmente apontando às estruturas para a intervenção e atuação, o capítulo destaca-se pela análise não africana que tem como objetivo introduzir perspetivas passíveis de comparação. Muitas vezes apresentada como dando melhores hipóteses para a descentralização, a estrutura federal de um estado não pode alcançar esta meta se não estiver reunido um certo número de condições. Conduzindo a sua reflexão a partir do caso brasileiro, Jair do Amaral Filho, identifica quatro princípios que determinam o bom funcionamento do federalismo: a autonomia, a cooperação, a coordenação e o equilíbrio ou equidade entre as várias entidades da federação. O autor recorda que, historicamente, o pacto federativo brasileiro nunca foi objeto de um debate sereno, aprofundado e completo, e que foi mais o resultado incerto e frágil de acontecimentos políticos, de relações de força e de compromissos pontuais, que explicam as suas variações e os seus limites. A análise cuidadosa da trajetória federalista do Brasil nos seus aspetos financeiros e fiscais, permite ao autor mostrar que, em épocas mais recentes, à forte descentralização ocorrida nos anos 80 sucedeu uma recentralização devido ao aumento significativo dos impostos, não redistribuídos para os estados e municípios, operado pelo governo federal, quando as receitas fiscais dos outros dois níveis da federação tendem a estagnar ou declinar.

Capítulo 4: As hipóteses de sucesso dos processos de descentralização não dependem apenas do compromisso voluntário e sincero das autoridades nacionais nem da boa vontade das elites administrativas e dos líderes políticos locais. Elas dependem também, acima de tudo, das condições económicas locais e das capacidades dos aparelhos de produção local para gerar recursos para apoiar os serviços públicos descentralizados e financiar os investimentos necessários para se preparar o futuro. Trata-se, portanto, de uma abordagem que alia as intervenções à escala do Estado à perspetiva do desenvolvimento endógeno e nas condições que lhe são postas. No entanto, na maioria, se não em todos os países africanos, os dados económicos, financeiros e fiscais são agregados à escala nacional e, quando disponíveis, por exemplo através de trabalhos ou documentos de contas nacionais, são-no com muito atraso. Como, ao mesmo tempo, os processos de descentralização são em parte comandados pelo alívio necessário das finanças públicas centrais e as transferências de competências não são sempre acompanhadas de transferências de recursos correspondentes, a descentralização é ameaçada a transformar-se em desilusão. É para aliviar estas dificuldades de informação ao nível infranacional que um instrumento como a matriz de contabilidade social pode ser usado. De manuseamento mais simples e mais rápido do que os exercícios das contas nacionais, a matriz de contabilidade social fornece uma visão realista da estrutura e do funcionamento das economias locais e, consequentemente, das potencialidades bem como dos limites dos esforços de fiscalização em benefício das entidades descentralizadas. Aplicada ao caso de vários países da África ocidental, a matriz coloca em evidência as vias e meios que permitem fortalecer a descentralização enquanto mostra as dificuldades e obstáculos económicos, financeiros e fiscais desse processo.

Capítulo 5: A reorganização dos estados e a redistribuição territorial das competências das administrações e das coletividades públicas a que conduzem, tanto os processos de descentralização como os de desconcentração, supõe, a montante, importantes pacotes de medidas legislativas e regulamentares, administrativas e financeiras. É a essa reconstituição minuciosa histórico-jurídica que se propõe Tiago Fernandes de Matos no capítulo sobre o enquadramento institucional da descentralização em Angola e em Moçambique. A análise precisa de leis e decretos permite ao autor apresentar, em cada um dos dois países, a organização dos poderes político-administrativos que resultou das reformas iniciadas e em curso e da repartição de competências a cada um dos níveis territoriais, nacionais, provinciais e municipais. Igualmente, especifica o regime jurídico das coletividades e das comunidades locais, mistura subtil que não dispensa os esclarecimentos necessários sobre as atribuições e responsabilidades dos diferentes níveis político-administrativos, as competências transferidas ou delegadas e os controles mantidos em benefício do poder público central. Ligado a outras reformas como as do sector público como um todo, o estudo destaca o problema crucial da articulação dos poderes entre os diferentes níveis territoriais e os limites observados para a participação das instâncias consultivas locais. Não obstante as semelhanças terminológicas que podem favorecer confusões iniciais, o autor esclarece finalmente que presentemente em Angola se assiste apenas a um processo de desconcentração enquanto a descentralização é agora e doravante afirmada constitucionalmente e que, em Moçambique, o processo – embora incompleto – é o de uma descentralização que coexiste com um aprofundamento da desconcentração da administração do estado.

Capítulo 6: Se o reconhecimento recente de competências e responsabilidades às comunidades locais é, acima de tudo, em Angola, o resultado do compromisso e da vontade do poder central, ao nível local não se encontra desprovido de meios próprios, suscetíveis de consolidar o processo de descentralização, ainda embrionário, que caracteriza o país. Mais uma vez, o enfoque é colocado nas estruturas e condicionantes do desenvolvimento endógeno, não deixando de mostrar a sua articulação com as estruturas de intervenção e atuação ao nível local colocadas em prática. Para além de inúmeras associações e ONG envolvidas nas questões do desenvolvimento local, nas suas dimensões sociais, económicas e institucionais, e, por outro lado, do compromisso de parceiros estrangeiros no mesmo sentido, os municípios dispõem agora de um orçamento e de instrumentos como os planos de desenvolvimento. São esses Planos de Desenvolvimento Municipal que visam a contribuição de Cristina Udelsmann Rodrigues. Eles constituem ferramentas indispensáveis de informação sobre as realidades locais mas representam também alavancas que permitem projetar as ações públicas de interesse local. Se o padrão geral desses planos de desenvolvimento é bastante semelhante, o estudo mostra precisamente os diferentes objetivos e as funcionalidades distintas que as entidades municipais procuram alcançar através dos mesmos. As prioridades de ação e os domínios descritos são diversos, de acordo com os municípios, e o resultado do conjunto é a produção de um panorama bastante contrastante de situações e intenções coletivas locais, permitindo assim ver uma descentralização que, embora mal tenha começado em Angola, é acompanhada de diferenciações pouco compatíveis com o esquema mais uniforme que emana das instâncias governamentais. Outra indicação das capacidades de iniciativas locais demonstrada pelo estudo reside nas discrepâncias observadas entre as listas governamentais de municípios selecionados para ampliar o processo de descentralização e os municípios propostos pelos atores associativos e outras ONG para beneficiar no processo de descentralização. No conjunto, as situações mostram-se mais diversificadas e as iniciativas locais mais robustas do que aquilo que sugerem os esquemas mais homogéneos e as intenções mais prudentes das autoridades nacionais.

Capítulo 7: O tempo presente – combinando orientações ideológicas e pressões do mundo – vai no sentido da descentralização em muitos países e em vários domínios. Mas o processo está longe de ser linear e triunfante, como relembra e mostra Carlos M. Lopes no seu texto sobre Angola. A sua retrospetiva política permite-nos ver um país caracterizado por fortes poderes detidos pelo Executivo, em particular a Presidência da República, que oscila continuamente entre a manutenção de uma forte centralização e aberturas, controladas, em matéria de desconcentração e descentralização. A última Constituição de 2010 e um Decreto-Lei de 2007 afirmam e preparam a transferência de funções e recursos e, em limites mais apertados, uma dose de devolução do poder aos níveis territoriais da administração pública e aos municípios. Mas uma análise dessas tendências, iniciativas e decisões oficiais a partir de uma grelha de leitura económica coloca em evidência todo um caminho que ainda falta percorrer para alcançar uma repartição espacial mais equilibrada dos ingredientes da governação. Por um lado, constata-se a enorme importância que continuam a ter as receitas e despesas das autoridades políticas e administrativas centrais no conjunto dos recursos públicos e, consequentemente, o claro predomínio dos fluxos determinado a partir do centro em direção aos níveis desconcentrados e às coletividades territoriais do país. Do ponto de vista geográfico, a capital Luanda e a sua área, que concentram mais de 60% das atividades económicas, continua a beneficiar da maior parte das transferências e as outras províncias e municípios arrecadam apenas partes marginais do orçamento de estado. Conjugando-se e ampliando as constatações de vários economistas angolanos, o autor conclui que os processos em curso de desconcentração e de descentralização, vistos sob o prisma da intervenção idealizada e colocada em prática a uma escala nacional, não são, neste momento, capazes de dinamizar as economias do interior e reduzir as assimetrias gritantes entre as províncias.

Capítulo 8: O estudo de Nelson Pestana centra-se nos novos espaços de participação que são proclamados e consagrados nos documentos oficiais (Constituição, leis, decretos) angolanos, adotados nos últimos anos e relativos à organização territorial do estado e às administrações locais. Após recordar as condições históricas e políticas que levaram autoridades saídas da guerra civil a estabelecer um regime na sua essência autoritário e centralizado, o autor mostra as oportunidades que as novas instâncias de consulta associadas à descentralização oferecem a uma participação dos cidadãos nas decisões públicas que os afetam. Trata-se, portanto, de um capítulo que articula escalas de intervenção nacionais com processos de transformação e desenvolvimento endógeno. Mas a participação não pode ser confundida com a verdadeira democracia, se ela não consiste numa capacidade de influenciar as políticas públicas de interesse local, se a sociedade local não é representada na sua diversidade ativa e se os cidadãos não dispõem de meios para controlar a ação das autoridades responsáveis pelo destino dos municípios e comunas e de questionar a sua responsabilidade. A partir de investigações minuciosas de terreno sobre municípios de províncias que abraçam um terço do território nacional, Nelson Pestana mostra que existem de facto três tipos de Conselhos de Auscultação e Concertação Social (CACS): aqueles que praticamente não foram implementados; aqueles que têm um funcionamento claramente deficiente; e, finalmente, os que se reúnem regularmente. Mesmo nestes últimos, a capacidade de intervenção e de orientação dos cidadãos comuns é limitada. Na maior parte dos CACS, o peso dos representantes políticos e das autoridades administrativas nomeadas pelo poder central é decisiva.

Essas carências são ainda mais evidentes quando para além destes organismos oficiais de participação as sociedades e comunidades locais acolhem um número elevado de organizações (associações, ONG, igrejas, etc.) ativas e bem integradas no meio humano. O autor conclui que a participação – e, para além desta, a descentralização – é por agora um elemento presente mais ao nível discursivo das autoridades de que uma realidade tangível e sugere que há ainda um longo caminho a percorrer para atingir a plenitude de uma democracia local e participativa.

Capítulo 9: A política de descentralização, recentemente iniciada em Angola, traduziu-se na adoção e implementação, por parte das autoridades nacionais, de inúmeras medidas jurídicas, administrativas e financeiras. Como mostra o estudo sintético de Belisário dos Santos, essa nova orientação governamental pode ser analisada de dois pontos de vista principais, um sociopolítico e o outro geoeconómico. Trata-se, em parte, de deslocar o enfoque dos lugares de produção de decisões públicas do estado central para as localidades no interior do país. Esse primeiro objetivo pressupõe uma apropriação do processo de descentralização por parte dos atores locais, nomeadamente através da utilização dos canais das instâncias de consulta e concertação criadas (CACS e Fóruns). Contudo, a participação dos cidadãos não se decreta de cima para baixo e é precisamente esta dimensão do desenvolvimento endógeno que o autor pretende enfatizar Por outro lado, os governantes têm a consciência de que a concentração da população, das infraestruturas, das oportunidades económicas e dos recursos financeiros na capital Luanda provoca externalidades negativas e contribui para a perpetuação das assimetrias que colocam em desvantagem as cidades e províncias do interior e hipotecam as hipóteses de uma repartição espacial mais equilibrada – e, portanto, mais durável – das populações, das atividades e da riqueza. Assim, estes dois aspetos, sociopolítico e geoeconómico, apresentam desafios que condicionam o futuro da descentralização.

Capítulo 10: Certamente que a descentralização não pode ser entendida como o alfa e o ómega de desenvolvimento local. Não só as condições desta vão bem para além do estabelecimento de um quadro jurídico-administrativo – mais propício ao seu nascimento – mas ainda a descentralização não pode ser limitada a esta única dimensão institucional. A par das reformas do estado que dão mais peso político e administrativo às realidades locais,

UM TEMA DIGNO DE INVESTIGAÇÃO: A CONSTRUÇÃO DO ESTUDO

existem muitos domínios caracterizados, de facto, por uma descentralização adquirida de maneira autónoma ou realizada anteriormente às novas orientações do estado. É, entre outros, o caso em Moçambique das instituições de ensino superior onde a situação da província de Nampula, longe da capital, é cuidadosamente examinada por Ana Bénard da Costa. A autora fornece um panorama abrangente dessas universidades, do seu pessoal e das suas especialidades, e observa a existência de uma hierarquia entre elas, que depende dos seus meios, muito desiguais e, portanto, das suas capacidades de atracão. Embora mais perto da população de uma província distante da capital, os estabelecimentos contribuem para as desigualdades sociais, facto que a sua descentralização de forma alguma atenua. Um grande desafio destas instituições de ensino superior é o de contribuir para a formação de elites locais, suscetíveis de participar na capacitação a vários níveis – económico, social, cultural, administrativo e técnico – incluindo interiorização, por partes destas forças, do processo político de descentralização. O interesse deste estudo minucioso é mostrar a importância – mas também todas as dificuldades existentes – para, através da formação universitária local, reverter uma tendência perversa que caracteriza e enfraquece a província de Nampula, a saber, na origem dos principais grupos económicos moçambicanos cujos membros investem igualmente em atividades lucrativas mas improdutivas que é o comércio de importação. Assim, vêem-se entidades verdadeiramente descentralizadas – como são as universidades públicas e privadas em Nampula – a contribuir, dificilmente hoje em dia, para o desenvolvimento local e a aumentar debilmente as capacidades das forças locais de tomar conta por si próprias e ampliar o processo institucional de descentralização.

Capítulo 11: Embora muitos governos africanos tenham virado oficialmente o seu interesse a partir da década de 90 para a questão do desenvolvimento económico local, as suas políticas nesta área foram discretas e, em qualquer caso, os resultados obtidos, muito medíocres. Ao mesmo tempo, muitas comunidades locais não esperaram por uma eventual intervenção dos poderes públicos; organizaram-se, tomaram iniciativas, individuais ou coletivas, e desenvolveram atividades nas áreas da produção, comércio e serviços. Uma resposta endógena à apatia do governo e às necessidades diárias da população veio muitas vezes das pequenas empresas – a maioria delas informais, mas todas orientadas para o mercado, mesmo que muito modesto – e das associações frequentemente orientadas para a economia solidária. As características dessas entidades, suas orientações e funções, a sua relação com o desenvolvimento local, são analisadas por Dipac Jaiantilal, Cláudio Mungói e Carlos Lauchande em várias províncias e regiões de Moçambique. Elas estão engajadas na produção agrícola, artesanato, comércio e prestação de serviços sociais nas proximidades. O desemprego e a pobreza estão na origem da criação desses microestabelecimentos e associações, as primeiras mais instaladas em meio urbano e as últimas em meio rural. Um elevado nível de vulnerabilidade ameaça constantemente o seu funcionamento. Estas estruturas de produção e de serviços, bem como os seus responsáveis e animadores, atores da sociedade económica e civil local, não estabelecem mais do que escassas ligações ao processo institucional de descentralização. A sua participação neste, aferida nos domínios da gestão dos recursos naturais, das infraestruturas e da educação, é muito baixa, tal como, de uma maneira geral, o é também a sua influência nos conselhos consultivos locais criados pelas autoridades nacionais. Trata-se de um esquema de decisão vertical, necessário neste contexto, que marginaliza as forças locais, reduzindo assim o potencial de dinamização destas no campo do desenvolvimento local.

Capítulo 12: Num capítulo dedicado ao município da Ilha de Moçambique, Luis Filipe Pereira permite abordar a organização e o funcionamento de uma coletividade pública descentralizada. A Ilha de Moçambique apresenta características atípicas. Como primeira capital do país, o município herdou um quadro físico e um conjunto imobiliário excecional que valeu a essa comunidade a inscrição no património mundial da humanidade. O estudo descreve com minúcia as diferentes instituições que dão conteúdo ao processo de descentralização. Estas são inúmeras e ao autor não oculta que não é possível determinar o seu número, o que se conjuga com as dificuldades e confusões de fronteiras entre as atribuições de umas e de outras, o que revela também uma falta evidente de coordenação das ações. Uma das particularidades deste município, devido à sua riqueza histórica, é de fazer intervir não só as autoridades nacionais e as administrações do estado mas também instâncias internacionais, como a UNESCO, e inúmeras ONG. O resultado é uma sobreposição de instâncias que podem e/ou devem informar sobre as várias operações que dizem respeito à Ilha de Moçambique a fim de a preservar e conservar. Mas esta acumulação

UM TEMA DIGNO DE INVESTIGAÇÃO: A CONSTRUÇÃO DO ESTUDO

institucional gera inércia e não permite evitar os estabelecimentos e as explorações não-conformes às regras que enquadram – pelo menos no plano teórico – as iniciativas imobiliárias, económicas, etc. na região. O autor dá assim a ver o tecido bastante denso e ativo das associações que estruturam e animam a vida local. Mas a participação dos cidadãos nas instâncias oficiais de descentralização não está à altura do potencial de influência e de orientação que a sociedade civil local poderia ter sobre as políticas públicas e decisões que lhe dizem respeito.

Capítulo 13: Finalmente, e como conclusão geral, as duas experiências de descentralização em Angola e em Moçambique, uma apenas iniciada e a outra moderadamente em ação, são colocadas em perspetiva na análise proposta por Yves-A. Fauré. Este avança com uma reflexão cruzada sobre os dois processos a partir de algumas entradas temáticas, sem a ambição de estabelecer uma comparação rigorosa e sistemática entre os dois países. Fornece um ponto de situação que não pode ser mais do que um balanço parcial e temporário, tentando articular as diversas perspetivas sobre os atores em causa, a (in)equidade nos processos de descentralização e de desconcentração e as suas implicações para o desenvolvimento local. Depois de recordar de que forma a problemática da descentralização apresenta, pelo seu contexto histórico, político e económico, semelhanças e diferenças entre os dois países, o estudo mostra a predominância de uma estrutura político-administrativa unitária em Angola, enquanto em Moçambique, onde a descentralização é anterior e mais avançada, apresenta uma dupla estrutura relativamente complexa. Embora a riqueza global de Angola diferencie claramente o país de Moçambique, em ambos os casos uma análise cuidadosa das transferências orçamentais e das receitas fiscais locais reflete uma falta de financiamento das coletividades descentralizadas, logicamente mais pronunciada em Moçambique, seja para cobrir as despesas de funcionamento ou para assegurar o investimento. A descentralização deu lugar, nos dois países, a um importante trabalho de produção normativa e são feitos sérios esforços para formar os responsáveis e os recursos humanos locais em domínios cruciais como as finanças públicas, a gestão de recursos humanos e dos equipamentos, a planificação, domínios onde as competências são ainda de fraca qualidade. A fraca participação dos atores locais nos órgãos consultivos da descentralização previstos pelas regulamentações oficiais contrasta com as iniciativas e com as ações das organizações das duas sociedades civis que têm as suas próprias visões e expectativas em matéria de descentralização e de desenvolvimento local. Nesta área, se a influência da cooperação internacional é mais acentuada no caso de Moçambique, no caso de Angola – pelo menos no que diz respeito às orientações gerais e ao processo de tomada de decisão central – observa-se em ambos os países um papel ativo por parte dos parceiros não-governamentais estrangeiros que muitas vezes vêm apoiar os municípios, diretamente ou em colaboração com associações e ONG locais ou nacionais. Vários fatores, inclusive de ordem política – controle do território e das populações, riscos para a hegemonia do partido dominante, etc. – explicam a prudência significativa das autoridades angolanas no processo de descentralização. Se ele está mais avançado em Moçambique, enfrenta agora dificuldades objetivas, sobretudo em termos de competências, financiamento, disponibilidade de infraestruturas. O recurso a definições técnicas e científicas rigorosas requer que se considere que para além das afirmações oficiais – reconhecimento constitucional, discursos governamentais – a descentralização está ainda a dar os seus primeiros passos em Angola onde predomina um processo de desconcentração enquanto em Moçambique coabitam a desconcentração e a descentralização, não sem produzir, neste caso, um esquema organizacional e funcional complexo e gerador de incerteza entre estruturas e níveis. Apesar das dificuldades de ordem prática, das reservas governamentais e dos atrasos, o estudo conclui que em ambos os países os fatores sociais e económicos são suficientemente prementes para dar à descentralização um futuro certo mas num horizonte temporal ainda vago.

Bibliografia

AMARAL FILHO, J. do (2006). Território e Inovação: o arranjo produtivo Pingo D'água. *Ciência e Cultura*, 58(1), 45-49.

COSTA, A. B. da. (2006). Urban and Rural: Circulation and Mobility in Families on the Periphery of Maputo. *Lusotopie*, 13(1), 147-162.

DAFFLON, B., & Madiès, T. (2011). *L'économie politique de la décentralisation dans quatre pays d'Afrique subsaharienne. Burkina Faso, Sénégal, Ghana, Mali*. Paris: World Bank/AFD.

DUBRESSON, A., & Fauré, Y.-A. (Coord.) (2005). Décentralisation et développement local: un lien à repenser. *Tiers-Monde*, 46(181), 7-20.

FARIA, F., & Chichava, A. (1999). *Descentralização e cooperação descentralizada em Moçambique*. Maastricht: ECDPM.

FAURÉ, Y.-A., & Hasenclever, L. (Dir.) (2005). *O Desenvolvimento Local no Estado do Rio de Janeiro. Estudos avançados nas realidades municipais*. Rio de Janeiro: Editora E-Papers.

FAURÉ, Y.-A., & Hasenclever, L. (Dir.) (2007). *Caleidoscópio do desenvolvimento local no Brasil. Diversidade das abordagens e das experiências*. Rio de Janeiro: Editora E-Papers.

FAURÉ, Y.-A., & Labazée, P. (Dir.) (2002). *Socio-économie des villes africaines. Bobo et Korhogo dans les défis de la décentralisation*. Paris: Karthala/IRD.

FERNANDES, T. M. (2007). Descentralizar é fragmentar? Riscos do pluralismo administrativo para a unidade do Estado em Moçambique. *Revista Crítica de Ciências Sociais*, 77, 151-164.

JAGLIN, S. (2006). Décentralisation et gouvernance de la diversité: les services urbains en Afrique anglophone. In Fourchard, L. (Ed.), *Des villes sans gouvernement? Etat, gouvernement local et entrepreneurs privés en Afrique*, Col. Afrique Politique (pp. 21-34). Paris: Karthala.

JAIANTILAL, D. (2002, Dezembro). *Flood Emergency Recovery Project in Mozambique, Implementation Completion Report*. Relatório apresentado ao Conselho de Administração do Banco Mundial.

LOPES, C. (2007). *Roque Santeiro. Entre a ficção e a realidade*. Lisboa: Princípia.

LOPES, C. et al. (2003). A Economia de Luanda e Maputo, olhares cruzados. In Oppenheimer, J., & Raposo, I. (Org.), *Subúrbios de Luanda e Maputo, relatório síntese do projeto Urbanização Acelerada em Luanda e Maputo: impactos da guerra e das transformações socioeconómicas (anos 80-90)* (pp. 63-98). Lisboa: CEsA.

MILANDO, J. (2006). *Desenvolvimento e resiliência social em África: dinâmicas rurais de Caninda*. Lisboa: Periploi.

NDEGWA, S. (2002). *Enquête sur la décentralisation en Afrique: vue d'ensemble*. S. L., Banque mondiale. Documento de trabalho N° 40, Région Afrique. Washington: Banco Mundial.

NDEGWA, S., & Levy, B. (2003). *La politique de décentralisation en Afrique. Une analyse comparative*. Documento de trabalho. Washington: Banco Mundial.

ORRE, A. (2007). Integration of Traditional Authorities in Local Governance in Mozambique and Angola: the Context of Decentralization and Democratisation. In Guedes, A. M. & Lopes, M. J (Orgs.) *State and Traditional Law in Angola and Mozambique*. (pp. 139-199). Coimbra: Almedina.

PEREIRA, L. F. (2002). *Estratégias de Desenvolvimento dos Distritos da Ilha de Moçambique e Mossuril*. Cruzeiro do Sul: Maputo.

PESTANA, N. (2003). As dinâmicas da sociedade civil em Angola. *Occasional Papers - CEA/ISCTE*.

PESTANA, N. (2005). O poder e a diferenciação social em Angola. In Cruz e Silva, T., Mendes de Araújo, M. G., & Cardoso, C. (Orgs.), *Lusofonia em África: História, Democracia e Integração Africana*. Dakar: CODESRIA.

ROCHA, M. J. A. da. (2010). *Desigualdades e Assimetrias Regionais em Angola. Os factores de competitividade territorial*, Luanda, UCAN/CEIC.

RODRIGUES, C. (2006). *O Trabalho Dignifica o Homem: estratégias de sobrevivência em Luanda*. Lisboa: Colibri.

RODRIGUES, C. (2007). From family solidarity to social classes: urban stratification in Angola (Luanda and Ondjiva). *Journal of Southern African Studies*, 33 (2), 235-250.

RODRIGUES, C., Lopes, C., & Feliciano, J. (2006). Social Protection and Informal

Economy: the experiences and challenges of Portuguese speaking countries. *Social Protection and Inclusion: experiences and policy issues* (pp. 149-164). Geneva: International Labour Office.

SANTOS, B. S. (2006). The Heterogeneous State and Legal Pluralism in Mozambique. *Law & Society Review*, 40(1), 39-75.

2
Processos de descentralização em África: breve panorama institucional

TIAGO DE MATOS FERNANDES

No presente capítulo, procede-se a uma análise sintética e geral das estratégias, vantagens e pressupostos comummente atribuídos aos processos de descentralização. Adicionalmente, apresenta-se uma síntese das várias definições gerais que têm sido formuladas em torno dos conceitos de descentralização e desconcentração administrativas. Finalmente, formula-se uma descrição dos mecanismos de participação comunitária e de prestação de contas pelos líderes políticos locais, no contexto dos processos de descentralização em África.

Estratégias, vantagens e pressupostos dos processos de descentralização

Os programas e processos de descentralização e desconcentração administrativa em África devem ser entendidos no contexto mais lato das estratégias de aproximação dos estados africanos junto das estruturas sociais de base local. Por um lado, tais estratégias justificam-se pela tentativa de relegitimação dos governos centrais junto das suas comunidades, através da sua reintrodução na órbita da soberania do poder central; por outro, pela incapacidade revelada por muitos governos africanos na satisfação das necessidades básicas dos seus cidadãos, o que motivou, desde o início dos anos 1980, o interesse crescente das organizações internacionais pelo planeamento e implementação de grandes programas de descentralização administrativa nos países beneficiários da sua ajuda.

Foi esse o caso do Banco Mundial, o qual, no contexto dos seus programas de ajustamento estrutural e de reforma da administração pública dos países africanos, viria a executar sucessivos programas de descentralização administrativa. No final de 1990, alguns desses programas redundaram, no entanto, em programas de desconcentração administrativa, muitas vezes por força da tentativa de manutenção, pelos atores políticos nacionais, da autoridade dos governos centrais sobre todo o território. Outros conduziram à adoção de modelos constitucionais federais ou semifederais (ver quadro 2.1).

Quadro 2.1. Descentralização na África subsaariana (2001)

Tipos de descentralização latu sensu	Países
Desconcentração	Gana, Camarões, Quénia, Malawi, Zâmbia
Descentralização strictu sensu	Maurícias, Uganda, Serra Leoa, Mali, Costa do Marfim, Zimbabwe, Nigéria, Tanzânia
Descentralização parcial (só áreas urbanas)	Botswana, Namíbia, Moçambique, Senegal
Federações/Semi-federações	África do Sul, Etiópia, Nigéria, Tanzânia

Fonte: Olowu (2003, p.43).

Mas não obstante a pressão exercida pelos governos centrais e todas as dificuldades sentidas na implementação dos programas de descentralização, a literatura científica sempre foi generosa nas vantagens que reconheceu à descentralização enquanto modelo de organização administrativa dos estados modernos.

De uma forma geral considera-se que a descentralização é suscetível de garantir a possibilidade de adoção de decisões adaptadas ao contexto local e a um nível mais próximo dos cidadãos, já que os governos locais estão melhor posicionados na identificação das necessidades concretas dos cidadãos do que os governos centrais (Smoke, 2003; Manor, 1999). Por outro lado, se os cidadãos sentirem que a sua interação com a administração local se traduz na adoção de medidas melhor adaptadas às suas necessidades concretas (do que as medidas adotadas pela administração central), resultará fortalecida a ligação dos cidadãos com os seus representantes locais. Acresce que os governos locais estão melhor posicionados para conhecer a realidade local e, consequentemente, para promover uma distribuição mais justa dos recursos públicos (do que resulta uma melhoria da equidade). Finalmente, entende-se que os governos locais estão melhor posicionados para prestar serviços destinados a promover a criação e consolidação de empresas e empresários locais; proporcionam o ambiente institucional e legal propício à promoção do desenvolvimento e podem ajudar na coordenação dos atores públicos, privados e comunitários relativamente à criação de parceiras destinadas a promover o desenvolvimento local.

Contudo, a concretização dos objetivos preconizados com a adoção de programas de descentralização depende de uma multiplicidade de fatores. Por exemplo, segundo James Wunsch, o objetivo da participação dos cidadãos na definição das políticas destinadas a promover o desenvolvimento local implica desde logo que o estado seja efetivamente capaz de transferir uma parte das suas próprias atribuições e competências para órgãos administrativos localmente eleitos (Wunsch, 1998). Assim, em vez do desenvolvimento de processos de desconcentração administrativa (como fizeram o Quénia, Gana, Tanzânia e Zâmbia ao longo das décadas de 1980 e 1990), os estados africanos deverão ser capazes de efetuar uma verdadeira "devolução de poderes", entendida como "o processo de distribuição de autoridade para a tomada de decisões e para a autonomia administrativa dos governos locais face aos governos centrais" (na definição de James Fesler, 1949; citado em Wunsch, 1998, p. 20). Com efeito, "apenas se pode esperar uma melhoria real no desempenho da governação local (eficiência, eficácia e participação local) quando se garanta uma efetiva devolução de poderes" (Wunsch, 1998, p. 5).[3]

Para além da devolução de poderes, os autores apontam ainda a importância da existência de mecanismos de articulação e auscultação de interesses, entre os líderes administrativos locais e as respetivas comunidades. Por essa razão, mesmo nos países que desenvolveram tentativas sérias no sentido da promoção de processos de descentralização (como a Nigéria

---

[3] Por essa razão, e conforme adiante melhor explanaremos, adotámos um conceito restrito de descentralização, deixando de fora as formas de descentralização "administrativa", "sectorial" ou "financeira" nos termos definidos por Manor ou Reddy e citados por Weimer (2002, p. 31).

TIAGO DE MATOS FERNANDES

durante o início da década de 1990), assistiu-se a um relativo falhanço na promoção dos objetivos de desenvolvimento local, face à ausência de "processos políticos locais suscetíveis de dar a conhecer ao público as decisões governamentais, de organizar as populações para vigiarem as ações do governo, para mobilizar a opinião pública relativamente à governação local, e para tornar os líderes locais responsáveis pelo seu desempenho" (Wunsch, 1998, p. 5).

Finalmente, e para além da devolução de poderes e da institucionalização de mecanismos de articulação entre os órgãos administrativos e as comunidades locais, há um terceiro fator determinante para a viabilidade dos processos de descentralização em África: a existência de um quadro legal que seja capaz de respeitar e fazer integrar as instituições políticas comunitárias e/ou tradicionais, existentes ao nível local, ao invés do que se tem verificado na maioria dos casos (Le Roy, 1997; Rouveroy van Nieuwaal, 1999).

Com efeito, muitos dos diplomas legais destinados a regular a organização e o exercício do poder ao nível local em África têm sido desenhados à imagem e semelhança dos modelos de organização político-administrativa em vigor nos estados dos países doadores (ocidentais), o que vem gerando resistências dos próprios governos africanos (muitas vezes "obrigados" pelas grandes agências internacionais doadoras a acelerar processos e a adotar modelos que colocam em risco a garantia do próprio controlo social e político das populações ao nível local) e das comunidades locais.

De facto, os modelos adotados parecem ignorar a importância das instituições políticas comunitárias tradicionais na mobilização e participação das comunidades na vida política local. Por outro lado, revelam um desconhecimento da própria lógica que preside ao modo como as sociedades africanas se organizam, nas quais são os resultados obtidos que determinam as formas de organização administrativa (e não o inverso).[4]

---

[4] Segundo Étienne Le Roy, no contexto africano, "c'est moins la 'beauté' de l'épure institutionnelle que les avantages pratiques tirés d'un dispositif organisationnel qui légitiment, aux yeux des acteurs, l'intérêt ou non des réformes envisagées" (Le Roy, 1997, p. 159). Ou seja, para este autor, o fundamento para a aceitação (legitimidade) e para o sucesso de um determinado modelo de organização administrativa pelas comunidades locais africanas reside mais nas vantagens práticas resultantes da sua adoção (isto é, da sua suscetibilidade para servir de instrumento para a resolução dos problemas concretos) do que na aparente racionalidade burocrática do modelo adotado.

PROCESSOS DE DESCENTRALIZAÇÃO EM ÁFRICA: BREVE PANORAMA INSTITUCIONAL

Para Étienne Le Roy (1997, p. 159), é justamente esta "lógica funcionalista" – em detrimento de uma "lógica institucional" ou "normativista" – que está na origem da existência e funcionamento de um verdadeiro "pluralismo administrativo" em África: foi essa lógica que criou condições para a existência, no seio de um mesmo território, de diversos tipos de entidades administrativas locais e fóruns de resolução de conflitos (de origem oficial ou não oficial, formal ou informal), capazes de suprir a incapacidade do estado em garantir o exercício das funções administrativa e jurisdicional ao nível local, onde o estado não consegue chegar, servindo assim os interesses dos cidadãos comuns. Para o mesmo autor, este pluralismo assume uma grande vitalidade justamente porque leva em consideração a pluralidade das formas de organização existentes nos estados africanos e responde de uma forma relativamente célere e eficaz aos problemas concretos dos cidadãos.

No entanto, este pluralismo administrativo de matriz africana também é uma consequência do cruzamento e sobreposição dos sistemas político--administrativos coloniais e pós-coloniais com as várias formas de organização e exercício tradicional do poder local (pré-coloniais).

Como é sabido, esta sobreposição não conduziu necessariamente à destruição das formas de organização e exercício de poder pré-coloniais, antes sim à sua conjugação/conciliação com os objetivos da estratégia de organização político-administrativa das potências colonizadoras. Sucede que no período pós-colonial, e ainda que com outros pressupostos ideológicos, os estados africanos foram forçados a prosseguir este mesmo esforço de gestão do equilíbrio entre as várias formas de organização político-administrativa coexistentes no seu interior. Este esforço traduziu e continua a traduzir um desafio permanente à unidade dos estados africanos, tal como definida pela doutrina e nos modernos textos constitucionais.

Espécies de descentralização
A nível internacional, o estudo e a problematização do conceito de descentralização no contexto africano foram pela primeira vez realizados por James Fesler, na década de 1950. Fesler considerava que para a análise dos sistemas de governo locais e dos processos de descentralização administrativa, era necessário fazer, em primeiro lugar, a distinção entre os conceitos de "devolução" (*devolution*) e "desconcentração" (*decentralization*) de poderes. Para Fesler, "devolução de poderes" consiste no processo de

distribuição de autoridade para a tomada de decisões e para a autonomia administrativa dos governos locais face aos governos centrais. Na devolução de poderes, o estado central mantém as prerrogativas do poder legislativo em geral, nomeadamente para poder alterar a legislação referente às atribuições dos governos locais. Apesar destas prerrogativas, haverá devolução de poderes se as autoridades locais tiverem poderes suficientes para, por exemplo, celebrar contratos, cobrar taxas e impostos locais, planear e realizar investimentos, ou prestar serviços às populações locais. Numa palavra, haverá devolução de poderes se tais entidades tiverem autonomia face à administração central do estado.

Pelo contrário, haverá desconcentração de poderes quando as autoridades locais agirem como representantes locais dos governos centrais, gerindo pessoal e afetando os recursos que lhes forem transferidos pelos governos centrais. A desconcentração refere-se portanto à redistribuição de recursos centrais para autoridades locais que se encontram submetidas à administração central do estado. Já para James Manor (1997; 1999) e P. S. Reddy (1999), o termo geral a utilizar é sempre o de "descentralização", nela se compreendendo formas de desconcentração e de devolução de poderes. Bernhard Weimer agrupa assim os conceitos elaborados por estes autores:

Quadro 2.2. Espécies de descentralização
segundo James Manor e P.S. Reddy

Conceito	Características
Descentralização administrativa	Delegação de competências (decisórias e organizativas) a entidades administrativas hierarquicamente inferiores
Descentralização sectorial	Delegação de funções e algumas competências a entidades administrativas hierarquicamente inferiores
Descentralização financeira	Atribuição de recursos e autonomia financeira a entidades administrativas hierarquicamente inferiores
Descentralização democrática	Devolução de poderes decisórios, administrativos, financeiros e patrimoniais a pessoas coletivas distintas do Estado (autonomia)

Fonte: Weimer (2002, p. 31).

PROCESSOS DE DESCENTRALIZAÇÃO EM ÁFRICA: BREVE PANORAMA INSTITUCIONAL

No contexto de todos os países lusófonos, afigura-se no entanto relevante recorrer ao debate realizado sobre o conceito de descentralização administrativa pela doutrina administrativista portuguesa, já que foi a terminologia utilizada pelos juspublicistas portugueses que informou a esmagadora maioria da legislação em vigor nos PALOP.

Assim, segundo Freitas do Amaral (1993, p. 691; 2006, pp. 480-489), e independentemente da adoção de um conceito mais ou menos amplo sobre a descentralização administrativa, o conceito tem sido construído em torno de dois elementos essenciais: a *personalidade* e a *autonomia*. Por essa razão, deve cingir-se o fenómeno da descentralização ao

> processo pelo qual a lei transfere atribuições e poderes de decisão até aí pertencentes a órgãos do estado para órgãos próprios de entidades independentes do estado (...). Na descentralização, os objetivos a prosseguir pelas entidades que recebem essas novas atribuições e os critérios que regem as suas decisões passam a ser definidos por elas mesmas, não dependendo da orientação ou do controle substancial do estado relativamente ao modo como atuam dentro da órbita das suas atribuições. (Peneda, 1986, 131)

De entre as entidades munidas de autonomia face ao estado, Freitas do Amaral distingue os organismos que têm a seu cargo a prossecução de alguns interesses públicos do estado, das pessoas coletivas de população e território. Os primeiros (por exemplo institutos públicos e empresas públicas) estão sujeitos a um "sistema de devolução de poderes" (Amaral, 2006, 354).[5] Já os segundos (autarquias locais), para além de disporem de autonomia financeira e patrimonial, beneficiam de verdadeira autonomia administrativa, pelo que podem definir e executar a orientação geral da sua atividade (não estão sujeitos ao regime de devolução de poderes).

Por isso, em bom rigor, e coerentemente com a preocupação de Freitas do Amaral em realçar a *autonomia* como característica essencial da descentralização administrativa, apenas a descentralização territorial (por via das autarquias locais) é verdadeira descentralização (Amaral, 1993, 690; 2006, 486).

---

[5] O qual se contrapõe ao "sistema de integração", no qual "todos os interesses públicos a prosseguir pelo Estado, ou pelas pessoas coletivas de população e território, são postos por lei a cargo das próprias pessoas coletivas a que pertencem" (Amaral, 1993, 705).

TIAGO DE MATOS FERNANDES

Quadro 2.3. Espécies de descentralização segundo Freitas do Amaral

Conceito	Características
Desconcentração administrativa	Distribuição de competências pelos diferentes graus de hierarquia do Estado, em todo o território nacional
Devolução de poderes	Transferência de poderes pertencentes a órgãos do Estado para associações e empresas públicas, sob a orientação política geral do Estado
Descentralização territorial	Transferência de atribuições e competências a pessoas coletivas territoriais dotadas de autonomia administrativa, financeira e patrimonial para a prossecução dos interesses das populações respetivas

Fonte: Elaborado a partir de Freitas do Amaral (1993; 2006).

Assim, no contexto lusófono, os conceitos de desconcentração, descentralização e devolução administrativas devem distinguir-se nos termos expressados no quadro 2.3.

Registe-se, por fim, que a definição de descentralização avançada por Freitas do Amaral se aproxima da definição avançada por Fesler para os sistemas de "devolução de poderes" (os quais, para Freitas do Amaral, designam a transferência de atribuições do estado para os institutos e empresas públicas).

Participação comunitária e prestação de contas: garantias da descentralização

Segundo Dele Olowu (2003, 47-49), há fundamentalmente três grandes mecanismos de participação comunitária e de prestação de contas pelos líderes políticos locais, cujas vantagens e desvantagens se podem sintetizar da seguinte forma:

i) Eleições locais: as eleições locais são importantes para promover a participação dos cidadãos e para a responsabilização/prestação de contas dos governos locais. No entanto, vários países têm impedido a realização de eleições multipartidárias ao nível local (mesmo que as admitam ao nível nacional), com o argumento (mais ou menos explícito) de que as eleições potenciam a criação de divisões e prejudicam a unidade e o exercício da soberania em estados frágeis. Por outro lado, a corrupção e a violência estão frequentemente associadas à realização das eleições. Finalmente, as eleições apenas se realizam durante ciclos eleitorais de quatro a cinco anos, transformando-a num instrumento ineficiente de fiscalização do poder político pelos cidadãos.

ii) Conselhos locais: os conselhos locais são compostos por representantes das comunidades, os quais têm como função representar os seus interesses junto do órgão executivo local (designadamente no escrutínio da elaboração e aprovação dos orçamentos e dos planos de atividades). Trata-se em todo o caso de um instrumento de representação indireta dos cidadãos através dos titulares por si eleitos. No entanto, em muitos países, os membros dos conselhos locais não têm nem os conhecimentos nem os meios de apoio necessários à efetiva fiscalização dos orçamentos e relatórios de auditoria. Por outro lado, frequentemente não se encontram previstas quaisquer sanções para punir as irregularidades de gestão dos executivos locais. Consequentemente, os executivos agem muitas vezes à margem da lei e dos próprios interesses das comunidades.

iii) *Direct voice mechanisms*: A implementação de processos de descentralização nos países africanos contempla frequentemente a criação de mecanismos de participação e auscultação direta dos cidadãos. Estes mecanismos, designados como "voice mechanisms" têm sido desenvolvidos e implementados um pouco por todo o mundo e contemplam habitualmente os instrumentos descritos no quadro 2.4.

Apesar da história pós-colonial em África ter conduzido o continente a um processo de concentração de poder nas mãos do governo central, uma grande parte de estados africanos, muitas vezes pressionados (e financiados) pelas organizações internacionais, foram capazes de transferir atribuições e recursos humanos e financeiros para as comunidades locais.

No entanto, segundo Olowu,

> o maior desafio para o sucesso destes esforços destinados à garantia dos resultados esperados com a descentralização democrática é a demonstração da construção de relações intergovernamentais efetivas e mecanismos de prestação de contas locais. Em certos casos, como o do Gana e de alguns governos locais dissolvidos do Zimbabwe, os dirigentes da administração central foram nomeados como dirigentes executivos dos governos locais. Noutros casos, como o da Nigéria, os dirigentes dos governos locais tornaram-se dinossauros políticos nas suas relações com as assembleias legislativas locais (Olowu, 2003, 49-50).

TIAGO DE MATOS FERNANDES

Quadro 2.4. Tipologia exemplificativa de *direct voice mechanisms*

Tipo	Descrição	Locais onde é utilizado
Orçamentos participativos	Participação dos cidadãos no processo de elaboração e aprovação dos orçamentos municipais	Uganda
Inquéritos sobre prestação de serviços	Diagnóstico dos hábitos de consumo dos munícipes, para melhor adequação da prestação de serviços	Senegal, Uganda e Gana
Provedores do munícipe	Organismo de audição e encaminhamento das queixas dos munícipes sobre a gestão municipal	Benim, Nigéria, Uganda e África do Sul
Agências locais de mediação de conflitos	Estas agências incluem tribunais comunitários e permitem uma resolução de conflitos célere, eficiente e isenta de custos	Nepal, Índia, Senegal, Mali e Moçambique
Autoridades tradicionais	Intervêm como líderes comunitários e resolvem litígios	Todo o continente africano
Organizações de base comunitária	São entidades não estatais financiadas por cidadãos, empresários e associações sindicais ou patronais que estão na base da criação de associações de municípios e que sobrevivem à eventual desintegração do Estado (p.ex. Congo Brazzaville e Somália)	Todo o continente africano

Fonte: Elaborado a partir de Olowu (2003, pp. 48-49).

Para contornar os perigos evidenciados por Olowu, afigura-se importante desenvolver instrumentos legais adequados à participação das comunidades (direta ou indiretamente) na definição das prioridades da gestão municipal e na fiscalização da execução dos orçamentos e planos de desenvolvimento local, utilizando para o efeito, sempre que possível, conselhos consultivos e *direct voice mechanisms*.

Não obstante, e como o demonstra de forma impressiva o caso do processo de descentralização em Moçambique, os mecanismos de participação e fiscalização, mesmo que formalmente instituídos, falham na sua execução, uma vez que os munícipes carecem frequentemente dos conhecimentos e do poder necessários para levar os governos locais a modificar o seus procedimentos ou a adequá-los às prioridades definidas pelas comunidades locais.

Bibliografia

AMARAL, D. F. do (1993, 2006). *Curso de Direito Administrativo*, Vol. 1. Coimbra: Livraria Almedina.

FORQUILHA, S. (2008). *Mecanismos de Participação Comunitária no Contexto da Governação Local em Moçambique. Actores, oportunidades e desafios do processo de criação das IPCCs.* Maputo: Cooperação Suíça.

LE ROY, E. (1997). La formation de l'État en Afrique, entre indigènisation et inculturation. In GEMDEV (Org.), *Les Avatars de l'État en Afrique* (pp. 153-160). Paris: Karthala.

MANOR, J. (1997). The promise and limitations of decentralization (Comunicação apresentada durante consultoria técnica sobre Descentralização). Roma: FAO, Banco Mundial, Swiss Agency for Development Consultation.

MANOR, J. (1999). *The Political Economy of Democratic Decentralization.* Washington: Banco Mundial.

OLOWU, D. (2003). Local Institutional and Political Structures and Processes: Recent Experience in Africa. *Public Administration and Development*, 23(1), 41-52.

ORRE, A. (2007). *The local administration of the state: new law but little change?* (Working Paper). Lisboa: Centro de Estudos Africanos (ISCTE).

PENEDA, J. S. (1986). Descentralização. In *Polis: Enciclopédia VERBO da Sociedade e do Estado* (pp. 131-134). Lisboa: Verbo Editora.

REDDY, P. S. (1999). *Local Government, Democratization and Decentralization. A Review of the Southern African Region.* Kenwyn/South Africa: Juta Publishers.

RONDINELLI, D. A. (2006). Decentralization and Development. In *International Development Governance*, Col. Public Administration and Public Policy, 117. New York: Taylor & Francis.

ROUVEROY VAN NIEUWAAL, A. B. (1999). Chieftaincy in Africa: Three Facets of a Hybrid Role. In Rouveroy Van Nieuwaal, A. B., & Van Djik, R. (Eds.), *African Chieftaincy in a New Socio-Political Landscape* (pp. 21-47). Leiden: African Studies Centre.

SMOKE, P. (2003). Decentralization in Africa: Goals, Dimensions, Myths and Challenges. *Public Administration and Development*, 23(1), 7-16.

WEIMER, B. (2002). Autarcização em Moçambique: Alguns critérios de avaliação para o balanço das primeiras experiências. In *A Cobertura Jornalística do Processo de Descentralização.* Maputo: Fundação Friedrich Ebert.

WUNSCH, J. S. (1998). Decentralization, Local Governance and the Democratic Transition in Southern Africa: A comparative analysis. *African Studies Quarterly*, 2(1), 19-45.

3

Trajetória do federalismo fiscal brasileiro e sua tendência de recentralização

JAIR DO AMARAL FILHO

Introdução

A exemplo de muitos temas da economia política, o federalismo não é um tema popular. Apesar disso tem-se observado nas duas últimas décadas um forte crescimento do interesse pelo assunto. Isto resultou na abertura de um espaço importante para estudos e discussões sobre muitos aspectos do federalismo. Antes discutido apenas por especialistas jurídicos e políticos, preocupados com a *teoria geral do estado*, a questão do federalismo passou a ser largamente discutida pelos economistas, sob o tema do "federalismo fiscal" (Oates, 1972).

Várias foram as razões que embalaram esse interesse: (i) a desintegração da URSS e do bloco socialista do Leste europeu, acompanhada de conflitos étnicos importantes, como foi o caso da ex-Jugoslávia e tem sido o caso da Chechênia; (ii) o processo de união dos países europeus; (iii) a valorização das iniciativas locais e regionais, até mesmo como reação ao risco de perda de autonomia e de identidade regional-local em razão da globalização; (iv) o processo de atomização das iniciativas e das decisões propagado pelos fundamentos do liberalismo econômico, cujo canal tem sido a descentralização político-administrativa.

Na América Latina, o debate sobre o federalismo emerge com força após o desmoronamento dos regimes militares centralizados e com ele a recuperação da democracia e da descentralização. Os planos de estabilização, acompanhados de ampla retirada do estado da economia e dos processos de descentralização, do poder e dos recursos, estimularam os economistas – sobretudo do Fundo Monetário Internacional (FMI), do Banco Mundial (BIRD) e da Comissão Econômica para a América Latina (CEPAL) – a se debruçarem sobre o tema do federalismo no continente.

No caso do Brasil, apesar de seu sistema federal existir desde a proclamação da república, em 1889, não há no país uma tradição intelectual de se pensar e discutir o federalismo, como também não há uma tradição política federalista. Essa preocupação é relativamente recente e ela advém menos de aspectos étnicos e culturais do que de aspectos políticos, econômicos, fiscais e financeiros. O fato é que a crise fiscal do estado federal, combinada às alterações promovidas pela Constituição de 1988, levaram os estados e municípios a lutar mais abertamente pela repartição dos recursos públicos disponíveis. A principal motivação do debate recente sobre a federação brasileira está na reforma fiscal e tributária que ganhou impulso no ano de 2003, cujo epicentro passou a ser a concorrência fiscal entre os estados, mas também entre estes e o governo federal. No conflito vertical, entre governos estaduais e governo federal, o que vem mobilizando o debate é, sem dúvida, a nova guinada à centralização.

Princípios do federalismo
A questão do federalismo é tratada de duas formas diferentes pela literatura, uma conduzida por uma abordagem jurídica na qual privilegia os aspectos da organização político-administrativa do estado, outra procurando utilizar uma abordagem política, institucional e econômica para dar conta das relações contraditórias e cooperativas entre os entes federados. Para a primeira o federalismo é uma questão de estado e para a segunda ele é uma questão de sociedade e de suas instituições. Apesar das diferenças nas abordagens, ambas mantêm o ponto comum segundo o qual o federalismo se define pela negação da estrutura do estado centralizado, imbuído de poderes absolutos. Neste sentido, pode-se dizer que a atitude federalista não é um monopólio das nações constituídas por regimes federais, podendo

ser manifestada por qualquer sociedade insatisfeita com o absolutismo e o centralismo do estado. Aqui procurar-se-á identificar os princípios centrais do federalismo que, uma vez se manifestando e se interagindo, darão a dinâmica e a plenitude do seu funcionamento.

Burdeau (1967) define a organização federal do estado por dois princípios básicos, a saber: o da "autonomia" e o da "participação". O primeiro refere-se ao princípio mais caro para o federalismo, o princípio da autodeterminação conquistada mas garantida institucionalmente pela constituição às partes federadas; o segundo diz respeito à responsabilidade que cabe a cada subsistema federativo na gestão macroeconômica do país, responsável pela governança do sistema. Este último princípio nos remete diretamente para a noção de "cooperação" das ações entre os entes federados – aqui entendida como uma cooperação não só horizontal, pactuada entre as unidades federadas, ou subnacionais, mas também a cooperação vertical praticada de baixo para cima, para atender os interesses da união naquilo que diz respeito à satisfação das demandas sociais e ao equilíbrio macroeconômico do país.

A questão da autonomia está no centro de qualquer sistema federal, seja por questões éticas e políticas, com respeito à liberdade, seja por questões de racionalidade econômica. Por causa disso, a consequência prática da autonomia é a descentralização do poder no sentido do fortalecimento dos entes subnacionais. No período recente, formou-se um amplo consenso em relação à ideia de que as instâncias locais e seus processos de decisão levam enorme vantagem sobre as instâncias governamentais centrais, na medida em que os primeiros estão melhor situados em termos de proximidade com relação aos usuários finais dos bens e serviços. Nessa perspetiva, as instâncias locais podem manter uma relação em tempo real com os consumidores de bens e serviços públicos.

Conforme resenha realizada por Tanzi (1995), podem ser identificadas na teoria econômica duas importantes linhas de argumentos a favor da relação entre descentralização e alocação eficiente dos recursos. A primeira liga-se ao "teorema da descentralização" (Oates, 1972) e tem como argumento de defesa, de um lado o fato de nem todos os bens públicos terem características espaciais semelhantes e, de outro, o fato de os governos locais terem vantagem comparativa superior, em relação ao governo central, em supri-los. A conclusão mais direta desse teorema é que nem todos os governos e comunidades locais estão dispostos a receber um "pacote de

JAIR DO AMARAL FILHO

bens públicos" que nada tem a ver com suas necessidades, e tampouco com suas maneiras de executá-los. A segunda tem como argumento a vantagem oferecida pela concorrência entre governos locais; diz que esses estão mais bem dotados para identificar as preferências da população e, assim, aqueles que melhor perceberem essas preferências colherão melhores benefícios. Nesse caso supõe-se que a concorrência entre os governos locais engendra um processo virtuoso de eficiência na alocação dos recursos.

Em resumo, os argumentos favoráveis à descentralização da ação pública estão baseados em três elementos-chave, a saber: (i) o da proximidade e da informação, isto é, os governos locais estão mais próximos dos produtores e dos consumidores finais de bens e serviços públicos (e privados), e por isso são melhor informados que os governos centrais a respeito das preferências da população; (ii) o da experimentação variada e simultânea, ou seja, a diferenciação nas experiências locais pode ajudar a destacar métodos superiores de oferta do serviço público; e (iii) o elemento relacionado a tamanho, quer dizer, quanto menor o aparelho estatal melhor é o resultado em termos de alocação e de eficiência da ação.

No que pese a importância ocupada pela autonomia, ou descentralização, no sistema federal, há que reconhecer que ela deve estar sempre associada ao princípio da cooperação, sem a qual não há governança e sustentabilidade para o referido sistema. Muito apropriadamente, Abrucio e Costa (1998) argumentam que a compatibilidade entre autonomia e cooperação é fundamental para o êxito do "arranjo federativo". Como se pode ver, esses dois princípios estão fortemente associados às esferas federadas, ou subnacionais.

Todavia, as trajetórias dos sistemas federados, na América como na Europa, assim como os processos recentes de descentralização em todo o mundo, têm demonstrado que esses dois princípios são insuficientes para levar a cabo uma regulação satisfatória do federalismo. Isto pode ser entendido da seguinte maneira: no processo dinâmico do federalismo as partes federadas acabam dando muito mais ênfase ao princípio da autonomia do que propriamente ao princípio da participação, no sentido de colocarem em prática uma certa cooperação espontânea que vise ao equilíbrio estrutural e fiscal, e à estabilização macroeconômica de toda a federação.

A bem da verdade, é normal que algumas formas de cooperação espontânea acabem surgindo entre os entes federados, mesmo que se constatem procedimentos extremamente competitivos entre esses segmentos, como por exemplo as disputas fiscais entre os mesmos. O surgimento da cooperação pode perfeitamente acontecer num ambiente competitivo, desde que algumas condições estejam presentes, de entre elas a oportunidade de interação contínua entre os entes federados. Portanto, a cooperação não é um princípio totalmente ausente na relação entre os estados federados, mas a sua manifestação espontânea não é um resultado que se pode garantir antecipadamente, necessitando assim de um mecanismo central de coordenação.

Não é por acaso que na literatura dedicada ao federalismo fiscal se observa uma preocupação bastante acentuada em relação a dois outros princípios: o da "coordenação" entre a união e as partes federadas, e o da "equalização estrutural" (Amaral Filho, 1999). Ao contrário dos dois princípios anteriores, que estão a cargo dos subsistemas, esses dois outros devem estar sob a responsabilidade do governo federal ou da união. Musgrave (1959), com muita propriedade, definiu há muito três funções-chave para o governo central: (i) alocar, (ii) distribuir e (iii) redistribuir recursos materiais e financeiros entre os governos subnacionais. Com essas funções o governo central procura manter o equilíbrio estrutural entre os entes federados, através de políticas de correção, ao mesmo tempo que procura estabelecer um quadro de justiça fiscal.

O princípio da coordenação, manifestada normalmente por meio das políticas fiscal, monetária e financeira em poder dos subsistemas nacionais, cresceu muito de importância dentro dos países bem como dentro da literatura recente (Buiter & Kletzer, 1994; Commission des Communautés Européennes, 1990; Muet, 1995). Essa importância está associada às repercussões de que os défices fiscais e as dívidas públicas, desmesuradas e desordenadas, causam sobre a poupança privada, assim como sobre a estabilização macroeconômica. Tais repercussões são consideráveis, quando se trata de um ambiente federativo, devido ao conflito que as dívidas provocam entre as unidades federadas, assim como entre estas últimas e o governo federal. Quanto maior esse universo, maior o conflito entre os interesses individuais, conflito esse que se complica ainda mais no caso de haver uma assimetria acentuada entre aquelas unidades (no que tange aos tamanhos das economias, suas inserções internacionais, bem como suas dotações de recursos).

Em outras palavras, o exercício da maximização da autonomia que goza cada uma das partes federadas faz com que as unidades federadas com mais condições de tirar melhores resultados desse exercício acabem transferindo para o resto da Federação os resultados negativos do seu próprio bem-estar. Isso tende a se agravar ainda mais com a instalação de medidas que visem à maior descentralização fiscal e administrativa para os governos subnacionais.

A federalização das externalidades negativas – fruto da concorrência anárquica entre as unidades federadas, bem como dos desequilíbrios estruturais entre essas unidades – tem por efeito uma maior agravação dos desequilíbrios estruturais na federação, o que provoca, por sua vez, aumento do conflito interestadual, desestabilização macroeconômica e aumento do custo de correção dos desequilíbrios estruturais por parte do governo central, a união. Tendo em vista esse problema conflitual entre as partes federadas, torna-se fundamental a interferência da coordenação do poder central, da união, a fim de que a coesão da federação seja preservada.

Por fim o princípio da equalização estrutural. Sabe-se que as disparidades regionais ou as desigualdades estruturais entre as economias subnacionais podem enfraquecer o sistema federativo, seja porque permitem a constituição de polos econômicos desiguais seja porque criam condições propícias para o fortalecimento do poder central, com a desculpa de que a centralização pode apaziguar os conflitos federativos advindos das estruturas desiguais. O melhor nesse caso, é que o governo central mantenha uma agenda preventiva visando a equalização estrutural entre as regiões e as unidades federadas. Através do orçamento federal, canalizado por meio dos ministérios e instituições federais, o governo central deve ter uma preocupação permanente de procurar compensar as regiões desfavorecidas com obras e projetos de infraestrutura que sejam capazes de incluir e integrar essas regiões.

Trajetória do federalismo brasileiro

O sistema federal brasileiro foi inspirado no sistema federal dos Estados Unidos da América. Apesar disso, sua emergência se deu de maneira oposta, isto é, foi criado por decreto, de cima para baixo. Pelo Decreto nº 1 de 15 de Novembro de 1889, a república federativa foi provisoriamente proclamada e declarada como forma de governo. Na época, a república federativa do Brasil contava com 19 províncias. Hoje conta com 26 estados, 1 distrito federal e mais de 5.000 municípios. Sua evolução segue um caminho tortuoso e pendular, ora pendendo para o centralismo ora pendendo para o descentralismo, mas em grande parte fortalecendo a primeira tendência.

TRAJETÓRIA DO FEDERALISMO FISCAL BRASILEIRO E SUA TENDÊNCIA DE ...

Ao criar o sistema federal no Brasil, a Constituição de 1891 promoveu, como afirma Oliveira (1995), uma substituição dos poderes oligárquicos locais e regionais pelo estatuto do estado federado autônomo. O império transferiu para aquelas oligarquias muitas de suas funções clássicas tais como a coleta de impostos, a guarda nacional, os bancos oficiais com poder de emissão etc., efetuando assim uma transferência direta de poderes públicos para poderes privados, geograficamente já definidos pela história da colonização. Essa fase do federalismo ficou marcada tanto pela descentralização e autonomia dos estados como pelo forte peso político dos estados de São Paulo e Minas Gerais que, por meio de um conluio político, passaram a dominar a política nacional até o início dos anos 1930.

A revolução de 1930 teve por consequência colocar um fim nesse desequilíbrio de poder dentro da federação brasileira ao mesmo tempo que procurou, de um lado, esvaziar as oligarquias regionais por intermédio da federalização de órgãos e políticas estaduais e, de outro lado, fortalecer os sistemas administrativos e a burocracia federais. Entretanto, apesar da oligarquia cafeeira de São Paulo ficar politicamente enfraquecida, dentro da "nova federação" ela continua a receber do governo federal benefícios financeiros e fiscais especiais devido à sua importância na geração de divisas proporcionada pela exportação do café.

A Constituição de 1934 procurou inovar com relação ao reequilíbrio entre estados-membros e governo central, mas essa tentativa logo foi interrompida pelo golpe de estado e a criação do "Estado Novo" em 1937, pelo próprio Getúlio Vargas, líder do movimento de 1930 e no poder desde então. A nova carta constitucional de 1937 conservou o sistema de estado federal, mas pelo Decreto-Lei federal nº 1.202 de Abril de 1939, que regulava sobre as administrações estaduais e municipais, transforma os estados-membros em "coletividades territoriais descentralizadas". Por esse instrumento, os estados federados passam a se submeter à supervisão, controle e fiscalização do presidente da república. Fica assim instituído o regime de tutela administrativa, política e financeira dos estados-membros ao chefe de estado.

A nova Constituição de 1946, liberal na sua forma e conteúdo, procurou recuperar o espírito federalista presente na Constituição de 1934, qual seja, aquele em que propõe uma divisão mais cooperativa entre estado central e estados-membros. Entretanto, dada a calcificação da estrutura centralizada da organização administrativa-tecnocrática a redivisão do poder aconteceu pela via do federalismo fiscal-financeiro, isto é, maior repartição das receitas e despesas federais. A relação financeira do estado federal foi estabelecida através do orçamento federal do Banco do Brasil, assim como pela via de ações diretas do governo federal.

Interessante notar que já a partir dessa fase o apoio às regiões desfavorecidas economicamente (norte e nordeste) recebe uma modificação significativa. Agora o apoio financeiro a essas regiões não viria apenas em caráter emergencial ou *ad hoc*, para atender às calamidades públicas, mas em caráter mais sistemático e estrutural, com o objetivo de "valorizar" e "aproveitar" "economicamente" as regiões da Amazônia e do vale do São Francisco. Foi também nessa época, no governo de Gaspar Dutra, que se elaborou o primeiro plano nacional (plano SALTE) de obras destinado a melhorar o estoque de capital em infraestrutura, que não entrou em prática por causa dos limites financeiros do governo federal.

Encontram-se aí as primeiras preocupações e os primeiros mecanismos objetivando um certo reequilibro estrutural e compensatório entre os estados-membros da federação brasileira. Esta tônica voltada para o desenvolvimento regional passará a ocupar um maior espaço nos governos posteriores à presidência do general Gaspar Dutra. Por exemplo, no segundo governo de Getúlio Vargas (1951-1954) este cria o Banco do Nordeste do Brasil (BNB) e Juscelino Kubitshek de Oliveira (1956-1961) cria, por sua vez, a Superintendência de Desenvolvimento do Nordeste (Sudene).

Esse movimento de descentralização fiscal-financeira da União em direção dos subsistemas nacionais foi novamente detido a partir do golpe militar de 1964, que promoveu uma nova modificação no interior da organização federal brasileira, pela via de uma nova Constituição em 1967. No bojo das reformas institucionais implementadas pelos militares nesse período, encontravam-se profundas reformas nos campos fiscal e financeiro, alterando voluntária e diretamente a relação fiscal-financeira entre estados, municípios e governo federal. Essa alteração fez com que o pêndulo do federalismo retornasse mais uma vez para o lado da centralização.

O regime militar promoveu uma reforma fiscal dentro da qual procurou-se o equilíbrio orçamentário com um novo modo de financiamento para o setor público, no qual uma das bases foi a reforma tributária. Na divisão dos poderes sobre a cobrança dos impostos, o governo federal passou a se responsabilizar pela maioria deles, dos quais o imposto de renda (IR) e o imposto sobre produção industrial (IPI) eram os principais. O imposto sobre circulação de mercadorias (ICM) ficou a cargo dos estados e o imposto territorial (IT) e o imposto sobre serviços (ISS) a cargo dos municípios.

A reforma do federalismo fiscal-financeiro deste período trouxe algumas particularidades relevantes, cuja associação pode ser feita tanto com o comportamento centralista-autoritário do regime militar quanto com os objetivos de estabilização macroeconômica e de disciplina e coordenação fiscais entre as várias instâncias do estado.

Entre essas particularidades podem-se citar três delas. A primeira, era que parte do IPI e do IR fosse destinada para a formação do "fundo de participação de estados e municípios", mecanismo fiscal-financeiro criado para realizar a distribuição dos recursos federais para as esferas subnacionais;[6] a segunda, era que os estados e municípios não tivessem autonomia para fixar as alíquotas dos impostos que cobravam, embora apropriassem deles; a terceira, que o governo federal passasse a vincular as despesas dos estados federados às receitas, seja de fonte própria ou transferida.

Com a restrição imposta sobre a autonomia e as competências dos estados federados *vis-à-vis* da estrutura tributária-fiscal, o governo federal introduziu alguns mecanismos que iriam inibir e mesmo impedir a desordem e a concorrência fiscal entre os estados e municípios por um longo período, que vai até pelo menos o início da década de 1980, quando já se percebe uma certa desordem fiscal-financeira em nível das contas dos estados subnacionais.

Uma outra particularidade também deve ser destacada, agora no campo do reequilíbrio estrutural entre as regiões. Na década de 1960, já se fazia sentir claramente o declínio das "economias regionais periféricas" em função da integração do mercado nacional, que se intensifica aceleradamente no regime militar. Face a essa evidência, o governo militar institucionaliza, explicita e amplia a política de desenvolvimento regional, transformando a Superintendência de Desenvolvimento para o Nordeste (Sudene), o Banco do Nordeste do Brasil (BNB), a Superintendência de Desenvolvimento para a Amazônia (Sudam) e a Superintendência da Zona Franca de

---

[6] O que entra em cena não é apenas o mecanismo de compartilhamento dos recursos federais com estados e municípios, mas o princípio de se fazer justiça fiscal, ou seja, passar a destinar mais recursos para aquelas unidades federadas com baixa capacidade fiscal, levando em conta novas variáveis, como população e renda. Para uma leitura mais aprofundada sobre essa questão sugere-se ver Cialdini (1997).

Manaus (Suframa) nos principais símbolos dessa política. Com essa política o regime militar promove uma substituição da "federação dos estados" pela "federação das regiões", como observa Oliveira (1995).

Tal política tinha como fonte de financiamento os "incentivos fiscais" federais, isto é, a troca de deduções do Imposto de Renda por ações relacionadas aos empreendimentos naquelas regiões, e este fundo sendo transferido como empréstimo aos interessados em realizar efetivamente os investimentos.

A Constituição de 1988 e a nova guinada do pêndulo federal

A nova Constituição de 1988 redefiniu o quadro das competências tributárias prevalecentes desde 1967, atribuindo ao governo federal a tributação sobre produção industrial; operações financeiras; importação e exportação; propriedade rural; grandes fortunas; lucro (contribuição social); e facturamento (contribuição social). Ao governo estadual foi atribuída a tributação sobre circulação de mercadorias e serviços (ICMS); transmissão de propriedade imobiliária *causa mortis*; propriedade de veículos (IPVA); e adicional de imposto de renda federal. Ao governo municipal foi atribuída a tributação sobre prestação de serviços; propriedade imobiliária urbana; e transmissão de propriedade imobiliária *inter-vivos*. No bojo da redefinição das competências, na qual o governo federal perde força, a grande inovação introduzida pela nova carta constitucional foi a transformação dos municípios em membros da federação, no mesmo nível dos estados.

Além disso, ela também promoveu no interior do sistema federal brasileiro a maior descentralização fiscal em sua história, além de aumentar consideravelmente a carga tributária em relação ao produto interno bruto (PIB).[7] É certo que as correntes políticas dentro da assembleia nacional constituinte eram predominantemente descentralizadoras – ou "municipalistas" como ficaram conhecidas – mas a descentralização fiscal não foi um fato isolado e exclusivo ao Brasil. Nesse momento, a descentralização era um movimento de âmbito internacional que atingiu tanto países com sistemas federais como aqueles não federais. Já o aumento da carga tributária obedeceu ao aumento da necessidade financeira do setor público em

---

[7] Rezende (2001) chama a atenção para o fato de que a descentralização já vinha acontecendo paulatinamente desde 1982, quando ocorreu a "recuperação da autonomia política de Estados e Municípios".

função do aumento do endividamento e dos encargos financeiros. Como ficará claro ao final deste texto, esses dois movimentos – descentralização fiscal e aumento da carga fiscal – não caminharam juntos ao longo destes anos, pois com o agravamento da crise fiscal federal o aumento da carga fiscal implicou no sacrifício da descentralização.

Em 1980, momento anterior à aprovação da nova carta, a carga tributária dos três níveis de governo sobre o PIB era de 24,63%, mas em 1988, ano da aprovação da mesma, essa carga era de 22,43% e em 1995 ela já atingia 28,51%. Desses totais as participações por nível de governo eram as seguintes: em 1980 o governo central participava com 18,50%, o governo estadual com 5,41% e o governo local com 0,71%. Para os anos de 1988 e 1994 as participações desses governos eram, respetivamente, de 15,82% e 18,95% para o governo central, 5,95% e 8,18% para o governo estadual e de 0,66% e 1,38% para o governo local (Afonso, 1996; e Afonso & Ramundo, 1995).

Mais interessante notar, segundo as mesmas fontes, é que, pelo lado da composição dos tributos em 1980, o governo central participava com 75,1%, o governo estadual com 22,0% e o governo local com 2,9%. Em 1988, ano de aprovação da nova carta, as participações eram, respetivamente, de 70,5%, 26,5% e 2,9%. Já para o ano de 1994, ano em que os impactos da nova carta já se faziam sentir, as participações relativas se comportavam da maneira seguinte: 66,5% para o governo central, 28,7% para o governo estadual e 4,8% para o governo local.

Por esses dados percebe-se que houve, de fato, um processo de descentralização fiscal entre os entes federados brasileiros após a promulgação da nova carta constitucional de 1988. O que se pode notar de remarcável é que, não só o governo central perdeu receita para os estados e municípios, como também estes últimos passaram a ter uma participação considerável na composição da arrecadação. Do lado dos gastos constata-se um igual movimento de descentralização quando se analisa quatro tipos deles: (i) consumo corrente; (ii) transferências de assistência e previdência, (iii) investimento e (iv) gastos fiscais (consumo corrente, subsídios e investimentos) mais transferências de assistência e previdência.

Ainda segundo aqueles autores, no primeiro tipo de gasto, em 1980 o governo central participava com 44%, o governo estadual com 39% e o governo local com 17%. Já em 1994 o primeiro passou a participar com 39% e os dois restantes com 36% e 25% respetivamente, revelando assim uma clara descentralização do consumo corrente. Entretanto, alguns autores (ver por exemplo Rezende, 2001) têm identificado, no perfil dessa descentralização, um certo abuso na expansão dos gastos correntes efetuados pelos entes federados subnacionais, especialmente pelos municípios. Sugerem, neste caso, que os governos subnacionais confundiram descentralização com liberdade para gastar.

Não havendo instrumentos efetivos e eficazes de controle sobre esse tipo de gasto, os resultados não foram os desejados. Vale lembrar que a lei de responsabilidade fiscal só ganhou vida em 2000, antes disso os mecanismos eram limitados aos controles de endividamento, como (i) resoluções do Banco Central ou do Conselho Monetário Nacional; (ii) controle das aprovações de projetos com apoio financeiro externo; (iii) limitação dos empréstimos das instituições financeiras federais; (iv) regras limitando a rolagem e ampliação da dívida bancária e (v) restrições ao endividamento mobiliário, efetuadas pelo congresso. Mais para o final da década de 1990 vieram as privatizações dos bancos estaduais, a limitação na contratação de "antecipações de receita orçamentária" (AROs) – renegociação das dívidas dos estados (Giambiagi & Além, 2000).

No segundo tipo de gasto, isto é, transferências de assistência e previdência, em 1980 o governo central participava com 88%, o governo estadual com 10% e o governo local com 2%. Em 1994 o primeiro passou a participar com 83%, o segundo com 13% e o terceiro com 4%. Observa-se neste item uma certa rigidez na descentralização devido à incapacidade dos governos subnacionais em absorver esse tipo de tarefa, fato que reforçou a tese pessimista em relação à descentralização pois os governos subnacionais não tiveram a capacidade esperada para assumir parte da oferta das políticas sociais descentralizadas. Neste aspeto, um dos pontos críticos verificados foi o fato de a Constituição de 1988 ter beneficiado mais os municípios pequenos, com menos problemas sociais, em detrimento dos municípios maiores, onde se concentram a maior parte das demandas sociais (Rezende, 2001). Tal problema teve como efeito colateral a proliferação de novos municípios, já que políticos locais se sentiram incentivados para tal fim.

No terceiro tipo – o investimento – em 1980 o governo central tinha uma participação de 30%, o governo estadual 39% e o governo local 31%. Em 1994, o governo central passa para 22%, o governo estadual para 43% e o governo local para 35%. Com relação a este item, é interessante notar que, já em 1980, a participação do governo central nos investimentos já era menor do que a dos governos estaduais, apontando um efeito da crise fiscal do estado federal e uma desaceleração nos grandes investimentos que caracterizaram a economia brasileira nos anos 1970. Em 1994, com o agravamento da crise fiscal, somado ao fator da descentralização dos gastos, a participação do governo federal caiu espetacularmente, sem significar que os governos estaduais estivessem realizando a contento os investimentos necessários.

Finalmente, para o item "gastos fiscais", em 1980, o governo central participava com 66%, o governo estadual com 23% e o governo local com 11%. Mas, em 1994, a participação do primeiro caiu para 52% e as participações dos outros dois níveis aumentaram respetivamente para 29% e 19%.

Tanto com relação à "divisão de competências tributárias" quanto com relação à "divisão de competências do gasto público" a realidade do sistema fiscal federal brasileiro se aproximou, na época, aos parâmetros ideais de descentralização recomendados pela literatura especializada, em relação aos quais apresentava pequenas divergências (Saha, 1990; 1994). Dentro desse quadro de divergências pode-se apontar, como exemplo, o caso mais significativo que é o do imposto sobre o valor agregado (IVA), que é universalmente realizado pelo governo federal (base de cálculo, fixação da alíquota e arrecadação/administração). Mas no caso do Brasil, a base de cálculo assim como a fixação da alíquota são realizados por ambos os governos, federal e estadual, mas a arrecadação e a administração são realizadas pelo governo estadual.

Alguns autores – como Saha (1994) e Afonso e Ramundo (1995) – diante desse processo, chegaram a quantificar e comparar os índices de autonomia dos estados subnacionais de alguns países. Pelos seus cálculos, o Brasil alcançou um coeficiente de 0,67 (1992) contra 0,88 dos Estados Unidos (1988), 0,79 da Alemanha Ocidental (1988), 0,79 do Canadá (1988), 0,65 da Malásia (1984-1988), 0,53 do Paquistão (1987-1988), 0,50 da Colômbia (1979-1983), 0,45 da Índia (1982-1986), 0,43 da Austrália (1987) e 0,19 da Indonésia (1990). Isso demonstrava não só um grau relativamente elevado da autonomia dos estados subnacionais brasileiros, sobretudo em relação aos países em desenvolvimento, mas também a existência de uma multiplicidade de federalismo no mundo, visto pelo ângulo do grau de centralização do poder nas mãos do governo central (May, 1969; Elazar, 1987).

Se, de um lado, promoveu-se um aumento do grau de descentralização e de autonomia fiscal dos estados subnacionais, de outro, houve também um crescimento da preocupação regional e uma multiplicação dos mecanismos visando ao esforço na diminuição dos desequilíbrios estruturais entre as regiões. Os constituintes fizeram constar na nova carta constitucional sete artigos concernentes à questão regional e criaram três novos fundos constitucionais objetivando o desenvolvimento regional: o Fundo Constitucional do Norte (FNO), o Fundo Constitucional do Nordeste (FNE) e o Fundo Constitucional do Centro-Oeste (FCO).[8] O financiamento desses fundos tem sua origem numa porção de 3% da arrecadação dos impostos sobre a renda (IR) e sobre os produtos industrializados (IPI).

Esses fundos se juntaram ao elenco de mecanismos de incentivos fiscais já existentes antes de 1988 e receberam também o reforço do fundo de participação dos estados (FPE) e municípios (FPM),[9] que já sendo um mecanismo de distribuição e transferência dos recursos federais e estaduais para os sistemas subnacionais passou também a servir como mecanismo de compensação fiscal e regional. Cabe lembrar que 2/3 das transferências governamentais passaram a beneficiar as regiões centro-oeste, norte e nordeste. Autores como Lavinas, Magina e Silva (1995) chegaram a concluir que houve uma "descentralização espacial" dos recursos federais em benefício das regiões norte, nordeste e sul, o que poderia ser verdade caso não tivesse ocorrido a recentralização dos recursos nas mãos do governo federal, em função do elevado nível do endividamento público federal.

Apesar da incontestável descentralização experimentada pelo sistema federal brasileiro, indicada pela elasticidade da autonomia dos estados em termos de receitas e gastos e, apesar do esforço desempenhado pelo governo federal no sentido de promover o desenvolvimento regional, a federação brasileira continuou sofrendo de dois problemas estruturais, quais sejam, (i) o conflito de interesses e de funções entre os entes federados, principalmente pela falta de mecanismos de controle e de comprometimento no momento adequado, e (ii) a desigualdade regional.

---

[8] Esses fundos são formados por 3% da receita do imposto de renda (IR) e imposto sobre produtos industrializados (IPI).

[9] O fundo de participação dos estados é constituído por 21,5% do imposto de renda (IR) e imposto sobre produtos industrializados (IPI). O fundo de participação dos municípios é formado por 22,5% do imposto de renda (IR) e imposto sobre produtos industrializados (IPI). Como transferências, há também a transferência dos governos estaduais, de 25% do imposto sobre a circulação de mercadorias (ICMS) e 50% das receitas obtidas pelo imposto sobre a propriedade de veículos para os municípios.

Este sugere que um processo de descentralização dos poderes dentro de um sistema federal não implica automaticamente em desconcentração do poder econômico, indicando que a transferência, pura e simples, de recursos financeiros para estados e municípios não são suficientes para atacar esse tipo de problema.

No tocante ao segundo problema, constata-se que da soma total do produto interno bruto do país (a preço corrente) em 2001, a região sudeste participava com 57,12%, enquanto o sul tinha uma participação de 17,80%, o nordeste de 13,12%, o centro-oeste 7,20% e o norte de 4,76% (IBGE, 2001). Comparada, por exemplo, ao ano de 1985 pode-se dizer que a desconcentração das atividades econômicas foi pequena, pois a região Sudeste detinha nesse ano 60,2% do PIB nacional, enquanto o Sul tinha 17,1%, o Nordeste 14,1%, o Centro-Oeste 4,8% e o Norte 3,8% (IBGE, 2001). De 1985 para 2001, as regiões que mais se beneficiaram dessa pequena desconcentração foram a região centro-oeste, que subiu 2,4 pontos percentuais, e a região norte, que ganhou 0,96 pontos percentuais. A região sul permanece no mesmo nível e o nordeste perde posição.

Descentralização formal e recentralização real
Sem dúvida alguma a Constituição de 1988 fez com que o pêndulo histórico do federalismo brasileiro inclinasse a favor dos estados e municípios. Entretanto, já na primeira metade dos anos 1990, várias circunstâncias e medidas concorreram para que um novo processo de recentralização se verificasse. Não se trata porém de uma consequência provocada por reformas constitucionais, ao ponto de desfazer os avanços federalistas conquistados pela Constituição de 1988, mas sim de um processo de enfraquecimento fiscal-financeiro dos estados e municípios, em benefício do fortalecimento do governo federal.

Às vezes mal interpretada, a lei de responsabilidade fiscal, que passa a vigorar a partir de 2000, não pode ser confundida com as circunstâncias culpadas pela recentralização. No lugar de ser um mecanismo de centralização a referida lei tem o papel saudável de coordenar e alinhar as políticas financeiras executadas pelos três níveis de governo, inibindo assim a má gestão dos recursos públicos e o desequilíbrio macroeconômico. Entretanto, na medida em que não é seguida rigorosamente por alguns estados da federação, principalmente aqueles de grande porte, ela contribuiu para gerar uma assimetria nos resultados gerados pela execução orçamentária dos entes federados.

JAIR DO AMARAL FILHO

A propósito da recentralização e do enfraquecimento fiscal-financeiro, estes vêm sendo patrocinados por algumas circunstâncias e medidas formadas e decididas nos últimos dez anos, pelo menos, a saber: (i) estrangulamento e dependência financeira dos estados e municípios, em decorrência das altas taxas de juros, das renegociações das dívidas e do comprometimento de uma parte importante de suas receitas líquidas ao pagamento da dívida junto ao governo federal. Com exceção dos estados de Amapá e Tocantins, todos os estados da federação assinaram contratos de refinanciamento de suas dívidas com o governo federal durante os anos 1997, 1998 e 1999. Em sua maioria, esses contratos foram fixados em 30 anos de validade, envolvendo taxas de comprometimento que vão de 6,79% a 15% da receita líquida; (ii) criação de novos impostos e contribuições por iniciativa do Governo Federal, cujas receitas não são compartilhadas com estados e municípios. Dentre eles se encontram (1) a contribuição provisória sobre movimentação ou transmissão de valores e de créditos e direitos de natureza financeira (CPMF - lei nº 9.31 de 24 de outubro de 1996); (2) a contribuição de intervenção no domínio Econômico (CIDE), o chamado imposto sobre o combustível (lei nº 10.168 de 29 de dezembro de 2.000); (3) a contribuição para financiamento da seguridade social (COFINS), devida pelas pessoas jurídicas (lei complementar 70 de 30.12.1991 e artº 18 da lei 10.684/2003 de 01.09.2003). Em cima dessas "inovações fiscais e financeiras" o governo federal efetuou algumas alterações com a finalidade de aperfeiçoar sua eficácia, o que promoveu um aumento da arrecadação. Essas alterações se fizeram conhecer através da (1) COFINS não cumulativa; (2) COFINS sobre importados; (3) aumento da COFINS sobre entidades financeiras; (4) aumento da contribuição social sobre o lucro líquido das empresas (CSLL) e (5) aumento do imposto sobre produtos industrializados (IPI) dos cigarros (este, compartilhado com os entes federados); (iii) Lei Kandir – ou Lei Complementar nº 87 de 13 de setembro de 1996 – que isenta as exportações de bens do imposto sobre circulação de mercadorias e serviços (ICMS) e compensa os estados pelas perdas. Desde então os estados não vêm sendo compensados adequadamente por essa isenção; (iv) contenção de parte das transferências referentes aos fundos de participação, devido ao aumento do comprometimento do superavit primário gerado pelo governo federal e estados subnacionais; (iv) compressão dos investimentos públicos federais nas economias estaduais, retomada no governo atual da presidente Dilma

Rousseff; (v) não cumprimento do Governo Federal referente à sua cota parte, de R$9,00 reais por aluno, no fundo de manutenção e desenvolvimento do ensino fundamental e de valorização do magistério (FUNDEF), criado pela emenda constitucional nº 14 de setembro de 1996 e regulamentado pela lei nº 9.424 de 24 de dezembro de 1996, pelo Decreto nº 2.264 de junho de 1997.

Estes problemas foram debatidos no congresso nacional, em 2003, em decorrência do projeto de reforma tributária, quando então foram decididos três pontos de inflexão: (i) elevação da compensação das perdas dos estados com a Lei Kandir; (ii) criação do fundo de desenvolvimento regional; e (iii) repartição da CIDE com os governos estaduais, que passariam a ficar com 25% do total arrecadado.[10] Apesar dessas mudanças, há um grande esforço a ser realizado pelo Congresso Nacional para que a tendência de recentralização das receitas, a favor do governo federal, seja revertida. Como pode ser observado no gráfico 3.1, essa tendência está muito acentuada e tenderá a aumentar ainda mais caso não seja alterada.

Gráfico 3.1. Composição das receitas federais

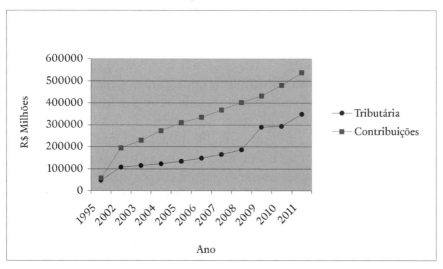

Fonte: Informações Complementares da Proposta Orçamentária de 2005; Secretaria de Orçamento Federal; Confederação Nacional dos Municípios (CNM); Portal da Transparência.

---

[10] Oportuno informar que o Fundo de Desenvolvimento Regional não foi efetivado.

Em 2003 a soma das receitas tributárias federais atingiu R$115.051 (milhões) enquanto a soma das receitas com contribuições (não compartilhadas) chegou a R$229.273 (milhões), ou seja, um hiato de 99,28%. Para o ano de 2004, de acordo com o mesmo gráfico, essa diferença atingiu 121,05% e no ano de 2005, 129,75%. Em linha com o mesmo gráfico, a diferença entre as receitas vindas das contribuições e as receitas provenientes dos tributos se afirma até o ano de 2011.

Conclusões

O federalismo digno de seu nome deve mobilizar quatro noções-chave, a saber, *autonomia, cooperação, equilíbrio estrutural e coordenação*. A grande onda de descentralização fiscal que se propagou quase que em todo mundo nesses últimos anos não pode ser confundido com a ideia de federalismo. Se esse processo serviu para dar maior autonomia aos governos subnacionais isso não significa que ele tenha mobilizado as outras três noções.

Alguns indicadores nos permitem afirmar que a propagação do liberalismo econômico entre os estados-nações provocou (e vem provocando), como consequência, a desestabilização dos sistemas federativos, na medida em que seus princípios privilegiam uma única noção, a da autonomia.[11] As outras três noções são bastante estranhas para os dogmas liberais, a menos que as forças do mercado se encarreguem de cumpri-las. O mesmo pode-se dizer para o processo de globalização, tendo em vista a força que este tem para fraturar a coesão e a solidariedade entre as regiões de um país. Nesse sentido, pode ser notado um estranho paradoxo, no quadro atual do debate, ou seja, ao mesmo tempo que se discute o tema do federalismo é neste momento que esse sistema vem se fragilizando, a exemplo do processo de recentralização, não só no Brasil mas em outros sistemas federais. Neste país, tal processo tem ocorrido muito claramente por meio dos mecanismos fiscais, mas em outros sistemas federados a centralização tem se manifestado pela via das instituições políticas, a exemplo da Venezuela e da Rússia.

É bem verdade que no Brasil não há uma tradição interna de pensar e discutir seu próprio federalismo. O sistema federativo brasileiro aparece

---

[11] Interessante notar que a Inglaterra foi um dos raros países a manter firmemente seu sistema de centralização político-administrativo, sem que com isso se defenda o mesmo modelo. Apenas para sugerir que os liberais ingleses não passaram para o mundo a receita completa do neoliberalismo atual.

como um *deus ex machina*, ou seja, de cima para baixo. Se durante toda sua história ele sempre esteve em dívida com a "utopia do federalismo", pelo menos avanços foram dados no sentido de preencher aqueles quatro requisitos. Entretanto, nas duas últimas décadas, quando então pensava-se que o federalismo finalmente seria atingido com a forte descentralização fiscal, ao mesmo tempo que com a multiplicação dos mecanismos formais de política de desenvolvimento regional, vê-se, ao contrário, que esse objetivo ficou um pouco mais distante. No momento que a descentralização fiscal imprimiu uma autonomia jamais vista aos estados federados brasileiros, assiste-se à fragilização da cooperação entre os estados, aprofundamento dos desequilíbrios estruturais entre regiões e estados e, mais recentemente, um forte processo de recentralização fiscal-financeira.

Bibliografia

ABRUCIO, F. L., & Costa, V. M. F. (1998). *Reforma do Estado e o Contexto Federativo Brasileiro*. São Paulo: Konrad-Adenauer--Stkftung.

AFONSO, J. R. R. (1996, março). *Descentralização fiscal, efeitos macroeconômicos e função de estabilização: o caso (peculiar) do Brasil* (Seminário sobre gestão da despesa pública). Brasília.

AFONSO, J. R. R., & Ramundo, J. C. M. (1995). *Federalismo fiscal no Brasil*. Rio de Janeiro: BNDES, não publicado.

AMARAL FILHO, J. do (1999). O quadrilátero do federalismo: uma contribuição para a compreensão do federalismo imperfeito no Brasil. *Revista Econômica do Nordeste, Fortaleza*, 30 (nº especial, dezembro 1999), 876-889.

BUITER, W. H., & Kletzer, K. M. (1994). Coordinación de políticas fiscales como federalismo fiscal: integración económica, bienes públicos y eficiencia en economías en desarrollo. *Boletin del CEMLA*, may-jun, 130-134.

BURDEAU, G. (1967). *Traité de Science Politique, Librairie Générale de Droit et Jurispru-*

dence, Paris: Librairie générale de droit et de jurisprudence.

CIALDINI, A. S. (1997), *Os fundos de participação no contexto do federalismo fiscal brasileiro*. Dissertação de Mestrado não publicada, CAEN-Universidade Federal do Ceará/UFC, Fortaleza, Ceará.

Commission des Communautés Européennes (1990). *Economie Europeenne (marché unique, monnaie unique)*, nº 44 (outubro). Bruxelas: CCE.

Constituição da República Federativa do Brasil. (1988). Brasil, Brasília.

ELAZAR, D. J. (1987). *Exploring Federaslim.* Tuscaloosa: The University of Alabama Press.

GIAMBIAGI, F., & Além, A. C. (2000). *Finanças Públicas*. Rio de Janeiro: Ed. Campus.

IBGE. (2001). *Perfil dos Municípios Brasileiros - Gestão Pública*. Rio de Janeiro: Instituto Brasileiro de Geografia e Estatística (disponível em: http://www.ibge.gov.br/home/estatistica/economia/perfilmunic/2001/default.shtm).

LAVINAS, L., Magina, M. A., & Silva, M.C. (1995). *Federalismo e Regionalização dos Recursos Públicos*. Brasília: IPEA (texto para discussão nº 369, Novembro).

MAY, R. J. (1969). *Federalism and Fiscal Adjustment*. London: Oxford at the Clarendon Press.

MUET, P.-A. (1995). Ajustements macroéconomiques, stabilisation et coordination en union monétaire. *Revue d'économie politique*, 5 (sept-oct), 739-777.

MUSGRAVE, R. (1959). *The Theory of Public Finance: A Study in Public Economic*. New York: McGraw-Hill.

OATES, W. E. (1972). *Fiscal Federalism*. New York: Harcourt Brace Jovanovich, Inc.

OLIVEIRA, F. (1995). *A crise da federação: da oligarquia à globalização* (Seminário Internacional sobre Impasses e Perspectivas da Federação do Brasil, entre 8 e 10 de maio). São Paulo.

REZENDE, F. (2001). *Finanças Públicas*. São Paulo: Editora Atlas.

SAHA, A. (1990). *The new federalism in Brazil* (Working paper n.557). Washington: World Bank.

SAHA, A. (1994). *The reform of intergovernmental fiscal relations in developing and emerging market economies*. Washington: World Bank.

TANZI, V. (1995, Maio). *Federalismo Fiscal e Descentralização: Exame de alguns aspectos relativos à eficiência e à dimensão Macroeconômica* (versão em português). Washington: Fundo Monetário Internacional.

4

A matriz de contabilidade social, as economias locais e as condições da descentralização: uma aplicação à África Ocidental

YVES-A. FAURÉ

Para levar a cabo uma pesquisa relativa às questões de desenvolvimento local, regional, urbano e de forma a analisar os processos de descentralização, é indispensável uma abordagem aberta, pluridisciplinar, e dispor de um determinado número de instrumentos que permitam recolher e tratar os diferentes dados e informações. No conjunto das disciplinas das ciências sociais mobilizadas para incrementar a nossa compreensão dessas mesmas questões, as abordagens da economia ou da socioeconomia irão naturalmente interessar-se pelas atividades de produção e troca, pelo seu modo de organização e funcionamento, pelos diversos sectores, mais ou menos importantes em termos de estrutura e dinâmica, que contribuem para os sistemas produtivos locais ou regionais. Estas abordagens incidirão também sobre as relações entre esses sectores no seio da economia local e ainda entre esses sectores e o exterior (região, país, estrangeiro), sobre os operadores económicos e a sua lógica de ação, sobre as instituições (regras, costumes, convenções, organizações, etc.) que enquadram essas atividades.

Nas sociedades do norte e nos países emergentes, os investigadores podem apoiar-se num conjunto de dados estatísticos já disponíveis e relativamente rigorosos e completos, bem como num conjunto de estudos e documentos que constituem aquilo que denominamos por dados secundários e que facilitam enormemente as investigações e as análises. Os quadros de contabilidade nacionais, sobretudo quando desagregados – ou quando possíveis de desagregar utilizando determinadas chaves de repartição – à escala das cidades, municipalidades, províncias ou regiões, são de grande utilidade para conhecer as produções que participam na criação de riquezas, o seu peso relativo, as inter-relações entre os sectores e os agentes, etc. Infelizmente, em muitos países africanos, as informações tratadas pelos serviços de contabilidade nacional são parciais, pouco rigorosas e, quando difundidas, são-no com grande atraso. Daí que essas informações, incompletas e desatualizadas, não reflitam bem a realidade socioeconómica. Pode-se naturalmente compreender esta situação: os serviços oficiais competentes têm muitas vezes falta dos meios para trabalhar, a recolha de dados de base é onerosa e pesada já que pressupõe inquéritos regulares de terreno e exige o tratamento de inúmeros documentos fiscais relativos ao sector formal (impostos sobre as atividades económicas por exemplo). Uma outra razão diz respeito à enorme importância, nas economias africanas, das atividades informais que, pela sua natureza, não são objeto de registos oficiais e de tratamentos contabilísticos, constituindo muitas vezes mais de 50% do produto local bruto (PLB).

Para atenuar esta falta de informações disponíveis e para permitir apreender por um lado o conjunto das atividades e por outro identificar as principais características das economias locais (cidades/municípios, províncias, regiões) podemos utilizar aquilo que denominamos matriz de contabilidade social (MCS). Este instrumento favorece a reconstituição e a avaliação de agregados dos sectores que estruturam a atividade económica. A matriz de contabilidade social resume os principais dados da economia local e a sua repartição pelos sectores de atividade e pelos agentes económicos. Trata-se, no fundo – com base em inquéritos preliminares – de construir um quadro reproduzindo, sobre um determinado ano, os fluxos de produção e de comercialização no perímetro estudado, bem como as transações entre esse perímetro local e o exterior (compras, vendas). Contudo, na medida em que os quadros de contabilidade nacional são estandardizados para se aplicarem ao conjunto de um país e para permitirem eventualmente as comparações internacionais, o quadro resultante de uma matriz de contabilidade social é adaptado às condições e especificidades locais. Dito de outra forma, ele tem em conta as especializações produtivas e comerciais locais. Uma outra grande diferença em relação aos quadros gerais de contabilidade nacional é que, para além dos ramos de atividade da economia local, integra-se na matriz as operações económicas dos principais agentes presentes localmente: agregados/famílias, empresas, administração municipal, administração regional, provincial e/ou central.

Com este instrumento dispomos de um panorama quantitativo relativamente sério e sólido da economia local que permite confirmar, ou pelo contrário infirmar, aquilo que acreditávamos saber sobre as atividades de produção e de troca, remover certas ilusões, colocar em relevo os sectores menos conhecidos, etc.

A partir de várias experiências nos países da África Ocidental (Burkina Faso, Costa do Marfim, Mali, Senegal, Benim) o objetivo aqui será de explicitar as vantagens e os limites de uma matriz de contabilidade social, de precisar as condições metodológicas que permitem a sua utilização e fornecer um guia de leitura dos resultados. Poderemos também refletir sobre as possibilidades de utilizar esse instrumento nos contextos locais e particulares de Angola ou de Moçambique. Por fim, para sugerir os benefícios desta ferramenta, vamos discutir os resultados obtidos durante a sua utilização em Burkina Faso e na Costa do Marfim, na medida que eles informam sobre as realidades socioeconómicas da descentralização nesses países e esclarecem sobre as condições de viabilidade e sustentabilidade do processo de transferência de competências para as autoridades e os governos municipais.[12]

Ver-se-á que uma matriz de contabilidade social não é suficiente em si mesma; ela não é um instrumento mágico. Tendo em vista que, por definição, é uma ferramenta que tende a remediar a não disponibilidade ou a incerteza de dados ou que só são acessíveis com um atraso considerável,

---

[12] O essencial da presente exposição inspira-se na primeira parte de "Atores e contas de Bobo-Dioulasso", resultante de uma vasta pesquisa dirigida pelo autor (Fauré & Labazée, 2002) que relatava sobre o Burkina Faso e da Costa de Marfim. Outros estudos, próximos pela sua problemática e sua metodologia, foram conduzidos no mesmo período no Mali, no Benim e no Senegal. Eles mostram resultados bastante convergentes e revelam problemas bastante semelhantes enfrentados pelos municípios que foram objeto de um processo de descentralização.

ela deve ser alimentada por informações quantitativas credíveis. Uma vez construída, a MCS dá origem a diferentes operações, tais como tabelas derivadas – por exemplo, as contas dos sectores. A MCS está no centro do fluxo de informações: ela exige um trabalho para recolher dados a montante e ela favorece a utilização a jusante.

Enfim, a matriz é apenas uma ferramenta de conhecimento parcial e deve ser acompanhada – e deve incentivar a – pela pesquisa qualitativa junto aos agentes para identificar, dentre outros aspetos, as lógicas de ação dos operadores, a organização e o funcionamento dos sectores, os problemas que os atores enfrentam e os objetivos que eles buscam alcançar. Com essas informações adicionais, podemos obter uma visão geral, um panorama completo e confiável de ordem socioeconómica do território estudado, local, municipal ou provincial.

A construção de uma matriz
Como referido na introdução, a MCS fornece os dados principais de uma economia – neste caso, baseia-se no exemplo da economia de Bobo--Dioulasso, a segunda maior cidade do Burkina Faso e importante centro económico do país – e da sua repartição pelos diferentes sectores e agentes. Adaptada às condições locais, uma tabela como esta fornece uma visão geral das operações organizadas num determinado ano, na cidade, a partir dela, ou destinadas a ela.

Elaboração da matriz
Como uma verdadeira tabela clássica de tipo "entradas/saídas", a MCS apresenta-se sob a forma de uma tabela quadrada com dupla entrada na qual, num ano determinado, são registados os fluxos contabilizáveis de receitas e despesas da economia estudada. A MCS é alimentada, em dados quantitativos, por uma série de informações primárias coletadas diretamente no momento das pesquisas de campo, pela exploração dos documentos disponíveis, económicos, financeiros, demográficos, etc., e pela utilização de indicadores quantificados obtidos no contexto de numerosas entrevistas realizadas com os atores-chave e os responsáveis do conjunto de sectores, económicos, sociais, institucionais que estruturam a vida do território estudado.

No que concerne as atividades económicas, e por causa da falta de informações prévias,[13] no nosso exemplo da cidade de Bobo-Dioulasso procedeu-se a um inventário exaustivo de pontos de atividades: as atividades informais, fixas e fora dos mercados, as atividades nos mercados, mas também as atividades ambulantes; as pequenas e médias empresas bem como as grandes empresas.[14] Com base nesses elementos, construiu--se uma amostra representativa dos pontos de atividades – em função principalmente dos sectores económicos registados, do tamanho das atividades e dos sectores geográficos da cidade – que serviu para realizar uma pesquisa aprofundada visando estabelecer as contas de exploração dos estabelecimentos, formais e informais.[15] Os dados recolhidos referem--se principalmente aos montantes das vendas, ao valor da produção e ao destino das vendas, aos consumos intermédios e suas origens sectorial e geográfica, à massa salarial, aos impostos e taxas, aos investimentos, etc. Nesse sentido, é possível calcular, para cada ponto de atividade, os valores adicionados gerados, iguais ao valor da produção menos os consumos intermédios. Também é possível calcular o excedente bruto de exploração de cada ponto de atividade, correspondente ao valor adicionado menos a massa salarial, menos os impostos e a taxas. O excedente bruto de exploração é o resultado final da atividade económica; ele representa a remuneração do operador no sector informal e a remuneração do capital nas empresas formais-modernas. Ele permite financiar tudo ou uma parte dos investimentos. Outras séries de pesquisas são realizadas junto das famílias,

---

[13] Os dados a que eventualmente se pode aceder através dos diferentes serviços fiscais e que poderiam servir de base à análise são muito precários, frágeis e incompletos, sobretudo em economias dominadas pelas atividades informais. Caso assim não fosse, poder-se-ia evitar tal recenseamento completo.

[14] Assim chegou a recensear-se, no fim deste inventário longo e meticuloso, mais de 25.000 pontos de atividades em uma cidade que contava com um pouco mais de 300.000 habitantes no início dos anos 2000. A expressão geral "pontos de atividades" permite ter conta do conjunto das atividades económicas, cuja grande maioria não é exercida sob forma de empresa nem no âmbito de instalações físicas sólidas e duradouras. Nesse estado da pesquisa, o inventário inicial consiste apenas em identificar o ponto de atividade, localizá-lo, definir o seu sector económico e medir a sua dimensão, nomeadamente pelo número de pessoas ativas, qualquer que seja o seu estatuto no emprego.

[15] Este tipo de pesquisa junto aos operadores económicos exige muito tempo, paciência e diplomacia na condução das entrevistas por questionário.

administração pública local, associações e ONG, etc. para estabelecer as contas económicas de cada tipo de agente.

Na tabela é habitual inserir as receitas nas linhas e as despesas nas colunas. A coerência interna da MCS, de natureza contabilística, faz com que, para cada conta, o total das receitas seja igual ao total das despesas. Diferentemente de outras tabelas de contabilidade nacional, a MCS não possui necessariamente um formato e uma estrutura única. A natureza e o grau de desagregação da MCS dependem diretamente da problemática escolhida e dos objetivos da pesquisa. Por relação com as tabelas de trocas intersectoriais ou com as tabelas interindústrias da contabilidade nacional,[16] a principal inovação introduzida pela MCS é a criação de linhas e colunas correspondentes aos ramos económicos e das instituições que especificam verdadeiramente a economia estudada: atividades e cadeias específicas, empresas, famílias, poderes públicos, etc.

No caso do estudo realizado em Bobo-Dioulasso, uma forma agregada da matriz foi composta por 18 contas classificadas em seis grandes grupos. Podemos resumir rapidamente as operações a seguir. As contas de ramos de atividades dividem o valor da produção em valor adicionado e consumo intermédio. A conta de produtos indica os recursos em produtos locais e importados para economia local. As contas de fatores – capital e trabalho – informam sobre a origem e a decomposição do valor adicionado. As contas de agentes descrevem as diferentes fontes de renda da produção, das transferências das famílias, das empresas e das instituições públicas. A conta do comércio exterior descreve as importações e exportações na zona estudada. A conta da acumulação indica as fontes de financiamento, de investimento e a sua composição em produtos. Em razão das especificidades da economia de Bobo-Dioulasso, sete ramos de atividades foram selecionados: agricultura urbana, algodão, indústria, construção e obras públicas, transportes, comércio e outros serviços, mercantis e não mercantis, principalmente os prestados por instituições públicas no último caso. Os agentes identificados foram quatro: famílias urbanas, empresas,

---

[16] Uma das utilizações destes quadros consiste em converter a matriz de fluxos numa matriz de relações que permita estabelecer coeficientes técnicos, o que torna possível, por exemplo, prever os efeitos de um projecto de investimento sobre o conjunto dos sectores de atividades e dos agentes económicos.

administração do município e outras administrações desconcentradas do estado e outros organismos similares.

Algumas informações sobre a economia local

Com a matriz completa é possível retirar dela retirar novas e numerosas informações sobre a economia local: os grandes agregados que estruturam as atividades no município, o produto local bruto, o produto interno bruto por habitante, o peso das atividades industriais e do comércio – incluindo também as informais neste último caso – que constituem os dois polos do aparelho produtivo local, a remuneração do capital, a balança comercial do município, a poupança dos agentes, os investimentos, a renda por tipo de agente, as despesas das famílias, as receitas da administração local e suas fontes tributárias segundo os sectores de atividades, etc. Limitamo-nos aqui a fornecer algumas informações sobre o produto local bruto de Bobo--Dioulasso que oferece um panorama global da economia dessa cidade e onde a estrutura reflete situações que se assemelham a de outras cidades africanas. De facto, não são os números absolutos que são interessantes numa perspetiva comparativa internacional e de utilização de uma matriz em outras situações, mas os principais itens que compõem essa matriz e que, de alguma forma, podem ser observados em outros lugares na África subsariana em estudos sobre a economia local ou municipal.[17]

O produto local bruto da cidade de Bobo-Dioulasso, mais especifica-mente o valor adicionado criado em um ano, pode ser dividido de três formas diferentes, isto é, pode ser abordado de três maneiras.[18] A primeira decomposição mostra que o sector terciário é dominante nas atividades da cidade: 57%, dos quais um pouco mais de metade é da responsabilidade do

---

[17] Pode indicar-se aqui que o valor do produto local bruto (PLB) em Bobo-Dioulasso, calculado através da matriz, em relação ao PIB do país, é ligeiramente superior ao peso demográfico da cidade em relação à população total do Burkina Faso. Isto explica-se facilmente pelo facto de a cidade ser um grande centro económico e um centro de trocas internacionais – com a Costa de Marfim, o Mali, etc. que são países vizinhos – e por ser frequentemente considerada a capital económica do país.

[18] O PLB ao preço de mercado é a soma dos valores adicionados, das taxas de alfândega e dos impostos e taxas sobre os bens e serviços. Em Bobo-Dioulasso o conjunto dos valores adicio-nados representa um pouco mais de 85% do PLB, resultado bastante corrente. O produto, apreendido aqui numa ótica de valor adicionado, ou seja, de criação de riqueza, pode também ser calculado numa ótica de despesa e numa ótica de renda.

YVES-A. FAURÉ

comércio, frente aos outros serviços mercantis, os serviços não-mercantis e atividades de transporte. O sector secundário contribui com 41% para a riqueza da cidade. Esse sector é largamente dominado pela indústria manufatureira face às atividades de construção, obras públicas e atividades relacionadas com a energia.[19] Não surpreende que, numa economia urbana, o sector primário ocupe um lugar residual em termos de valor adicionado. Este representa pouco menos de 2% em Bobo-Dioulasso e consiste basicamente na agricultura de subsistência e na pecuária.

Uma segunda decomposição mostra que o sector moderno da economia fornece 50,5% do valor adicionado do município. Ele é dominado por um pouco mais de metade da indústria, comparada com outros serviços mercantis, serviços não mercantis, construção e obras públicas, energia, comércio e transporte. Simetricamente, o sector das atividades informais contribui com quase metade da riqueza criada na cidade (49,5%). Este sector é largamente influenciado pelas atividades de comércio. Isso mostra que, apesar da presença em Bobo-Dioulasso de grandes empresas industriais, em torno ou fora das atividades industriais de transformação do algodão, o sector informal continua a ser um sector chave da economia local. A pesquisa mostra que 84% dos empregos vêm do sector informal, ou mais precisamente do que se poderia chamar economia popular,[20] enquanto as empresas modernas, as administrações formais e outras organizações similares oferecem apenas 16% dos postos de trabalho. Na maioria das cidades africanas que não possuem um parque composto de empresas modernas e/ou industriais, é razoável supor que o sector informal produz anualmente mais de 70% ou mesmo 80% da riqueza local. Por isso é muito importante dar atenção ao sector informal, tanto em termos de investigação científica, como em termos da ação pública para o desenvolvimento. Embora o desenvolvimento de uma nação ou de uma região ou de uma cidade não seja em função da prosperidade do sector informal, seria grave subestimar a importância deste último na vida económica nestas diferentes escalas. Um dos objetivos da política de desenvolvimento poderia ser o de não ignorar nem tentar reduzir o sector informal, ou mesmo procurar

---

[19] A cidade estudada está no centro da região burquinense produtora de algodão. Nesta cidade estão instalados vários grandes complexos industriais de tratamento primário do algodão.

[20] De fato, todos os empregos "não modernos" não se situam no setor informal produtivo mas também, por exemplo, nas atividades domésticas (ajudas familiares, etc.).

não o formalizar a todo custo, mas promover as relações económicas, a montante e a jusante, entre este e o sector moderno, nomeadamente na componente do sector moderno que é constituída por pequenas e médias empresas formais. Neste sentido, poderia encadear-se um processo dinâmico e endógeno da economia estudada.

A terceira decomposição evocada neste artigo estabelece os pesos dos sectores público e privado. O sector privado de Bobo-Dioulasso, incluindo todos os pontos de atividade, formais, informais e serviços mercantis, produz 77% da riqueza criada na cidade. O sector público por sua vez, contribui com 23% do total do valor adicionado total.[21]

Esta breve apresentação – e mais globalmente o conjunto de dados da MCS – permite medir a importância intrínseca de cada sector de atividade e a sua contribuição relativa para a criação da riqueza local. Contudo, essas atividades estão em interdependência permanente através das operações de compra e de venda realizadas entre elas. Nesse sentido, é possível fazer uma análise dos multiplicadores, focando nas relações económicas, a montante e a jusante, no âmbito do que podemos denominar de "complexos de atividades". Estes complexos são constituídos: a) pela produção direta de bens e serviços da atividade considerada e chamada de atividade motriz; b) pelas atividades indiretas, observadas a montante, que fornecem os consumos intermédios para a atividade motriz; c) pelas atividades indiretas, observadas a jusante, o comércio, de transformação, etc. gerado pela colocação no mercado de produtos da atividade motriz. Poderíamos ir mais longe na análise, estudando as atividades induzidas, por sua vez, pela utilização das rendas distribuídas dentro do complexo. Este exercício, que é chamado de distribuição secundária, exige muitos detalhes sobre o uso da renda, por isso raramente é feito na África.

O multiplicador desenvolvido no estudo de Bobo-Dioulasso resulta da análise de atividades diretas e indiretas, e não de atividades induzidas (utilização das rendas). Este multiplicador representa a relação numérica entre o conjunto das produções relacionadas com um complexo e a produção direta resultante da atividade motora. Assim, quanto mais o consumo

---

[21] Ao contrário das empresas públicas, cujos valores adicionados são calculados sobre as mesmas bases que as empresas privadas, nas outras componentes não produtivas do sector público – administrações e organismos similares – os valores adicionados são constituídos pelas massas salariais.

intermédio for importante, mais elevado é o multiplicador. Deixando de lado os aspetos metodológicos e técnicos deste tipo de análise, é possível dar alguns resultados interessantes.

O complexo do algodão está no coração da economia da região e da cidade. Apesar desta importância, o multiplicador desta atividade motora é de 1,54. Isso significa que o impacto real, a dinâmica gerada pela atividade de beneficiação de algodão em Bobo-Dioulasso sobre as outras atividades da cidade, ultrapassa pouco mais de metade do valor desta atividade industrial. Esses efeitos indiretos são bastante modestos. Os impactos dinâmicos das atividades de transporte e das atividades de construção e obras públicas são muito mais elevados, com multiplicadores respetivos de 1,74 e 1,84. Isto significa, neste caso, que os efeitos benéficos superiores são gerados pelas atividades menos industriais e menos modernas. Tal fator ressalta os limites de um grande projeto industrial para a economia local: as fábricas de transformação primária de algodão têm tendência a funcionar sem uma grande ligação com o aparelho produtivo local. O risco de insularidade acompanha, geralmente, os grandes projetos em África: as grandes empresas envolvidas tendem a ter relações de compra de bens, de serviços técnicos, etc. e canais de vendas dos seus produtos fora das economias locais onde atuam, seja em todo o país ou, como é frequentemente o caso, no exterior.

A matriz, a descentralização municipal e o financiamento do desenvolvimento local

As pesquisas de campo e a exploração das fontes de informação disponíveis (censos, documentos técnicos, relatórios das administrações sectoriais, etc.), assim como as numerosas entrevistas qualitativas conduzidas no local, permitiram preencher a MCS com diversos dados que facilitaram a compreensão da organização e o funcionamento em diferentes sectores, económico, social e estrutura institucional que animam a cidade. Os questionários aprofundados administrados junto aos operadores económicos, formais e informais, as informações obtidas a partir dos serviços financeiros do município e os documentos disponibilizados pelas autoridades tributárias locais, desconcentradas e em âmbito nacional, permitiram, de uma maneira complementar para a MCS, desenhar um panorama bastante preciso das condições de financiamento dos serviços municipais e dos investimentos necessários para desenvolver a cidade.

Estamos, assim, em condições de apresentar um referencial sério para poder julgar a viabilidade e a sustentabilidade no longo prazo do processo de descentralização do qual se beneficiaram algumas cidades no Burkina Faso como em outros países da África Ocidental – Costa do Marfim, Senegal, Benim, Mali, etc. – a partir do fim da década de 1990. É realmente um desafio que se coloca aos governos locais descentralizados: eles possuem realmente os meios para cumprir suas missões, fazer funcionar os serviços públicos locais e preparar-se para o futuro, fazendo investimentos significativos? Esta é uma das mais importantes questões levantadas pelo processo de descentralização na maioria dos países Africanos e o problema permanece inteiramente válido em particular para países como Angola e Moçambique que são objeto desta publicação colaborativa. Por isso, é interessante conhecer a situação que foi, sob este ângulo, seriamente examinada num país como o Burkina Faso e, em especial a sua capital económica, Bobo-Dioulasso.

O estudo dos orçamentos anuais do município, suas fontes de receita e suas necessidades financeiras, tanto operacionais quanto de investimento, demonstram que as restrições de financiamento afetam a vida e o futuro da cidade e relativizam os benefícios da descentralização.

O financiamento dos serviços descentralizados

O orçamento do município resume quotidianamente os seus meios de ação. Podemos notar um aumento bastante acentuado nas massas financeiras. As despesas operacionais seguem mais ou menos o ritmo de crescimento das receitas, à custa de um significativo esforço de rigor. Tal facto tem consequências na qualidade de certos serviços locais, depois do processo de transferências de competências das administrações centrais para as administrações municipais: as missões são parcialmente realizadas e outras são exercidas em condições de qualidade medíocre. Este rigor manifesta-se nomeadamente através das despesas de pessoal, mantidas em torno de 40% das despesas totais do município, enquanto o processo de descentralização tem transferido muitas tarefas para os governos locais, da mesma forma que essas missões requerem, para seu bom desempenho, de pessoal em número crescente.

A administração local beneficia de um imposto próprio que alimenta o seu orçamento anual. Todos os impostos cobrados pelo município sobre

YVES-A. FAURÉ

as atividades económicas representam 66% das receitas orçamentais,[22] os impostos prediais representam 18% e as outras receitas não-fiscais (pagamento por serviços prestados pelo município, os produtos financeiros, etc.) representam 16%.

O orçamento municipal representa pouco menos de 1% do produto local bruto da cidade – resultado muito baixo quando comparado com os recursos financeiros disponíveis nos municípios descentralizados em países mais ricos. *A priori*, este resultado sugere que existem possibilidades para melhorar as receitas da cidade. De facto, as receitas fiscais locais, particularmente as taxas, contribuições e impostos incidentes sobre a atividade económica são muito inferiores a 1% do produto local bruto. Um aumento muito significativo na receita proveniente das propriedades construídas e outros imóveis bem como das locações aconteceu depois de um levantamento completo dos imóveis da cidade operado pelos serviços municipais. Mas como esses impostos e taxas são novos, eles não pesam sobre o total das receitas orçamentárias do município. O imposto local incidente sobre as empresas locais modernas e formais, ou seja, a "patente", não pode crescer facilmente: as empresas sujeitas a "patente" pagam o grosso de seus impostos junto das administrações fiscais centrais (imposto sobre os lucros, etc.) e a grande maioria das empresas que deveriam ser submetidas a "patente" estão claramente registadas pelos serviços oficiais. Quanto à contribuição cobrada aos operadores do sector informal – que atinge menos de um quarto do valor adicionado gerado por esse mesmo sector – o seu eventual crescimento vai de encontro a um problema com os custos de transação. Enquanto esta contribuição traz menos de um quarto das receitas provenientes da "patente", ela exige funcionários municipais numerosos para o pagamento diário e semanal por parte dos operadores, de modo que o seu produto, que já é fraco, fica ainda mais reduzido por custos de cobrança relativamente importantes.

---

[22] Estas taxas e impostos são constituídas principalmente pela "patente" (um tipo de alvará pago anualmente, dando direito a exercer uma atividade empresarial no município), pela contribuição do sector informal, pelos direitos de uso de lugares nos mercados e nos estacionamentos automóveis, pelos direitos de ocupação do domínio público municipal (por exemplo atividades económicas nas ruas).

O financiamento do investimento municipal

A descentralização, independentemente do país, não elimina os deveres e responsabilidades dos governos centrais e das administrações estatais. Os grandes serviços públicos continuam a ser prestados e financiados em nível nacional: grandes projetos de obras públicas, grandes projetos de investimento, ligações rodoviárias e ferroviárias, etc. Mas cabe aos municípios descentralizados manter, renovar e ampliar as instalações e infraestruturas que são da competência e da responsabilidade dos municípios: estradas locais (ruas, pontes, etc.), hospitais, escolas e faculdades, farmácias, mercados, redes urbanas de eletricidade, água, aquisição de equipamentos de construção de grande dimensão, etc.

Para se ter uma ideia, o mais exata possível, das necessidades de financiamento do conjunto das operações dos investimentos municipais, com a ajuda dos serviços financeiros e técnicos do município fizemos um inventário exaustivo do património físico da cidade (cuja manutenção é de responsabilidade do município) e calculámos o valor de tais infraestruturas e serviços públicos em moeda local e atualizada. Finalmente, foram aplicadas taxas de renovação em tempos diferenciados de acordo com o tipo de infraestrutura, por exemplo, uma ponte necessita de uma obra séria a cada 30 anos e as ruas exigem um tratamento de renovação muito mais frequente.

Os resultados desta pesquisa mostram que a necessidade anual de manutenção, de reabilitação e de renovação do capital físico do município representam nove vezes mais recursos do que a parte necessária do orçamento de investimento da administração local. Isso mostra a grandeza do fosso entre as necessidades e as possibilidades de financiamento para um município descentralizado. No entanto, o investimento público é a ação técnica e financeira, que prepara o futuro de uma comunidade. Podemo-nos questionar, principalmente no que concerne a vertente de investimento, se a descentralização não representará um real perigo para o futuro das administrações descentralizadas.

De uma maneira geral, é possível avançar a ideia de que os fortes constrangimentos financeiros podem ameaçar o sucesso do processo de descentralização na maioria dos países que estiveram recentemente envolvidos na transferência de competências e da autonomia local. Além disso, as formas de atenuar estes constrangimentos e de melhorar a vida quotidiana e o futuro dos governos locais descentralizados existem, mas as pistas e soluções comportam, elas mesmas, dificuldades e encontram limites. Três séries de observações podem ser feitas para esclarecer estas situações.

A primeira observação a constatar é que, em muitos casos – não só em África, mas também nos países europeus, por exemplo – a transferência de competências para as coletividades descentralizadas não têm sido acompanhadas por uma correspondente transferência de recursos financeiros dos governos centrais. As funções, competências, responsabilidades locais foram ampliadas sem que, no entanto, um financiamento adequado fosse identificado, preparado e organizado para as administrações descentralizadas. Além disso, muitas vezes, as possíveis fontes de receita fiscal do governo local são estritamente limitadas, pois são enquadradas pelas leis e regulamentos na escala nacional.

A segunda observação diz respeito ao seguinte: pelo menos para assegurar a manutenção das receitas fiscais locais e, *a fortiori*, para expandir o volume e o rendimento, as autoridades locais devem não só desenvolver instrumentos administrativos, económicos, técnicos, contáveis, mas também demonstrar uma nova pedagogia para a população e para os operadores económicos para mostrar que, em um reflexo de cidadania e da boa governação, as contribuições individuais estão envolvidas na melhoria das condições de vida e das atividades de todos os que fazem parte da comunidade local. Isto significa que estas autoridades têm o dever de informar, de ser transparentes, mas também de usar de forma socialmente legítima e racional os recursos municipais. Essas autoridades, tendo em vista que são descentralizadas, são também, por definição, autoridades eleitas. Por conseguinte elas devem navegar entre a necessidade de consolidar as condições de funcionamento da administração pública e a necessidade de obter o voto dos eleitores, o que limita politicamente as possibilidades de aumento da carga tributária local.

Finalmente, podemos notar que, por enquanto, o pessoal da administração desconcentrada muitas vezes não dispõe de competências administrativas e técnicas, que são as competências dos funcionários do governo central. Uma melhoria na sua condição de recrutamento, mas também uma melhoria nas condições salariais – carreira remuneração, etc. – parecem ser fatores que podem levar os governos locais a cumprir eficazmente as suas missões, e a abordar e tratar de projetos com os ministérios e os grandes investidores privados.

Esta apresentação teve dois objetivos principais. De uma parte, de colocar à disposição do público mais amplo possível, encarregado das questões de descentralização ou interessados em tais processos, uma ferramenta para uma primeira abordagem séria e profunda das economias locais podendo promover a adoção de ações públicas que poderiam ser eficazes, pois seriam adaptadas aos ambientes e às sociedades em questão. O segundo objetivo foi apresentar os resultados observados numa região Africana sobre a descentralização económica e financeira e, por conseguinte, informar de forma comparativa sobre os problemas e desafios colocados pela descentralização em Angola e Moçambique.

Claro que estes dois países têm características específicas em relação à região da África Ocidental – pela sua história, geografia, características da população e organização dos seus poderes, etc. Além disso, Angola e Moçambique apresentam entre eles, peculiaridades fortes. Não é uma questão de minimizar essas diferenças, mas é razoável supor que o processo de descentralização em curso nestes dois países lusófonos – mesmo quando os seus objetivos, conteúdos e ritmos são diferentes – apresenta situações muito semelhantes e enfrenta desafios e dificuldades muito próximas. A implementação de uma matriz de contabilidade social é um instrumento, dentre outros, que permite ter uma imagem bastante precisa das condições económicas locais e que permite desse modo informar futuras ações e políticas públicas. A complexidade e tecnicidade de uma MCS podem ser contornadas através de simplificações.

É possível, por exemplo, evitar o longo inventário inicial das atividades, se dispusermos de algumas informações sérias sobre a estrutura da economia local (a identidade dos principais sectores, agentes, etc.). Depois de explorar informações e definir o quadro geral da matriz, é possível realizar diretamente pesquisas socioeconómicas com uma amostra representativa. Além disso, podemos reduzir o quadro de contabilidade, limitando o número de ramos de atividades e o número de agentes. Poderemos obter assim uma matriz mais agregada que representa um bom compromisso entre a disponibilidade dos meios e as competências e a necessidade de conhecer os principais pilares da economia local.

Bibliografia

Commission Nationale de la Décentralisation, *Programmes triennaux*. Ouagadougou.

Commune de Bobo-Dioulasso (anual). *Budgets primitifs, Comptes administratifs, Comptes de gestion*.

Fauré, Y.-A. (2000). *Compte-rendu des travaux de l'Atelier de restitution de l'étude d'économie locale de Bobo-Dioulasso*. Ouagadougou: IRD.

Fauré, Y.-A., & Labazée, P. (2002). *Socio-économie des villes africaines. Bobo et Korhogo dans les défis de la décentralisation*. Paris: IRD-Karthala.

Fauré, Y.-A., & Soulama, S. (2000). *L'économie locale de Bobo-Dioulasso. Rapport à la Commission nationale de la Décentralisation*. Ouagadougou: IRD, FASEG/CEDRES.

Segunda parte
Estudos de caso em Angola e Moçambique

5
Enquadramento institucional do processo de descentralização em Angola e Moçambique

TIAGO DE MATOS FERNANDES

No presente capítulo procede-se a uma apresentação do enquadramento jurídico que regula as várias formas de exercício do poder local em Angola e Moçambique: seja o poder local formal (entidades públicas locais de origem oficial), seja o poder informal (comunidades e autoridades tradicionais); e tanto na forma desconcentrada (serviços periféricos da administração central, direta ou indireta), como na forma descentralizada (administração local autárquica e comunidades locais). A apresentação inclui ainda uma descrição dos principais mecanismos de participação comunitária e de prestação de contas pelos líderes políticos locais (os quais exemplificamos com maior detalhe dando o exemplo dos conselhos consultivos distritais em Moçambique e do seu papel nos processos de planificação distrital). No final, procedemos a uma análise das principais diferenças e semelhanças entre o enquadramento jurídico do poder local em Angola e Moçambique.

O processo de descentralização em Angola
À semelhança dos demais países da África subsaariana, Angola não foi alheia ao debate internacional realizado em torno do planeamento e exe-

cução de processos de descentralização administrativa, sobretudo após o fim da guerra civil, a abertura ao multipartidarismo e a realização das suas primeiras eleições legislativas. Foi neste contexto que o programa do governo para o quadriénio 2009-2012 estabeleceu como um dos seus principais objetivos o restabelecimento da administração do estado em todo o país e o prosseguimento do esforço de repartição de responsabilidades entre a administração do estado e as autarquias locais.

Tendo por base estas mesmas preocupações, foi publicado, em 3 de Janeiro de 2007, o Decreto-Lei nº 2/07 sobre "organização e funcionamento dos governos provinciais, das administrações municipais e comunais". Este diploma viria posteriormente a ser revisto pela Lei nº 17/10, de 29 de Junho (lei da organização e do funcionamento dos órgãos de administração local do estado), o qual veio estabelecer os princípios e as normas de organização e funcionamento dos órgãos da administração local do estado, ajustando o novo quadro organizativo à nova realidade constitucional (resultante da publicação da nova Constituição, em 5 de Fevereiro de 2010, e da redação dada ao seu artigo 201º, respeitante à administração local do estado).

Até então, o essencial da política de desconcentração encontrava-se resumida no Decreto-Lei nº 17/99, de 29 de Novembro, diploma que veio regulamentar a titularidade e formas de exercício das funções administrativas do estado através da sua administração local (desconcentrada), não contemplando a criação de órgãos localmente eleitos (autarquias locais), apesar de a sua criação estar constitucionalmente prevista.

A Lei nº 17/10, de 29 de Junho (lei da organização e do funcionamento dos órgãos de administração local do estado), veio desenvolver e dar execução normativa ao artigo 201º da nova Constituição, o qual veio determinar que: *a)* a administração local do estado é exercida por órgãos desconcentrados da administração central e visa assegurar, a nível local, a realização das atribuições e dos interesses específicos da administração do estado na respetiva circunscrição administrativa, sem prejuízo da autonomia do poder local; *b)* o governador provincial é o representante da administração central na respetiva província, a quem incumbe, em geral, conduzir a governação da província e assegurar o normal funcionamento da administração local do estado; *c)* o governador provincial é nomeado pelo presidente da república, perante quem responde política e institucionalmente; *d)* a organização e o funcionamento dos órgãos da administração local do estado são regulados por lei.

Assim, dando cumprimento à alínea *d)* do artigo 201º da nova Constituição, e no sentido de criar condições para o fortalecimento da desconcentração dos órgãos e serviços administrativos em Angola, foi publicada a Lei nº 17/10, de 29 de Julho, a qual veio estabelecer um novo quadro para a organização político-administrativa no país, conferindo novas atribuições e competências às unidades territoriais e aos respetivos titulares. A nova situação pode resumir-se nos termos do quadro 5.1.

Quadro 5.1. A organização do poder político-administrativo em Angola

Unidade Territorial	Órgão Colegial	Órgão Singular	Designação	Atribuições
Províncias (18)	Governo provincial	Governador provincial	Nomeado pelo presidente da república	Representação do governo na província; ao governador compete a governação provincial e assegurar o funcionamento regular dos órgãos da administração local.
Municípios (164)	Administração municipal	Administrador municipal	Nomeado por despacho do governador provincial, após consulta prévia ao ministério da administração estatal	Representação do governo no município; ao administrador municipal compete a governação distrital e assegurar o funcionamento regular dos órgãos da administração local.
Comunas (557)	Administração comunal	Administrador comunal	Nomeado por despacho do governador provincial, sob proposta do administrador municipal	Representação da administração municipal na comuna; ao administrador comunal compete assegurar o funcionamento regular dos órgãos da administração local.
Variável (consoante a jurisdição sujeita ao poder de cada autoridade tradicional)	n.a.	Grande soba, soba e século	Reconhecidas formalmente	Exercício das prerrogativas do poder tradicional, desde que não violem a lei do estado.

Fonte: Elaborado a partir da Lei nº 17/10, de 29 de Julho.

Atribuições e competências dos governos provinciais e das administrações municipais e comunais

Naturalmente, o novo diploma vem definir atribuições e competências dos governos provinciais e das administrações municipais e comunais (cf. artigos 11º, 12º e 44º). Os domínios abrangidos pelas competências e a tipologia dos respetivos órgãos de gestão diferem entre os vários órgãos da administração local desconcentrada. Esta complexidade e variedade podem ser demonstradas nos termos referidos no quadro 5.2:

Quadro 5.2. Domínios de atuação, órgãos de gestão, atribuições e relações institucionais dos Governos Provinciais e das Administrações Municipais e Comunais em Angola

Órgão colegial	Domínios de atuação	Órgãos de gestão	Atribuições Gerais	Relações com outros órgãos
Governo provincial	Planeamento e orçamento; desenvolvimento urbano e ordenamento do território; desenvolvimento económico local; desenvolvimento social e cultural; segurança pública e polícia; ambiente; coordenação institucional.	Governador e vice-governadores, delegados e diretores provinciais, sendo atribuídas aos governadores e vice-governadores competências específicas em matéria de coordenação de tarefas.	Promover e orientar o desenvolvimento socioeconómico, com base nos princípios e opções estratégicas definidas pelo titular do poder executivo e no plano nacional, bem como assegurar a prestação dos serviços públicos da respetiva área geográfica.	Monitorizam e avaliam os relatórios de execução dos planos anuais de atividades e recebem as propostas de orçamentos da administração municipal para integração no orçamento geral do estado.
Administrações Municipais	Planeamento e orçamento; desenvolvimento urbano e ordenamento do território; desenvolvimento económico e social; agricultura e desenvolvimento rural	Administrador municipal, o qual pode ser coadjuvado por um administrador municipal-adjunto.	Promover e orientar o desenvolvimento económico e social e assegurar a prestação de serviços públicos da respetiva área geográfica de jurisdição.	Respondem perante os governos provinciais; as respetivas propostas de programas de desenvolvimento municipal devem ser aprovadas e integradas nos planos de desenvolvimento provincial.

	ordem interna e polícia; equipamento rural e urbano; coordenação institucional.			
Administrações Comunais	Planeamento e orçamento; saneamento e equipamento rural e urbano; desenvolvimento social e cultural; coordenação institucional.	Administrador comunal, o qual pode ser coadjuvado por um administrador comunal-adjunto.	Desenvolvimento económico e social e assegurar a prestação dos serviços públicos da respetiva área geográfica.	Respondem perante as administrações municipais; as respetivas propostas de programas de desenvolvimento comunal devem ser aprovadas e integradas nos planos de desenvolvimento distrital.

Fonte: Elaborado a partir da Lei nº 17/10, de 29 de Julho.

O regime financeiro dos órgãos da administração local do estado, no que concerne à programação, gestão, execução e controlo interno do orçamento do estado, é o constante da Lei nº 15/10, de 14 de Julho (lei quadro do orçamento geral do estado) e do Decreto-Presidencial nº 30/10, de 9 de Abril. A Lei nº 17/07, de 29 de Julho, elenca, aliás, exaustivamente, as receitas e despesas orçamentais dos órgãos locais do estado.

A lei prevê ainda que os órgãos da administração local do estado possam "promover a celebração de contratos de parceria público-privadas para o acréscimo de eficiência na afetação dos recursos públicos e a melhoria quantitativa e qualitativa dos serviços, bem como o estabelecimento de contratos-programa e protocolos" através dos quais o governo central coloca à disposição dos órgãos da administração local do estado meios de financiamento público destinados à prossecução de objetivos concretos que não possam ser satisfeitos no quadro do regime normal de financiamento das despesas de funcionamento das mesmas instituições.

Regime jurídico da administração local autárquica
Com a publicação da nova Constituição da República de Angola, em 11 de Fevereiro de 2010, foi introduzido um título designado "poder local",

onde se determina a existência de órgãos autónomos de poder local e, em particular, se estabelece a possibilidade de criação de autarquias locais, as quais são definidas como "pessoas coletivas territoriais correspondentes ao conjunto de residentes em certas circunscrições do território nacional e que asseguram a prossecução de interesses específicos resultantes da vizinhança mediante órgãos próprios, representativos das respetivas populações" (artigo 217º da Constituição).

A Constituição determina que a organização e o funcionamento das autarquias locais, bem como a competência dos seus órgãos, sejam regulados por lei de harmonia com o princípio da descentralização administrativa. O artigo 219º da Constituição determina que as autarquias locais têm, de entre outras, atribuições nos domínios da educação, saúde, energias, águas, equipamento rural e urbano, património, cultura e ciência, transportes e comunicações, tempos livres e desportos, habitação, ação social, proteção civil, ambiente e saneamento básico, defesa do consumidor, promoção do desenvolvimento económico e social, ordenamento do território, polícia municipal e cooperação descentralizada e geminação (artigo 219º).

A organização das autarquias locais compreende uma assembleia dotada de poderes deliberativos, um órgão executivo colegial e o presidente da autarquia, o qual encabeça a lista mais votada para a assembleia. Encontra-se ainda por aprovar a lei de organização e o funcionamento das autarquias locais.

Os instrumentos de participação comunitária: as autoridades tradicionais e os conselhos de auscultação e concertação social

A partir do início da década de 1990, o estado angolano deu uma redobrada atenção às "autoridades tradicionais" (então redenominadas "autoridades locais"). À semelhança dos demais estados da África subsaariana, o renovado interesse partiu de um objetivo pragmático de relegitimação do estado entre as comunidades locais, face ao evidente falhanço na promoção da melhoria das condições de vida ao nível local (apenas em parte resultante da guerra civil). Para o efeito, o estado angolano procedeu a uma reorganização político-administrativa das relações entre o poder central e a administração periférica, abrindo-se a possibilidade de articulação das "autoridades tradicionais" com o nível administrativo mais baixo da administração.

Até 2007, o essencial desta nova política encontrava-se resumida no Decreto-Lei nº 17/99, de 29 de Novembro. Este diploma veio regulamentar a titularidade e formas de exercício das funções administrativas do estado através da sua administração local (desconcentrada), não contemplando a criação de órgãos localmente eleitos (autarquias locais), apesar de a sua criação estar constitucionalmente prevista. Na verdade, sob a capa de uma aparente reorganização administrativa, o sistema administrativo do estado manteve-se altamente centralizado e hierarquizado. No topo deste sistema encontravam-se o presidente da república e os governadores provinciais, que continuaram a desempenhar um papel político determinante ao nível local, designadamente através do exercício do seu poder de nomeação dos administradores municipais e comunais. Por outro lado, as autoridades tradicionais foram literalmente assimiladas pelo aparelho administrativo do estado.

N'Gunu N. Tiny oferece uma explicação histórica para esta estratégia de assimilação; numa primeira fase (início dos anos 1980),

> o estado optou pelo reconhecimento total das autoridades tradicionais. Não o fez através da Constituição, mas sim através da lei ordinária e da retórica. Teve dificuldades em reconhecer tais autoridades como entidades que pré-existiram ao próprio estado. (...). O objetivo desse reconhecimento foi o de colocar as autoridades tradicionais, especialmente aquelas que estavam sob o "controlo" militar da UNITA (...) ao serviço do estado. O estado quis forjar alianças com autoridades tradicionais, queria uma via para a cooptação dos líderes tradicionais. O reconhecimento funcionou, pelo menos do ponto de vista do estado, como um "chapéu-de-chuva", ao abrigo do qual o estado tentou exercer controlo sobre as autoridades tradicionais e as comunidades. (Tiny, 2006, p. 77)

Ou seja, numa primeira fase, o estado optou por reconhecer as autoridades tradicionais, com o objetivo de as colocar ao serviço do estado, exercendo por essa via o controlo das comunidades locais, objetivo que adquiriu especial importância nos locais onde a UNITA exerceu o seu controlo militar, durante a guerra civil.

Mas, segundo explica Tiny, essa estratégia cedo conduziu a um aumento dramático do número de autoridades tradicionais reconhecidas, criando sérios desafios à unidade do estado angolano. Por essa razão, o estado infletiu a sua estratégia anterior, passando a optar por incorporar as

TIAGO DE MATOS FERNANDES

autoridades tradicionais na sua arquitetura organizativa ao nível local. O objetivo passou a ser o de conceber o poder tradicional como o último nível da administração pública local, para uma melhor promoção e defesa dos interesses do estado ao nível local.[23] Por isso, atualmente, alguns juristas, como Tiny (2006, p. 78), interpretam a expressão "poder local", utilizada na Constituição, como integradora dos administradores municipais, mas também das autoridades tradicionais.

Aparentemente, a estratégia de acomodação das autoridades tradicionais na organização administrativa do estado conferiu-lhes confiança suficiente para promover o aumento progressivo do número de autoridades tradicionais reconhecidas. Segundo Marques Guedes (2006, p. 31), esse número era de 25.000 em 2002, 35.000 em 2004 e mais de 40.000 em 2006.

Contrariando uma certa tendência de reconhecimento e revitalização das autoridades tradicionais, tanto o Decreto-Lei nº 2/2007, de 3 de Janeiro, sobre a "organização e funcionamento dos governos provinciais, das administrações municipais e comunais", como aliás o diploma que o sucedeu (Lei nº 17/10, de 29 de Julho), acabaram por não proceder à integração formal das autoridades tradicionais no elenco dos titulares do poder político-administrativo do estado ao nível local. Como refere Aslak Orre,

de todas as coisas que poderiam ter sido reguladas numa lei sobre os órgãos locais do estado e a sua articulação com a sociedade, a quase ausência de referência ao papel das autoridades tradicionais na gover-

---

[23] Essa estratégia foi primeiramente concretizada pela regulamentação da atribuição de uniformes às autoridades tradicionais, por via do Decreto nº 2/86, de 27 de Dezembro. Este diploma veio determinar que autoridades (grande soba, soba e século) deveriam utilizar um determinado tipo de uniforme, à semelhança do período colonial, bem como o momento e forma de o fazerem. Posteriormente, o estado angolano regulamentou a atribuição de um salário às autoridades tradicionais (Decreto conjunto nº 37/92, de 21 de Agosto), por forma a que as mesmas passassem a dispor dos necessários recursos financeiros para o exercício da sua autoridade. Este diploma não só veio reconhecer o valor "cultural" das autoridades tradicionais, como também a importância do fortalecimento do poder tradicional e do respeito e conservação do direito consuetudinário. No entanto, o reconhecimento do poder tradicional tem um limite: ele termina a partir do momento em que a lei do estado seja violada pelas autoridades tradicionais. Nesse sentido, pode dizer-se que a lei tradicional se limita a complementar a lei do estado, no que não se contenda com ela.

nação local é a mais impressionante". E prossegue, dizendo "que o facto de a realidade continuar num limbo legal não é necessariamente um problema, mas a prática informal garante ao governo a possibilidade de "ligar e desligar" as autoridades tradicionais como intermediantes e representantes das populações locais, de acordo com os seus próprios interesses". (Orre, 2007, p. 15).

Segundo Orre, esta tendência faz parte de uma estratégia de centralização política, da qual se salienta a concentração das prerrogativas de nomeação dos titulares dos órgãos da administração local nas mãos do presidente da república (que designa os governadores provinciais) e do ministro da administração estatal (através do seu poder de consulta prévia na designação dos administradores municipais). Por outro lado, o controlo político e administrativo ao nível provincial, municipal e comunal foi "desconcentrado" na figura dos governadores e administradores. Registe-se que esta tendência de controlo político e administrativo pelo estado central ou desconcentrado justifica a ausência de menção às autarquias locais na legislação, apesar da sua previsão constitucional, bem como a ausência de menção ao papel desempenhado pelas autoridades tradicionais no exercício do poder local.

À face da lei, o palco principal para o exercício do poder pelas autoridades tradicionais passou a ser o dos conselhos de auscultação de concertação social, existentes em cada província, município ou comuna. Para além das autoridades tradicionais, esses conselhos congregam organizações sindicais, representantes do sector empresarial, associações de camponeses, igrejas, organizações não-governamentais e outras personalidades convidadas. Segundo Orre, "os conselhos podem ser vistos como uma via alternativa, ou suplementar, de conferir aos cidadãos de cada unidade territorial representatividade e participação no processo de governação local" (Orre, 2007, p. 10). Os tipos de conselhos de auscultação e concertação social, a respetiva estrutura interna e as suas atribuições específicas encontram-se resumidos no quadro 5.3.

O processo de descentralização em Moçambique

O processo de descentralização iniciado em Moçambique, tal como em Angola e noutros países da África subsaariana, é parte integrante de um conjunto de reformas e mudanças de natureza política, económica e

Quadro 5.3. Conselhos de auscultação e concertação social

Tipo	Estrutura interna	Atribuições específicas
Conselho provincial de auscultação e concertação social	Governador (que preside), vice-governadores, delegados e diretores provinciais, administradores municipais e representantes das autoridades tradicionais, das associações sindicais, do sector empresarial público e privado, das associações de camponeses, das igrejas reconhecidas por lei e das ONG.	Apoio ao governo provincial na apreciação e tomada de medidas de política económica e social no território da respetiva província. Deve ser ouvido antes de aprovação do plano de desenvolvimento provincial, do plano de atividades e do relatório de execução destes instrumentos.
Conselho municipal de auscultação e concertação social	Administrador municipal (que preside), administrador-adjunto, administradores comunais, chefes de repartição municipais, representantes dos partidos políticos, das autoridades tradicionais, do sector empresarial público e privado, das associações de camponeses, das igrejas reconhecidas por lei, das ONG, das associações profissionais e do conselho municipal de juventude.	Apoio à administração municipal na apreciação e tomada de medidas de natureza política, económica e social no território do respetivo município. Deve ser ouvido antes de aprovação do plano de desenvolvimento municipal, do plano de atividades e do relatório de execução destes instrumentos.
Conselho Comunal de Auscultação e Concertação Social	Administrador comunal (que preside), administrador comunal-adjunto, chefes de secções, representantes dos partidos políticos, das autoridades tradicionais, do sector empresarial público e privado, das associações de camponeses, das igrejas reconhecidas por lei, das ongs, das associações profissionais e do conselho municipal de juventude.	Apoio à administração comunal na apreciação e tomada de medidas de natureza política, económica e social no território da respetiva comuna. Deve ser ouvido antes de aprovação do plano de desenvolvimento comunal, do plano de atividades e do relatório de execução destes instrumentos.

Fonte: Elaborado a partir do Lei nº 17/10, de 29 de Julho.

administrativa em curso desde os anos 1980, face à contínua degradação da situação económica, social e política do país. Em Moçambique, esta degradação resultou fundamentalmente da guerra civil que opôs o partido

FRELIMO à RENAMO (da qual resultou a destruição das estruturas socio-económicas do país; a degradação da administração pública, por falta de capacidade e de recursos; o aumento dos níveis de pobreza; a deslocação de populações) e da própria incapacidade revelada pelo partido-estado (FRELIMO) para promover o desenvolvimento do país.

O acordo geral de paz celebrado entre a FRELIMO e a RENAMO, assinado em Roma em 1992, constituiu um ponto de viragem na situação do país, confirmando e consolidando as mudanças económicas e políticas fundamentais em curso desde os finais dos anos 1980. Depois de em 1987 o país ter iniciado um programa de reabilitação económica (apoiado pelo Banco Mundial e pelo FMI), em 1990 foram introduzidos os princípios do pluralismo e da democracia multipartidária na Constituição, alterações que permitiram a realização das primeiras eleições presidenciais e gerais mul-tipartidárias em 1994, as quais viriam a legitimar a manutenção do poder nas mãos do partido FRELIMO (situação que se manteve nas eleições subsequentes). Dois anos depois, procedeu-se à alteração da Constituição (a qual passou a incluir um novo capítulo sobre "poder local"), o que viria a possibilitar a aprovação da lei das autarquias locais (Lei nº 2/97, de 18 de Fevereiro), atualmente em vigor.

No culminar de todo este processo político, existiam, em 2009, 43 municípios a funcionar no país, todos eles situados em centros urbanos ou periurbanos, que se regem pela referida Lei nº 2/97 e por um conjunto mais alargado de legislação denominado "pacote autárquico". Os municípios têm autonomia administrativa, financeira e patrimonial face ao estado e os seus titulares são eleitos pelas populações locais.

A descentralização e desconcentração administrativas

Naturalmente, e independentemente da existência de municípios, o estado continua a participar na prossecução dos interesses das populações locais através dos seus órgãos locais territoriais (governos provinciais, gover-nos distritais, postos administrativos e localidades), os quais "têm como função a representação do estado ao nível local para a administração e desenvolvimento do respetivo território e contribuem para a integração e unidade nacionais" e "(...) garantem, no respetivo território, sem prejuízo da autonomia das autarquias locais, a realização de tarefas e programas económicos, culturais e sociais de interesse local e nacional (...)" (cf. artigos 262º e 264º, nº 1 da Constituição).

Resulta assim evidente que o modelo de organização administrativa compreende simultaneamente formas de descentralização e desconcentração administrativas. No quadro 5.4, encontram-se sistematizadas as principais diferenças entre estes conceitos, no contexto moçambicano, de acordo com o disposto na lei dos órgãos locais do estado e com a lei das autarquias locais:

Quadro 5.4. Critérios distintivos entre a desconcentração
e descentralização em Moçambique

	Desconcentração administrativa	Descentralização administrativa
Pessoa coletiva	Estado	Autarquias locais
Tipos de órgãos	Governadores provinciais, governos provinciais, administradores distritais, governos distritais, chefe de posto administrativo, chefe de localidade.	Presidente do conselho municipal (PCM), conselho municipal (CM) e assembleia municipal (AM).
Titulares dos órgãos	Nomeados. No entanto, os membros da assembleia provincial são eleitos.	Os membros da AM e o presidente do CM são eleitos (os demais membros do CM são nomeados pelo PCM).
Interesses prosseguidos	Nacionais e locais	Locais
Território	Todo o território nacional.	Território do município.
Autonomia dos órgãos	Não têm autonomia administrativa, financeira ou patrimonial.	Tem autonomia administrativa, financeira e patrimonial.
Atribuições dos órgãos	Todas as atribuições e competências sectoriais do estado.	Apenas as atribuições e competências atribuídas aos órgãos das autarquias.

Fonte: Lei dos Órgãos Locais do Estado e Lei das Autarquias Locais.

A reforma do sector público
À medida que se foram solidificando as principais tendências, princípios e orientações do processo de descentralização, e uma vez decidido que apenas os centros urbanos do país seriam objeto deste modelo de organi-

ENQUADRAMENTO INSTITUCIONAL DO PROCESSO DE DESCENTRALIZAÇÃO EM ...

zação administrativa, foi ganhando força o debate realizado em torno do processo de desconcentração administrativa. O debate centrou-se fundamentalmente no papel a desempenhar pelos órgãos da administração local do estado no contexto do programa nacional de combate à pobreza, conhecido em Moçambique como PARPA (programa de ação para a redução da pobreza absoluta). O PARPA (2011-2014) é um programa-quadro que adota uma visão estratégica para a redução da pobreza no país, definindo os objetivos principais e as áreas de ação que deverão ser prosseguidas. Uma dessas áreas é justamente a área da boa governação, a qual compreende quatro grandes objetivos específicos/ações: i) melhoria do acesso e da qualidade de prestação de serviços públicos aos cidadãos em toda a expansão territorial; ii) combate à corrupção nas instituições públicas; iii) descentralização e governação local; e iv) consolidação do estado democrático de direito.

A razão para a inclusão do objetivo referido na alínea iii) resulta do facto de ter ficado claro para o governo que a estratégia de redução da pobreza não se podia reduzir à definição de políticas sectoriais ao nível nacional, sendo preciso criar os instrumentos, práticas e mecanismos que as permitissem materializar ao nível local. Foi neste contexto que nasceu a preocupação da concretização de uma "administração de proximidade", por via da qual se pretendia identificar e resolver melhor e mais depressa os problemas que afetam o quotidiano dos cidadãos. Ora, era já patente, no entanto, que esta "administração de proximidade" não se compadecia com o modelo de organização administrativa altamente centralizado do estado moçambicano. Afigurava-se portanto necessário reformular o modelo de organização administrativa seguido até então.

Foi assim que nasceu o grande programa de "reforma do sector público" (lançado formalmente em Junho de 2001 pelo presidente da república), por via do qual se pretendeu proceder à reformulação e articulação do modelo de organização administrativa do estado com o objetivo global de combate à pobreza.[24] Uma das principais alterações/novidades preconiza-

---

[24] O programa desta reforma (a decorrer durante a década de 2001 a 2011) vem-se realizando em duas fases interligadas. A primeira fase (2001-2005), já concluída, destinou-se à criação das condições básicas para a transformação do sector público. Nela foram lançados os fundamentos da organização, planificação e gestão e detalhados os instrumentos técnicos necessários ao desenvolvimento da reforma no período subsequente. A segunda fase (2006-2011), em vigor, destina-se a rever e/ou desenvolver os programas e projetos realizados ou experimentados

TIAGO DE MATOS FERNANDES

das por esta reforma consiste na atribuição de maiores competências aos órgãos administrativos locais mais próximos das populações, institucionalizando junto deles mecanismos de consulta que permitam a auscultação das preocupações e anseios das comunidades locais, em particular dos seus estratos mais pobres; por outro lado, pretende-se estimular e encorajar as comunidades locais a constituírem-se como atores do programa de combate à pobreza.

A nova lei dos órgãos locais do estado

Foi o debate realizado em torno da reforma da administração pública do estado e, em particular, os ensinamentos retirados da metodologia participativa utilizada na província de Nampula para a realização de ações de desenvolvimento local (executadas pelas administrações distritais com a consulta e participação das comunidades locais) que levaram o governo a proceder a uma profunda alteração do quadro legislativo existente sobre o funcionamento dos órgãos da administração local do estado, designadamente no que respeita à sua aproximação das comunidades locais.

Com efeito, a legislação sobre os órgãos da administração local estado, em vigor de 1978 até 2003 (as leis 5/78 e 7/78, de 22 de Abril, aprovadas durante o período revolucionário), afiguravam-se totalmente desajustadas em face do novo paradigma de desenvolvimento local preconizado pelo estado: um desenvolvimento local participativo promovido ao nível do escalão territorial distrital, com a participação das comunidades, principalmente no contexto rural.

Por essa razão, procedeu-se a uma profunda revisão dos diplomas legais sobre os órgãos da administração local do estado, orientada pelos seguintes objetivos: i) redefinição dos princípios e normas de organização, competências e funcionamento dos órgãos locais do estado; ii) clarificação dos princípios e formas de relacionamento entre os órgãos centrais e os órgãos locais do estado, e entre estes e as autarquias locais (estabelecendo formas de coordenação e cooperação entre ambos); e, principalmente, iii) definição das formas de organização, direitos e deveres das comunidades e as autoridades comunitárias, bem como as áreas e formas de articulação das comunidades com os órgãos da administração local do estado.

na primeira fase, bem como a ampliar os efeitos da reforma iniciada através de programas e projetos de impacto mais amplo ou maior aprofundamento específico.

Estes objetivos acabariam por ser alcançados, do ponto de vista formal, através da elaboração e aprovação da lei dos órgãos locais do estado (Lei 8/2003, de 19 de Maio) e respetivo Regulamento (Decreto nº 11/2005, de 10 de Junho). Os próprios diplomas vieram reconhecer o papel desempenhado pelas autarquias locais e pelas comunidades locais no contexto do mapa administrativo territorial, prevendo as formas de articulação e cooperação dos órgãos locais do estado com estas unidades administrativas. Assim, o mapa administrativo nacional não ficaria completo se não enquadrássemos tais formas de organização administrativa nos termos definidos no quadro 5.5.

Quadro 5.5. Âmbito territorial e formas de organização administrativa em Moçambique

Unidade territorial	Administração local desconcentrada	Administração local descentralizada	Administração comunitária
Província	Governador e governo provincial		Comunidades
Distrito	Administrador e governo distrital	Municípios	Comunidades
Posto Administrativo	Chefe de posto administrativo	Povoações	Comunidades
Localidade	Chefe de localidade		Comunidades

Fonte: Lei dos Órgãos Locais do Estado e Regulamento.

O papel das comunidades e das autoridades comunitárias

Tanto na lei dos órgãos locais do estado como nos diplomas referentes à articulação das autoridades comunitárias com os órgãos locais do estado e com os municípios,[25] as comunidades são vistas como uma unidade

---

[25] O processo de reconhecimento e institucionalização das autoridades tradicionais pelo estado (denominadas "autoridades comunitárias" com a lei das terras) culminou com a aprovação do Decreto 15/2000, de 20 de Junho, e respetivo regulamento (Diploma Ministerial nº 107-A/2000, de 15 de Agosto, do MAE), destinados a reger a articulação dos líderes comunitários com os órgãos da administração local do estado. Mais tarde, o estado veio reconhecer a possibilidade de legitimação de líderes comunitários para se articularem com os órgãos locais autárquicos, através da aprovação do Diploma Ministerial nº 80/2004, de 14 de Maio, do MAE (cujo conteúdo é idêntico ao do Diploma Ministerial nº 107-A/2000, de 25 de Agosto, do MAE).

TIAGO DE MATOS FERNANDES

administrativa "informal", porque os limites da sua jurisdição devem ser encontrados dentro dos limites territoriais de jurisdição dos órgãos administrativos com quem deverão articular-se nos termos legalmente previstos. Por essa razão, no artigo 104º da lei dos órgãos locais do estado passa a prever-se que as comunidades locais estão "compreendidas numa determinada unidade de organização territorial, nomeadamente província, distrito, posto administrativo, localidade e povoação (...)" – à semelhança do que se passava no tempo colonial, quando se veio determinar que os territórios dos regulados deviam estar compreendidos numa determinada unidade de organização territorial.

No entanto, o conceito de comunidade, malgrado o esforço realizado na sua definição conceptual, para a partir dela se poder proceder à identificação das autoridades comunitárias, padece de vários vícios e mal-entendidos, aos quais não são naturalmente alheios os esforços dos próprios órgãos locais do estado e dos municípios no sentido da manipulação dos processos de legitimação e reconhecimento das autoridades comunitárias, designadamente os estabelecidos no Decreto 15/2000 (articulação dos líderes comunitários com os órgãos da administração local do estado). Segundo o artigo 4º deste diploma, "são áreas de articulação entre os órgãos locais do estado e as autoridades comunitárias aquelas em que se realizam atividades que concorram para a consolidação da unidade nacional, produção de bens materiais e de serviços com vista à satisfação das necessidades básicas de vida e de desenvolvimento local", das quais destacamos a paz, justiça e harmonia social, a educação cívica e elevação do espírito patriótico, o uso e aproveitamento da terra, a saúde pública, o meio ambiente e a abertura e manutenção de vias de acesso.

Para o efeito, as autoridades comunitárias dispõem de um conjunto de direitos significativo (como por exemplo o direito de usar os símbolos da república; de receber um subsídio derivado da sua participação na cobrança de impostos; de participar nas cerimónias oficiais organizadas pelas autoridades administrativas do estado; ou de usar fardamento ou distintivo próprio), mas sobretudo, de um extenso rol de deveres (cf. artigo 5º do Diploma Ministerial nº 107-A/2000, de 25 de Agosto, do Ministério da Administração Estatal), designadamente os de:

> (...) d) participar às autoridades administrativas e policiais todas as infrações cometidas e a existência e localização de malfeitores, esconderijos de armas e áreas minadas; e) participar às autoridades administrativas a

exploração, circulação ou comercialização não licenciada dos recursos naturais (...); (...) mobilizar e organizar as populações para construção e manutenção de poços, diques, aterros, valas de drenagem e irrigação, (...) salas de aula, (...) cemitérios, (...) vias de comunicação; o) mobilizar e organizar as comunidades para participarem nas ações de prevenção de epidemias (...) bem como de outras doenças contagiosas; (...) q) mobilizar e organizar as populações para o pagamento de impostos.

Em tese, e à semelhança do ocorrido no período colonial, as autoridades comunitárias desempenham um duplo papel de representantes comunitários e assistentes da ação administrativa do estado.[26]

No entanto, vários autores consideram que o papel das autoridades comunitárias previsto no Decreto 15/2000 está muito mais próximo conceito de representantes do estado junto das comunidades, do que o inverso. Este facto explica-se pelo patente desequilíbrio que se verifica ao nível na distribuição dos direitos e deveres das autoridades comunitárias (com muito maior peso atribuído aos seus deveres, designadamente em matéria de controlo social e securitário das comunidades), bem como pelas dificuldades da definição do que sejam as regras comunitárias que devem presidir à legitimação dos chefes tradicionais, ou do que seja o próprio conceito de comunidade local (Buur & Kyed, 2005). Aliás, a grande parte dos direitos legalmente conferidos às autoridades comunitárias são na verdade prerrogativas de representação do estado ao nível local (artigo 6º do Diploma Ministerial nº 107-A/2000).

---

[26] O artigo 1º do Decreto 15/2000 classifica como autoridades comunitárias "os chefes tradicionais, os secretários de bairro ou aldeia e outros líderes legitimados como tais pelas respetivas comunidades locais". São chefes tradicionais "as pessoas que assumem e exercem a chefia de acordo com as regras tradicionais da respetiva comunidade" (cf. artº 1º, a) do Regulamento do Decreto nº 15/2000). São secretários de bairro "as pessoas que assumem a chefia por escolha feita pela população do bairro ou aldeia a que pertençam" (cf. artº 1º, b) do mesmo diploma). Por "outros líderes" entende-se "as que pessoas que exercem algum papel económico, social, religioso ou cultural, aceite pelos grupos sociais a que pertençam" (cf. artº 1º, c) do mesmo diploma).

TIAGO DE MATOS FERNANDES

A articulação entre os diferentes escalões territoriais e órgãos de administração local

A nova lei dos órgãos locais do estado e respetivo regulamento vieram dar grande relevância, pelo menos programática, às várias formas de articulação entre os diferentes escalões territoriais e órgãos de administração local, estabelecendo uma diversidade enorme de mecanismos de relacionamento, articulação, coordenação, cooperação e consulta.

No quadro seguinte, distinguimos as várias formas e fóruns estabelecidos para a articulação e o relacionamento entre os diferentes níveis territoriais e órgãos de administração local (desconcentrada, descentralizada e comunitária), institucionalizadas pela lei dos órgãos locais do estado e respetivo regulamento.

Quadro 5.6. Níveis territoriais e formas de organização administrativa

Órgãos e entidades administrativas	GP	GD	PA	LO	MU	CO/AC
GP		Conselhos de coordenação				
GD	Conselhos de coorde nação		Conselhos de coordenação		Coordenação, cooperação e apoio técnico	Conselho local de distrito
PA		Conselhos de coordenação		Conselhos de coorde nação	Coorde nação, cooperação e apoio técnico	Conselho local de posto administ.º
LO			Conselhos de coordenação			Conselho local de localidade
UM	Coordenação, cooperação e apoio técnico	Coordenação, cooperação e apoio técnico				
CO/AC		Conselho local de distrito	Conselho local de posto administ.º	Conselho local de localidade		

Legenda: GP – Governos provinciais; LO – Localidades; GD – Governos distritais; UM – Municípios; PA – Postos administrativos; CO/AC – Comunidades/autoridades comunitárias.

Fonte: Lei dos órgãos locais do estado e regulamento.

110

ENQUADRAMENTO INSTITUCIONAL DO PROCESSO DE DESCENTRALIZAÇÃO EM ...

Os referidos diplomas vieram ainda estabelecer o grande princípio programático da participação dos cidadãos, das comunidades locais, das associações e de outras formas de organização, na formação das decisões dos órgãos locais do estado que lhes digam respeito. Para este efeito, foi definido:

1 – O estabelecimento do princípio da participação das populações residentes na elaboração dos planos de desenvolvimento distrital (que visam mobilizar recursos humanos, materiais e financeiros para a resolução dos problemas locais), através de conselhos consultivos locais;

2 – A institucionalização de conselhos consultivos locais (compostos por autoridades comunitárias e demais personalidades influentes na sociedade civil), enquanto órgãos de consulta das autoridades da administração local ao nível de distrito, posto administrativo, localidade e povoação, para a resolução dos problemas fundamentais que afetam as comunidades locais;

3 – A institucionalização da observação dos métodos participativos na elaboração dos planos provinciais e distritais de desenvolvimento local, em todas as fases até à sua implementação;

4 – A atribuição de competências consultivas aos conselhos locais, os quais deverão apreciar e dar parecer sobre as propostas de plano e orçamento distritais;

5 – A criação, para além dos conselhos locais, de outras formas de organização comunitária, como sejam os fóruns locais, os comités comunitários e os fundos comunitários;

6 – A institucionalização das autoridades comunitárias enquanto entidades responsáveis pela organização da participação das comunidades locais na conceção e implementação de programas económicos, sociais e culturais, atuando em articulação com os órgãos da administração local do estado em áreas como o recenseamento e registo das populações, o uso a aproveitamento da terra, a segurança alimentar, a saúde pública, a educação, o meio ambiente ou a abertura e manutenção de vias de acesso.

As instituições de participação e consulta comunitária

A lei dos órgãos locais do estado e o respetivo regulamento vieram reconhecer formalmente a existência e importância do papel desempenhado pelas demais entidades administrativas locais existentes no país (autarquias locais, comunidades e até líderes comunitários), disciplinando com pormenor todas as formas possíveis de articulação entre tais entidades, sempre

TIAGO DE MATOS FERNANDES

no respeito pela Constituição, pelo princípio da unidade do estado e do interesse nacional (cf. artigos 80º, 94º, nº 2, 115º, nº 1 do regulamento da lei dos órgãos locais do estado).

Tratou-se de uma estratégia de reforço a forma unitária do estado, colocando todas as formas de organização política existentes no país no contexto de um mapa administrativo comum, sob a aparência de uma reforma administrativa de feição descentralizadora. Esta reforma traduziu--se, na prática, na institucionalização de formas de relacionamento entre os órgãos locais do estado e as autarquias locais (coordenação, cooperação e apoio técnico) e na institucionalização de conselhos consultivos distritais (CCD, compostos por autoridades comunitárias e demais personalidades influentes na sociedade civil), enquanto órgãos de consulta do governo distrital para a resolução dos problemas fundamentais que afetam as comunidades locais, a quem compete nomeadamente apreciar e dar parecer sobre as propostas de plano e orçamento distritais.[27]

Manifestamente, com esta reforma, o estado recentrou os governos distritais como principais agentes motores da sua estratégia de combate à pobreza e promoção do desenvolvimento local, face ao seu melhor posicionamento na concretização dos objetivos delineados pelo PARPA ao nível local.[28] Na verdade, as primeiras experiências de planificação participativa (que viriam a inspirar aquela reforma) resultaram das orientações do Ministério da Administração Estatal (MAE) e do Ministério do Plano e Finanças (MPF), em 1998, nos termos das quais se recomendava a consti-

---

[27] Abaixo dos CCD, existem outras instâncias de nível territorial inferior, como: i) o conselho consultivo do posto administrativo (CCPA), o qual inclui o chefe do posto administrativo, como representante da administração local, responsáveis dos sectores e serviços públicos do posto administrativo e representantes da sociedade civil e das comunidades locais; ii) os fóruns locais (uma instituição da sociedade civil que, não fazendo parte das instituições formais de diálogo entre os representantes do estado e as comunidades, permitem aos representantes da sociedade civil preparem-se para dialogar com os representantes do estado, a partir do posto administrativo), e iii) os comités comunitários (comités de desenvolvimento comunitário, comissões de desenvolvimento local e comissões de maneio comunitário de vários recursos naturais, água, escolas, associações, etc.). No processo de planificação distrital, os comités comunitários são opcionais, apesar da sua função de representatividade em relação aos problemas dos aglomerados populacionais rurais (MAE/MADER/MPF, 2003).

[28] Essa responsabilidade acrescida reflete-se nas atribuições que os distritos passaram a ter ao nível da elaboração de planos estratégicos de desenvolvimento distrital (PEDD), planos económicos e sociais (PES) e orçamentos distritais (PESOD).

tuição de fóruns consultivos da sociedade civil para apoiar o processo de planificação distrital, sob a orientação da administração do distrito (MAE/MADER/MPF, 2003).

Os bons resultados da experiência piloto do projeto de planificação e finanças descentralizadas (PPFD) em Nampula, no período de 1998 a 2002, executada ao abrigo da referida recomendação, levaram o governo, logo em 2003, a alargar essa experiência para mais seis províncias, e a encomendar uma avaliação que determinou a necessidade da implementação desta iniciativa em todas as províncias e distritos do país. Por outro lado, o governo, inspirado pelo sucesso das referidas experiências, veio definir formalmente os primeiros mecanismos de articulação entre os órgãos locais do estado e as comunidades rurais (autoridades comunitárias e conselhos locais) com o Decreto 15/2000, de 20 de Junho. Para efeitos deste diploma, os interlocutores comunitários passaram a ser as autoridades comunitárias (chefes tradicionais, secretários de bairro e aldeia e outros líderes legitimados) e o conselho local (órgão de consulta da administração local, no qual também participam as autoridades comunitárias, e que constitui a base jurídica para aqueles que vieram a designar-se como instituições de participação e consulta comunitária – IPCC).

Resultante da implementação destes dispositivos, foram legitimadas e reconhecidas autoridades comunitárias em todo o território nacional que prestam o seu contributo de mobilização das populações para aderirem aos programas nacionais do governo, programas e projetos locais, quer do governo, quer de organizações não-governamentais, e até a campanhas de educação cívica dos cidadãos.

Atualmente, em face da lei dos órgãos locais do estado e respetivo regulamento, o conselho consultivo distrital (CCD) é a principal IPCC, enquanto instância máxima de consulta ao nível do distrito. O pano de fundo que presidiu à formação das IPCC e dos CCD, em particular, foi a estratégia de inclusão das comunidades locais num sistema de governação participativa, funcionando estas instituições como "espaços de interação entre o estado e as populações no processo de provisão de serviços a nível local e na promoção da participação local na tomada de decisões" (Forquilha, 2008). Neste sentido, e de acordo com as diretivas do governo, a sua atuação situa-se nos domínios cívico, social, económico e dos recursos naturais (MADER/MPF/MPD, 2003), prevendo-se, entre as suas atividades, a participação no exercício de planificação distrital (identificação de necessidades, a sua priorização e inclusão nos planos do distrito) e a participação na execução e fiscalização dos planos estratégicos distritais.

Os orçamentos de investimento e iniciativas locais

Ainda no contexto da política de colocação do "distrito como polo de desenvolvimento local", o governo, com a aprovação da Lei 12/2005, de 23 de Dezembro, veio estabelecer a criação do orçamento de investimento e iniciativas locais (OIIL), mais conhecido como "fundo dos 7 milhões" (quantia disponibilizada anualmente a cada distrito, equivalente a USD 300.000,00), o qual começou a ser alocado diretamente ao orçamento de cada um dos 128 governos distritais do país desde 2006. Este montante do orçamento distrital gerido localmente tornou-se o símbolo da autonomia dos distritos, dando, a continuidade lógica à lei dos órgãos locais do estado.

O "fundo dos 7 milhões" foi inicialmente direcionado para a construção de infraestruturas e posteriormente para iniciativas relacionadas com geração de rendimentos, produção de alimentos e criação de empregos. Com o OIIL, as comunidades passaram a dispor de um instrumento de financiamento das suas iniciativas, a título de empréstimo, que se constituiu num forte elemento de dinamização do desenvolvimento local e do combate à pobreza.

Funcionamento da planificação distrital

Conforme referido, foram os bons resultados da experiência piloto do projeto de planificação e finanças descentralizadas (PPFD) em Nampula, no período de 1998 a 2002, que levaram o governo a alargar essa experiência para mais seis províncias, e a encomendar uma avaliação que determinou a necessidade da implementação desta iniciativa em todas as províncias e distritos do país.

Atualmente, os principais instrumentos de planificação distrital (o plano económico e social e o orçamento, ambos com periodicidade anual, e o plano estratégico distrital de desenvolvimento, de periodicidade quinquenal) são elaborados seguindo uma metodologia que envolve, desde a fase de diagnóstico e identificação de ações, até à sua implementação, monitoria a avaliação, as comunidades (através dos conselhos consultivos locais), os governos distritais e os governos provinciais. Para uma melhor compreensão dos instrumentos de planificação e finanças descentralizadas, veja-se o quadro 5.6, atrás apresentado.

Constrangimentos no funcionamento dos conselhos consultivos distritais

Em tese, e em face de tudo o exposto, a lei dos órgãos locais do estado e demais legislação aplicável legitimam formalmente a inclusão das comunidades no exercício da planificação distrital e a integração da sociedade civil nos conselhos locais, em geral, e nos conselhos consultivos distritais, em particular. Significa isto que as preocupações e expectativas das comunidades podem ser transmitidas aos diversos níveis dos conselhos locais e priorizadas na planificação e orçamentação distritais, abrindo ao mesmo tempo campo para que haja um fluxo de informação sobre as suas propostas, nos dois sentidos.

No entanto, e como lucidamente analisa Forquilha (2008), é a mesma legislação que cria espaço para uma governação comunitária participativa que coloca as comunidades como atores marginais, quando centraliza a institucionalização e funcionamento das IPCC na administração local do estado. Senão vejamos:

a) Em face dos dados empíricos já existentes, no que diz respeito aos planos estratégicos e operacionais distritais, verifica-se que as IPCC não participam no seu processo de execução e fiscalização (embora a legislação mencione claramente como uma das tarefas dos conselhos consultivos locais a preparação, implementação e controlo dos planos distritais);

b) Abundam os casos em que o OIIL é centralizado nas mãos do governo distrital, provocando a desautorização e desacreditação das IPCC;

c) As decisões e sugestões dos conselhos locais e das outras instituições de base (como o fórum local e as autoridades comunitárias) raramente são tomadas em linha de conta pelos escalões imediatamente superiores;

d) Regista-se uma clara tendência de partidarização na forma como se processa a governação distrital, pela composição dos conselhos locais e seus convidados permanentes nos escalões do posto administrativo e governos distritais;

e) Os cidadãos desconhecem os seus representantes nos diferentes níveis das IPCC;

f) Inexistem mecanismos de responsabilização dos representantes comunitários;

g) Inexistem processos uniformes de seleção dos membros que devem constituir as IPCC a vários níveis, optando-se na maior parte dos casos por votação secreta ou por consenso em assembleias.[29]

Quanto ao último ponto enunciado, o facto da regulamentação vigente ser pouco clara no que diz respeito à constituição e função das IPCC, permite a intervenção do estado no processo de seleção dos membros para as IPCC, o que se processa a dois níveis distintos: o primeiro, através das equipas técnicas distritais (ETD), que intervêm no primeiro momento a nível de base na constituição das IPCC, seja no processo de formação dos conselhos consultivos a vários níveis, seja através do apoio técnico que é dado até ao nível do distrito; o segundo, através do governo distrital, por via do seu envolvimento direto no processo da institucionalização das IPCC.

Os estudos realizados, quer no que se refere à análise da legislação vigente (Forquilha, 2008), quer os estudos de caso realizados sobre o processo de descentralização/desconcentração em Moçambique (Forquilha, 2008; Fernandes, 2009), deixam claro que a forma como o processo de criação das IPCC é realizado, de cima para baixo, vicia o espírito que preside à governação local participativa.[30]

O desfasamento entre o que é preconizado pela legislação em vigor e a prática no processo de constituição das IPCC exige uma releitura da situação e um ajustamento e ampliação da base da representatividade nas IPCC. Em 2008, foi aprovado o guião sobre a organização e funcionamento dos conselhos locais (que concretiza o documento "Planificação e Consulta

---

[29] A experiência do estudo elaborado por Conceição Osório e Teresa Cruz e Silva (2009) revelou que, quer em Machaze quer em Tambara, o processo de seleção de membros para a constituição das IPCC a partir da base se realiza na maior parte dos casos, através de consenso entre os cidadãos presentes nas assembleias de base em que os candidatos são publicamente apresentados, passando depois por outras assembleias que selecionam entre os seus membros os candidatos das IPCC para os níveis imediatamente superiores. Em outros casos ainda, o processo faz-se por votação.

[30] Ilustrações deste processo podem ser encontradas na forma como se processa a intervenção da administração local na institucionalização dos conselhos locais, particularmente no que diz respeito à sua composição, quer seja através da indicação de nomes para formarem estes conselhos, quer ainda na seleção de convidados para assistirem às reuniões dos mesmos.

Comunitária, Guião para Organização e Funcionamento"), o qual pretende clarificar e facilitar a implementação da Lei 8/2003 de 19 de Maio e do Decreto 11/2005 de 10 de Junho). Este documento, ao sublinhar o carácter meramente consultivo dos conselhos locais (artigo 19º), ao centralizar o processo de consulta nos representantes do estado ao nível local (artigos 25º e 29º) e ao restringir a publicidade das sessões dos conselhos locais (artigo 34º), admitindo a interdição a presença de pessoas que perturbem o seu funcionamento, condiciona severamente a transparência e o espaço de participação a nível local.

Por isso, apesar desta tentativa de clarificação destinada ao alargamento da inclusão social e da participação comunitária na tomada de decisões, o guião poderá também legitimar a criação de condições para o reforço do controlo da administração local do estado, tanto ao nível da seleção dos membros das instituições de participação comunitária, como da identificação e partilha dos projetos a serem financiados a uma rede clientelar que gire em torno do partido no poder.

Em suma, e citando Salvador Forquilha,

> o estabelecimento de conselhos locais traz, entre outros, os seguintes desafios para a governação local: i) necessidade de capacitação das IPCCs; ii) fraca capacidade de resposta dos governos distritais às prioridades definidas pelos conselhos locais; iii) risco de instrumentalização política das IPCC; iv) ausência de mecanismos de prestação de contas dos representantes comunitários nos conselhos locais; v) fraca capacidade de monitoria, por parte dos conselhos locais, na execução dos Planos Estratégicos e Operacionais Distritais. (Forquilha, 2008, p. 27)

Segundo Conceição Osório e Teresa Cruz e Silva (2009), as práticas mostram que há muitos desafios a enfrentar para que as oportunidades possam ser jogadas a favor de uma governação participativa real, sendo para tal necessário estabelecer uma regulamentação que crie os mecanismos de responsabilização dos membros das IPCC, o que passa pela clarificação do seu papel nos processos de monitoria, avaliação e de prestação de contas às bases.

Conclusões
Em geral, verificam-se grandes semelhanças no enquadramento jurídico que regula o exercício do poder local em Angola e Moçambique, em grande

TIAGO DE MATOS FERNANDES

parte fruto da manutenção de parte da terminologia utilizada na época colonial para a organização e divisão do território.

No entanto, e olhando mais em pormenor, verificam-se grandes diferenças nos estágios de evolução do processo de devolução de poderes da administração central para a administração local: enquanto, em Angola, o modelo adotado ainda é um modelo desconcentrado (não existindo ainda, na prática, autarquias locais, apesar de a sua instituição estar constitucionalmente prevista), em Moçambique, o modelo adotado é parcialmente descentralizado, havendo autarquias locais em 43 centros urbanos do país. Por outro lado, enquanto, em Moçambique, grande parte dos conselhos locais (designados conselhos consultivos distritais) já se encontram em funcionamento (não obstante todos os constrangimentos melhor identificados no presente artigo), em Angola, os conselhos de auscultação e concertação social ainda se encontram em fase de instalação. Em ambos os países, encontram-se no entanto regulados, com relativo detalhe, os processos de reconhecimento formal e o enquadramento das autoridades tradicionais na administração pública nacional.

Na figura 5.1 procedemos à comparação esquemática entre as unidades territoriais, os órgãos colegiais e singulares, as respetivas formas de designação, e os mecanismos de articulação com as comunidades locais, na administração local, em Angola e Moçambique.

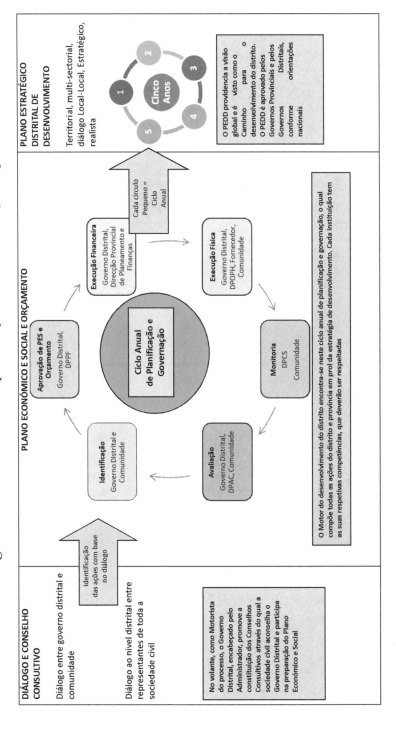

Figura 5.1 - Funcionamento da planificação distrital em Moçambique

Quadro 5.7. Quadro comparativo (síntese) da administração local, em Angola e Moçambique

Nível	Unidade Territorial		Órgão Colegial		Órgão Singular		Designação		Articulação com Comunidades	
	Angola	Moçambique	Angola	Moçambique	Angola	Moçambique	Angola	Moçambique	Angola	Moçambique
Macro	Províncias (18)	Províncias (10)	Governos provinciais	Governos provinciais (e assembleias provinciais)	Gover nador provincial	Governador provincial	Nomeado pelo presidente da república	Nomeados pelo presidente da república; membros da ass. provincial eleitos	Conselho provincial de auscultação e concertação social	n.a.
Mezzo	Municípios (164)	Distritos (128) Administração descentralizada: municípios (cidades e vilas) (43)	Administrações municipais	Governos distritais Administração descentralizada: conselhos e assembleias municipais	Administrador municipal	Administrador distrital Administração descentralizada: presidente do conselho municipal	Nomeado por despacho do governador provincial, após consulta prévia ao Min. da Ad. Territorial	Administrador distrital nomeado pelo Min. da Ad. Estatal, ouvido ou por proposta do governador provincial; membros da ass. municipal e presidente do conselho municipal eleitos	Conselho municipal de auscultação e concertação social	Conselho local de distrito
Micro	Comunas (557)	Postos Administrativos e localidades (n.d.) Administração descentralizada: povoações (sedes de posto administrativo)	Administrações comunais	n.a.	Administrador comunal	Chefe de posto administrativo e chefe de localidade Administração descentralizada: chefe de Povoação	Nomeado por despacho do governador provincial, sob proposta do adminis trador municipal	Chefes de posto administrativo e de localidade nomeados pelo Min. da Ad. Estatal, ouvido o governador provincial	Conselho comunal de auscultação e concertação social	Conselho local de posto administrativo/ conselho local de localidade

Legislação referida
1. Angola:
- Constituição da República de Angola.
- Decreto presidencial nº 118/10, de 29 de Junho (o Estatuto Orgânico do Ministério da Administração do Território).
- Decreto Presidencial nº 30/10, de 9 de Abril (o Regime Financeiro Local).
- Decreto-Lei nº 2/07, de 3 de Janeiro (Organização e o Funcionamento dos Órgãos da Administração Local do Estado).
- Lei nº 17/10, de 29 de Julho (a Lei de Organização e Funcionamento dos Órgãos da Administração Local do Estado).

2. Moçambique:
- Constituição da República de Moçambique.
- Decreto nº 11/2005, de 10 de Junho (Regulamento da Lei dos Órgãos Locais do Estado).
- Decreto-Lei nº 15/2000, de 20 de Junho (Articulação dos órgãos locais do Estado com Autoridades Comunitárias).
- Diploma Ministerial nº 80/2004, de 14 de Maio (Articulação das Autarquias Locais com Autoridades Comunitárias).
- Lei nº 2/97, de 18 de Fevereiro (Lei das Autarquias Locais).
- Lei nº 5/78, de 22 de Abril (Regulação e Estrutura dos Governos Provinciais).
- Lei nº 7/78, de 22 de Abril (Criação dos Conselhos Executivos).
- Lei nº 8/2003, de 19 de Maio (Lei dos Órgãos Locais do Estado).

Bibliografia

BUUR, L., & Kyed, H. M. (2005). *State Recognition of Traditional Authority in Mozambique: The nexus of Community Representation and State Assistance.* Copenhagen: Nordic Africa Institute.

FERNANDES, T. de M. (2009). *O Poder Local em Moçambique: Descentralização, Pluralismo Jurídico e Legitimação.* Porto: Edições Afrontamento.

FORQUILHA, S. (2008). *Mecanismos de Participação Comunitária no Contexto da Governação Local em Moçambique. Actores, oportunidades e desafios do processo de criação das IPCCs.* Maputo: Cooperação Suíça.

Governo da República de Moçambique (2011). *Plano de Acção para Redução da Pobreza (PARP) 2011-2014.* Maputo: Governo da República de Moçambique.

MAE. (2008). *Proposta de Guião sobre Organização e Funcionamento dos Conselhos Locais.* Maputo: Ministério da Administração Estatal.

MAE/MADER/MPF (2003). *Participação e Consulta Comunitária na Planificação Distrital: Guião para Organização e Funcionamento.* Maputo: MAE/MADER/MPF.

MARQUES GUEDES, A. (2006). The state and 'traditional authorities' in Angola. Mapping issues.. In Marques Guedes, A. & Lopes, M. J. (Org.), *State and Traditional Law in Angola and Mozambique* (pp.15-65). Lisboa: Almedina.

ORRE, A. (2007). *The local administration of the state: new law but little change?* (Working Paper). Lisboa: Centro de Estudos Africanos (ISCTE).

OSÓRIO, C., & Cruz e Silva, T. (2009). *Género e governação local. Estudo de caso na província de Manica, distritos de Tambara e Machaze.* Maputo: WLSA Mozambique.

TINY, N'G. N. (2006). The politics of accommodation. Legal and constitutional issues state and traditional law in Angola and Mozambique. In Guedes, A. M., & Lopes, M. J. (Org.), *State and Traditional Law in Angola and Mozambique* (pp. 67-84). Coimbra: Almedina.

WEIMER, B. (1995). O que significa um modelo de administração municipal descentralizado? Aspectos culturais, sociais, económicos e políticos (Conferência sobre Experiências em Administração Municipal: alguns modelos Africanos e Europeus, Maputo 20-23 de Novembro de 1995). Maputo: Fundação Friedrich Ebert/MAE.

6
A descentralização em Angola e os Planos de Desenvolvimento Municipal

CRISTINA UDELSMANN RODRIGUES

Introdução

A literatura de reflexão sobre a descentralização em África e os respetivos processos é ainda um assunto na ordem do dia, levantando várias interrogações (Otayek, 2007). Nomeadamente, a questão central prende-se com as possibilidades e vantagens da descentralização, senão para melhorar, pelo menos para ajudar a melhorar os processos de desenvolvimento dos países (Dubresson & Fauré, 2005). Também no caso de Angola, a descentralização passou a ser vista com um potencial de promoção do desenvolvimento ao nível local, quer por parte de instituições internacionais como por parte do governo angolano que liderou o início deste processo, sobretudo ao fim de mais de 30 anos de guerra no país. Embora a análise da situação atual do país coloque em destaque a manutenção de diversas assimetrias em termos regionais e provinciais (e mesmo dentro das províncias) (Rocha, 2010), a duração dos processos conducentes à desconcentração e descentralização administrativa e financeira faz prever a sua gradual interiorização e implementação.

CRISTINA UDELSMANN RODRIGUES

No âmbito do processo de descentralização em Angola, iniciado genericamente nos anos 2000, previu-se a preparação de Planos de Desenvolvimento Municipal (PDM) que se constituíram como um dos elementos considerados fundamentais para a descentralização na medida em que não só apoiariam a tomada de decisões sobre a distribuição dos orçamentos locais mas também permitiriam intervir de forma mais eficaz localmente em áreas diversificadas conducentes ao desenvolvimento, tendo em conta as especificidades dos municípios. Estes planos, por outro lado, são em si próprios documentos que refletem as tendências do processo de descentralização que se pretende aprofundar e fortalecer. A forma como são produzidos, as linhas orientadoras dos documentos e os dados que contêm, mostram o estado atual da produção de informação relevante para o processo de descentralização em curso em Angola. Neste artigo introduz-se uma reflexão sobre a descentralização a partir da análise dos PDM (2007-2009) produzidos pelo Fundo de Apoio Social (FAS) em municípios de Angola, bem como dos respetivos perfis municipais que os antecederam. A análise trata da forma como estes planos refletem os princípios e preocupações da descentralização e, por outro lado, como e em que medida o seu surgimento e sistematização se deve a uma orientação no sentido da consolidação da informação ao nível municipal que fornece as bases para a descentralização.

A partir da análise de nove destes planos, correspondentes a municípios variados do país, pretende-se colocar em evidência as lógicas e linhas da descentralização ao nível dos municípios que passam pela consolidação de informação e preparação de estratégias ao nível municipal. Esta análise combina-se com a pesquisa de terreno realizada em Angola em 2009 e em 2010 e com uma atualização do ponto de situação relativamente à descentralização em Angola feita a partir da documentação e informação variada existente.

Em primeiro lugar, este texto dá conta da diversidade e multiplicação dos municípios selecionados para o início do processo de descentralização – municípios-piloto – e, por consequência, da diversidade de atores governamentais e não-governamentais envolvidos na elaboração dos respetivos planos. No que toca à análise dos planos em si, as principais questões aqui tratadas prendem-se não só com a comparação dos objetivos estipulados em cada um dos planos mas também do enquadramento atribuído na sua elaboração aos diversos programas e planos orientadores de carácter nacional. Pretende-se, com esta análise, colocar em destaque não só as semelhanças encontradas – que indiciam uma certa convergência inter-municipal e uma consolidação ao nível nacional dos princípios e metas a atingir – mas também as divergências existentes em termos de formulação e preparação de planos de desenvolvimento ao nível local. O aprofundamento desta análise concentra-se nos elementos e dados fornecidos pelos próprios planos e numa discussão da pertinência da informação para o processo de descentralização em curso no país.

Descentralização e desconcentração político-administrativa em Angola

O processo de descentralização em Angola atravessou, nos últimos anos, várias etapas que se tentaram complementar, que se sobrepuseram e que se substituíram em função das orientações políticas do país e das condições efetivas para levar a cabo os diversos projetos.

No final de 2001, o governo aprovou o plano estratégico para a desconcentração e descentralização (já antecedido pelo decreto sobre a administração local de 1999 – Decreto-lei 17/99), que constituiu o passo principal para o início do processo que se pretendeu dar no sentido da desconcentração e descentralização, numa lógica gradual e faseada. As orientações mais explícitas para a descentralização em Angola ganharam depois forma com o programa que foi iniciado com base na publicação do Decreto-lei 02/07 de Janeiro de 2007 que indica as atribuições e competências de cada um dos níveis da governação local; considera pela primeira vez as administrações municipais como unidades orçamentais; e institucionaliza os conselhos de auscultação e concertação social (CACS) como órgão de apoio consultivo dos governos provinciais e das administrações municipais e comunais.

Desde o final da década de 90, várias outras iniciativas procuraram trazer a reflexão sobre o processo de descentralização no país, nomeadamente o *Estudo sobre a Macro Estrutura da Administração Central* (1999), o *Estudo sobre a Macro Estrutura da Administração Local* (2002) ou o *Primeiro Encontro Nacional sobre a Administração Local* (2004) (Mac Dowell *et al.*, 2006; JMJ International, 2006, p. 16).

Contudo, no âmbito da descentralização em Angola de uma forma geral, destaca-se como primeiro momento o início do projeto de descentralização e governação local que envolveu o programa das Nações Unidas para o desenvolvimento (PNUD) e três ministérios angolanos: Ministério da Administração do Território, Ministério das Finanças e Ministério do Planeamento. Em 2004 foi lançada a primeira fase do projeto (Fase I) com uma duração de dois anos, que abrangeu quatro municípios-piloto onde foi iniciada a experiência com o fundo de desenvolvimento municipal (FDM): Camacupa (província do Bié), Kilamba Kiaxi (província de Luanda), Calandula (província de Malange) e Sanza Pombo (província do Uíge). Em meados de 2007, o projeto foi revisto e foi redigido um novo plano de implementação, lançado em 2008 para um período de três anos. Na segunda fase do projeto de descentralização e governação local (PDGL II, 2008-2011), o PNUD passou a contar com outras parcerias internacionais – o DFID (Department for International Development, Reino Unido), a Cooperação Espanhola e a Embaixada da Noruega – ao nível do financiamento do projeto (PNUD/AECID/DFID, 2009). O projeto abrange nesta fase 15 municípios de cinco províncias angolanas.[31]

No âmbito da publicação do Decreto-lei de 2007, o governo de Angola passou a liderar os esforços para a efetivação dos pressupostos nele enunciados. O Programa de Desenvolvimento Municipal, liderado pelo Ministério da Administração do Território (MAT), teve início oficialmente no dia 1 de Julho de 2006 (embora tivesse sido preparado antes).

Nesta altura, o MAT elegeu para o PDM cinco municípios, onde diversas organizações foram responsáveis pela implementação do Programa: Andulo (Bié), Cabinda (Cabinda), Chicala Chiloanga (Huambo), Chitato e Cuito Cuanavale (Kuando Kubango). O PDM, financiado pela USAID, Chevron e Lazare Kaplan (para a Lunda Norte), teve o suporte de um consórcio, de ONG liderado pela *CARE International* (que inclui também a *Development Workshop* e a *Save the Children-UK*) que ficaram responsáveis pela supervisão da implementação do programa. Entre os vários parceiros envolvidos na descentralização das diversas províncias, foram igualmente estabelecidas parcerias ao nível local e programático até porque, nos anos que se seguiram, várias iniciativas, projetos e programas foram iniciados ao nível municipal sob a coordenação de diversas instâncias e instituições.

---

[31] Bié: Camacupa, Kuito e Andulo; Uíge: Sanza Pombo, Negage e Uíge; Malange: Cacuso, Malange e Calandula; Bengo: Dande, Icolo e Bengo, Ambriz; Kwanza Norte: Cazengo, Kambambe e Ambaca.

A DESCENTRALIZAÇÃO EM ANGOLA E OS PLANOS DE DESENVOLVIMENTO MUNICIPAL

Quadro 6.1. Municípios selecionados em 2006 e organização responsável

Organização	Províncias	Municípios seleccionados pelo MAT no âmbito do PDM
CARE International	Bié e Kuando Kubango	Andulo, Cuito Cuanavale
Save the Children	Huambo	Chicala Chilohanga
Development Workshop	Cabinda Lunda Norte	Cabinda Chitato

Fonte: Compilado pela autora a partir de várias fontes.

Em 2008, a legislação orçamental lançou a descentralização (numa fase piloto) na execução orçamental. Foram atribuídas unidades orçamentais a 68 dos 163 municípios de Angola e canalizados, para cada um deles, fundos para uma gestão descentralizada das políticas e atividades planeadas. Previa-se que em 2009 o processo de descentralização estivesse totalmente implementado, passando a estar considerados todos os municípios como unidades orçamentais elegíveis para a receção de 5 milhões de dólares anuais (Comissão Europeia, 2009, p. 60). A seleção destes municípios fez-se com base em critérios demográficos e de importância administrativa, correspondendo portanto os 68 a categorias de municípios "de primeira". Dos municípios que receberam os 5 milhões, grande parte (27) já estava com problemas de prestação de contas ao Tribunal de Contas logo no início do processo (Sérgio Calundungo, 23/8/2010). Isto porque, de acordo com alguns especialistas, alguns municípios não têm estrutura para gerir estes fundos; por exemplo, em alguns não existem balcões de bancos (Allan Cain, 23/8/2010).

A revisão constitucional de 2010 dá indicações mais claras sobre descentralização e sobre os princípios da autonomia dos órgãos do poder local (artº 8), sobre a concomitante estruturação da administração pública (artº 199), as formas organizativas do poder local – centradas nas autarquias locais e incluindo as instituições tradicionais e outras modalidades de participação – (artº 213). São as autarquias que, de acordo com esta redação, gerem e regulamentam os assuntos públicos locais (artº 214). Estas autarquias – que, contudo, ainda não foram criadas – organizam-se em municípios (artº 218) e têm, entre outras, atribuições nos domínios da educação, saúde, energias, águas, equipamento rural e urbano, património, cultura e ciência, transportes e comunicações, tempos livres e desportos, habitação, ação social, proteção civil, ambiente e saneamento básico, defesa do consumidor, promoção do desenvolvimento económico e social, ordenamento do território, polícia municipal, cooperação descentralizada e geminação (artº 219). Ainda, de acordo com a lei-quadro da governação em Angola (de 2010, ainda não assinada), as administrações municipais passam a ser nomeadas pelo MAT (e não pelo governador provincial), o que em parte contraria o processo de descentralização. Outras leis foram preparadas para sustentar as disposições da nova Constituição – como a lei das finanças locais ou a lei da administração local – processo ainda em curso.

Também ao nível das estruturas administrativas angolanas se foram desenvolvendo mecanismos e sistemas que permitissem melhor sustentar as evoluções entretanto verificadas. Em 2010 iniciou-se o programa de formação para gestores municipais, sob a alçada do Ministério do Planeamento através do Instituto de Formação da Administração Local (IFAL). Este programa apoia-se nas resoluções sobre a municipalização em Angola, nomeadamente no Decreto-lei 23/07 no "memorando sobre a melhoria da gestão municipal" aprovado pelo Conselho de Ministros em Agosto de 2007. Abrange 86% da administração pública, já que esta é a percentagem que corresponde aos funcionários da administração ao local. Numa primeira fase, concentra-se na formação dos dirigentes, tendendo a alargar-se aos restantes funcionários e eventualmente às ONG e autoridades tradicionais. Está prevista também a sua extensão às "comunidades remotas" (como os Herero, os San), havendo, contudo, que definir as políticas de relacionamento com este tipo de comunidades.

A criação crescente de novas abordagens, mecanismos e ferramentas de apoio à descentralização em Angola mostra não só o carácter processual deste tipo de reorganização administrativa mas também o surgimento de novas variáveis e a necessidade de proceder a novas formulações de forma a integrá-las no processo. Noutras áreas da administração nacional como o ensino superior, podem já ser verificados efeitos da desconcentração com a criação de universidades públicas autónomas em várias províncias e/ou regiões.

Envolvimento de organizações no processo de elaboração dos perfis municipais e PDM

O envolvimento de diversas organizações na elaboração dos perfis municipais e dos respetivos PDM foi desde o início justificado pelas reconhecidas limitações das administrações locais para os produzirem. Aproveitando um capital técnico e experiência de terreno de algumas organizações – nomeadamente o FAS, que lidera há várias décadas o apoio social em Angola – o governo angolano apostou nos apoios técnicos destas organizações às estruturas municipais. Contudo, o facto de estas organizações apresentarem claramente limitações para abranger os municípios angolanos que ao longo dos anos foram sendo incluídos nos programas fez com que fosse sendo multiplicado o número de envolvidos.

A lei do ordenamento do território e urbanismo (Lei nº 3/04), que foi seguida da aprovação do regulamento geral dos planos territoriais, urbanísticos e rurais (Decreto nº 2/06) de forma a concretizar as diretrizes definidas por esta lei, constituem a base de definição das responsabilidades do estado e das autarquias em termos de planeamento territorial. Esta legislação estabelece os papéis do estado e das autarquias locais no planeamento, prevendo que os municípios elaborem, com o apoio técnico do nível provincial, os Planos Diretores Municipais, documentos ainda mais complexos e exigentes em termos técnicos. Contudo, dado o reconhecimento da insuficiente capacitação das administrações locais para a elaboração de perfis e planos municipais – documentos mais simples e menos exigentes – várias foram as organizações cooptadas para apoiarem estas administrações na elaboração dos seus planos. Os gabinetes de estudos, planeamento e estatísticas – GEPE – constituem as principais estruturas provinciais a este nível e, nos processos de preparação dos planos, desempenham um papel fundamental de articulação com os diversos envolvidos na elaboração dos mesmos: administrações comunais, serviços municipais/sectoriais dos diversos ministérios.

Inicialmente, em 2005, o MAT lançou um concurso público internacional para apoiar, em termos de formação e capacitação, a produção de PDM para os municípios de Camacupa (Bié), Sanza-Pombo (Uíge), Calandula (Malange) e Kilamba-Kiaxi (Luanda). Nessa altura, também foram selecionados os municípios de Ombandja (Cunene), Dande (Bengo), Porto Amboim (Kwanza Sul), Benguela (Benguela), Caála (Huambo), Bibala (Namibe), Cacongo (Cabinda), Chibia e Humpata (Huíla), por indicação do FAS, um dos financiadores do projeto de descentralização.

CRISTINA UDELSMANN RODRIGUES

O consórcio de ONG, que foi inicialmente selecionado através dos concursos lançados pelo MAT para liderar o processo de descentralização ao nível local, elaborou em 2007 os perfis municipais dos municípios selecionados, etapa que foi considerada como fundamental para que se pudesse iniciar a preparação de verdadeiros PDM, baseados em informações e dados mais fiáveis.

Ao mesmo tempo, outras iniciativas e ações no âmbito da descentralização municipal começaram também a ser desenvolvidas. Entre elas, o próprio trabalho do FAS aqui analisado, que implicou igualmente a elaboração de perfis municipais e de PDM, e que partiu da base já constituída por este fundo ao longo da sua vasta experiência de ação ao nível local. Desde que foi criado, o programa de desenvolvimento local do FAS possuía orçamentos próprios geridos e aplicados localmente, integrava a sociedade civil, as equipas tinham autonomia ao nível local e o programa adaptava-se às condições locais (Cesaltina Abreu, 27/8/2010). Tendo sido sempre um programa de nível nacional, integrou na sua quarta fase – em curso, 2009-2013 – três grandes inovações, nomeadamente o foco na intervenção ao nível do município sobretudo nas áreas de provisão de serviços e infraestruturas; a promoção da economia e cultura empreendedora local; o reforço das capacidades para a gestão do desenvolvimento local. Estas orientações resultam de uma harmonização com os objetivos da descentralização e com a abordagem com base no município.

Também com a publicação do Programa de Desenvolvimento Municipal, o governo angolano apostou no desenvolvimento de outras experiências piloto, desencadeadas em simultâneo. Em 2006, o MAT em conjunto com o PNUD, avançou para uma proposta de criação do fundo de desenvolvimento municipal (FDM) que inicialmente seria implantado nas quatro administrações municipais que são objeto do projeto de descentralização fiscal e boa governação do MAT e do PNUD.

Também o PNUD, no âmbito do projeto de descentralização e governação local criou uma série de manuais de apoio às instâncias envolvidas no processo (PNUD/AECID/DFID, 2009, p. 6). Estes incluem informação sobre: (a) orientações técnicas para mecanismos consultivos e participativos; (b) plano de desenvolvimento e plano de intervenção municipal; (c) portfólio de projetos de investimento, (d) plano municipal anual e plataforma orçamental. A preparação destes manuais seguiu uma necessidade sentida ao nível da capacitação das instituições e técnicos responsáveis

A DESCENTRALIZAÇÃO EM ANGOLA E OS PLANOS DE DESENVOLVIMENTO MUNICIPAL

pela preparação e pela implementação dos PDM. Em 2009 o número de formações e de agentes formados no âmbito do processo desenvolvido pelo projeto era bastante elevado (PNUD/AECID/DFID, 2009, p. 7). Neste mesmo ano, o projeto preparava já a elaboração de mais quatro novos manuais sobre temas relacionados com as atividades do projeto. Em 2010, o PNUD tinha já apoiado a realização de 33 perfis municipais e de 20 planos estratégicos (PDM).

Com a apresentação do programa do governo para 2005/6, o MAT tinha já aumentado o número e designado 41 municípios como experiência piloto para a criação de autarquias locais e, consequentemente, para integrarem o processo de descentralização.[32] Nestes municípios, passaram a liderar a elaboração dos PDM, quer as organizações acima referidas num trabalho de continuidade, quer outros novos atores, em parcerias diversas e diversificadas geograficamente mas sempre em articulação com o MAT. O FAS – ator que na área da ação social possui uma experiência de longa data (que, contudo, foi perdendo alguma centralidade em termos nacionais) – concentrou a maior parte do seu trabalho em municípios selecionados pelo MAT em 2005/6 mas no conjunto alargado de iniciativas de organizações são várias as descoincidências entre os selecionados pelas organizações e os selecionados pelo MAT.

Quadro 6.2. Municípios selecionados

Província	Municípios MAT	PNUD Fase I	PNUD Fase II	Municípios FAS (perfil e PDM)
Bengo	Dande, Icolo e Bengo		Dande, Icolo e Bengo, Ambriz	Dande
Benguela	Benguela, Lobito, Cubal, Ganda, Baía Farta			Benguela
Bié	Cuíto, Camacupa, Andulo	Camacupa	Camacupa, Kuito e Andulo	
Cabinda	Cabinda, Cacongo			Cacongo
Huambo	Huambo, Caála			Caála
Huíla	Lubango, Chibia, Matala, Camaquembo			Chibia

[32] Embora haja questões em relação ao número exato de municípios, que de acordo com outras publicações governamentais, serão 47 (JMJ International, 2006, p.11).

CRISTINA UDELSMANN RODRIGUES

Cunene	Ondjiva, Namacunde			Ombadja
Kuando Kubango	Menongue			
Kwanza Norte	Ndalatando, Cambambe		Cazengo, Cambambe e Ambaca	
Kwanza Sul	Sumbe, Gabela, Porto Amboim			Porto Amboim
Luanda	Cacuaco, Cazenga, Ingombota, Kilamba-Kiaxi, Maianga, Rangel, Samba, Sambizanga, Viana	Kilamba Kiaxi		Viana
Lunda Norte	Lucapa, Cuango			
Lunda Sul	Saurimo			
Malange	Malange, Calandula, Cacuso, Quela, Kiwaba Nzoji	Calandula	Cacuso, Malange e Calandula	
Moxico	Luena			
Namibe	Namibe, Tômbwa			Bibala
Uíge	Uíge, Negage, Sanza Pombo	Sanza Pombo	Sanza Pombo, Negage e Uíge	
Zaire	Mbanza Congo, Soyo			

Fonte: Compilado pela autora a partir de várias fontes.

Um quadro produzido pelo grupo de trabalho de descentralização (GTD) em 2006 dá conta desta diversidade e da atuação das organizações na área da descentralização em municípios que não faziam parte dos 41 inicialmente estabelecidos (JMJ International, 2006, pp. 23-26). A análise mostra, portanto, que existe uma descoincidência ao nível geográfico e municipal entre as propostas do MAT e a atuação das organizações,[33] embora ao nível local haja referência à aposta no estabelecimento de parcerias entre organizações.

Contudo, através da referida capacidade de colaboração pré-existente entre as diversas organizações no terreno e da criação do grupo de traba-

---

[33] No caso dos perfis municipais em análise – os do FAS – e respetivos PDM, apenas no caso das províncias do Cunene e do Namibe foram selecionados municípios diferentes daqueles indicados pelo MAT.

lho, tentou-se ao longo deste processo contornar as dificuldades relativas à crescente entrada de novos atores no processo de descentralização e de produção de dados municipais. Esta coordenação, no entanto, mostrou-se difícil e complexa, mesmo tendo transitado para as estruturas administrativas dos ministérios envolvidos (C. Figueiredo, 23/8/2010).

Assim, o próprio processo de seleção dos municípios onde o trabalho de levantamento de informação relevante para o processo de descentralização resultou num exercício que se foi complexificando, quer com a entrada de novos atores e organizações responsáveis pela sua elaboração, quer com o aumento do número de municípios onde este seria feito. Dadas as características diferenciadas das organizações envolvidas no processo, formas de trabalho e produção de dados (e também pela especificidade dos municípios), os documentos em si resultaram também diferenciados.

Por outro lado, há também descoincidências importantes ao nível do formato e conteúdos dos documentos produzidos pelas diversas organizações com a responsabilidade para tal. Uma comparação rápida dos diversos tipos quer de perfis municipais quer de PDM mostra que, embora havendo temas e áreas específicas de estudo e propostas, os produtos e conteúdos dos documentos não se regem por um enquadramento comum previamente estabelecido. A estrutura e composição dos relatórios e dos programas são por isso diferentes, dependendo da organização que liderou a feitura dos mesmos. Uma comparação com os perfis municipais recentemente produzidos (2009) pela ADRA ou pela CARE (financiados pela Chevron e pelo PAANE da Comissão Europeia), mostra que há diferenças substanciais em termos de conteúdo e organização e apresentação dos mesmos que se devem a diferentes metodologias utilizadas, formatos de apresentação, entre outros.

Ou seja, os vários programas e iniciativas criados e desenvolvidos podem ter contribuído para que a informação de base produzida e contida nos perfis e programas não fosse coincidente ou harmonizada, o que por sua vez não contribui para um conhecimento generalizável sobre o processo de descentralização no seu todo, intercambiável entre as diversas instâncias da administração local, nomeadamente os municípios. Mesmo tendo havido esforços para a articulação através de parcerias que as organizações tentaram desenvolver – e mesmo que estas já existissem dada a longa experiência de terreno e trabalho em conjunto – ou através da criação do GTD (2005/6), os resultados obtidos denotam esta dispersão.

CRISTINA UDELSMANN RODRIGUES

O grande número de ações de capacitação previstas e realizadas pelos projetos na área da descentralização – que incluem a produção de manuais – resulta do reconhecimento da existência de grandes carências a diversos níveis que apenas poderão ser ultrapassadas a médio/longo prazo através da formação, informação e treino dos agentes e técnicos envolvidos em todo o processo. Neste âmbito, os principais constrangimentos dos municípios estão relacionados com a falta de qualificação específica dos recursos humanos para produzir e gerir dados de base – demográficos, económicos, sociais – que possam informar os PDM de forma sólida e consistente. Um relatório produzido em 2007 sobre a participação descentralizada no processo orçamental dava conta da existência de diversos constrangimentos ao nível das instituições centrais do estado – incluindo o parlamento, o sistema de tribunais, o Tribunal de Contas e o Instituto Nacional de Estatística – e ao nível descentralizado apontava que as administrações municipais e comunais, para além de falta de autonomia efetiva, o grande problema centrava-se na falta de capacidades locais para gerir e comandar de forma eficaz este tipo de ações (Isaksen, 2007). Estruturas participativas criadas para promover uma ampla participação na administração dos municípios e na planificação – como os CAC – não se tornaram em todos os municípios, como foi esperado, verdadeiras plataformas de produção de decisões ao nível local participativas (Sérgio Calundungo, 23/8/2010). Ou seja, o processo de descentralização em si implicou a criação gradual de determinadas condições, não só para a gestão dos recursos dos municípios e desenvolvimento local mas também para a produção de informação relevante que fundamentasse os planos e estratégias ao nível local.

Os Planos de Desenvolvimento Municipal

Uma das principais carências identificadas no processo de descentralização está relacionada com a inexistência de planos de desenvolvimento dos municípios. Embora a planificação tenha melhorado nos últimos anos e seguido, em muitos casos um percurso de crescente sistematização e desenvolvimento, os dados existentes sobre os municípios são de qualidade e fiabilidade duvidosas e, em muitos casos, insuficientes em relação às necessidades de planeamento detalhado. Este facto prende-se com várias razões, nomeadamente com a capacitação dos recursos humanos ao nível provincial; com as dificuldades de acesso a várias regiões das províncias e dos municípios; com a fraca capacidade de mobilização dos escassos recur-

A DESCENTRALIZAÇÃO EM ANGOLA E OS PLANOS DE DESENVOLVIMENTO MUNICIPAL

sos humanos e logísticos colocados à disposição dos governos provinciais e municipais; com sistemas de recolha de informação e disseminação não estruturados e/ou corrompidos durante vários anos de guerra no país; finalmente, com a inexistência, até muito recentemente, de uma estratégia concertada e articulada ao nível nacional.

No PDM da Chibia, estes constrangimentos encontram-se bem identificados:

> a pouca e nem sempre fiável informação disponível e a quase inexistência de dados estatísticos; a complexidade em termos demográficos, aliado a uma população dispersa em quimbos, segundo usos e costumes, construídos sem ordenamento e na maioria dos casos fora das principais vias de comunicação; a degradação das principais vias de acesso para as comunas e quimbos, entre outros; a insuficiência de recursos financeiros e capacidade técnica do pessoal. (PDM – Chibia, 2007-2009, p. 1)

Os PDM passaram por processos de elaboração relativamente longos, desde uma fase de estruturação do processo – iniciada em geral em 2004 – passando pela elaboração dos perfis municipais no ano seguinte, sendo que em 2006 os municípios deveriam ter estes planos concretizados.[34]

Na fase de estruturação o processo implicaria o estabelecimento de contactos preliminares (com o governo provincial, a administração municipal, as ONG, igrejas e outros atores relevantes ao nível municipal) de modo a constituírem-se fóruns municipais. Ainda nesta fase, estava prevista uma formação em diversas áreas relevantes para a elaboração dos perfis e planos municipais – planeamento estratégico; gestão financeira e aquisições; monitoria e avaliação; técnicas de investigação social.

Já na segunda fase (elaboração dos perfis) previa-se a realização de formações adicionais – técnicas de moderação; técnicas de pesquisa participativa (i.e., ferramentas de levantamento de dados e de pesquisa adaptadas ao tipo de contexto local) – bem como a constituição de fóruns municipais, culminando, finalmente, na elaboração dos perfis municipais.

Na terceira fase (elaboração dos planos municipais) realizar-se-ia a validação dos perfis entretanto elaborados, uma formação de moderadores que realizariam um estágio com diferentes atores municipais, passando-se depois à concretização dos planos.

---

[34] De acordo com a calendarização descrita no PDM da Caála (2006).

CRISTINA UDELSMANN RODRIGUES

Trata-se de um processo complexo, integrando não só a capacitação dos atores envolvidos no processo como também o seu envolvimento na produção dos diferentes documentos. A lógica participativa atravessa todo este processo, estando previsto um tempo total para a finalização dos principais produtos – perfil e plano – bastante alargado.

Os municípios constantes deste grupo em análise não se incluem todos, ao nível nacional, entre os mais dinâmicos ao nível do desenvolvimento local. De acordo com indicadores múltiplos utilizados por Alves da Rocha (2010) para hierarquizar os municípios (incluindo o número de empresas e PIB), os mais bem classificados em termos nacionais encontram-se nas províncias de Luanda, Benguela, Kwanza Sul, Namibe, Malange, sendo os piores classificados aqueles que se localizam nas províncias da Lunda Norte, Lunda Sul, Moxico e Kuando-Kubango.

Os PDM em análise para o período 2006-2008 tiveram a participação do FAS e foram elaborados com base nos perfis municipais, também da responsabilidade do fundo. O FAS constituiu-se, desde há vários anos, como o organismo responsável pela distribuição e gestão dos financiamentos disponíveis para o desenvolvimento local, gerindo as verbas disponibilizadas pelo orçamento de estado e pelos financiamentos internacionais. Nestes planos, aparece quer como financiador da sua produção (Benguela) quer como coordenador, orientador e produtor ou responsável pela assistência técnica para a elaboração dos mesmos. Em todos estes planos está bem vincada a participação dos diversos detentores de interesse locais, metodologia que o fundo enfatiza, quer através de estruturas e sistemas localmente consolidados (como os fóruns consultivos municipais) ou através de reuniões e entrevistas participativas.

Dos planos em análise, destaca-se o facto de a maioria destes ter seguido o planeamento calendarizado previsto inicialmente, tendo produzido os seus perfis entre 2005 e 2006 e concretizado os PDM em 2006 e 2007.[35]

Em relação aos objetivos descritos nos planos, apenas dois deles se referem claramente ao planeamento estratégico para os municípios, indicando o plano como um dos produtos principais deste planeamento (Benguela e Cacongo). Dois outros – Ombadja e Porto Amboim – referem este enquadramento no planeamento estratégico e adiantam ainda

---

[35] Complementarmente, analisam-se os dados de dois perfis municipais produzidos pela *CARE International*, para os municípios da Matala (Huíla) e Cubal (Benguela).

A DESCENTRALIZAÇÃO EM ANGOLA E OS PLANOS DE DESENVOLVIMENTO MUNICIPAL

Quadro 6.3. Planos de Desenvolvimento realizados pelo FAS

Município	Província	Período do PDM	Data do Perfil
Benguela	Benguela	2006-2011	2005
Bibala	Namibe	2007-2009	2005
Caála	Huambo	2006-2009	2005
Cacongo	Cabinda	2007-2009	2005
Chibia	Huíla	2007-2009	2006 *
Dande	Bengo	2007-2009	2006
Ombadja	Cunene	2007-2009	2006
Porto Amboim	Kwanza Sul	2006-2008	2006
Viana	Luanda	s/indicação	2006

* alguns dos perfis foram revistos em 2006

Fonte: Listagem produzida pela autora.

a sua relação direta com o planeamento e a provisão de serviços sociais básicos. Os restantes planos apontam de forma genérica, como objetivos, o planeamento e provisão de serviços básicos à população, sendo diferentes, no entanto, na forma como este objetivo é descrito e na ênfase conferida à questão do combate à pobreza. Em nenhum destes últimos é mencionado o seu enquadramento num planeamento estratégico, sendo antes enfatizada a sua relação com o atendimento de necessidades e carências da população dos municípios.

Quadro 6.4. Objetivos expressos nos PDM

Benguela	A elaboração do PDM é a última de três fases previstas de um ciclo de planeamento estratégico, sendo precedidos de uma fase de estruturação e uma de análise situacional.
Bibala	Inverter, embora não na sua totalidade, o quadro das situações-problema levantadas no perfil do município, procurando assim contribuir para os objetivos globais do programa de melhoria e aumento da oferta de serviços sociais básicos e de redução da pobreza do governo de Angola em geral e da província do Namibe em particular.

CRISTINA UDELSMANN RODRIGUES

Caála	Contribuir para a mitigação da carência de acesso a serviços sociais básicos e para a criação de bases tendentes a contribuir para a segurança alimentar das populações através do estabelecimento de objetivos mensurais, de acordo com os recursos disponíveis.
Cacongo	A elaboração do PDM é a terceira de cinco fases previstas de um processo de planeamento estratégico, sendo precedidos de uma fase de estruturação e uma de análise situacional.
Chibia	Mostrar a realidade do município, suas potencialidades, problemas e oportunidades, com vista, a subsidiar intervenções de apoio à administração municipal no âmbito da transferência de competências atualmente desenvolvidas pelo FAS em termos do planeamento participativo, para que, possam dar respostas às crescentes necessidades e aspirações da população.
Dande	Documento reitor na estratégia de combate e redução da pobreza; instrumento para negociar com potenciais parceiros e fazer uma conveniente canalização de recursos.
Ombadja	Resultado de um processo de planificação estratégica participativa no sentido de contribuir para a redução da carência de acesso a serviços sociais básicos e para a criação de bases tendentes a contribuir para a segurança alimentar das populações; referência obrigatória para potenciais interessados em investir no município e conveniente canalização de recursos.
Porto Amboim	Surge no âmbito do processo de planeamento estratégico e visa proporcionar uma plataforma de crescimento através da intervenção estratégica nos sectores-chave do município de modo a satisfazer as necessidades básicas dos munícipes.
Viana	Exprime as metas definidas para cada área prioritária; os projetos selecionados e que constam no plano privilegiam uma atuação social que garantirá um impacto social e económico, centrado na minimização dos problemas e questões mais gritantes do município, procurando aproveitar os recursos municipais.

Fonte: Produzido pela autora a partir dos Planos de Desenvolvimento Municipal.

A sua utilidade e pertinência para o planeamento e orientação de ações ao nível municipal, quer para as instâncias governamentais quer para o sector privado e não-governamental encontra-se descrita nos objetivos de apenas alguns destes planos (Chibia, Dande e Ombadja). Contudo, os planos de Benguela e de Cacongo, pela sua integração explícita no planeamento estratégico, regem-se implicitamente pelo objetivo de constituir uma base de preparação e execução de atividades e ações conducentes ao desenvolvimento local.

Ao nível do enquadramento nos programas de nível nacional, há também uma clara disparidade em relação às referências contidas nestes PDM.

Cinco deles referem especificamente o plano estratégico de desconcentração e descentralização nacional ou, de forma genérica, o processo de descentralização. Três dos planos referem exclusivamente o programa de melhoria e aumento da oferta de serviços sociais básicos e de redução da pobreza, enquanto outros dois (Viana e Benguela) referem a estratégia de combate à pobreza (República de Angola/MP, 2003).

Quadro 6.5. Âmbito/programa governamental expresso nos planos

Benguela	– Plano estratégico de desconcentração e descentralização administrativas – Estratégia de combate à pobreza
Bibala	– Programa de melhoria e aumento da oferta de serviços sociais básicos e de redução da pobreza
Caála	– Programa de melhoria e aumento da oferta de serviços sociais básicos e de redução da pobreza
Cacongo	– Enquadrado no processo de descentralização e desconcentração financeira em curso no país
Chibia	– Desconcentração da Administração Municipal
Dande	– Plano estratégico para desconcentração e descentralização administrativas
Ombadja	– Programa de melhoria e aumento da oferta de serviços sociais básicos e de redução da pobreza
Porto Amboim	– Processo de descentralização
Viana	– Estratégia de combate à pobreza

Fonte: Produzido pela autora a partir dos Planos de Desenvolvimento Municipal.

Neste campo fica claro o facto de nem todos os municípios partilharem a mesma visão sobre a pertinência e utilidade dos planos para o processo de descentralização, o que até se compreende no contexto em que foram feitos e dada a fase de arranque em que se enquadraram. Contudo, estando todos estes planos a cargo da mesma organização, constata-se ainda que, mesmo internamente, estes propósitos não foram claramente definidos à partida em todos os municípios onde se apostou na produção dos planos ou que, pelo menos, os planos foram aprovados sem que esta referência tivesse sido considerada central em todos os municípios.

CRISTINA UDELSMANN RODRIGUES

Estrutura e dados dos PDM

Se em termos de enquadramento se verifica existirem desarmonias entre os diversos planos e, por decorrência, entre os municípios, também é natural que os conteúdos dos mesmos e a sua organização apresentem diferenças significativas, alguma relacionadas com as características próprias de cada município – à primeira vista, municípios como Viana ou Benguela não são comparáveis com os restantes em termos de desenvolvimento local – ou com as capacidades de recolha e tratamento dos dados. O facto de todos os planos se orientarem por uma estrutura comum sobressai na análise mas não há indicações explícitas de como os dados dos perfis anteriormente produzidos foram atualizados para a preparação dos planos.

Os PDM analisados guiam-se por uma estrutura comum, que inicia os relatórios com um enquadramento contextual dos municípios, seguida de uma análise das áreas prioritárias de atuação com vista ao desenvolvimento municipal. Tendo em conta estas prioridades, os planos apresentam também todos os projetos em curso ou em preparação nas diferentes áreas e uma metodologia de seguimento e acompanhamento das atividades e resultados.

Em relação aos dados contextuais, estes concentram-se sobre a história dos municípios, enquadramento geográfico, demográfico e administrativo, bem como sobre as questões genéricas do desenvolvimento local. Muitos destes dados resultam de uma atualização dos perfis municipais produzidos nos anos anteriores, exercício que tem vindo a ser sistematizado ao nível municipal envolvendo a participação das administrações comunais na produção anual de relatórios com dados sobretudo sobre a população, habitação, atividades económicas, infraestruturas tais como as da área da educação e da saúde. Tendo em conta que decorreu apenas um ano entre a elaboração dos perfis e dos planos, a maior parte da informação contida nestes últimos é a que consta dos perfis. Embora as administrações provinciais estejam encarregues de atualizar anualmente as informações para a elaboração dos perfis provinciais (com base nas informações recolhidas e compiladas pelas administrações comunais e municipais), não é ainda claro que tanto os perfis como os planos municipais sejam atualizados com a mesma periodicidade. Este facto contribui também para que, com as mudanças significativas no país em termos sociais e económicos, exista uma descontinuidade crescente entre as orientações provinciais e municipais.

A DESCENTRALIZAÇÃO EM ANGOLA E OS PLANOS DE DESENVOLVIMENTO MUNICIPAL

Quadro 6.6. Áreas prioritárias de atuação identificadas nos PDM

	Educação	Saúde	Água e Saneamento	Energia	Agricultura	Vias de acesso e estradas	Outras
Benguela	√	√	√	√	–	–	–
Bibala	Educação e infância	√	√	--	Agricultura e pecuária	Estradas e pontes	–
Caála	√	√	√	–	Segurança alimentar e desenvolvimento rural	Vias de acesso	Emprego
Cacongo	√	√	√	√	Agricultura pecuária e pesca	Transporte e comunicação	Ambiente e comércio
Chibia	√	√	√	√	Agricultura e Pecuária	Estradas e Pontes	Justiça, segurança e proteção social comércio, indústria, hotelaria e turismo, habitação juventude, recreação e desportos
Dande	√	√	√	–	Agricultura	Obras públicas	–
Ombadja	Educação e cultura	√	Energia, água e saneamento	–	Agricultura e pecuária	Habitação e vias de acesso	–
Porto Amboim	√	√	√	√	Agricultura, pecuária e pescas	Vias de acesso	Cultura, desporto e lazer
Viana	√	√	√	–	Agricultura	Vias de Acesso	–

Fonte: Produzido pela autora a partir dos Planos de Desenvolvimento Municipal.

CRISTINA UDELSMANN RODRIGUES

Em relação às áreas prioritárias de atuação estabelecidas, estas resultam, em princípio, de consultas participativas, método vastamente enfatizado em todos os relatórios. Daí que os resultados, embora se concentrem em todos os municípios sobre pelo menos três áreas principais – saúde, educação e água e saneamento – apresentem variações específicas relacionadas com as características das províncias e dos municípios (ao nível económico, grau de destruição pela guerra, entre outros) e com as orientações privilegiadas no âmbito do processo de consulta.

Se municípios mais desenvolvidos como Benguela privilegiam apenas quatro áreas prioritárias, noutros é evidente a necessidade de abranger o leque mais vasto possível de áreas, o que denota não só as carências a todos os níveis nestes municípios mas também uma certa dificuldade em determinar áreas prioritárias ajustadas a perspetivas de desenvolvimento de curto, médio e longo prazo nestes municípios.

Em relação ao que os PDM denominam de "projetos em carteira" – ou seja, projetos já elaborados e/ou em curso ou projetos planeados – existem diferenças entre os diversos municípios ao nível do envolvimento de uma diversidade de financiadores. Embora alguns dos planos indiquem apenas "parceiros" em geral – e que, através desta designação são seja possível determinar o número e variedade dos mesmos – Porto Amboim e Cacongo identificam de forma estrita os intervenientes na implementação do plano. De notar ainda que, tratando-se de planos que em princípio se concentrariam na gestão de nível local de recursos, a participação do governo e dos governos provinciais é referida em quase todos eles – exceto Ombadja, apesar de o programa de investimento público (PIP)[36] e mesmo o próprio FAS envolverem o governo de Angola.

---

[36] A partir de 2003, o Governo de Angola estabeleceu, por decreto, o regulamento do programa de investimento público, que passou a integrar o plano nacional e o orçamento geral do estado, tendo como objetivo regulamentar a preparação, execução e acompanhamento dos investimentos, como vista a eficiência e eficácia dos procedimentos dos investimentos públicos.

Quadro 6.7. Financiadores identificados nos planos

	Província	Financiadores
Benguela	Benguela	Governo provincial e parceiros.
Bibala	Namibe	Governo e parceiros.
Caála	Huambo	FAS e PIP; governo provincial; BAD; parceiros.
Cacongo	Cabinda	FAS; governo provincial; Chevron.
Chibia	Huíla	Governo; ONG e parceiros; FAS.
Dande	Bengo	Governo; FAS; organizações internacionais; parceiros.
Ombadja	Cunene	FAS, PIP e outros.
Porto Amboim	Kwanza Sul	FAS; governo.
Viana	Luanda	Governo provincial; ministérios; organizações internacionais; empresas privadas e públicas; embaixadas

Fonte: Produzido pela autora a partir dos Planos de Desenvolvimento Municipal.

Em vários destes municípios, a participação do FAS é central, a par da do governo de Angola. Este facto denota não só o envolvimento de vários anos do fundo nos projetos de desenvolvimento local como a necessidade de manter este envolvimento na maior parte deles. Há, contudo, diferenças substanciais em termos dos municípios que se prendem com a diversificação dos parceiros e detentores de interesse nos projetos de desenvolvimento local. Note-se igualmente a especificidade desta diversificação, muito relacionada quer com a proximidade dos centros de decisão da capital – caso de Viana e do Dande – quer com a presença de grandes financiadores não-governamentais associados a atividades económicas de vulto – caso de Cacongo. A diversificação de participantes e financiadores nos projetos corresponde em certa medida ao nível de desenvolvimento local registado nas diferentes províncias, retomando a referência aos indicadores utilizados por Alves da Rocha (2010).

Todos os planos incluem a previsão dos mecanismos de monitoria que irão ser utilizados ao longo da sua execução. Os responsáveis pelo seguimento dos projetos e atividades são as instituições representadas nos fóruns consultivos, municipais e comunais, e nos grupos de trabalho

CRISTINA UDELSMANN RODRIGUES

criados para o efeito. Os níveis de monitoria, comuns a todos os planos, dizem respeito à apreciação da realização das atividades, os resultados alcançados, efeitos produzidos e impactos verificados. Os PDM preveem ainda a produção de planos de monitoria específicos para cada um dos projetos, numa fase mais avançada, o que não foi produzido até à atualidade.

Do conjunto de manuais produzidos para a realização dos PDM (ver acima), o número respeitante à monitoria ("revisão e seguimento") refere a constituição de um instrumento específico, ao nível municipal que congrega a informação (do programa, planos ou projetos) produzida ao longo da implementação dos PDM, o sistema de gestão de informação municipal. A informação aí contida é proveniente de várias instâncias: secções municipais, administrações comunais, grupos técnicos do projeto, secretariado executivo e parceiros sociais. Esta informação – sobre a execução das atividades e financeira, satisfação dos beneficiários, etc. – é depois disponibilizada para outras instâncias a partir do sistema, incluindo o governo provincial, o fórum municipal, financiadores, auditores, munícipes, parceiros e conselhos municipais de auscultação e concertação social (CMACS). Estes últimos são os responsáveis pela monitorização do PDM em si, que deve ser realizada anualmente e no final de cada um dos planos. Mais uma vez, nesta área, ainda não existem resultados deste tipo de seguimento da evolução da execução e implementação dos planos.

Conclusão

A elaboração de perfis, PDM e respetivos manuais resulta da constatação, por parte de diversos intervenientes no processo de descentralização, da existência de carências ao nível da informação e do investimento num planeamento ao nível municipal e local com base em dados fidedignos e organizados. A produção de documentos orientadores – como os manuais – indica ainda a necessidade de fazer convergir as metodologias, os processos de preparação e implementação quer dos próprios documentos quer, posteriormente, da sua utilização na gestão municipal. Contudo, nem sempre esta convergência aparece de forma explícita nos planos. Existem linhas orientadoras gerais de elaboração dos PDM – que são verificáveis através da estrutura comum que estes planos apresentam – mas, ao nível das orientações de política de desenvolvimento local e de enquadramento nos programas governamentais, os planos denotam disparidades que se traduzem numa definição de objetivos e de enquadramento nacional díspares entre os municípios analisados.

Adicionalmente, constata-se que mesmo tendo estes planos sido elaborados/apoiados pela mesma organização – o FAS – os seus conteúdos são tratados de forma diferenciada nos diversos municípios. Se tivermos em conta que desde o seu início a elaboração destes planos foi entregue a diferentes organizações, que os produziram de forma diferenciada, conclui-se que as diferenças e disparidades são multiplicadas. Uma análise comparada permite encontrar algumas características comuns quanto ao formato mas, embora os conteúdos convergissem para determinados temas chave, o resultado final não foi homogéneo, sendo uns mais completos ou detalhados que outros, uns mais centrados nos objetivos e políticas governamentais que orientam o processo de descentralização e outros menos.

Embora com diferenças, a informação básica pode ser a mais útil produzida até esta data para a tomada de decisão e para apoiar o processo de descentralização administrativa em Angola, o que faz com que o facto de alguns planos conterem mais informação seja uma vantagem para esses municípios com capacidade de produzir mais dados. No entanto, mostra bem a diversidade de situações, de capacidades de elaborar os próprios documentos e poderá indiciar igualmente capacidades diferenciadas de implementação e monitorização das atividades e ações neles previstas. A aparente dispersão e diversidade de atores e dos próprios conteúdos dos planos aqui descritas colocam, contudo, algumas interrogações relativamente a todo o processo em si. No fundo, tanto descrevem alguma descoordenação entre os diversos municípios e os avanços neles registados como, por outro lado, podem dar indícios de que há uma potencial autonomia em cada um dos municípios para liderar os processos de desconcentração e descentralização. Coloca-se, portanto, a questão de saber se esta multiplicidade de projetos, perfis, ações, envolvimento de organizações etc. não apontará para uma potencial capacidade de gerir de forma descentralizada a planificação do desenvolvimento local.

Perfis municipais e PDM

Administração Municipal da Bibala (2005) *Perfil Municipal da Bibala*, FAS.

Administração Municipal da Bibala (2007) *Plano de Desenvolvimento Municipal da Bibala, 2007/9*, FAS.

Administração Municipal da Caála (2005) *Perfil Municipal da Caála*, FAS.

CRISTINA UDELSMANN RODRIGUES

Administração Municipal da Caála (2007) *Plano de Desenvolvimento Municipal da Caála*, 2007/9, FAS.

Administração Municipal da Chibia (2006) *Perfil Municipal da Chibia*, FAS.

Administração Municipal da Chibia (2007) *Plano de Desenvolvimento Municipal da Chibia*, 2007/9, FAS.

Administração Municipal de Benguela (2005) *Perfil Municipal de Benguela*, FAS.

Administração Municipal de Benguela (2006) *Plano de Desenvolvimento Municipal de Benguela*, 2006/11, FAS.

Administração Municipal de Cacongo (2005) *Perfil Municipal de Cacongo*, FAS.

Administração Municipal de Cacongo (2007) *Plano de Desenvolvimento Municipal de Cacongo*, 2007/9, FAS.

Administração Municipal de Ombadja (2006) *Perfil Municipal de Ombadja*, FAS.

Administração Municipal de Ombadja (2007) *Plano de Desenvolvimento Municipal de Ombadja*, 2007/9, FAS.

Administração Municipal de Porto Amboim (2006) *Perfil Municipal de Porto Amboim*, FAS.

Administração Municipal de Porto Amboim (2006) *Plano de Desenvolvimento Municipal de Porto Amboim*, 2006/8, FAS.

Administração Municipal de Viana (2006) *Perfil Municipal de Viana*, FAS.

Administração Municipal de Viana, s.d., *Plano de Desenvolvimento Municipal de Viana*, FAS.

Administração Municipal do Dande (2006) *Perfil Municipal do Dande*, FAS.

Administração Municipal do Dande (2007) *Plano de Desenvolvimento Municipal do Dande*, 2007/9, FAS.

Bibliografia

Comissão Europeia (2009). *Avaliação do nível do país: Angola*. (disponível online em: http://ec.europa.eu/europeaid/how/evaluation/evaluation_reports/reports/2009/1267_vol1_pt.pdf).

DUBRESSON, A., & Fauré, Y.-A. (2005). Décentralisation et développement local : un lien à repenser. *Tiers-Monde*, 46(181), 7-20.

FAS (2007). *Série de Manuais sobre Planeamento Estratégico para o Desenvolvimento Municipal* (5 volumes). Luanda: FAS – Fundo de Apoio Social.

FAS (2010). *Programa de Desenvolvimento Local*. Luanda: FAS IV – Fundo de Apoio Social.

IFAL (2010). *Programa de Formação para Gestores Municipais*. Luanda: Ministério do Planeamento/ IFAL – Instituto de Formação da Administração Local.

ISAKSEN, J., Amundsen, I., & Wiig, A. (2007). *Orçamento, Estado e Povo: processo de orçamento, sociedade civil e transparência em Angola* (R 2007: 14). Bergen, Noruega: CMI.

JMJ International. (2006). *O Ambiente de Funcionamento da Governação Local em Angola: reforçar as ligações entre descentralização e o desenvolvimento dirigido pela comunidade*. Relatório preliminar para o Banco Mundial, CCDA e Fundo de Apoio Social (FAS).

MAC DOWELL, M. C., *et al.* (2006). *Diagnóstico da Descentralização Fiscal em Angola*. Luanda: PNUD e UNCDF (disponível online em: http://mirror.undp.org/ angola/LinkRtf/DiaDesFisc-Port.doc).

OTAYEK, R. (2007). A descentralização como modo de redefinição do poder autoritário? Algumas reflexões a partir de realidades africanas. *Revista Crítica de Ciências Sociais*, 77 (Junho), 131-150.

PNUD/AECID/DFID (2009). *Support to the Decentralization and Local Governance Project: Phase II*. Luanda: Governo de Angola e UNDP-Angola. (disponível em: http://mirror.undp.org/ angola/LinkRtf/ANNUAL-REPORT--DLG2009.pdf)

República de Angola/MP. (2003). *Estratégia de Combate à Pobreza*. Luanda: Direcção de Estudos e Planeamento, República de Angola, Ministério do Planeamento.

ROCHA, M. A. da. (2010). *Desigualdades e Assimetrias Regionais em Angola: os factores de competitividade territorial*. Luanda: Universidade Católica de Angola/CEIC.

7
Centralização, descentralização e desconcentração em Angola: aspetos económicos

CARLOS M. LOPES

Em torno do conceito

Em sentido amplo, descentralização corresponde à transferência de funções, responsabilidades, e às vezes do poder, dos escalões superiores do estado para os escalões inferiores, dentro da cadeia de governação. Tal transferência pode ocorrer em três formas principais: desconcentração ou descentralização administrativa; devolução ou descentralização democrática; descentralização fiscal (Manor, 1999).

De acordo com Manor essas três formas caracterizam-se por:

Desconcentração ou *descentralização administrativa* é a dispersão de funções, responsabilidades e funcionários dos escalões superiores para os escalões inferiores do governo. É a relocação dos funcionários dos escalões superiores do governo nos diferentes pontos do território nacional com vista a fortificar a autoridade do governo. Na desconcentração, o governo central não cede qualquer poder uma vez que tais funcionários simplesmente cumprem tarefas e implementam as decisões tomadas pelo governo cen-

CARLOS M. LOPES

tral. Todas as linhas de comando são de cima-para-baixo e a prestação de contas é de baixo-para-cima.

Devolução ou *descentralização democrática* é a transferência do poder (tomada de decisão), funções e recursos do governo central para governos locais, que são eleitos pelas comunidades locais e prestam contas a elas. A devolução cede a autoridade de decisão e influência às instituições democraticamente eleitas, através de mecanismos legais de partilha do poder entre o governo central e os governos locais. A devolução envolve a cedência de personalidade legal, áreas de competência legalmente definidas, autonomia de cobrar impostos, incluindo o direito de ter orçamento e competência legislativa.

Descentralização fiscal é a transferência de recursos fiscais para os escalões inferiores do governo. A descentralização fiscal cede influência sobre orça-mentos e decisões financeiras, que podem ser confiadas aos funcionários desconcentrados, mas que só prestam contas aos superiores dos escalões superiores, ou aos nomeados não-eleitos, escolhidos superiormente. (Manor, 1999, p. 5-6)

Evolução oscilante das dinâmicas centralizadoras e descentralizadoras em contexto angolano

Angola herdou do período colonial um sistema de governação centra-lizado, tanto ao nível do estado central como ao nível da administração colonial. O estado colonial introduziu, ao nível do poder local, a figura das autarquias eleitas localmente e permitiu que os governos das colónias as implementassem. Em 1975, na altura da independência, a divisão admi-nistrativa de Angola contemplava 16 distritos, 120 concelhos e 423 postos administrativos (JMJ International, 2006).

Após a independência, a Constituição de 1975 alterou a divisão admi-nistrativa para províncias, municípios, comunas e povoações ou bairros (estes apenas nos centros urbanos).

Apesar da instituição das autarquias como órgãos de poder local ter ficado consignada na Constituição angolana como uma governação local eleita e com autonomia administrativa e financeira, entre 1975 e 1991, registou-se o predomínio de uma forte tendência centralizadora, em linha com os pressupostos ideológicos e com os princípios organizativos carac-terísticos de um regime de partido único e de um modelo de coordenação centralizada e administrativa da economia e da sociedade. Esta tendência

CENTRALIZAÇÃO, DESCENTRALIZAÇÃO E DESCONCENTRAÇÃO EM ANGOLA: ..

foi corporizada na legislação e nos quadros regulamentares criados e manifestava-se no plano das práticas sociais, quer gerais quer específicas, que a expressão "centralismo democrático" inequivocamente simbolizava. Esta tendência centralizadora foi ainda acentuada, quer pelos imperativos de controlo político e militar durante os anos do conflito armado quer pelo facto de as comunicações com muitos municípios serem muito difíceis e, em alguns casos, impossíveis (JMJ International, 2006).

Um elemento pontual de sentido oposto ao carácter predominante das tendências centralizadoras ocorreu em 1980, quando foram criadas as Assembleias Provinciais que incluíam algumas personalidades relativamente independentes e autoridades tradicionais e tinham como atribuição serem consultadas sobre assuntos nacionais podendo assim contribuir para a definição das políticas a nível central do estado.

A transição para o multipartidarismo e o abandono do sistema centralizado de regulação da economia marcam uma viragem neste processo evolutivo. A Constituição de 1992 não alterou o modelo de divisão administrativa do país que integra, atualmente, 18 províncias, 163 municípios e aproximadamente 532 comunas.

A Constituição de 1992 (artigos 54, 90, 145 e 147) admitia o princípio da desconcentração e o estabelecimento de autarquias independentes ao nível local, desde que elas não pusessem em risco a unidade do estado. Optando pelo compromisso entre a presença centralizada do estado e a participação democrática na escolha dos líderes locais, a Constituição de 1992 classificou os órgãos territoriais em duas categorias: órgãos autónomos, os governos subnacionais (autarquias locais), definidos como as pessoas coletivas que visam a realização de interesses peculiares da população envolvida com os órgãos representativos eleitos; e órgãos administrativos locais, definidos como as unidades administrativas locais desconcentradas da autoridade central que visam garantir que uma função específica da administração de estado esteja sendo executada no nível local, orientar o desenvolvimento económico e social e assegurar que os serviços básicos da comunidade estejam sendo prestados na área geográfica respetiva. A Constituição de 1992 manteve o sistema de nomeação central dos governadores provinciais e respetivas equipas (JMJ International, 2006).

O recrudescimento do conflito armado após o processo eleitoral de 1992 impôs restrições concretas ao processo de desconcentração e descentralização emergente.

Figura 7.1. Marcos das dinâmicas de centralização e descentralização em Angola

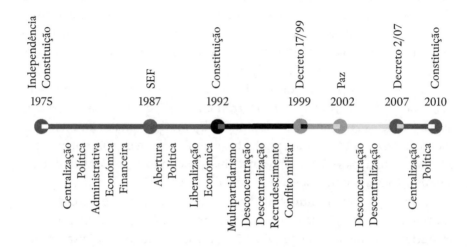

Fonte: Elaborado pelo autor.

Em 1999, com base no Decreto 17/99, iniciou-se o processo de implementação prática da desconcentração administrativa. Um dos elementos significativos deste percurso foi a transferência da autoridade hierárquica da maioria dos sectores (saúde, educação, água, etc.) dos ministros para os governadores provinciais. O Decreto 17/99, relativo à organização dos governos provinciais e das administrações municipais e comunais, constituiu o instrumento legislativo que desencadeou o processo de desconcentração, transferindo a gestão das delegações provinciais sectoriais dos ministros ao nível central para os governadores provinciais. Todos os sectores foram incluídos com exceção das delegações provinciais da justiça, interior e finanças que permaneceram sobre a responsabilidade direta do estado ao nível central. O decreto especificava ainda as atribuições e competências das administrações municipais e comunais em relação ao nível provincial. Em sequência foi publicado o Decreto 27/00, regulamento dos governos provinciais, administrações municipais e comunais, com o objetivo de racionalizar estruturas e serviços ao nível municipal e comunal que eram da responsabilidade do governo central e estabelecer mecanismos para melhorar a eficácia dos recursos humanos, materiais e financeiros (Teixeira, Pacheco, & Pereira, 2007).

CENTRALIZAÇÃO, DESCENTRALIZAÇÃO E DESCONCENTRAÇÃO EM ANGOLA: ..

Em 2001 foi publicado o plano estratégico de desconcentração e descentralização, que estabelecia uma cronologia de aprovação da legislação sobre governação local necessária para concretizar a descentralização e a eleição de governos municipais. O plano estratégico de desconcentração e descentralização visava primeiro estabelecer capacidades para a implementação de responsabilidades desconcentradas ao nível municipal e comunal e reforçar experiência e sistemas a esses níveis. Uma vez que a desconcentração estivesse a avançar, seriam estabelecidas, de forma gradual, autarquias a partir dos processos implementados em municípios piloto, que foram selecionados apenas no programa do governo para 2005/6. Existem algumas dúvidas sobre o número de municípios piloto (47 ou 41?), pois no programa do governo para 2005/6 todos os 9 municípios de Luanda estão incluídos enquanto o Ministério da Administração do Território publicou uma lista onde só 3 municípios de Luanda estão incluídos – Kilamba Kiaxi, Viana e Cacuaco (Teixeira, Pacheco & Pereira, 2007).

A revisão legislativa prevista no plano estratégico de desconcentração e descentralização concentrou-se na estrutura financeira, funcional e organizacional do sistema local de administração. As principais modificações propostas foram no domínio financeiro (transformação da administração municipal em unidades orçamentais do orçamento geral do estado), no papel e funções (com atribuição de funções específicas aos vice-governadores e transferência de algumas funções provinciais, nomeadamente, água e saneamento, para as administrações municipais) e no domínio organizativo (criação de conselhos de concertação social que integram a sociedade civil, as organizações não-governamentais, as organizações da sociedade civil e o sector privado além dos órgãos do estado, no nível provincial e municipal) (Teixeira, Pacheco & Pereira, 2007).

Em 2004, foram publicadas a lei do ordenamento do território e a lei de terras. A lei do ordenamento do território definiu as responsabilidades do estado e das autarquias em termos de planeamento territorial, atribuindo uma forte responsabilidade na matéria ao órgão técnico central do ordenamento do território e planeamento urbanístico. Este carácter centralizador manifesta-se no imperativo de que o nível provincial elabore planos com o apoio técnico do nível central e de que as secções municipais devem elaborar planos com o apoio técnico do nível provincial. Ao nível municipal o Plano Diretor Municipal serve como base do planeamento urbanístico, mas a legislação não trata da participação dos cidadãos no desenvolvimento

CARLOS M. LOPES

do Plano Diretor Municipal, ainda que o artigo 21 refere a necessidade da participação dos cidadãos na elaboração, execução e revisão dos planos territoriais. A lei de terras (Decreto 9/04) teve como objetivo uma abordagem integrada para o uso da terra tendo em consideração os aspetos sociais, económicos, ecológicos e culturais, tendo atribuído aos futuros órgãos do poder local uma grande responsabilidade na gestão da terra.

Quadro 7.1. Oscilação das dinâmicas de centralização/descentralização política, administrativa, económica e fiscal em Angola

Centralização/ Descentralização	1975-1987	1987-1992	1992-1999	1999-2002	2002-2007	2007-2010
Política	Centr.	Descentr.	Centr.	Centr.	Descentr.	Centr.
Administrativa	Centr.	Centr.	Centr.	Desconc.	Desconc.	Descent.
Económica	Centr.	Descentr.	Descentr.	Descentr.	Descentr.	Descentr.
Financeira e Fiscal	Centr.	Centr.	Centr.	Desconc.	Desconc.	Desconc.

Fonte: Elaborado pelo autor.

Com o Decreto-Lei nº 2/07 de 3 de Janeiro, iniciou-se um processo de desconcentração administrativa, com o objetivo de reformar e rever a organização e atividade administrativa do estado a nível local. Formalmente, tal processo resultou da necessidade de revisão do Decreto-Lei nº 17/99, de 29 de Outubro, que se tornou desajustado, face a atual realidade funcional da administração local do estado. O Decreto-Lei nº 2/07 estabeleceu o quadro das atribuições, competências e regime jurídico de organização e funcionamento dos governos provinciais, das administrações municipais e comunais (Orre, 2007).

A lei 07/02 reforçou o status da província e governos municipais como unidades desconcentradas do estado, ao mesmo tempo, caminhando para maior autonomia territorial. Sob a lei dos órgãos do estado, os municípios tornaram-se unidades de orçamento pela primeira vez em 2008 e 68 municípios foram escolhidos para piloto da desconcentração fiscal, tendo recebido, em 2008, as transferências diretamente do Orçamento do Estado no valor de cerca de US $ 5 milhões. Embora a legislação exija que cada município tenha um plano estratégico, planos e orçamentos anuais, a qualidade dos planos anuais varia entre municípios. A aprovação

CENTRALIZAÇÃO, DESCENTRALIZAÇÃO E DESCONCENTRAÇÃO EM ANGOLA: ..

da lei foi um passo no sentido de aumentar a autoridade das províncias e municípios e de os tornar unidade de orçamento. A partir de 2009 todos os municípios (163) foram transformados em unidades orçamentais e os recursos afetados para materializar as necessidades locais e demandas (PNUD/ACCID/DFID, 2009).

A aprovação em 2010 da nova Constituição da República reconheceu a descentralização do sistema político-administrativo como um dos pressupostos para uma governação democrática, para uma maior participação dos cidadãos na vida política e um desenvolvimento mais sustentável do país, incluindo uma secção sobre o governo local: "Angola é um estado unitário, que respeita na sua organização os princípios da autonomia dos órgãos de poder local e de desconcentração e descentralização administrativa, nos termos da constituição e da lei" (art. 8º). De acordo com o texto fundamental, as autarquias locais serão estabelecidas de forma gradual: "As formas organizativas do poder local compreendem as autarquias locais, as instituições de poder tradicional e outras modalidades específicas de participação dos cidadãos nos termos da lei" (art. 213º, nº 2); As autarquias locais organizam se em municípios" (art. 218º, nº 1) e a sua institucionalização efetiva obedece a um princípio de gradualismo (art. 242º); estas autarquias locais são pessoas coletivas cujo objetivo é representar e atender os interesses dos residentes em uma área territorial específica através das estruturas apropriadas que compreendem uma assembleia, o poder executivo e o presidente, e que possuem autonomia administrativa e financeira. De acordo com a Constituição de 2010 a assembleia será eleita periodicamente por meio de eleições livres, secreta e por sufrágio universal para um mandato de quatro anos. Nas áreas não escolhidas para a descentralização piloto na primeira fase, os administradores municipais e comunais são propostos pelo governador provincial e nomeados pelo ministro da administração do território. A Constituição estabelece que as autoridades tradicionais sejam tratadas por legislação específica futura. De acordo com a Constituição de 2010, os governadores provinciais são propostos pelo partido maioritário na província e nomeados pelo presidente da república.

Não obstante a nova Constituição apresenta um arranjo do ordenamento político onde sobressaem tendências centralizadoras resultantes da concentração de poderes na figura do presidente da república: "Ela gira toda em torno do presidente da república. E não se trata tanto da acumula-

CARLOS M. LOPES

ção das funções de chefe de estado e de chefe do executivo – que também conhecem os sistemas presidenciais – quanto da vastidão de poderes que lhe são atribuídos..." (Miranda, 2010, p. 30). Em sentido convergente, Alves da Rocha observa que "A centralização governativa – conceção e execução – inscrita na nova Constituição da República pode constranger as iniciativas dos governos provinciais tendentes a facilitar a instalação de atividades geradoras de renda e emprego e a atrair investimento privado" (Rocha, 2010, p. 61).

Na sequência da entrada em vigor da Constituição de 2010, foram aprovados a Lei-Quadro sobre as administrações locais; o Decreto sobre o regime financeiro do estado; o decreto sobre a contratação pública; a lei de probidade e outra legislação especial. A Lei-Quadro das administrações locais estabelece os princípios e normas de organização, competências e funcionamento dos órgãos locais do estado e cria o figurino das autarquias locais.

Angola tem vindo ao longo dos últimos cinco anos a implementar o projeto de descentralização e governação local, com o apoio do PNUD, tendo-se iniciado, como programa-piloto, a sua segunda fase, cobrindo cinco províncias: Uíge, Bengo, Kwanza Norte, Malanje e Bié. Neste quadro, foram desenvolvidas algumas ações enquadradas nos desafios da descentralização, com destaque para as seguintes: implementação da Lei 2/07 de 3 de Janeiro; introdução de metodologias de planeamento e orçamentação descentralizada; fortalecimento da capacidade de gestão financeira e contabilística; aperfeiçoamento de mecanismos de participação e consulta comunitária; aperfeiçoamento dos mecanismos de coordenação central, provincial e municipal (PNUD/ACCID/DFID, 2009).

O programa de descentralização e governação local, com foco na capacidade institucional das administrações locais (em 15 municípios) para enfrentar com eficácia o princípio da boa governação e desenvolvimento local participativo, pretende identificar as políticas e instrumentos para facilitar a integração de sistemas, consolidar práticas e promover a política de diálogo, de aprendizagem e conhecimento sobre as tendências futuras da descentralização e desconcentração em Angola.

O objetivo fundamental da segunda fase do projeto é, portanto, reforçar a capacidade da administração municipal em 15 municípios através do fortalecimento institucional, da capacidade de avaliação, treinamento, *coaching, mentoring* e através do estabelecimento de sistemas, normas e procedimentos para gerir os recursos e prestar serviços eficazes. A segunda fase também se concentra na sensibilização e disseminação de informação sobre a desconcentração financeira e na capacitação das comunidades nos 15 municípios no sentido de maior participação direta na prestação dos serviços públicos e no desenvolvimento local para a redução da pobreza (PNUD/ACCID/DFID, 2009). O projeto abrange 15 municípios em 5 províncias (Bié: Camacupa, Kuito e Andulo; Uíge: Sanza Pombo, Negage e Uíge; Malange: Cacuso, Malange, e Calandula; Bengo: Dande, Icolo e Bengo; Ambriz e Kwanza Norte em Cazengo, Kambambe, Ambaca).

Na perspetiva de Jacob Massuanganhe, responsável pelo projeto no PNUD-Angola:

> Trata-se de um projeto do governo de Angola com apoio do PNUD direcionado para 5 áreas fundamentais para aumentar a capacidade de gestão local: capacitação institucional, planificação (anual, estratégica), execução orçamental, participação, coordenação (...) a 1ª fase decorreu entre 2004 e 2007, a que se sucedeu uma avaliação, tendo a 2ª fase sido planeada para o período entre 2008 e 2010 (...) ultrapassamos um pouco a nossa meta, hoje estamos a trabalhar com 18 municípios em 5 províncias (...) cada município recebeu 5 milhões de dólares afetados por igual sem quaisquer critérios discriminatórios (...) a avaliação que fizemos permitiu identificar seis desafios: consulta e participação, planificação estratégica, planificação anual, finanças locais e gestão orçamental, gestão municipal e infraestruturas (...) na maior parte dos casos os municípios aplicaram a verba recebida nas infraestruturas (...) apostamos na formação em finanças locais, gestão municipal e regras de contratação de bens e serviços que no fundo é tudo o que rodeia a construção de infraestruturas (...) a participação é crucial para que tudo aconteça (...) todas as prioridades, tanto em termos programáticos como para a execução, têm que respeitar os levantamentos feitos no ato das consultas e os diagnósticos efetuados (...) temos um descasamento entre os fóruns locais e os CACS, que estão nas províncias, nos municípios e nas comunas, enquanto a amplitude das consultas vai até ao nível da aldeia (...) temos um espaço intermédio onde não estão representadas as estruturas formais do estado que é onde atuam as autoridades tradicionais (...) é necessário encontrar estruturas de representatividade dentro da hierarquia dom poder tradicional (...) os sobas têm uma espécie de representação paraestatal (...) ao nível de aldeia

CARLOS M. LOPES

para além do soba temos também um conselho de aldeia (...) a desconcentração é um primeiro passo a caminho da descentralização (...) por
sua vez, a descentralização é apenas um dos caminhos que nos vai levar ao
desenvolvimento local (...) gostávamos de ver os municípios transformados
em autarquias (...).[37]

Descentralização económica: muito ainda por fazer

A descentralização, abordada do ponto de vista económico, consente
diversas perspetivas. A mais imediata remete para a dimensão financeira
do processo de desconcentração político e administrativo. A desconcentração política e administrativa em Angola tem vindo a concretizar-se ao
nível territorial (províncias, municípios e comunas), sectorial (sectores
específicos, tais como educação, saúde, agricultura, etc.), e financeiro
(desconcentração de recursos financeiros para as províncias e municípios).
Um dos eixos fundamentais desse processo no plano financeiro é a descentralização fiscal, que pressupõe mover a governação para mais perto das
pessoas através do fortalecimento das finanças dos governos municipais,
concedendo às instituições locais um poder de taxar e responsabilidade
sobre a afetação dos diversos recursos à sua disposição, e permitindo que
eles decidam sobre o nível e a estrutura de seus orçamentos. Ou seja, a
descentralização fiscal requer que instituições locais tenham uma autonomia na tomada de decisões fiscais.

Em 1995 foi aprovada legislação sobre desconcentração financeira,
iniciada no Decreto 6/95, com continuidade legislativa em subsequentes
despachos: 29/96, 38/96 e nos Decretos 80/99 e 30/00. O Decreto 6/95
atribuiu poderes ao ministro das finanças para fixar uma percentagem global a afetar aos orçamentos provincial e da administração local e estabelecer
impostos sobre património local (Mac Dowell *et al.*, 2006). Aos governos
provinciais foram dados poderes para estabelecer critérios e mecanismos
para subdividir o orçamento. Os despachos 29/96 e 38/96 atribuíram às
províncias do Zaire e Cabinda, respetivamente, o direito de receber 10%
das suas receitas do petróleo. O Decreto 80/99 do ministério das finanças
constituiu uma solução transitória até ser aprovada a lei sobre finanças e
investimento locais e atribuiu aos governos provinciais um conjunto de
impostos e outras receitas arrecadadas nas províncias (Mac Dowell *et al.*,

---

[37] Entrevista realizada em 1/12/2008.

CENTRALIZAÇÃO, DESCENTRALIZAÇÃO E DESCONCENTRAÇÃO EM ANGOLA: ..

2006). O Decreto executivo 80/99 atribuiu o rendimento de impostos selecionados (receitas provenientes quer dos impostos diretos, como sejam o imposto industrial grupo C, o imposto predial urbano, o imposto sobre as sucessões e doações, e a taxa) para as províncias, que serão descontados das transferências mensais fixadas centralmente que as províncias recebem de acordo com a dotação do orçamento anual. O Decreto executivo 80/99 estabeleceu ainda que os recursos transferidos para os governos provinciais devem ser gastos em rubricas específicas predefinidas pelo governo central, com vista ao desenvolvimento (35% serviços administrativos, 60% infraestrutura e 5% emergências). O Decreto 30/00 aprovou o regulamento de afetação de 10% do imposto de rendimento e de consumo às províncias de Lunda Norte, Lunda Sul e Moxico (Mac Dowell *et al.*, 2006). O Decreto-Lei nº 2/07 de 3 de Janeiro, que estabelece o quadro das atribuições, competências e regime jurídico de organização e funcionamento dos governos provinciais, das administrações municipais e comunais define competências e atribuições em matéria de orçamento, de arrecadação de receitas e de realização de despesas.

Um elemento determinante para a concretização de quaisquer intenções de descentralização económica é o orçamento geral do estado (OGE) que, em conjunto com o programa de investimentos públicos (PIP), constitui a principal fonte de financiamento do desenvolvimento territorial do país.

De acordo com a perspetiva da OPSA/ADRA (2011), dado o peso dos gastos públicos na procura agregada da economia angolana, a sua distribuição pelas províncias é determinante na distribuição da atividade económica, resultando da análise da distribuição efetiva da despesa pública em 2011 (com base na informação presente nas despesas por programa) a constatação de que, em termos de despesa *per capita*, a província de Luanda é alocada três vezes mais do que a média do país. O relatório observa que as despesas públicas têm sido a principal causa das assimetrias económicas regionais e das assimetrias demográficas verificadas em Angola, convicção também partilhada por Alves da Rocha, que considera que:

> É no domínio da economia que as assimetrias regionais se apresentam mais agressivas, injustas e desigualitárias. Com efeito, cerca de 55% de todas as empresas e estabelecimentos em atividade encontravam-se em Luanda em 2007, cifra que sobe para 68,3% ao juntarem-se as províncias de Benguela e

Kwanza Sul. Igualmente preocupante é a dinâmica de desconcentração da atividade económica, não se tendo registado, no período em estudo, sinais de alterações sustentáveis da estrutura regional de localização empresarial. (Rocha, 2010, p. 40).

Ainda segundo Alves da Rocha:

As evidências empíricas até ao presente denunciam uma excessiva, injusta economicamente, contraproducente concentração do crescimento e dos seus resultados em 5% da população, meia dúzia de sectores de atividade económica, 0,18% do território nacional e 2 produtos exportáveis. As assimetrias regionais são assustadoras...Em 2007, Luanda (com uma área de 2.257 quilómetros quadrados), respondeu por 75,1% do volume global de negócios realizado no país, 55% do número total de empresas e estabelecimentos existentes e por 32,3% do emprego total (com os parciais de 25,3% do emprego público e 64,3% do emprego empresarial, público e privado). (Rocha, 2010, p. 20).

O diagnóstico da descentralização fiscal em Angola (Mac Dowell *et al.*, 2006) refere que em 2005, a principal fonte de receitas foram os recursos obtidos a título de cobrança de impostos, taxas e contribuições – ou seja, os recursos tributários – e constata um baixo grau de descentralização fiscal em Angola: em torno de 84% dos gastos globais foram executados diretamente pelo governo central, registando-se uma elevada concentração das despesas na província de Luanda, que absorveu mais de 25% do total dos gastos realizados pelos governos locais. Incluem-se na estrutura central os ministérios e seus órgãos dependentes, os institutos públicos e os gastos com o legislativo e o judiciário. De acordo com este relatório, "a forte participação do nível central de governo pode ser parcialmente explicada pelos gastos com investimentos realizados diretamente pelos órgãos dependentes da estrutura central". Por outro lado, "o governo central não define as quotas financeiras aos quais os níveis inferiores de governo têm direito com base em critérios técnicos e/ou de acordo com as responsabilidades atribuídas aos mesmos. Em decorrência disso, o nível central termina executando diretamente gastos que, em princípio, deveriam ser efetuados pelas províncias e administrações municipais" (Mac Dowell *et al.*, 2006, p.21).

O trabalho que temos vindo a citar enfatiza a tese de que, nas funções relativas à educação, segurança e assistência social, saúde, cultura e desporto e habitação e serviços comunitários, a participação prevista no OGE para a estrutura central é inferior à média para o total das despesas.

Os dados referentes às despesas realizadas, revelam que participação da estrutura central ainda é bastante elevada quando se considera que essas são funções tipicamente providas por governos locais, surgindo a educação como a função que apresentou a menor participação da estrutura central (quase 40% das despesas previstas). No que se refere às despesas com segurança e assistência social e cultura/desporto, a participação de Luanda foi mais de quatro vezes maior do que as outras províncias. Também na afetação das despesas previstas no OGE 2005 por função económica se constatava o peso de Luanda nos gastos públicos descentralizados em Angola.

Do lado das receitas, um dos principais traços caracterizadores é a forte dependência do país em relação às receitas do petróleo. Do total de receitas arrecadadas no ano passado, cerca de 75% foram provenientes dos impostos e outros pagamentos relativos às atividades petrolíferas. A preponderância do governo central também foi verificada pelo lado das receitas. Do total de receitas fiscais coletadas em Angola, apenas 13% couberam ao conjunto de províncias e municípios que integram o país. Outro ponto de destaque diz respeito à forte concentração da arrecadação de receitas fiscais (sejam elas atribuídas aos governos central ou locais) na província de Luanda, que arrecadou 95,31% das receitas tributárias e 97,88% das outras receitas (Mac Dowell *et al.*, 2006).

O relatório de fundamentação do OGE 2011 explicita claramente que no domínio da administração do território, o objetivo principal de desenvolvimento territorial, para o biénio 2011-2012, estará apoiado na melhor valorização dos recursos de cada província, no âmbito de uma política ativa de integração do mercado nacional, tendo em conta os valores da coesão, da eficiência, da competitividade territorial e da sustentabilidade, no quadro de uma desconcentração territorial equilibrada da economia e da população, como resultado dos projetos estruturantes, da distribuição dos investimentos produtivos no espaço e de um sistema urbano fortemente articulado.

O referido documento assume que o reforço do poder local e descentralização administrativa continuará a ser um instrumento de destaque para o executivo que, deverá concretizar a melhoria da gestão municipal e da delimitação das responsabilidades. Refere ainda que será dispensada especial atenção às ações tendentes à melhoria da gestão municipal e das cidades e ao desenvolvimento de ações no domínio da formação, investigação e consultoria nas áreas da administração local do estado e do poder local, autoridades tradicionais e comunidades tradicionais com ênfase na: (1) implementação de medidas e reformas concernentes a desconcentração e descentralização administrativas; (2) normalização da administração do estado; (3) valorização dos recursos humanos da administração local do estado.

No entanto a análise do resumo das despesas por local fixadas no OGE 2011 não apresenta grandes diferenças relativamente a 2005: à estrutura central e exterior são afetados 87,11% dos gastos públicos, cabendo às províncias apenas 12,89%. Luanda, com 2,48% das despesas globais, absorve 19,24 % das verbas afetadas às províncias. Apenas Benguela tem também uma dotação orçamental superior a 1% (1,17%). Tendências similares também se continuam a registar pelo lado das receitas, com níveis elevados de concentração no governo central e na província de Luanda.

Quadro 7.2. Orçamento geral do estado 2011 (despesas por local)

Província	Valor	%
Total Geral	4.172.417.663.145,00	100,00%
Bengo	15.400.104.787,00	0,37%
Benguela	48.965.341.474,00	1,17%
Bié	25.638.492.072,00	0,61%
Cabinda	39.516.180.864,00	0,95%
Estrutura Central	3.600.038.253.994,00	86,28%
Exterior	34.486.321.017,00	0,83%
Huambo	39.856.475.350,00	0,96%
Huíla	36.477.862.684,00	0,87%
Kuando Kubango	14.917.070.361,00	0,36%
Kuanza Norte	18.052.627.877,00	0,43%
Kuanza Sul	26.063.123.278,00	0,62%
Kunene	18.083.925.637,00	0,43%
Luanda	103.564.957.490,00	2,48%
Lunda Norte	19.591.972.497,00	0,47%
Lunda-Sul	15.272.303.869,00	0,37%
Malanje	21.419.696.722,00	0,51%
Moxico	26.185.571.778,00	0,63%
Namibe	14.437.669.873,00	0,35%
Uíge	38.348.700.974,00	0,92%
Zaire	16.101.010.547,00	0,39%

Fonte: Ministério das Finanças.

CENTRALIZAÇÃO, DESCENTRALIZAÇÃO E DESCONCENTRAÇÃO EM ANGOLA: ..

Alves da Rocha (2010) explica os graves desequilíbrios regionais internos em Angola por uma conjugação de fatores que se potenciaram mutuamente: 27 anos de guerra que acentuaram o êxodo rural e os fluxos migratórios; um modelo de crescimento centrado no enclave do petróleo e na exportação da maior parte dos respetivos benefícios económicos; a natureza da política económica seguida até meados dos anos 90; um comportamento político autista face aos problemas do interior do país. Enuncia também os fatores que explicam tão pronunciadas assimetrias: a organização político-administrativa centralizada, a estrutura territorial desequilibrada existente, a tendência centralizadora na localização das atividades económicas e produtivas empresariais privadas, com destaque para a forte concentração na província de Luanda, e a especialização sectorial de determinados espaços e regiões face à sua dotação em recursos naturais.

Na sua análise, Alves da Rocha (2010) identifica cinco grandes regiões no território angolano: Luanda/Bengo, região Norte (Cabinda, Zaire, Uíge e Kwanza Norte), região Centro/Leste (Malanje, Lunda Norte, Lunda Sul, Moxico e Kuando Kubango), região Centro/Oeste (Kwanza Sul, Bié, Huambo, Benguela e Namibe) e região Sul (Huíla e Cunene), definidas de acordo com os seguintes critérios: existência de recursos naturais iguais; contiguidade territorial e interação do desenvolvimento com a reconciliação nacional pela via interétnica.

A análise é sustentada pela observação de diversos indicadores, como por exemplo, as verbas atribuídas pelo orçamento geral do estado às províncias, a distribuição provincial do programa de investimentos públicos e a repartição provincial dos trabalhadores da função pública.

> O estudo efetuado detetou uma série de incongruências regionais/provinciais no país e revelou que existem zonas completamente afastadas dos benefícios do desenvolvimento e da atenção dos agentes públicos e privados. Os empresários e as suas iniciativas têm evitado investir onde o poder de compra é baixo, o nível de massa crítica de procura final é reduzido, a produtividade bruta do trabalho insuficiente e as externalidades inexistentes. (Rocha, 2010, p. 85).

A observação da afetação funcional de despesas correntes do OGE revela, segundo o autor, o papel destacado do eixo Luanda/Bengo, com elevado grau de concentração em Luanda, surgindo a seguir a região Centro/Oeste (principalmente Benguela e Kwanza Sul), a região Norte, a região Centro/Leste e a região Sul. O estudo, que entre outras fontes

CARLOS M. LOPES

oficiais se baseia nos OGE de 2003, 2006 e 2007, revela ainda a existência de assimetrias no interior de cada região, bem como nítidas desigualdades de desenvolvimento entre as regiões do litoral e as regiões do interior.

Se fizermos a extrapolação da tipologia regional proposta por Alves da Rocha, os números que nos são fornecidos pelo OGE 2011 relativamente às despesas totais por local sugerem uma repartição menos desequilibrada entre as cinco regiões, com o objetivo de promover a desconcentração territorial equilibrada da economia e da população com refere o relatório de fundamentação do OGE.

Quadro 7.3. Orçamento Geral do Estado 2011 (despesas por região)

Região	% em relação ao total de despesas OGE 2011 (100%)	% em relação ao total das despesas das províncias (12,89% = 100%)
Luanda/Bengo	2,85	22,11
Centro Oeste	3,71	28,78
Centro Leste	2,34	18,15
Norte	2,69	20,87
Sul	1,30	10,09

Fonte: Elaborado com base no OGE 2011.

A região Centro Oeste, a mais populosa do país, é a maior recetora enquanto a região Norte viu crescer o seu peso relativo por força das dotações atribuídas às províncias de Cabinda e do Uíje. As regiões Sul e Centro Leste continuam a ser os parentes pobres da afetação orçamental.

Quadro 7.4. Orçamento geral do Estado 2011 (províncias com mais e menos despesa orçamentada)

5 MAIS		5 MENOS	
Província	% OGE 2011	província	% OGE 2011
Luanda	2,48	Zaire	0,39
Benguela	1,17	Bengo	0,37
Huambo	0,96	Lunda Sul	0,37
Cabinda	0,95	Kuando Kubango	0,36
Uíje	0,93	Namibe	0,35

Fonte: elaborado com base no OGE 2011.

As disparidades no interior das regiões são também significativas, ainda que as situações sejam diferenciadas consoante a região.

As despesas afetadas à província de Luanda são sete vezes superiores à verba atribuída à província do Namibe enquanto no interior da região Centro Oeste a despesa orçamentada para a província de Benguela é mais de três vezes superior à da província do Namibe.

Quadro 7.5. Orçamento Geral do estado 2011
(despesa orçamentada por província/região)

Região Centro Oeste			Região Centro Leste		
Província	% OGE 2011	% região (3,71% = 100%)	% OGE 2011	% OGE 2011	% região (2,34% = 100%)
Bié	0,61	16,44	Malanje	0,51	21,79
Benguela	1,17	31,54	Lunda Norte	0,47	20,09
Huambo	0,96	25,88	Lunda Sul	0,37	15,81
Kwanza Sul	0,62	16,71	Moxico	0,63	26,92
Namibe	0,35	9,43	Kuando Kubango	0,36	15,39

Fonte: elaborado com base no OGE 2011.

Dos termos do debate sobre descentralização em contexto angolano
No mundo atual verifica-se uma tendência no sentido de uma nova repartição de competências entre os vários níveis de administração, baseado na devolução de poderes de autoridade para entidades de âmbito territorial local ou regional, com legitimidade democrática (direta ou indireta), isto é, descentralização política. Angola continua a ser um país onde se registam elevados níveis de centralização e concentração, como pode ser visto pelo peso da despesa da administração central no total das despesas das administrações públicas.

Alguns dos argumentos favoráveis à descentralização foram já referidos: maior proximidade aos cidadãos e maior adaptabilidade às preferências locais, menor burocracia, maior eficiência e eficácia (em certos casos). Parece-nos importante fixar os que nos são apresentados por Faria e Chichava (1999):

– A descentralização como condição para o desenvolvimento económico e social: o desenvolvimento económico e social do país convoca

CARLOS M. LOPES

uma gestão descentralizada cada vez mais criativa e flexível que priorize a simplicidade na organização, uma maior adequação às necessidades e realidade do terreno, uma delimitação clara da jurisdição e autoridade entre órgãos locais e centrais, pela informação, diálogo e transparência na tomada e implementação de decisões, e a prestação periódica de contas. A descentralização administrativa é perspetivada como um instrumento potenciador de um bom funcionamento dos mercados, de uma maior eficácia e transparência na utilização dos recursos e consequentemente, de estabilização da economia;

– A descentralização como resposta aos desequilíbrios regionais e intrarregionais e como parte do processo de consolidação da reconciliação nacional e democratização do país: potencia um maior equilíbrio na mobilização e distribuição de recursos, fator tanto mais relevante quanto os desequilíbrios regionais e intrarregionais existentes em Angola não só limitam um desenvolvimento económico, social e político mais igual e equilibrado, como são também potenciais fontes de conflito, de incremento dos regionalismos e de descrédito do papel do estado;

– A descentralização como parte do processo de reforma e relegitimação do estado: condição necessária para a reforma e reposicionamento do estado, muito centralizador mas incapaz de potenciar o desenvolvimento e reconstrução do país, frequentemente ausente ou considerado como tal em muitas regiões do país, substituído muitas vezes pelos chefes tradicionais, ONG, instituições religiosas, e outros em atividades e funções que caberiam tradicionalmente ao estado, como a prestação de serviços básicos. A perda de credibilidade e legitimidade do estado, decorrente da ausência ou incapacidade da administração, tem segundo alguns implicações muito negativas ao nível da manutenção e reforço da unidade nacional. Na medida em que pretende criar estruturas económicas e administrativas capazes de fazer prestação de serviços e potenciar o desenvolvimento, na medida em que potencia também o diálogo entre as estruturas do estado e a sociedade civil nas suas várias formas de organização, a descentralização contribui para a reconstrução do estado, a minimização de conflitos e a consolidação da paz. Por se tratar de um poder mais próximo do cidadão a descentralização potencia uma maior participação e responsabilização dos cidadãos na resolução dos problemas e no desenvolvimento local, reforçando a democracia ou pelo menos aproximando os cidadãos do centro da decisão político--administrativa.

Sendo para nós pacífica a bondade do processo, a questão que se coloca é como descentralizar?

Como princípio genérico deverão ser centralizadas as atribuições e competências, cuja descentralização pudesse pôr em causa direitos sociais fundamentais, através da eventual violação de princípios de universalidade, acessibilidade e igualdade de oportunidades dos cidadãos no território nacional, ou que possa pôr em causa a equidade no tratamento de outros agentes económicos nesse mesmo território. Neste caso a desconcentração administrativa seria preferível à descentralização.

Deverão ser descentralizadas as atribuições e competências associadas a uma otimização de recursos sobretudo nas áreas em que haja claros ganhos de eficiência e eficácia. Isto pressupõe a adequação a uma escala que se por um lado tem em conta o princípio de subsidiariedade em que uma menor escala garante uma maior proximidade aos agentes económicos e sociais, por outro deve assegurar que o território a que se realiza essa descentra-lização deve permitir que se usufrua das economias de escala no exercício das competências. Tipicamente as competências consultivas, operativas, de planeamento, de gestão e de investimento podem ser exercidas ao nível central, regional ou local de acordo com a escala dos beneficiários do pla-neamento, da gestão integrada ou do investimento público. Já no que toca às competências de fiscalização e licenciamento é necessário considerar em que medida é que a sua descentralização pode, ou não, violar o princípio de igualdade de tratamento no espaço nacional e nesse contexto em que medida é que poderá constituir um fator de distorção da concorrência no espaço económico nacional.

Retomando a perspetiva do interessante texto de Alves da Rocha:

(...) o orçamento geral do estado determina uma série de políticas (edu-cação, saúde, emprego, etc.) que podem ter efeitos sobre as condições de exercício da atividade económica nas regiões/províncias, de modo a alterar o atual estado das assimetrias regionais económicas no país. Por outro lado, o investimento público é um dos melhores instrumentos que o estado pode usar em Angola para mitigar as assimetrias regionais, promover sinergias

CARLOS M. LOPES

económicas regionais, consolidar a reconciliação nacional e tornar a economia nacional mais integrada (essencial para a dimensão economicamente válida do mercado interno e para o processo de diversificação produtiva) (...). (Rocha, 2010, p. 65).

A descentralização anuncia-se como processo profundo, responsável e determinante para a valorização das vantagens comparativas provinciais e regionais em Angola. (Rocha, 2010, p. 70).

Mais reticente é a abordagem de Santos, que alerta para a possibilidade da descentralização poder exacerbar as desigualdades geográficas:

(...) porque por mais que um governo local seja inteiramente autossustentável, mas se continuar a depender fortemente do governo central para satisfação do grosso das suas finanças, logo a sua capacidade de autogovernação continuará sendo fraca. Embora, haja países que dão poderes acrescidos aos governos locais para gerarem receitas locais (China), a experiência tem demonstrado crescentes disparidades entre municípios mais ricos e municípios mais pobres. Esse problema é ainda mais agudo em países subdesenvolvidos onde a modernização criou grandes disparidades entre as cidades e as zonas rurais. Esta é outra armadilha que Angola devia se prevenir. Se analisarmos a decisão do governo central em ter transformado 68 municípios como unidades orçamentais autónomas no âmbito da desconcentração administrativa, veremos que mesmo entre estes municípios já existem grandes disparidades e assimetrias geográficas. O município da Matala não se pode comparar com o da Humpata. A sugestão é que deve haver critérios e fórmulas de alocação financeira mais uniformes, transparentes e com base em fatores muito objetivos, tais como, população, área geográfica, custo unitário (principalmente zonas remotas que podem ser mais caras que as urbanas ou o contrário) e partilha igual de recursos (pelo menos os famosos 5 milhões são para todos os municípios). Outrossim, a recente decisão do Ministério da Administração do Território (MAT) em transformar no próximo ano todos os 163 municípios de Angola em unidades orçamentais autónomas (Discurso do Ministro do MAT em Ondjiva, 2008), parece ter sido uma medida precipitada principalmente porque não houve um balanço ou avaliação da eficiência e eficácia da experiência com os primeiros 68 municípios que pela primeira vez lhes foram delegadas determinadas responsabilidades de gestão municipal. Na vida real, tem-se constatado que mesmo nestes 68 municípios, ainda há uma enorme falta de capacidade e treinamentos estruturados a todo *staff*, incluindo a introdução de ferramentas metodológicas de planificação municipal participativa partindo da elaboração de perfis municipais atualizados. (Santos, 2008, p. 1)

Sobre os reais avanços do processo de desconcentração/descentralização, e até mesmo sobre a sua própria natureza, em contexto angolano não há opinião consensual. Mas a generalidade das abordagens são efetuadas com grande dose de realismo.

Carlos Figueiredo, um especialista angolano que tem acompanhado de perto os caminhos que a desconcentração/descentralização têm percorrido, considera que:

> (...) o processo de desconcentração administrativa é uma mera transferência de poderes do nível central para o nível municipal e local (...) é uma tentativa de reduzir o poder excessivo dos governos provinciais (...) há um obstáculo que é a capacidade humana e técnica das administrações locais para planificar, gerir e prover alguns serviços básicos (...) o grande potencial deste processo é aumentar as oportunidades dos cidadãos de controlarem a governação, o exercício do poder (...) oferece a oportunidade, não garante (...) uma outra oportunidade muito grande é a canalização de recursos financeiros (...) pode-se cortar com a elevada dependência face ao poder central (...).[38]

Na ótica deste especialista o processo tem revelado diversas fragilidades/vulnerabilidades:

> (...) o processo de constituição dos CACs é muito permeável (...) há pouco acesso à informação e falta de cultura de participação (...) raramente os representantes são escolhidos por quem representam (...) as próprias autoridades tradicionais são muitas vezes nomeadas (...) o maior obstáculo é o problema da coordenação entre os atores, ONG, organizações internacionais, etc., porque as dinâmicas de competição ainda são demasiado fortes (...) se houvesse mais partilha de informação, de materiais de formação, mais troca de experiências, se se abandonasse a visão paroquial de estar cada ONG ou organização internacional no seu município, se houvesse uma visão mais comum (...) outro grande obstáculo é a falta de

---

[38] Entrevista realizada em 2/12/2008.

CARLOS M. LOPES

cultura política (...) é uma área que necessita de muita investigação (...) a questão do poder tradicional é outro problema (...) o adjetivo tradicional é como colocar um selo de legitimação (...) há sobas que não têm nada a ver com linhagens nem com processos de nomeação tradicional (...) talvez tradicionalmente este tipo de poder tivesse um carácter autocrático (...) há uma certa mudança, a questão da linhagem parece estar a perder alguma força face a outros critérios de legitimação (...) as autoridades tradicionais têm capacidade de negociação, conhecimento e proximidade da realidade mas maior vulnerabilidade face à pressão social, o que lhes confere uma natureza eventualmente mais democrática (...) outro enviesamento face às intenções da desconcentração financeira foi que a aplicação dos recursos distribuídos foi efetuada em sintonia com as prioridades do governo central e foi também consequência da interligação com o processo eleitoral (...) mas é preciso tempo para se fazer um balanço que permita conclusões mais sólidas (...).[39]

Fernando Pacheco, um outro reputado especialista angolano que colaborou em alguns dos estudos efetuados no âmbito do processo de desconcentração, refere que:

(...) a estratégia de descentralização do governo angolano tem sido muito comedida (...) a estratégia de descentralização aprovada em 2001 dizia claramente que o processo seria faseado (...) na primeira fase falava-se de transferência de responsabilidades e não de poder porque senão tinha que se falar de autarquias (...) está ser um processo propositadamente lento, porque o governo não quer que o processo se escape do seu controlo, mas também porque tudo nesta terra acontece lentamente (...) é tudo muito devagar porque o nível de organização das instituições é muito baixo e as capacidades técnicas são muito reduzidas (...).[40]

Na sua avaliação, o entrevistado enuncia alguns dos aspetos positivos e negativos do processo:

Apesar disso deram-se passos importantes (...) o próprio decreto 2/07 não está assumido pelos atores, governadores e administradores municipais... mas constitui um progresso no plano da orgânica da estrutura adminis-

[39] Entrevista realizada em 2/12/2008.
[40] Entrevista realizada em 4/12/2008.

CENTRALIZAÇÃO, DESCENTRALIZAÇÃO E DESCONCENTRAÇÃO EM ANGOLA: ..

trativa, pois permite que as estruturas municipais sejam consideradas unidades orçamentais e abre a possibilidade da criação de estruturas consultivas e de concertação, os CACS (...) é claro que há o outro lado da descentralização (...) uma interrogação que se coloca é até que ponto as ONG e os partidos políticos funcionam com lógicas não centralizadas? (...) no Dombe Grande, município da Baía Farta, apareceu o núcleo representativo das associações do Dombe Grande que é quem está representado nos CACS comunal e municipal (...) a legitimidade desta representatividade não pode se posta em causa (...) e acrescenta a possibilidade de organizações de representação informais exercerem cidadania (...) naturalmente, os administradores municipais tentam sempre colocar nos CACS representantes que não os incomodem (...) mas compete à sociedade civil não permitir que essa manipulação vingue (...) noutros municípios criaram-se fóruns municipais (...) em Malanje num dos municípios (...) no dia do fórum o administrador não é convidado para a mesa, é mais um cidadão (...) fazer as autarquias por fases é um erro (...) preocupa-me que os partidos políticos não se tenham apropriado da temática da descentralização (...).[41]

O relatório da JMJ International observa que:

(...) dalguma forma existe atualmente uma tensão entre centralização e descentralização. Nesta fase de pós-conflito em que as necessidades de reconstrução são enormes e as capacidades locais baixas, existe uma tendência compreensível para o planeamento centralizado da nova Angola, mais ou menos como um Plano Marshall, usando *blueprints* para educação primária, serviços de saúde primários, etc. Ao mesmo tempo, existe uma outra tendência no sentido de ouvir as vozes locais e de introduzir uma gestão descentralizada das questões locais. De facto, o princípio fundamental de gradualismo citado por Angola é muito provável que venha a ser dominante no médio prazo. Vai haver progresso na desconcentração e descentralização mas vai ser um progresso lento e progressivo. As soluções serão encontradas pelos Angolanos, incorporando ideias e experiências internacionais, mas tendo o governo e a sociedade civil Angolanas a posse de todo o processo. (JMJ International, 2006, p. 11-12)

---

[41] Entrevista realizada em 4/12/2008.

CARLOS M. LOPES

ANEXO

O enquadramento legal da descentralização/desconcentração

A Constituição de 2010 e o Decreto-Lei nº 2/2007
O enquadramento jurídico da descentralização reside antes do mais na Constituição do País. De seguida, apresentam-se os artigos da Constituição direta ou indiretamente relacionados com a Descentralização e com a Desconcentração Administrativa.

Os termos da Constituição de 2010

Artigo 5º (Organização do território)
3. A República de Angola organiza-se territorialmente, para fins político-administrativos, em Províncias e estas em Municípios, podendo ainda estruturar-se em Comunas e em entes territoriais equivalentes, nos termos da Constituição e da lei.
    4. A definição dos limites e das características dos escalões territoriais, a sua criação, modificação ou extinção no âmbito da organização político-administrativa, bem como a organização territorial para fins especiais, tais como económicos, militares, estatísticos, ecológicos ou similares, são fixados por lei.

Artigo 8º (Estado unitário)
A República de Angola é um Estado unitário que respeita na sua organização os princípios da autonomia dos órgãos do poder local e da desconcentração e descentralização administrativas, nos termos da Constituição e da lei.

Artigo 89º (Princípios Fundamentais)
1. A organização e a regulação das atividades económicas assentam na garantia geral dos direitos, liberdades económicas em geral, na valorização do trabalho, na dignidade humana e na justiça social e em conformidade com os seguintes princípios fundamentais:
    f) Redução das assimetrias regionais e desigualdades sociais;

Artigo 199º (Estrutura da administração pública)
1. A administração pública é estruturada com base nos princípios da simplificação administrativa, da aproximação dos serviços às populações e da desconcentração e descentralização administrativas.

CENTRALIZAÇÃO, DESCENTRALIZAÇÃO E DESCONCENTRAÇÃO EM ANGOLA: ..

2. A lei estabelece as formas e graus de participação dos particulares, da desconcentração e descentralização e administrativas, sem prejuízo dos poderes de direcção da acção da Administração, superintendência e de tutela administrativas do Executivo.

Artigo 213º (Órgãos autónomos do poder local)

1. A organização democrática do Estado ao nível local estrutura-se com base no princípio da descentralização político-administrativa que compreende a existência de formas organizativas do poder local, nos termos da presente Constituição.

2. As formas organizativas do poder local compreendem as Autarquias Locais, as instituições do poder tradicional e outras modalidades específicas de participação dos cidadãos, nos termos da lei.

Artigo 214º (Princípio da autonomia local)

1. A autonomia local compreende o direito e a capacidade efetiva de as autarquias locais gerirem e regulamentarem, nos termos da Constituição e da lei, sob sua responsabilidade e no interesse das respectivas populações, os assuntos públicos locais.

2. O direito referido no número anterior é exercido pelas autarquias locais, nos termos da lei.

Artigo 215º (Âmbito da autonomia local)

1. Os recursos financeiros das autarquias locais devem ser proporcionais às atribuições previstas pela Constituição ou por lei, bem como aos programas de desenvolvimento aprovados.

2. A lei estabelece que uma parte dos recursos financeiros das autarquias locais deve ser proveniente de rendimentos e de impostos locais.

Artigo 217º (Autarquias Locais)

1. As Autarquias Locais são pessoas colectivas territoriais correspondentes ao conjunto de residentes em certas circunscrições do território nacional e que asseguram a prossecução de interesses específicos resultantes da vizinhança mediante órgãos próprios, representativos das respectivas populações.

2. A organização e o funcionamento das Autarquias Locais, bem como a competência dos seus órgãos, são regulados por lei de harmonia com o princípio da descentralização administrativa.

CARLOS M. LOPES

3. A lei define o património das autarquias e estabelece o regime de finanças locais tendo em vista a justa repartição dos recursos públicos pelo Estado e pelas autarquias locais, a necessária correcção de desigualdades entre autarquias do mesmo grau, a consagração dos limites e realização de despesas e arrecadação de receitas.

4. As Autarquias Locais dispõem de poder regulamentar próprio, nos termos da lei.

Artigo 218º (Categorias de Autarquias Locais)

1. As Autarquias Locais organizam-se nos municípios.

2. Tendo em conta as especificidades culturais, históricas e o grau de desenvolvimento, podem ser constituídas autarquias de nível supra--municipal.

3. A lei pode ainda estabelecer, de acordo com as condições específicas, outros escalões infra-municipais da organização territorial da Administração Local autónoma.

Artigo 219º (Atribuições)

As autarquias locais têm, de entre outras e nos termos da lei, atribuições nos domínios da educação, saúde, energias, águas, equipamento rural e urbano, património, cultura e ciência, transportes e comunicações, tempos livres e desportos, habitação, acção social, protecção civil, ambiente e saneamento básico, defesa do consumidor, promoção do desenvolvimento económico e social, ordenamento do território, polícia municipal e cooperação descentralizada e geminação.

Artigo 220º (Órgãos das Autarquias)

1. A organização das autarquias locais compreende uma Assembleia dotada de poderes deliberativos, um órgão executivo colegial e o Presidente da Autarquia.

2. A Assembleia é composta por representantes locais, eleitos por sufrágio universal igual, livre, directo secreto e periódico dos cidadãos eleitores na área da respectiva autarquia, segundo o sistema de representação proporcional.

3. O órgão executivo colegial é constituído pelo seu Presidente e por secretários por si nomeados, ambos responsáveis perante a Assembleia da Autarquia.

CENTRALIZAÇÃO, DESCENTRALIZAÇÃO E DESCONCENTRAÇÃO EM ANGOLA: ..

4. O Presidente do órgão executivo da autarquia é o cabeça da lista mais votada para a Assembleia.

5. As candidaturas para as eleições dos órgãos das autarquias podem ser apresentadas por partidos políticos, isoladamente ou em coligação, ou por grupos de cidadãos eleitores, nos termos da lei.

Artigo 221º (Tutela administrativa)

1. As autarquias locais estão sujeitas à tutela administrativa do Executivo.

2. A tutela administrativa sobre as autarquias locais consiste na verificação do cumprimento da lei por parte dos órgãos autárquicos e é exercida nos termos da lei.

3. A dissolução de órgãos autárquicos, ainda que resultantes de eleições directas, só pode ter por causa acções ou omissões ilegais graves.

4. As autarquias locais podem impugnar contenciosamente as ilegalidades cometidas pela entidade tutelar no exercício dos poderes de tutela.

Artigo 222º (Solidariedade e cooperação)

1. Com o incentivo do Estado, as autarquias locais devem promover a solidariedade entre si, em função das particularidades de cada uma, visando a redução das assimetrias locais e regionais e desenvolvimento nacional.

2. A lei garante as formas de cooperação e de organização que as autarquias locais podem adoptar para a prossecução de interesses comuns às quais são conferidas atribuições e competências próprias.

Artigo 223º (Reconhecimento)

1. O Estado reconhece o estatuto, o papel e as funções das instituições do poder tradicional constituídas de acordo com o direito consuetudinário e que não contrariam a Constituição e a lei.

2. O reconhecimento das instituições do poder tradicional obriga as entidades públicas e privadas a respeitarem, nas suas relações com aquelas instituições, os valores e normas consuetudinários que se observarem no seio das organizações politico-comunitárias tradicionais e que não sejam conflituantes com a Constituição, nem com a dignidade da pessoa humana.

Artigo 224º (Autoridades tradicionais)

As autoridades tradicionais são as entidades que personificam e exercem o poder no seio da respectiva organização político-comunitária tradicional, de acordo com os valores e normas consuetudinários e no respeito pela Constituição e pela lei.

Artigo 225º (Atribuições, competência e organização)

As atribuições, a competência, a organização, os regimes de controlo, da responsabilidade e do património das instituições tradicionais, as relações institucionais destas com os órgãos da administração local do Estado e autárquica, bem como a tipologia das autoridades tradicionais, são regulados por lei.

O Decreto-Lei nº 2/07 de 3 de Janeiro fixou as atribuições, competências e regime jurídico de organização e funcionamento dos Governos Provinciais, das administrações municipais e comunais. Apresentam-se alguns dos seus artigos mais significativos:

Os termos do Decreto-Lei de 2007

Artigo 6º (Objectivos)

A Administração Local do Estado é exercida por órgãos desconcentrados da administração central e visa a nível local, assegurar a realização das atribuições e dos interesses específicos da administração do Estado, participar, promover, orientar o desenvolvimento económico e social e garantir a prestação de serviços públicos na respectiva circunscrição administrativa, sem prejuízo da autonomia do poder local.

Artigo 7º (Divisão Administrativa)

Para efeitos de Administração Local do Estado, o território da República de Angola divide-se em províncias, municípios, comunas, bairros ou povoações. Os bairros ou povoações agrupam-se em comunas, as comunas em municípios e os municípios em províncias.

Artigo 11º (Competências: Governo Provincial)

Compete ao Governo Provincial:

1. No domínio do planeamento e orçamento:
   a) Elaborar os planos e programas económicos, nos tipos e termos previstos na lei;
   b) Elaborar os planos e programas de investimento público e de projectos de intervenção económica e social;

c) Acompanhar a execução dos planos dos programas económicos e de investimento público e elaboração dos respectivos relatórios, nos termos e para os efeitos previstos na lei;

d) Superintender na arrecadação de recursos financeiros provenientes dos impostos e outras receitas devidas ao Estado que são afectados à província nos termos da legislação em vigor.

3. No domínio do desenvolvimento económico local:

a) Promover e incentivar iniciativas locais de desenvolvimento empresarial;

b) Estimular o aumento da produção e da produtividade nas empresas de produção de bens e de prestação de serviços essenciais;

c) Promover a instalação e a reactivação da indústria para a produção de materiais de construção, indústrias agropecuárias, alimentares e outras para o desenvolvimento da província.

Artigo 19º (Competências: Vice-Governador)

1. Ao vice-governador para o sector económico e social compete coadjuvar o Governador Provincial na coordenação e execução das tarefas ligadas às seguintes áreas:

a) Planeamento económico;

b) Recursos naturais;

c) Agricultura, pescas, industria, comercio, hotelaria e turismo;

d) Transportes e comunicações;

e) Saúde, reinserção social, antigos combatentes e veteranos de guerra;

f) Educação, cultura e desportos;

g) Habitação;

h) Justiça, família e promoção da mulher, comunicação social e ciência e tecnologia.

Artigo 44º (Competências: Administração municipal)

Compete a Administração Municipal:

1. No domínio do planeamento e orçamento:

a) Elaborar a proposta de plano de desenvolvimento municipal e remetê-lo ao Governo Provincial para aprovação e integração no plano de desenvolvimento provincial;

b) Garantir a execução do plano de desenvolvimento municipais e dos planos anuais de actividades da Administração Municipal e sub-

CARLOS M. LOPES

meter os respectivos relatórios de execução ao Governo Provincial para efeitos de monitoria de monitoria e avaliação;

c) Elaborar a proposta de orçamento da Administração Municipal, nos termos da legislação competente e remetê-la ao Governo Provincial com vista a sua integração no Orçamento Geral do Estado;

d) Coordenar a arrecadação de recursos financeiros provenientes dos impostos, das taxas e de outras receitas devidas ao Estado, nos termos da legislação em vigor;

e) Administrar e conservar o património da Administração Municipal;

f) Promover e apoiar as empresas e as actividades económicas que fomentem o desenvolvimento económico e social do município

3. No domínio do desenvolvimento económico e social:

a) Estimular o aumento da produção e da produtividade nas empresas de produção de bens e de prestação de serviços a nível municipal;

b) Promover e organizar feiras municipais;

c) Desenvolver programas de integração comunitária de combate a pobreza;

d) Licenciar, regulamentar e fiscalizar a actividade comercial retalhista e de vendedores ambulantes;

e) Assegurar a assistência social, educacional e sanitária, contribuindo para a memória das condições de vida da população;

f) Preservar os edifícios, monumentos e sítios classificados como património histórico nacional e local situados no território do município;

g) Promover a criação de bibliotecas municipais e comunais, bem como garantir o seu apetrechamento em material bibliográfico;

h) Assegurar a manutenção, distribuição e gestão da água e electricidade na sua área de jurisdição, podendo criar-se, para o efeito, empresas locais.

4. No domínio da agricultura e desenvolvimento rural:

a) Superintender as estações de desenvolvimento agrário;

b) Fomentar a produção agrícola e pecuária;

c) Assegurar a aquisição e distribuição de insumos agrícolas e assistência aos agricultores e criadores;

d) Promover e licenciar unidades agropecuárias e artesanal ou industrial, designadamente aviários, pocilgas, granjas, carpintarias, marcenarias, serralharias, oficinas de reparações, de canalizações e de electricidade.

Artigo 52º (Competências: Administrador Municipal Adjunto)

1. Compete ao Administrador MunicipalAdjunto:
   a) Coordenar o sector económico, social e produtivo;
   b) Propor ao Administrador Municipal medidas que visem melhorar o desempenho da administração municipal.
   c) Exercer outras funções que lhe sejam superiormente determinadas;
   d) Substituir o Administrador Municipal nas suas ausências ou impedimentos.

Registe-se ainda que o Governador e Vice-Governador Provinciais são nomeados pelo Presidente da República enquanto o Administrador Municipal e o Administrador Municipal Adjunto são nomeados pelo Ministro da Administração do Território. (artigos 16º, 18º, 49º e 51º).

A nível provincial e municipal existem estruturas consultivas, sob a forma de Conselhos de Auscultação e Concertação Social (artigos 21º e 54º).

Bibliografia

Faria, F., & Chichava, A. (1999). *Descentralização e cooperação descentralizada em Moçambique*. Maputo: EU.

Feijó, C. (2002). *A tutela administrativa sobre as autarquias locais em Angola (perspectivas futuras). A descentralização em Angola*. Luanda: UNDP.

Governo de Angola (2007). *Desconcentração e Descentralização em Angola*. Vol. II. Luanda: Ministério de Administração do Território/PNUD.

Governo de Angola (2010). *Orçamento Geral do estado 2011 - Relatório de fundamentação*. Luanda: Conselho de Ministros.

JMJ International (2006). *O Ambiente de Funcionamento da Governação Local em Angola: Reforçar as Ligações entre Descentralização e o Desenvolvimento Dirigido pela Comunidade*. Luanda: BM/FAS.

Mac Dowell, *et al.* (2006). *Diagnóstico da descentralização Fiscal em Angola* (draft 1). Luanda: PNUD.

Manor, J. (1999). *The Political Economy of Democratic Decentralization*. Washington, DC: World Bank.

Miranda, J. (2010). A Constituição de Angola de 2010. *Systemas – Revista de Ciências Jurídicas e Econômicas*, 2(1), 119-146.

OPSA/ADRA (2011). OGE 2011. *Elementos para o debate*. Luanda: OPSA/ADRA.

Orre, A. (2007). The local administration of the state: New law but little change?. Comunicação apresentada na conferência *Angola 2007: que recomposições e reorientações?*. (ISCTE, 20 a 22 de Novembro de 2007). Lisboa: CEA/ /ISCTE.

Pacheco, F. (2002). Autoridades tradicionais e estruturas locais de poder em Angola: Aspectos essenciais a ter em conta na futura administração autárquica. Ciclo de palestras sobre descentralização e o quadro autárquico em Angola. Luanda: Friedrich Ebert Stiftung.

Pereira, V. (2002). *O poder local e desenvolvimento. A descentralização em Angola.* Luanda: UNDP.

PNUD/ACCID/DFID (2009). *Angola - Support to the decentralization and local governance project - Project annual report 2009.* Luanda: PNUD/ACCID/DFID.

Rocha, A. (2010). *Desigualdades e assimetrias regionais em Angola. Os factores de competitividade territorial.* Luanda: CEIC, UCA.

Santos, B. (2008, Novembro). Cuidado com as armadilhas da descentralização. *Jornal Cruzeiro do Sul,* 21/11/2008 (Artigo de opinião).

Teixeira, A., Pacheco, F., & Pereira, V. (2007). Estudo sobre a macro-estrutura da administração local. In Governo de Angola, *Desconcentração e Descentralização em Angola,* Vol. II (pp.37-131). Luanda: Ministério de Administração do Território/PNUD.

8

Os novos espaços de participação em Angola

NELSON PESTANA

Introdução

Um dos fundamentos do estado angolano, nos termos do artigo 2 da Constituição de 2010, é a democracia (representativa e participativa). A carta magna angolana consagra também para todos os cidadãos "o direito de participação em associações políticas e em partidos políticos" (artigo 55, 2) e, a estes, é reconhecido o direito de participar na vida política e na expressão do sufrágio universal (artigo 17). Esta participação, consagrada constitucionalmente, está associada à democracia e ao desenvolvimento e aparece como um fator positivo, capaz de promover tanto uma como outro.

Sendo a participação um elemento central da economia social, a sua definição, na lei angolana, reporta-se ao "envolvimento dos cidadãos, de forma individual ou organizada, na formação das decisões que lhe digam respeito" (artigo 4, alínea f, Lei 17/10, de 29 de Julho). A participação definida nestes termos, como "envolvimento dos cidadãos" "na formação das decisões", é mais desenvolvimentista (económica/material) do que política (direitos). Neste sentido vai também o Banco Mundial que entende a participação como "um processo através do qual os participantes influenciam e partilham o controlo das iniciativas de desenvolvimento, tal como as decisões e os recursos que os afetam" (World Bank, 1994, p. 6). Este conceito asséptico que surge com as preocupações da luta contra a pobreza, nos anos 1990, numa época de desengajamento dos estados e da constatação de que o fracasso dos projetos promovidos era devido à falta de (ou à inadequada) participação dos seus beneficiários. A partir de então os projetos passam a incluir a componente da participação ou estratégias de participação e de empoderamento dos atores sociais mas sem colocar em questão as estruturas de poder nas sociedades visadas.[42] Isto faz com que a participação não seja vista da mesma forma pelos diferentes atores estatais e sociais e não seja, *per se*, sinónimo de democracia. Mesmo porque, atualmente, os movimentos sociais não se formam apenas em torno de interesses materiais comuns mas também em torno da defesa de diferentes conceções ou visões do mundo (Escobar & Alvarez, 1992; Melucci, 1996; Benford & Snow, 2000). Por isto, a noção de participação não é necessariamente a mesma para as organizações comunitárias de base (OCB),[43] para as organizações não-governamentais (ONG)[44] e para a administração do estado. Há aqueles que a abordam como instrumento de disciplina, forma de dominação e controlo dos movimentos sociais, outros há que a enquadram no âmbito da relação de desenvolvimento ou como fator de progresso social (Escobar, 1995; 1997; Lebrecque 2009; Sabelli, 1993). Sendo o desenvolvimento entendido como "o conjunto de processos sociais induzidos por operações voluntaristas de transformação de um meio

---

[42] Em 1993 a participação das populações e seu empoderamento é o tema central do índice de desenvolvimento humano (IDH) do PNUD. Já antes, a "Cimeira da Terra", no Rio de Janeiro, em 1990, dedicada as questões ambientais, lançou um apelo à ampla participação das organizações da sociedade civil (OSC). Também a cimeira sobre a condição da mulher, em Pequim, em 1995, reiterou essa linha de estimulo à participação procurando implicar todos nos projetos a realizar.

[43] Uma organização comunitária de base (OCB) é tida como a "(...) organização popular, igualmente independente do estado que partilha os riscos, os custos e os benefícios entre os seus membros, os dirigentes e os gestores. A maior parte não tem fins lucrativos mas algumas funcionam como empresas comerciais corporativas" (Mitlin, 1998, p. 91).

[44] Uma organização não-governamental (ONG) define-se como sendo uma "organização intermediária, profissional, sem aderentes com fins não lucrativos, independente em relação ao Estado que realiza diversas atividades com vista a favorecer o desenvolvimento" (Mitlin, 1998, p. 91). A diferença entre uma OCB e uma ONG é que esta trabalha para terceiros e emprega pessoal especializado enquanto a OBC visa beneficiar os próprios membros e, geralmente, não emprega ninguém exterior, sendo o trabalho desenvolvido pelos próprios membros.

OS NOVOS ESPAÇOS DE PARTICIPAÇÃO EM ANGOLA

social, empreendido por meio de instituições ou atores exteriores a esse meio mas procurando mobilizar esse meio e assentando numa tentativa de enxertar recursos e/ou técnicas e/ou saberes" (Sardan, 1995, p. 7).

Em Angola há quem pense que o Decreto-Lei 02/07 (seguido da Lei 17/10) aprofunda o processo de desconcentração administrativa que estaria a ter lugar no país nos últimos anos. Uma das mudanças consideradas mais importantes é o facto de as administrações municipais passarem a ter um conselho de auscultação e concertação social (CACS) como órgão consultivo do administrador; passam a ser também unidades orçamentais, podendo assim gerir recursos próprios e consequentemente melhor responder as demandas das populações locais. Estes CACS são apresentados como uma nova forma de organização e participação dos cidadãos, sendo um dos "pilares" do processo de transição para a democracia.

Levando em consideração toda a dinâmica anterior do movimento autónomo da sociedade civil, quatro anos após a criação legal destes CACS tem relevância a interrogação sobre o sentido produzido por estes "espaços de participação". Primeiro, analisando o seu quadro legal, procurando perceber as suas mutações depois da revisão constitucional de Fevereiro de 2010 e do surgimento da nova "Lei da Organização e do Funcionamento dos Órgãos de Administração Local do Estado" (Lei 17/10) que tem como motivo declarado harmonizar a legislação ordinária sobre a matéria à nova Constituição. Depois, para passar à análise das dinâmicas dos CACS.

Duas hipóteses de trabalho, de sentido contrário, se levantam. A primeira hipótese seria aquela em que os CACS (municipais) seriam a expressão de uma política do governo central, que animado de um espírito de descentralização, aproveitando as iniciativas e a participação dos cidadãos, pretende de forma institucionalizada organizar a representação das populações na governação local; política que seria essencialmente conduzida para a descentralização democrática, permitindo a implementação das autarquias locais através de um processo de transição seguro e gradual. A segunda hipótese seria aquela em os CACS (municipais) representam um movimento de *top/down*, como nova forma do poder central controlar as dinâmicas locais autónomas, procurando controlar e limitar a expansão da participação de baixo, isto é, o movimento da sociedade civil em prol de maior participação na governação local e prestação de contas (*accountability*), sendo o governo central a controlar os representantes da sociedade civil/populações locais (através de cooptação ou do controlo sobre "as regras do jogo"), numa tentativa de manter o controlo central sobre o

NELSON PESTANA

campo político e governação locais, procurando substituir a participação democrática por uma espécie de participação corporativa, remetendo a institucionalização das autarquias locais para um período longínquo.

A pesquisa que sustenta este artigo foi realizada em diversos municípios,[45] num período de cerca de dois anos. Em todos eles, com exceção dos de Luanda, dado o forte sentido de hierarquia e centralização do poder, foi necessária uma prévia abordagem sobre os propósitos do estudo com o gabinete de apoio e controlo das administrações municipais e comunais (GACAMC) e o seu envolvimento para viabilizar os contactos com os administradores que, em alguns casos, indicaram, por sua vez, os membros da administração e dos CACS que deveriam ser entrevistados pela equipa de pesquisa. *Como se pretendia obter informações dos movimentos e organizações da sociedade civil, mesmo não fazendo parte dos CACS, foram também entrevistados empresários, líderes associativos e religiosos, mesmo não fazendo parte do CACS.* As entrevistas foram semidirigidas, algumas vezes com elaboração de um guião, outras foram abertas, realizadas junto de indivíduos implicados no processo. Mas o estudo também recorreu à *metodologia participativa através da realização de grupos focais. Outro instrumento de recolha do corpus da pesquisa foi a consulta documental, nomeadamente aos relatórios das administrações municipais e das ONG que trabalham nesses municípios, tendo sido feita também uma recensão crítica da literatura disponível. Do mesmo modo foram entrevistados administradores, quadros e funcionários das administrações, ativistas, tendo havido ainda lugar para a participação em reuniões da sociedade civil.*

O presente estudo, no quadro político de Angola, obriga a uma contextualização histórica, anterior à análise das dinâmicas dos CACS. Por isto, numa primeira parte, vamos explicitar o percurso de institucionalização do poder local e o surgimento dos movimentos sociais e das organizações da sociedade civil (OSC). Numa segunda parte, vamos observar a sociedade civil entre a autonomia e o controlismo autoritário, estudando (1) o quadro legal dos CACS e procedendo (2) à análise da dinâmica dos CACS no país. Finalmente, apresentaremos uma conclusão.[46]

---

[45] Lobito, Cubal e Chongoroi (Benguela), Bailundo (Huambo), Kalandula (Malange), Lubango, Matala, Humpata, Chibia e Gambos (Huíla), Samba e Maianga (Luanda).

[46] O autor agradece a Idacy Ferreira da Conceição, a João Luís de Oliveira, (ADRA-Benguela), a José Maria Katiavala (ADRA-Huambo) e a Eduardo Sassa (CEIC/UCAN) pelo trabalho desenvolvido no projeto "Participação, Descentralização e Impostos Locais" que em muito permitiu a redação deste artigo.

Histórico do poder local

Angola foi durante longo período uma colónia de Portugal, tendo alcançado a sua independência em 1975, depois de 14 anos de luta armada de libertação nacional (1961-1974) conduzida por três movimentos de libertação nacional. Por isto, contrariamente às demais colónias portuguesas, o processo de descolonização após a "Revolução dos Cravos", em Portugal, não foi negociado e concretizado apenas com um movimento de libertação, mas com os três movimentos, tendo sido afastadas as organizações não-armadas que surgiram. Os acordos de Alvor (Janeiro de 1975), subscritos pelos três movimentos de libertação e pelo governo português, definiram um período de transição que iria culminar com a proclamação da independência, antecedida pela realização de eleições gerais para a formação de uma constituinte que iria aprovar a constituição do novo país.[47] Mas a luta fratricida entre os movimentos de libertação (que já vinha do período da luta anticolonial) criou as condições para que a lógica da guerra fria (Estados Unidos e União Soviética) colocasse Angola no "centro do furacão" da luta hegemónica entre as duas superpotências, passando a assumir um papel geoestratégico relevante, nomeadamente para o domínio da rota do Cabo. A guerra civil, desencadeada desde cedo entre os três movimentos de libertação, inviabilizou o processo de transição participado e levou a ocupação *manu militari* de zonas de influência, de que foram expulsos os demais movimentos.

A tomada da capital foi determinante para o reconhecimento, por parte da comunidade internacional, da proclamação da independência pelo MPLA (Outubro de 1976) que instalou um regime de partido único de tipo soviético.

A independência: o partido único revolucionário

Ao proclamar a independência o poder revolucionário instala um regime de partido único, promove o totalitarismo e o dirigismo económico e evita a emergência da sociedade civil e de um sector privado autónomo. A organização social adotada baseia-se na hegemonia do partido único que dirige o estado, a economia e a sociedade e não admite nenhuma forma

---

[47] Esse período de transição, de Fevereiro a 11 de Novembro de 1975, seria dirigido por um governo de transição, composto por ministros representantes dos três movimentos de libertação e de Portugal, superiormente comandado por um alto-comissário português.

de intervenção no "espaço público" que não seja a sua ou a das suas organizações de massas. O poder constituinte reside no seu comité central e a função legislativa é da competência de um conselho da revolução, formado pelo próprio partido único. Este tem como principal função negativa a "de inibir toda a autonomia de organização da sociedade civil" (Bayart, 1983, p. 97). Estando o país em guerra, mais difícil se tornava a afirmação dessa autonomia porque toda a contestação do poder estabelecido aparecia como reforço de "um outro poder armado e [igualmente] de natureza totalitária", enquanto "a rejeição deste outro poder fazia funcionar a máquina do Estado, contribuindo, bem ou mal, para o seu reforço" (Messiant, 1999, p. 91). Esta dualidade de poderes opressores estimulava a manutenção e radicalização recíprocas e tinha como "resultado comum o de sufocar as forças e vias independentes e pacíficas" (Messiant, 1999, p. 91).

Anos 1980: o partido único institucional

A prática do poder de estado implicou a necessidade de maior institucionalização do poder revolucionário, procurando uma maior legitimidade e uma redução do livre arbítrio na gestão da coisa pública. Foram então promovidas reformas constitucionais que trouxeram algumas mudanças na relação entre o estado e o partido único. Este continuou a ter a direção do estado, da economia e da sociedade mas, em substituição do conselho da revolução, foi criada a assembleia do povo, como órgão legislativo e detentor do poder constituinte.[48] Foram também instituídas, em todas as províncias e alguns municípios do país, assembleias representativas locais, cujos membros eram escolhidos por intermédio de um sistema eleitoral censitário revolucionário. O poder foi também desconcentrado, tendo sido criadas direções provinciais e municipais, sob subordinação do titular do poder local, em vez das delegações dos ministérios que eram (e são) subordinadas aos respetivos ministros.[49]

---

[48] Vide artigo 37º da Lei Constitucional, de 23 de Setembro de 1980, que define a assembleia do povo como "o órgão supremo de poder do estado na República Popular de Angola" que "exprime a vontade soberana do povo Angolano".

[49] Com exceção das áreas das finanças, segurança de estado e ministério público. Sem contar com a defesa nacional que sempre teve uma orgânica própria. Na verdade, anteriormente, havia uma dupla subordinação dos delegados provinciais, de forma vertical (em relação ao ministério) e horizontal (em relação ao governador). Vide Lei 07/81 sobre a orgânica do estado e das assembleias do poder popular.

A trajetória histórica de organização do estado vai pois registar uma prática de funcionamento destas "assembleias representativas" a quem cabia tomar decisões políticas e escrutinar o desempenho público do executivo local (comissários provinciais, municipais), embora a sua composição fosse muito condicionada pelo sistema de partido único e o princípio de governação fosse, a todos os níveis, o da fusão de poderes sendo o chefe do executivo também presidente do deliberativo.

1991/1992: a longa transição para a democracia

A partir da revisão constitucional de Março de 1991,[50] Angola passou a definir-se constitucionalmente como um "estado democrático de direito", abandonando o regime de partido único, de tipo soviético, que adotou com o proclamar a independência. Mas antes mesmo da adoção do multipartidarismo, a sociedade civil angolana, a partir de finais de 1989, procurou constituir um espaço público e abrir caminho à intervenção de outros atores sociais, para além do partido único e das suas declinações políticas que eram as suas organizações de massas. Surgem as primeiras ONG angolanas; a Ação Agrária Angolana, a ADRA e, particularmente, a Associação Cívica de Angola (ACA), cuja vocação política era clara. A partir daí as organizações da sociedade civil vão-se multiplicando, com intervenção nos diversos domínios e, com vista às eleições de Setembro de 1992, surge também uma espécie de concorrência desleal do poder ao formar as suas próprias "organizações não-governamentais", para contrapor o peso destas. Surgem também organizações reguladoras (ordens profissionais) e corporativas (sindicatos e associações empresariais).

Existem hoje no país mais de duas centenas de ONG nacionais e pouco mais de meia centena de internacionais. A sua distribuição geográfica é muito desigual. A maior parte atua na capital do país, na faixa litoral, nos planaltos central (Bié e Huambo) e sul (Huíla). Essas organizações da sociedade civil intervêm em domínios como o dos direito humanos, da produção agrícola, da saúde, da educação e da cidadania, atuando segundo três perspetivas: (1) ação direta, visando suprir as carências básicas que o estado não resolve; (2) ação reivindicativa junto do estado, na perspetiva

---

[50] Numa tentativa de antecipação aos acordos de Bicesse, entre o governo angolano e a Unita, que virão colocar fim à guerra civil e reconhecer direitos políticos a este movimento de oposição armada.

NELSON PESTANA

de realização de direitos; (3) ação propositiva, propondo alternativas às políticas públicas, a partir da experiência de terreno, contribuindo, de forma geral, para aliviar os efeitos da vulnerabilidade estrutural das famílias e comunidades.[51]

Estas organizações estão muitas vezes articuladas em redes. São várias as redes de organizações da sociedade civil que agrupam, segundo um critério geográfico ou temático, representantes das Igrejas, de ONG internacionais e das OSC angolanas. Por vezes, estas redes incluem também representantes locais de instituições do estado. Por exemplo, quase todas as províncias têm uma "rede provincial de luta contra a SIDA" e uma "rede provincial de proteção à criança" que funcionam como fórum de parceria, coordenação e comunicação entre todos os atores aí representados (ONG, igrejas, instituições públicas e outros).

Para além destas redes, as organizações comunitárias de base têm tendência para se reagruparem em fóruns, fazendo destes espaços de debate, de deliberação e de concertação de ações.

A partir de 1999, consoante as forças armadas governamentais vão ganhando terreno a oposição armada, o estado procura um maior controlo sobre o território e sobre as populações, através da chamada "extensão da administração do estado a todo o território", ao mesmo tempo que lança uma reforma administrativa (Decreto 17/99, de 29 de Outubro)[52] que visa o reforço do poder administrativo local, fazendo olvidar a institucionalização das autarquias locais, como estava previsto na Constituição de 1992, e não levando em consideração todo este movimento de organização da sociedade civil que ganhou uma grande dimensão em quase todo o país e se desenvolveu autonomamente, à margem da ação do poder e sem que este o pudesse cooptar. Em 2001 surge o "plano estratégico de desconcentração

---

[51] São exemplos disso os programas de micro-crédito que, no caso da DW, evolui de uma caixa de crédito, a Kixicrédito, para uma instituição bancária de forma a desenvolver a política de micro-crédito da DW, ou o LUPP que visa basicamente a melhoria da dieta alimentar, aumento de crianças na escola, melhor nível de educação e a resolução de problemas básicos, relacionados com a habitação, alimentação e saúde dos pobres economicamente ativos. Outro exemplo, será o da luta pelo perdão da dívida externa e da estabilidade económica do país que tem seguramente efeitos positivos no poder de compra das populações (por exemplo, o programa da Coligação Jubileu 2000 para o perdão da dívida).

[52] Decreto 17/99, de 29 de Outubro, que foi complementado pelo decreto executivo 29/00, de 19 de Maio.

e descentralização administrativa", mas toda a filosofia subjacente a este diploma será materializada com o Decreto-Lei 02/07.

O Decreto-Lei 02/07

Em 2007 o Estado promove aquilo que designa por "política de descentralização". Neste âmbito, surge a figura do conselho de auscultação e concertação social (CACS), definido como "órgão de apoio consultivo" do titular do poder local,[53] "na apreciação e tomada de medidas de natureza política, económica e social no território" respetivo,[54] devendo ser ouvido "antes da aprovação do programa de desenvolvimento (...), do plano de atividades e do relatório de execução dos referidos instrumentos".[55] No caso em estudo, que são os CACS municipais, o conselho municipal de auscultação e concertação social é presidido pelo próprio administrador municipal e é composto, nos termos da lei, pelo administrador municipal adjunto, administradores comunais, chefe de repartição municipal, representantes das autoridades tradicionais, do sector empresarial público e privado, das associações de camponeses, das igrejas reconhecidas por lei, das ONG e "outras entidades" que o titular do poder local julgue necessário. Este concelho tem a obrigação de reunir de três em três meses e sempre que o administrador municipal julgar conveniente e o convocar (artigo 54º, Decreto-Lei 2/07). A implantação desta política tem sido muito lenta e desigual mas tem proporcionado a possibilidade das autoridades de ganharem ascendente sobre o movimento associativo autónomo e uma legitimidade de que antes não lhes era reconhecida.

No Decreto-Lei 02/07 a nomeação dos administradores municipais e comunais é feita pelo Ministério da Administração e Território (MAT) sob proposta do governador da província. Significa isto dizer que, neste novo contexto de desconcentração, compete ao MAT exercer o poder disciplinar no que concerne a nomeação e exoneração dos administradores. Ao governador cabe apenas propor e tomar conhecimento dos atos, não tendo, no entanto, o poder de nomear nem de exonerar. Ao governador

---

[53] Artigos 57º, respetivamente, da Lei 17/10.

[54] Seja a província, o município ou a comuna, artigos 14º, 57º e 79º, do Decreto-Lei 2/07, respetivamente.

[55] O Governador provincial, o administrador municipal ou o administrador comunal. artigos 14º, 57º e 79º, do Decreto-Lei 2/07, respetivamente.

compete nomear e exonerar os diretores provinciais e municipais, merecendo no entanto a apreciação e pronunciamento do ministério da tutela. Isto reveste-se quanto aos quadros dos serviços de apoio; gabinete jurídico; gabinete do plano; GACAMC; secretária do governo; serviços executivos; pois que os Ministros relacionam-se diretamente com os governos provinciais e metodologicamente com os seus representantes. As exceções são os delegados provinciais (interior e finanças) que são nomeados e exonerados a nível central.

A sociedade civil entre a autonomia e o controlismo autoritário

Uma novidade significativa do Decreto-Lei 02/07, para a sociedade civil, foi a institucionalização dos CACS, ao nível provincial, municipal e comunal. Diversos sectores do país consideraram este novo contexto uma oportunidade para os cidadãos poderem fazer-se ouvir nas suas reivindicações e demandas, bem como para contribuírem para resolver os problemas da gestão da *res publica*, favorecendo uma melhoria significativa na prestação de serviços públicos às comunidades e populações e na qualificação da governação local. Os CACS foram logo identificados como um "novo espaço de participação" dos cidadãos e uma tentativa do estado se aproximar dos governados, constituindo um espaço de debate participativo das políticas públicas locais que seria um laboratório das autarquias locais e um meio de garantir uma transição do estado centralizado à autonomia autárquica, do municipalismo da administração ao municipalismo dos cidadãos, sendo, por isto, um importante avanço na institucionalização do diálogo entre as administrações locais e as comunidades e um pressuposto crucial para a existência de uma governação local [democrática] (Katiavala, 2010).

Quadro legal dos CACS

A regulação legal dos CACS é definida pela "lei da organização e do funcionamento dos órgãos de administração local do estado" (Lei n. 17/10, de 29 Julho) que estabelece uma nova disciplina em relação aos "princípios e as normas de organização e funcionamento dos órgãos da Administração Local do Estado" (artigo 1), revogando o anterior dispositivo legal (Decreto-Lei 02/07, de 3 de Janeiro) que estabelecia o quadro das atribuições e competências e o regime jurídico de organização e funcionamento dos governos provinciais, das administrações municipais e comunais e que,

OS NOVOS ESPAÇOS DE PARTICIPAÇÃO EM ANGOLA

por sua vez, havia revogado o Decreto-Lei nº 17/99, de 29 de Outubro, também já por este "estar desajustado, face à (...) realidade funcional da administração local do estado".

Esta nova lei, cujas disposições se aplicam "a todos os órgãos da administração do Estado" (artigo 2), surge porque o legislador entendeu que a aprovação da Constituição da República de Angola, em fevereiro de 2010, implicou, necessariamente a revisão de várias leis e, nomeadamente, dos preceitos que regiam "a organização e a atividade administrativa do estado, ao nível local" (preâmbulo) pois aquele dispositivo estava desajustado em relação à nova realidade constitucional. Então, com vista a "adequar o quadro organizativo e funcional dos órgãos de administração local ao novo figurino constitucional", foi aprovada uma nova lei que define o governo provincial como "o órgão desconcentrado da administração central que visa assegurar a realização das funções do poder executivo na província" (artigo 10, 1). Este responde, na pessoa do governador provincial, perante o presidente da república, cabendo ao Ministério da Administração do Território "coordenar os esforços dos departamentos ministeriais, de forma a estimular e avaliar a execução da política do poder executivo, relativa aos referidos domínios" (artigo 10, 2). Nessa qualidade, cabe ao governo provincial promover e orientar o desenvolvimento socioeconómico da respetiva província, com base nos princípios e nas opções estratégicas definidas pelo titular do poder executivo e no plano nacional, assegurando "a prestação de serviços públicos da respetiva área geográfica" (artigo 11).

Esta lei introduz algumas inovações em relação à anterior, nomeadamente em relação à divisão administrativa (artigo 8), às "disposições financeiras locais" (artigo 83), às parcerias públicas/privado e cooperação (artigo 96), à existência de um "regime organizativo e administrativo específico" (artigo 102) e aos membros dos CACS. A composição dos CACS passa a ter membros representantes dos partidos políticos, com assento na assembleia nacional (artigos 24, 3, alínea d); 57, 3, alínea d) e 79, 3, alínea d).

A Constituição considera que o país está dividido administrativamente em províncias e em municípios (artigo 5). A administração local do estado é feita pelos governadores provinciais que representam o poder central no território e os municípios são administrados pelas autarquias locais (artigo 218). Há pois a considerar dois conceitos distintos que são: a "administração local do estado" e o "poder local". A "administração local do estado" é o conjunto de órgãos desconcentrados da administração central, a nível local, representa o poder central e "assegura a realização das atribuições e dos interesses específicos" deste (artigo 201).

O "poder local" é constituído pelas "autarquias locais, as instituições do poder tradicional e outras formas específicas de organização dos cidadãos" (artigo 213, 2). As autarquias locais têm o direito e a capacidade efetiva de gerirem e regulamentarem, nos termos da Constituição e da lei e no interesse das respetivas populações, os assuntos públicos locais, sob sua responsabilidade (artigo 214).

A Lei 17/10 repete, *grosso modo*, o Decreto 2/07 e ignora por completo os órgãos autónomos do poder local e "o princípio da descentralização político-administrativa" que estrutura a organização democrática do estado, a nível local, (artigo 213) e não se refere às autarquias locais a não ser no artigo com as "disposições finais e transitórias", para dizer que estas passarão "a exercer as atribuições correspondentes definidas por lei, de acordo com os princípios do gradualismo e da transitoriedade", a medida que forem criadas (artigo 101).

Também não se refere às "autoridades tradicionais" que "são entidades que personificam e exercem o poder no seio da respetiva organização político-comunitária tradicional, de acordo com os valores e normas consuetudinários e no respeito pela Constituição e pela lei" (artigo 224). As coisas continuam a acontecer como se nada tivesse mudado, continuando a haver uma maior presença do poder central, através de vários desdobramentos pelo território.

Análise da dinâmica dos CACS

Os CACS são apresentados, por alguns textos apologéticos, como o resultado do amadurecimento político do estado angolano, tomado como um órgão consultivo que serve para a recolha de opiniões dos administrados e para tornar o poder mais próximo das comunidades e cidadãos, porque faz a ligação entre governantes e governados, ao nível local, proporcionando uma participação dos cidadãos, por delegação nos seus representantes, já que este órgão deve ser consultado antes da aprovação dos planos locais de desenvolvimento.

As expectativas sobre o papel dos CACS foram consideravelmente elevadas, na medida em que eles apareciam, aos olhos de muitos atores da sociedade civil, como uma forma organizativa que iria proporcionar um espaço de diálogo entre governantes e governados sobre os problemas que nos afetam a todos, para que essas opiniões se refletissem nas políticas públicas, nomeadamente na elaboração do Plano de Desenvolvimento. As expectativas iam também no sentido de uma aproximação desta forma organizativa, promovida pelo estado, às autarquias locais. Nesse sentido, o "programa de apoio aos atores não-estatais" (PAANE), da União Europeia, achou importante trabalhar no sentido, quer do seu reforço institucional, dotando os CACS de um regulamento, quer no do empoderamento dos representantes das associações, com vista a tornar este espaço mais participativo e, em certa medida, deliberativo em relação às inquietações dos seus membros. Este programa, no quadro do reforço da capacidade da sociedade civil para o exercício da cidadania, promoveu uma série de ações que visavam a preparação dos atores da sociedade civil para intervirem de forma mais produtiva nos CACS. Para um melhor funcionamento destas estruturas, os vários fóruns organizados decidiram discutir e propor ao governo a aprovação de um regulamento dos CACS já que, na maior parte dos casos, os administradores convidam para as reuniões a "sociedade civil" da sua conveniência e determinam a agenda sem qualquer consulta ou subordinação ao definido pela lei, sem que sejam objeto de reclamação ou protesto. Esta ação foi inconsequente porque não teve recetividade da parte do estado.

A realidade dos CACS, no país, é desigual nas 18 províncias, 156 municípios e 560 comunas. Esta situação varia em função de diversos fatores mas pode ser agrupada em três tipos: a falta de implementação do Decreto-Lei 02/07 (ou da Lei 17/10) traduzido na inexistência de CACS (10%); na existência deficiente de CACS (50%); e no funcionamento, mais ou menos regular, dos CACS existentes (40%). Para termos uma visão geral sobre esta realidade, vamos procurar traçar um panorama sobre a implementação e realização do objeto do artigo 54º, do Decreto-Lei 02/07, dando a conhecer qual a situação dos CACS em vários municípios de diversas províncias do país, para depois nos concentrarmos nos casos estudados da Samba e Maianga (Luanda), de Kalandula (Malanje), do Lubango, Matala, Humpata, Chibia e Gambos (Huíla), do Bailundo (Huambo), do Lobito, Chongoroi, (Benguela) e de Mbanza Congo e Soyo (Zaire).

OS CACS nos municípios estudados

Os municípios estudados representam cerca de um terço das províncias do país, porém trazemos apenas três exemplos.

Mbanza Congo

Em Mbanza Congo, município sede da província do Zaire, há CACS mas não reúne de forma regular, tendo reunido apenas uma vez em 2009, sem que esta reunião tivesse como propósito a vocação daquele conselho pois apenas serviu para serem transmitidas informações sobre diretivas recebidas pelo administrador do governo provincial. Do mesmo modo, no município do Soyo, o CACS funciona no espírito do anterior conselho de administração e as "associações", tidas como representativas da sociedade civil, são as organizações de massas do partido de poder (como no período de partido único); a Organização da Mulher Angolana (OMA), a Juventude do Movimento Popular de Libertação de Angola (JMPLA). Por seu lado, no Noqui não há CACS porque o administrador, até agora, alega desconhecer o Decreto-Lei 02/07. Sobre o Tomboco, Nzeto e Cuimba não temos informação.

Como em quase todas as províncias existiam várias redes de organizações da sociedade civil, como é o caso da rede eleitoral, mas também redes que pelo seu escopo agrupam indistintamente estruturas do estado, igrejas, organizações da sociedade civil e notáveis, como são os casos da rede de proteção à criança e a rede de luta contra o VIH/SIDA. Para além disto, as organizações da sociedade civil agrupavam-se em fóruns de coordenação, tendo promovido a conferência provincial da sociedade civil que, para além de discutir temas do interesse dessas organizações, também elegeu os delegados da província para a conferência nacional da sociedade civil. Estas organizações promoveram, ao nível do município-sede, o primeiro *Fórum Municipal de Mbanza Congo* (Janeiro 2009) que, tendo como objetivo promover a organização da sociedade civil, serviu para falar sobre a organização da sociedade e, nomeadamente, sobre os espaços de participação da sociedade civil, através de um debate sobre o papel dos fóruns, das conferências da sociedade civil e dos CACS.

Maianga

Este município de Luanda está dividido em três comunas urbanas: Cassequel, Maianga e Prenda (Decreto-Lei 36/81, de 23 de Setembro), com

OS NOVOS ESPAÇOS DE PARTICIPAÇÃO EM ANGOLA

uma superfície de 7,2 km², 2,6 km² e 14,9 km², respetivamente. Para uma população estimada correlata de 69.400, 91.521 e 491.650 habitantes, espalhados por vários bairros. Têm presença no município várias confissões religiosas, nomeadamente a igreja católica, a metodista o conselho das igrejas cristas de Angola (CICA) e a igreja universal do reino de Deus (IURD). As forcas políticas presentes são o MPLA, a UNITA, o PRS, o PLD, o PDP-ANA e o Bloco Democrático. As organizações não-governamentais que têm sede, na Maianga, são os Kandengues Unidos, a Associação das Mulheres Engajadas em Cristo (AMEC) a Associação dos Residentes e Amigos do Kassequel (ARAK), a Associação dos Naturais e Amigos da Calemba (ANA-CALEMBA), a Associação Clube e Amigos do Mártires de Kifangondo, JUCARENTE e ADECRE. Por outro lado, a Administração da Maianga controla cinco autoridades tradicionais: um soba grande, um soba da comuna do Prenda/Rocha Pinto, outro da Maianga e ainda um do Cassequel. Estas autoridades tradicionais beneficiam de um subsídio mensal pago pelo governo provincial de Luanda, têm uma viatura atribuída pelo Ministério da Administração do Território e prestam contas regularmente ao administrador municipal, embora não tenham uma grande relevância para a população urbana.

A administração municipal é um desenvolvimento local do poder central e, por isto, poucos são os seus programas próprios, traduzindo-se o seu trabalho na execução dos programas nacionais, dimanados dos vários ministérios, de modo que as suas estruturas são, na verdade, prolongamentos das estruturas centrais. Assim, as secções municipais, embora hierarquicamente subordinadas à administração municipal, têm uma dependência dita metodológica da direção provincial respetiva que determina a sua orientação de trabalho. Para além disto, estas secções servem para orientar e controlar as iniciativas da sociedade civil (empresas, ONG, associações, clubes, cooperativas e outras formas de organização social) que sendo autónomas têm somente que dar a conhecer a realização das suas atividades, depois de estarem "reconhecidas" pela administração municipal. Por este mecanismo passa a realização de programas do governo como *Angola Jovem* que se traduz na distribuição de pequenos *kits* de ferramentas, sob orientação do INAPEM.

Na Maianga o CACS foi formado em 2009, é constituído por 50 elementos, representando as comissões de moradores, empresários e figuras políticas do município. Aparentemente a composição do CACS é representativa da pluralidade política e social do município, no entanto, apenas a cor partidária do poder está aí amplamente representada.

No seu papel de órgão de consulta do administrador, o CACS deste município participou na definição das áreas prioritárias a cobrir pela dotação orçamental de cinco milhões que lhe foi outorgada, pela primeira vez, em 2008. Esta verba, alocada ao município nos termos da chamada política de descentralização financeira, foi distribuída por seis projetos, nos sectores da energia (30%), água (6%), capacidade institucional (14%), construção (15%), terraplanagem de vias (25%) e saneamento (10%). No sector da energia, foram montados sete postos de transformação para servir entre 1000 e 1500 novos utentes, designadamente dois no bairro da Terra Vermelha e cinco no Rocha Pinto. Em relação à água, o dinheiro foi utilizado para construir nove novos chafarizes e reabilitar outros quatro. No plano do aumento da capacidade institucional, foram reparados os edifícios das administrações comunais da Maianga e Prenda, bem como, construído de raiz, o do Cassequel. Para além disso, a sede da administração municipal foi equipada com sistema informático e base de dados, na intenção de posteriormente se ligar em rede às três comunas. Os trabalhos de terraplanagem foram feitos nas vias terciárias mais importantes do município que estavam completamente intransitáveis. Quanto ao saneamento, traduz-se na verdade na recolha dos resíduos sólidos, pois as operadoras concessionárias do governo provincial (Rangol e Envirobag) apenas recolhem o lixo nas zonas urbanizadas e nas vias principais. O CACS não teve nenhum papel de fiscalização e controlo, pois não voltou a reunir sobre a matéria.

Samba

O município da Samba está administrativamente dividido em cinco comunas: Corimba (sede), Futungo de Belas, Benfica, Ramiro e Mussulo. As comunas estão por sua vez subdivididas em bairros, e estes em sectores. A população do município historicamente formada pelos Axiluanda é hoje maioritariamente constituída por pessoas oriundas das províncias de Malange, Kwanza-Norte, Kwanza-Sul e do Planalto Central e regista uma densidade de 1688 hab/km^2, registando um crescimento que ronda os 5% por ano. Há no município várias confissões religiosas, nomeadamente a igreja católica, africana de Sião (vulgo Caridade), IEBA, Kimbanguista, Igreja Evangélica de Angola, JOB, IURD e Missão Evangélica Pentecostal

OS NOVOS ESPAÇOS DE PARTICIPAÇÃO EM ANGOLA

de Angola. Os partidos políticos que são oficialmente considerados como presentes, neste município, são o MPLA, a UNITA, o PRD, o PLD e o PREIA. Em relação as organizações não-governamentais, é assinalada a presença da OPDS, da KRISKAR-VIDA, da ADESCA, da ILUMBO, da AJAPA, e da AEMA.

Neste município o CACS começou a funcionar a partir de 2008, tendo realizado desde então três reuniões ordinárias e duas extraordinárias. O conselho é constituído pelas entidades administrativas previstas na lei, por elementos da vida económica, social e religiosa do município, para além de outras personalidades nacionais aí residentes. Estão nele representadas as igrejas católica (paróquia de Santa Teresinha), africana de Sião, igreja metodista episcopal, vulgo África-Caridade, IEBA, Kimbanguista, Igreja Evangélica de Angola, JOB, IURD, Fórum da Juventude Religiosa e Missão Evangélica Pentecostal de Angola. Fazem ainda parte do CACS personalidades como o jornalista Ernesto Bartolomeu, o PCA do BPC, Paixão Júnior, os empresários Arménio André Lopes, Francisco Tavares Lisboa, Sr. Fernandes, os músicos Mário Gama, Massano Júnior, as peixeiras Dona Mabunda e Nga Rosa (velhas moradoras), os sobas do município, os presidentes das comissões de moradores, representantes da Universidade Independente de Angola, do Instituto Superior de Enfermagem, da Universidade Óscar Ribas, da Universidade Gregório Semedo, da Universidade de Belas, da Faculdade de Letras, Universidade Agostinho Neto. O conselho é atualmente constituído por 95 membros, dentre os quais 33 elementos (34,7%) são do sector público, pertencentes à administração do município, das comunas e dos bairros, à polícia e ao sistema de justiça, às empresas públicas e a outros serviços públicos (escolas e hospitais), 15 membros (15,8%) ao sector privado (empresas, colégios e universidades privadas), 6 membros (6,3%) representam as igrejas, outros 6 membros (6,3%) as ONG e 35 membros (36,8%) são personalidades, geralmente afetas ao poder. Não é assinalada a presença de representantes de forças políticas, como tal.

As cinco reuniões realizadas tiveram sempre um cunho informativo de coordenação com os agentes interventivos no processo de reconstrução no município. As agendas dessas reuniões foram sempre determinadas em função da necessidade de implementação de ações decididas pelo poder central. Seja "para esclarecimentos e informações sobre a prevenção da pandemia da Gripe A (H1N1)" (reunião extraordinária de 2 de Setembro de 2009),[56] quer para informar "sobre o programa de intervenção a nível do município (...) nas áreas da saúde, educação, água, energia, estradas, bem como o sector empresarial" (reunião ordinária, de 23 de Agosto de 2008),[57] que teve como pontos da ordem de trabalhos a "apresentação dos administradores recém-nomeados", o "grau de execução do Programa de Investimentos Público referente ao ano de 2008", a "eficácia do novo modelo de limpeza e recolha resíduos sólidos", as "medidas administrativas para o estancamento das ocupações anárquicas de terrenos", o "desarmamento da população" e a "situação do pleito eleitoral a nível do município". A última reunião foi feita este ano para discutir a problemática da atribuição de terrenos para a construção de um milhão de casas e a questão da gripe A e da malária.

Conclusão

A participação, tal como é entendida pela teoria política (sociologia, antropologia, etc.), tece relações políticas entre os diversos atores que se estabelecem no sentido horizontal, enquanto o autoritarismo repousa em relações que se desenvolvem na vertical (dominação/subordinação). A participação democrática implica a deliberação, a relação de igualdade no estatuto dos membros e a possibilidade de influenciar, de contribuir para a formação da decisão, não apenas iluminando as escolhas mas também partilhando ou discordando dessa escolhas. A participação pode assim colocar-se como antítese do autoritarismo mas é preciso que ela seja de natureza democrática.

Michel Foucault definia o poder essencialmente pela sua capacidade de interditar, pela habilidade dos seus detentores em restringir, condicionar ou mesmo determinar as ações dos outros. O poder moderno tem uma natureza produtiva que não se limita ao monopólio da interdição mas também "produz coisas, induz o prazer, forma saber, produz discurso" (Foucault, 1994, 149), detém (ou aspira) o monopólio da enunciação e estimula a interiorização de normas (que lhe convêm) por parte de todos.

Em Angola, a participação aparece como um elemento importante do discurso, através do qual o estado central pretende controlar o território e,

[56] Vide Ata nº 01/2009, Administração Municipal da Samba, p. 1.
[57] Vide Ata nº 03/2008, Administração Municipal da Samba, III Sessão Ordinária do Conselho Municipal de Auscultação e Concertação Social, p. 1.

particularmente, as populações, dando-lhes a impressão da sua implicação nos processos decisórios e tornando-os responsáveis por essas decisões através da participação dos seus "representantes" nas mesmas, sem que estas possam ter alguma iniciativa ou controlo sobre as escolhas, nem mesmo dos representantes. Os efeitos estruturantes desse enquadramento produzem nas pessoas e organizações uma reavaliação (distorção) do sentido dado à "participação"; não é mais entendida como a livre iniciativa da palavra, o terreno de diálogo, a existência de debate, a voz discordante e a possibilidade de deliberação, mas como a disciplina dos corpos, o silêncio discordante mas legitimador.

Os CACS, mesmo que possam aparentar uma composição representativa da pluralidade política e social dos municípios, na realidade têm uma predominância, quase exclusiva, do partido de poder. O que quer dizer, do ponto de vista de Mbuta Pascoal,[58] que "os CACS não são aquilo que a gente esperava", pois "os CACS cumprem as agendas de cima, por exemplo, num município, em relação ao Programa Nacional da Habitação foi promovido o Fórum Municipal da Habitação, por decisão do administrador que recebeu orientações do governo provincial", tendo este, por sua vez, recebido orientações do governo central. Então, a conclusão final é de que "os CACS estão muito distantes das autarquias locais", consagradas na Constituição da República desde há 20 anos e ainda não implementadas por continuar a não existir um programa nesse sentido.

Isto significa que o recontrolo do território (a chamada extensão da administração do estado a todo o território), através de uma dita descentralização, é feito não somente contra a oposição armada, mas também contra as formas de autogestão e liberdade que se foram instalando um pouco por todo o lado com o "*déficit* de estado"(Rist, 1997) que a guerra civil provocou.

Bibliografia

BAYART, J.-F. (1983). La revanche des sociétés africaines. *Politique Africaine*, 11, pp. 95-127.

BENFORD, R. D., & Snow, D. A. (2000). Framing Processes and Social Movements: An Overview and Assessment. *Annual Review of Sociology*, 26, pp. 611-639.

ESCOBAR, A. (1995). *Encountering Development: the making and unmaking of the third world*. New Jersey: Princeton University Press.

---

[58] Entrevista a Mbuta Pascoal, presidente da APDCH e coordenador da Rede DESC, Luanda, Setembro de 2009.

ESCOBAR, A. (1997). Anthropology and Development. *International Social Science Journal*, 49(154), 497–515.

ESCOBAR, A., & Alvarez, S. (Eds.) (1992). *The Making of Social Movements in Latin America: Identity, Strategy and Democracy.* Boulder, EUA: Westview.

FOUCAULT, M. (1994). *Dits et écrits.* Tome 3. Paris: Gallimard.

KATIAVALA, J. M. (2010). Os CACS na esteira da governação local: um olhar sobre o município do Bailundo. *Lucere* (Revista académica da UCAN), 7 (Março), pp. 157-173.

LEBRECQUE, G. (2009). *Collective actors or individualized citizens? A case study on the influence of NGOs on youth civic participation in Mali.* Canada: Institute for Health and Social Policy/McGill University.

MELUCCI, A. (1996). *Challenging codes: collective action in the information age.* Cambridge, Mass.: Cambridge University Press.

MESSIANT, C. (1999). À propos des 'transitions démocratiques': notes comparatives et préalables à l'analyse du cas angolais. *Africana Studia*, 2, pp.61-95.

MITLIN, D. (1998). The NGO sector and its role in strengthening civil society and securing good governance. In Bernard, A., Helmich, H., & Lehning, P. B. (Eds.), *Civil Society and International Development* (pp. 81-96). Paris: North-South Centre of the Council of Europe/OECD.

RIST, G. (1997). *The history of development: from western origins to global faith.* London: Zed Books.

SABELLI, F. (1993). *Recherche anthropologique et développement: Eléments pour une méthode.* Neuchâtel: Institut d'ethnologie / Paris: Maison des sciences de l'homme.

SARDAN, J. P. O. de. (1995). *Anthropologie et développement, essai en socioanthropologie du changement social.* Paris: Karthala.

World Bank. (1994). *The World Bank and participation* (fourth draft). Washington DC: World Bank.

9
Descentralização e governação local em Angola: os desafios em termos de cidadania e de concentração dos recursos na capital do país

BELISÁRIO DOS SANTOS

A política de descentralização, recentemente iniciada em Angola, traduziu-se na adoção e implementação, por parte das autoridades nacionais, de inúmeras medidas jurídicas, administrativas e financeiras. De certo modo, essa nova orientação governamental pode ser analisada de dois pontos de vista principais, um sociopolítico e o outro geoeconómico. Trata-se em parte de deslocar o enfoque dos lugares de produção de decisões públicas do estado central para as localidades no interior do país. Esse primeiro objetivo pressupõe uma apropriação do processo de descentralização por parte dos atores locais, nomeadamente através da utilização dos canais das instâncias de consultação e concertação criadas – conselhos de ausculta-ção e concertação social (CACS) e fóruns. Contudo, a participação dos cidadãos não se decreta de cima para baixo.

Por outro lado, os governantes têm a consciência que a concentração da população, das infraestruturas, das oportunidades económicas e dos recursos financeiros na capital Luanda provoca externalidades negativas e contribui para a perpetuação das assimetrias que colocam em desvantagem as cidades e províncias do interior e hipotecam as hipóteses de uma repartição espacial mais equilibrada – e, portanto, mais durável – das populações, das atividades e da riqueza. Assim, estes dois aspetos, sociopolítico e geoeconómico, apresentam desafios que condicionam o futuro da descentralização. O presente capítulo é dedicado à sua análise sucinta.

Os CACS e fóruns municipais: instrumentos potenciais da governação participativa local

Um dos fortes argumentos da descentralização é o de que a mudança de autoridade e funções de planeamento e provisão de serviços ao nível local venha a refletir-se na satisfação das necessidades e prioridades da população, e que os serviços sejam efetivamente prestados. No entanto, este argumento é baseado na assunção de que está assegurado o mecanismo da "voz" e "influência" das pessoas nos processos de tomada de decisões a respeito da governação local. Este estudo visa clarificar as potencialidades e obstáculos da prossecução da governação local participativa através da análise da capacidade das populações – representadas por organizações comunitárias de base (OCB) e associações nos CACS – e do governo local em levar a cabo uma governação local participativa e concertada. As constatações e análises são feitas a partir de visitas de campo aos municípios de Luanda e de outras províncias do país, bem como entrevistas a vários académicos e decisores públicos.

Em geral, a descentralização tem atualmente trazido tomada de decisões e serviços que se aproximam mais das necessidades e prioridades da população. Todavia, no caso angolano, o presente estudo mostrou que o sistema representativo através dos CACS (supostas antecâmaras das futuras autarquias), a todos os níveis, não tem representado efetivamente as visões da população e que a prestação de contas aos representados ainda não tem sido propriamente realizada, principalmente à luz do que está declarado nos decretos legislativos e presidenciais que impulsionaram este processo em Angola. O processo de planeamento e implementação dos planos de desenvolvimento e de prestação de serviços têm incluído uma participação mínima dos cidadãos.

O sistema de governação local em Angola é baseado na assunção de que a população reconheceria o resultado da sua ativa participação na tomada de decisões, principalmente quando lhes são dadas oportunidades e direitos.

DESCENTRALIZAÇÃO E GOVERNAÇÃO LOCAL EM ANGOLA: OS DESAFIOS EM TERMOS ...

Todavia, quer a capacidade do governo local para a participação comunitária, quer a capacidade das comunidades se auto-organizarem, são limitadas.

Para que estes problemas sejam ultrapassados, é importante sensibilizar e mobilizar as pessoas em relação à importância da sua participação nos processos de planeamento e provisão de serviços. É ainda vital o aumento das receitas locais e uma certa autonomia local sobre essas receitas, porque a falta de recursos é um dos mais importantes fatores que têm causado a falha, por parte dos governos, em prosseguir com a aplicação de mecanismos participativos. O desenvolvimento de capacidades e assessoria para as administrações são igualmente necessários, para que elas (as administrações) possam ter e representar propriamente a visão das comunidades.

Duas questões que serão aqui analisadas:

1) O mecanismo da "voz" e "influência" – a capacidade de as comunidades e as organizações locais influenciarem a agenda dos CACS a partir do seu conhecimento da legislação, seu papel no desenvolvimento local, contribui ou não para o aumento da representatividade e consequente participação cívica dos cidadãos nos CACS?

2) Os CACS funcionam mesmo como órgãos de concertação ou apenas como espaços de informação?

O processo de descentralização da governação local em Angola tem sido debatido a vários níveis, sobretudo a partir das reformas políticas e económicas iniciadas na década de 1990, com a introdução do sistema de democracia multipartidária e mudança de um sistema de economia centralizada para um sistema de economia de mercado. Nesta altura, à luz da revisão constitucional, o governo aprovou no ano seguinte a lei das associações (Lei 14/91) que concede uma abertura do espaço público à participação dos cidadãos através de associações. A partir deste período, podemos destacar algumas das principais referências que demonstram as iniciativas de participação social e política, voltadas para a promoção da descentralização em Angola.

Em 1999 o governo aprovou o então Decreto 17/99 de 29 de Outubro, seguido e complementado pelo Decreto executivo 29/00 de 19 de Maio, que estabeleceu o paradigma dos governos provinciais e das administrações municipais e comunais. A implementação deste diploma legal permitiu reforçar a capacidade organizacional e institucional dos respetivos governos aos vários subníveis nacionais, dando-lhes uma maior autonomia na execução dos programas públicos, tendo sido considerado como a primeira referência do início do processo de desconcentração em Angola. Apesar dos dez anos de ensaio desta ferramenta de governação local, o processo de descentralização ainda não atingiu os efeitos desejados. Há várias razões para isso, de entre elas, os fracos mecanismos de transferências fiscais, a transferência de recursos humanos incluindo conhecimentos e informação. Entretanto também se registam algumas melhorias, sobretudo com a transformação das administrações municipais em unidades orçamentais.

A segunda maior iniciativa de referência é a aprovação e implementação do plano estratégico de desconcentração e descentralização administrativa, a partir de 2001. Surgido da necessidade de imprimir reformas no funcionamento do aparelho do estado, este plano contribuiu para uma maior aproximação do estado aos cidadãos em torno da governação local. Mesmo tendo sido concebido e executado em tempo de guerra, este plano visava essencialmente, transferir gradualmente algumas das funções tradicionais do governo central para a administração local e, posteriormente, institucionalizar o poder local autárquico.

Foi a partir deste quadro legal que surgiram várias iniciativas de participação cidadã na governação local, principalmente através da implementação direta de projetos de apoio ao reforço da capacidade organizacional das comunidades pelas ONG nacionais e estrangeiras suportadas por agências internacionais como a União Europeia e o próprio Banco Mundial.

Através da União Europeia, foi implementado o programa de apoio à reconstrução (PAR) no período entre 2003 e 2005. Este programa implementou vários projetos em cerca de 31 municípios, principalmente nas províncias de Benguela, Huíla, Huambo e Bié, tendo introduzido uma inovação em termos de abordagem sobre desenvolvimento comunitário, ao ter adotado a estratégia da constituição dos então chamados quadros de concertação municipal (QCM). Estes espaços estavam baseados a partir do nível comunal e integravam uma diversidade de fragmentos sociais, tais como, responsáveis das administrações comunais e municipais, autoridades tradicionais, associações de camponeses, lideranças religiosas, excetuando partidos políticos. Estavam lançadas as sementes para a promoção de uma cultura do diálogo entre governantes e governados ao nível das comunas e municípios. Esta experiência durou cerca de três anos e a sua avaliação constatou que a aspiração e expectativas que os QCM geraram para as comunidades não foram plenamente realizadas, sobretudo por não ter havido recursos financeiros para a execução dos projetos identificados e elaborados com uma forte participação comunitária nos diagnósticos conduzidos ao nível comunal e municipal e, mais agravante ainda, numa altura de altas carências das comunidades e de reconstrução das infraestruturas imediatamente a seguir ao fim do conflito armado em 2002. Este facto contribuiu fortemente para a desacreditação do objeto dos QCM e para a desmobilização das administrações municipais e comunidades locais. Seja como for, esta experiência dos QCM constituiu um aspeto importante para a promoção da cultura da participação e concertação entre as administrações municipais e cidadãos, o que serviu de alavanca para a prossecução de iniciativas similares nos anos seguintes em quase todo o país.

Uma outra iniciativa que reforça os esforços e tentativas de estimular e promover cada vez mais a participação social e política dos cidadãos na governação local é a dinamização dos fóruns municipais pela agência do governo angolano, o Fundo de Apoio Social (FAS). Criado desde 1994 com o fim de apoiar a execução de projetos de apoio à melhoria do acesso aos serviços sociais pelas comunidades, o FAS socorreu-se da abordagem de constituição de fóruns municipais como estratégia de promover e estabelecer uma governação participativa ao nível local.

Além disso, várias organizações não-governamentais (ONG) nacionais e estrangeiras também têm ensaiado a componente de apoio ao processo de descentralização através da execução de projetos específicos ao nível municipal, advogando a necessidade da participação, governação pró-pobre, cidadania e inclusão social na governação local. Algumas das organizações mais ativas e com intervenções focadas principalmente para o reforço da capacidade das OCB são a ADRA, a DW, a *CARE International*, a *Save the Children*, para citar apenas algumas.

Com a aprovação do Decreto 2/07 de 3 de Janeiro que estabelece o regime jurídico da administração local do estado, considera-se como sendo mais um impulso na continuidade da implementação do plano estratégico de desconcentração e descentralização administrativa e às várias iniciativas dinamizadas pelas várias organizações cívicas. Esta legislação é resultado de várias reflexões e estudos sobre qual seria a estrutura e funcionamento da administração local do estado e da contribuição das ONG e agências internacionais engajadas neste processo de promoção de uma governação local cada vez mais participativa. Este facto trouxe mais-valias para o processo de desconcentração e descentralização em curso, nomeadamente:

BELISÁRIO DOS SANTOS

1) A institucionalização e constituição dos CACS aos níveis provincial, municipal e comunal. Isto constitui um progresso na institucionalização do diálogo entre as administrações locais e comunidades, enquanto pressuposto para o estabelecimento de uma governação local democrática, como tem sido advogado pelos vários sectores da sociedade angolana. O Decreto 2/07 estabelece que os CACS têm, a todos os níveis, o objetivo de apoiar os órgãos da administração local do estado na apreciação e tomada de medidas de natureza política, económica e social, garantindo a participação dos cidadãos na vida pública. Na vida real, ainda há um longo percurso para que os CACS se tornem em verdadeiros espaços públicos de participação democrática dos cidadãos na governação local. Após três anos desde a implantação dos CACS, constata-se que o seu funcionamento, na maior parte dos casos, ainda é muito débil, dependendo da abertura e visão de cada administrador municipal.

2) Uma segunda mais-valia tem a ver com a transformação das administrações municipais em unidades orçamentais autónomas (que na prática ainda não são), tendo sido selecionados, numa primeira fase, 68 municípios para uma experiência "piloto". Foi deste modo que, em 2008, o governo central aprovou um fundo para os respetivos municípios, tendo-se assim criado o fundo de apoio à gestão municipal (FUGEM) à luz do Decreto 8/08 de 24 de Abril, como sendo um instrumento de suporte ao exercício das novas competências atribuídas às administrações municipais de acordo com o Decreto 2/07. Essencialmente, o FUGEM tinha como finalidade "dotar as administrações municipais com recursos financeiros adequados para uma rápida e eficaz intervenção das administrações na resolução dos problemas urgentes que afetam as populações" (Decreto nº 8/08 do Conselho de Ministros).

À luz da nova Constituição aprovada em 2010, observam-se novos elementos quanto à descentralização e governação local, principalmente no que tange o poder local, relativamente à institucionalização das autarquias locais que, segundo os últimos discursos políticos, estão projetadas para depois das eleições legislativas, previstas para 2012. Com base neste novo quadro constitucional foi criada a lei da organização e do funcionamento dos órgãos de administração local do estado (Lei nº 17/10 de 29 de Julho) que foi praticamente uma adaptação do Decreto-lei nº 2/07, com a introdução de apenas alguns elementos novos, destacando-se a integração dos partidos políticos com assento parlamentar nos CACS.

Alguns desafios se impõem aos CACS quanto à promoção da governação participativa ao nível local. A institucionalização dos CACS nos três subníveis nacionais de governação constitui uma viragem no processo da administração local em Angola que teve o seu início em 1990. Todavia, da análise feita das várias experiências, observa-se ainda a existência de alguns desafios a enfrentar para que estes espaços (os CACS) sejam verdadeiramente um laboratório efetivo de promoção da governação local subentendida como sendo um processo de participação e interação permanente do poder público com os diferentes segmentos da sociedade. Alguns dos referidos desafios são resumidos nos parágrafos seguintes.

1) *Representatividade:* ainda há necessidade de aprofundamento dos mecanismos complementares de participação direta dos cidadãos na vida pública local, dando-lhes a oportunidade de escrutinarem a ação do Executivo ao nível local. A realidade atual sugere que haja mais representatividade proporcional e, neste caso, a experiência da constituição e dinamização dos fóruns municipais pode ser retomada como uma boa prática.

2) *Sinergias/solidariedade:* também se verifica que a articulação entre os diferentes atores necessita de uma plataforma consistente de diálogo e concertação de agendas que sirvam de base de interação entre governantes e governados através dos CACS. Este aspeto, uma vez estabelecido, conferiria maior qualidade à participação cidadã e contribuiria para a democratização da governação local.

3) *Educação cívica/popular:* uma das estratégias de apropriação dos CACS enquanto oportunidade de recurso para a apresentação, discussão e reivindicação das demandas dos cidadãos é a educação popular dos cidadãos e comunidades. Angola ainda é um país caracterizado pelo défice de cidadania, fruto do sistema centralizado colonial e pós-independência, bem como da guerra civil, fatores que criaram *gaps* e uma cultura do medo e distanciamento entre governantes e cidadãos.

4) Finalmente, o último desafio tem a ver com o do *acesso à informação*: este desafio está interligado com o anterior. Praticamente, é quase

impossível falar-se de participação sem existir um sistema de informação do processo de governação (transparência e prestação de contas). Este aspeto é ainda reforçado pela instabilidade social (pobreza, principalmente) a que a maior parte dos angolanos está submetida. O recentemente aprovado plano integrado de combate à pobreza e desenvolvimento rural, só poderá ser efetivo ou alcançar de facto as demandas dos cidadãos se for implementado na perspetiva de prestação de contas e informação regular do seu progresso aos cidadãos (permitindo a introdução de medidas corretivas) como pressuposto fundamental para a institucionalização de uma governação local participativa e democrática. Portanto, urge uma maior democratização quer dos CACS, quer dos fóruns, para que reflitam verdadeiramente a representatividade e aspirações dos seus membros.

Luanda e o resto do país: as assimetrias que dificultam a descentralização

Em quase todo o mundo a urbanização acelerada e explosiva é uma realidade. O êxodo rural para os centros e periferias das grandes cidades é cada vez mais intenso. O interior começa a ficar sem centros e circuitos importantes, o que representa um enorme desafio à organização administrativa e gestão do desenvolvimento equilibrado do território e consequentemente das grandes cidades.

Fixar a população quer do interior, quer das periferias de Luanda à volta de centros importantes da administração, como por exemplo, junto das novas centralidades em construção, pelo governo central, à volta de Luanda (a cidade do Kilamba) e promover um desenvolvimento sustentável, é nos dias de hoje, um grande desafio à governação de cidades como a de Luanda.

A concentração em Luanda de praticamente seis milhões de habitantes, representando um quarto da população de Angola, aumenta o desequilíbrio das densidades de distribuição da população, de recursos e adoção de políticas diferenciadas. Apesar de haver um discurso político e várias ações inerentes à descentralização administrativa, o orçamento geral do estado em Angola é ainda extremamente centralizado no governo central (que está mais uma vez estabelecido em Luanda). De acordo com o OGE (2010) 86,17% dos recursos estavam previstos para a estrutura do governo central. As restantes províncias apresentam um número muito insignificativo de habitantes. Deste modo, a cidade de Luanda[59] – pelo seu tamanho e pela sua massa populacional adquirida de uma maneira rápida, por motivos de guerra, êxodo rural (também motivado em parte pela guerra, onde as pessoas tiveram de fugir do campo para a cidade) – transformou-se numa cidade macrocéfala, isto é, com forte tendência para concentrar cada vez mais os poderes decisórios (o *per capita* do OGE), sejam eles, o poder político, económico, cultural ou o do desenvolvimento científico em Luanda, tornando-se por excelência o "centro de distribuição de recursos" no dizer de Pepetela (Rocha, 2010).

Isso não deixa espaço para que as outras cidades, principalmente as que ficam longe da capital, poderem ter um desenvolvimento sustentável. Há no entanto algumas raras exceções das províncias situadas ao longo do litoral que, pela sua natureza, já possuíam algum nível de desenvolvimento fruto das elites locais que desde a era colonial já se tinham desenvolvido mais em comparação com o interior.[60] A excessiva concentração dos investimentos em Luanda e orla litoral demonstra a ausência de políticas de investimento e incentivos ao desenvolvimento das cidades do interior de Angola.

O processo de migração interna verificado durante e depois do conflito armado não se estabilizou, principalmente no que toca a contribuir para a promoção e descentralização do desenvolvimento. Pelo contrário, depois do fim do conflito esperava-se por um regresso massivo das populações deslocadas às zonas de origem. Isso não aconteceu, sobretudo porque a segurança que as pessoas buscavam nas cidades foi sendo substituída pela relativa "estabilidade" já alcançada e pela facilidade das oportunidades de empregos concentrados, que o próprio crescimento económico agrega nas grandes cidades, principalmente em Luanda (Rocha, 2010). "Voltar para o "mato" (províncias) para fazer o quê? Por onde começar a vida?" Basicamente, não houve e nem há um modelo de desenvolvimento inclusivo (prevendo a criação de condições infraestruturais e financeiras) que englobe o meio rural.

---

[59] Luanda é a menor província de Angola, com 2.257 km² de área mas é a província que concentra cerca de 6 milhões de habitantes (para um total de 12 milhões estimados).

[60] As assimetrias de Luanda em relação ao resto do país não são determinadas apenas pelo critério geográfico mas também pelo critério de distribuição justa dos recursos, porque na vida real também existem outras "Angolas abandonadas e excluídas" ou assimetrias mesmo dentro da própria Luanda.

BELISÁRIO DOS SANTOS

Não se pode ignorar que os movimentos migratórios em direção a Luanda à procura de renda continuam muito intensos, a concentração populacional nas zonas urbanas é cada vez mais acelerada, a preferência dos investimentos por Luanda tem influenciado e dominado as decisões do sector privado e a desaceleração da descentralização administrativa e fiscal, o que mais uma vez recentraliza quase todo o "dinheiro" (ou capital) e pessoas em Luanda, tornando-a cada vez mais difícil de administrar. Luanda, de acordo com Alves da Rocha, concentra 0,18% de território, 29,2% da população total com uma densidade média de 162 habitantes por quilómetro quadrado e, um coeficiente de urbanização na razão de 51% em 2007 (Rocha, 2010). Isto tem demonstrado que, cada vez mais, há uma crescente concentração populacional ao longo do litoral do país, principalmente em Luanda, reforçando pelo contrário a desertificação do interior de Angola.[61]

Essencialmente é preciso acautelarem-se outros interesses, ou seja, paralelamente ao massivo processo de construção de habitações, escolas e postos de saúde é também preciso zelar-se por uma melhor distribuição de postos de trabalhos, da renda, das indústrias; é preciso conhecer a população que, naquela altura do êxodo rural, já não se conhecia bem (e hoje ainda piora um pouco). O processo de desconcentração administrativa ainda não é em si mesmo um fator de retenção das populações nas províncias do interior. Uma das razões que pode ser apontada é que a prestação de serviços nestas províncias não tem sido suficientemente boa, em quantidade e qualidade, a ponto de os investidores privados imigrarem de Luanda para aquelas províncias.

O crescimento de Luanda não tem equiparação com qualquer outra cidade de Angola. Esta acumulação de quase toda a riqueza em Luanda deixa as outras províncias um pouco desprotegidas e com cada vez menos infraestruturas sociais básicas. O mega projeto de construção de 20 mil e dois apartamentos numa extensão de 906 hectares na nova centralidade do Kilamba é mais um exemplo disso. De acordo com o executivo Angolano, o modelo de gestão adotado para esta cidade do Kilamba,

---

[61] Regra geral, as pessoas que saem do meio rural para as cidades são normalmente as mais capazes em termos físicos e até mesmo intelectualmente. Ficam apenas os velhos e, consequentemente, há o risco de se pôr o problema de falta de mão-de-obra para a agricultura, o que terá certamente consequências na produção nacional.

capital do município de Belas, é o caminho para o processo de execução das autarquias locais em Angola. O presidente de câmara do Kilamba já foi nomeado e empossado pelo governador provincial de Luanda; dentre outras responsabilidades tratará dos serviços municipalizados, tais como água, recolha de lixo, energia elétrica, etc. Além disso, foi também indicado e empossado o administrador do município de Belas. Tratando-se de um ensaio do processo de autarquias locais, estes órgãos locais, principalmente o presidente de câmara e administrador municipal, deviam ter sido eleitos pelos seus constituintes locais (*local constituenc*ies).

Além disso, a referida cidade é ainda virtual, ou seja, ainda não está habitada, não se podendo, portanto, replicar um modelo de cidade sem se saber que camadas sociais irão lá habitar e que dinâmicas a referida cidade terá. Pelo preço que se estima que cada casa deverá custar (rondará entre os 100 a 300 mil dólares americanos) será seguramente uma cidade de elite de alta renda pelo que não seria recomendável e possível replicar um modelo destes para municípios "inchados" de famílias pobres que ainda carecem de necessidade e serviços básicos a preços baixos. Portanto, não se sabe concretamente a que modelo de autarquias o Executivo se refere, uma vez que ainda nem sequer existe legislação autárquica. Basicamente, se este for o modelo a ser replicado para o resto do país, então estarão mais uma vez adiadas e excluídas as expectativas e dinâmicas de participação cidadã na vida pública. Serão potencialmente autarquias muito excludentes.

É preciso promover-se um desenvolvimento equilibrado do país, evitando-se a cada vez maior concentração de uma grande maioria dos investimentos e recursos em Luanda porque, de contrário, corre-se o risco de no futuro breve surgirem tensões e/ou conflitos sociais e políticos entre províncias, afetando consequentemente, todo um processo de construção da paz e democracia.

Bibliografia

República de Angola. (2011). *Programa Municipal Integrado de Desenvolvimento Rural e Combate à Pobreza do Governo Angolano.*

Rocha, A. (2010). *Desigualdades e assimetrias regionais em Angola – Os fatores de competitividade territorial.* Luanda: CEIC/ /UCAN.

Santos, B., & Cinconello, A. (2011). *Análise situacional sobre a participação, transparência e monitoria do orçamento público em Angola.* Relatório do projeto sobre Monitoria de Orçamentos, Development Workshop, Luanda (não publicado).

10

O impacto das instituições de ensino superior nos processos de desenvolvimento local de Moçambique: o caso de Nampula

ANA BÉNARD DA COSTA

Introdução

A par do processo de descentralização político e económico em curso, Moçambique conhece um processo de descentralização universitário que se tem vindo a desenvolver progressivamente. Através de um estudo de caso centrado na província de Nampula, esta investigação procura compreender qual o impacto das instituições de ensino superior nos processos de desenvolvimento local que ocorrem nesta região. Para tal descreve-se em breves linhas o desenvolvimento que o ensino superior tem tido em Moçambique desde o início da década de 90, aborda-se o processo de descentralização universitário e a forma como este decorreu em Nampula e apresenta-se, resumidamente, a situação de desenvolvimento económico e social desta província. Numa segunda parte, e tendo com base os dados recolhidos no trabalho de campo, analisam-se sobre vários aspetos as universidades existentes na região de forma a aferir do impacto do ensino superior no processo de desenvolvimento local de Nampula.

ANA BÉNARD DA COSTA

Esta análise baseia-se num trabalho de campo realizado em Maputo e Nampula entre 6 e 24 de Abril de 2009 onde se efetuaram pesquisas bibliográficas e documentais e se realizaram entrevistas aprofundadas a atores relevantes para a investigação, nomeadamente políticos, investigadores, responsáveis por instituições de ensino superior, professores, alunos e membros de ONG e de centros de pesquisa. Para além disso, a recolha de dados tem sido continuada ao longo destes anos, tanto no quadro de outras investigações que versam sobre temáticas afins como através de análises bibliográficas, documentais e pesquisas na internet e em órgãos de comunicação social.

O desenvolvimento e descentralização do ensino superior em Moçambique: o caso de Nampula

No início dos anos 90 Moçambique contava com 3 instituições de ensino superior, a Universidade Eduardo Mondlane (UEM), a Universidade Pedagógica (UP) e o Instituto Superior de Relações Internacionais (ISRI). Entre 1999 e 2004 foram criadas algumas instituições viradas para a formação especializada e profissionalizante, como sejam a Academia das Ciências Policiais, a Academia Militar, o Instituto Superior de Ciências de Saúde e a Escola Superior de Ciências Náuticas, totalizando assim sete instituições públicas (MESCT, 2004). Em 1995 foi criada a primeira instituição privada de ensino superior, a Universidade Católica de Moçambique (UCM), com delegações na Beira (economia e gestão) e Nampula (Faculdade de Direito). Até ao aparecimento desta universidade privada, a Universidade Pedagógica era a única das instituições de ensino superior que tinha delegações fora da capital, respetivamente na Beira e em Nampula (esta última desde 1995) (UNESCO, 2006). No mesmo ano é criado o Instituto Superior Politécnico e Universitário (ISPU) e em 1997 entra em funcionamento o Instituto Superior de Ciências e Tecnologia de Moçambique (ISCTEM).

Em 1994, 1.200 estudantes foram admitidos nas três universidades púbicas através de um processo de seleção instituído em 1991 que estabelecia normas e critérios de acesso. De forma a garantir a igualdade de oportunidades para todos os cidadãos (UNESCO, 2006), este processo de seleção incluía um sistema de "cotas" regionais e previa a concessão de bolsas para os estudantes provenientes de famílias de baixos rendimentos. Este sistema de cotas foi considerado necessário devido à

O IMPACTO DAS INSTITUIÇÕES DE ENSINO SUPERIOR NOS PROCESSOS DE ....

maior concentração de universidades na capital do país que reuniam, em 2003, 76.9% da população estudantil das escolas superiores (Cruz e Silva, 2005, p. 2)

Em 2008 contavam-se 23 instituições de ensino superior, entre públicas (11) e privadas (12). O número de estudantes do ensino superior ascendia a 28.000, com cerca de 1.389 docentes a tempo inteiro em todas instituições de ensino superior (Governo de Moçambique, 2008). Em 2010, ou seja, apenas dois anos depois, segundo outro autor (Noa, 2011), segundo informações disponíveis no blogue do presidente da república de Moçambique e de acordo com o ministro da Educação e Cultura,[62] o número de estudantes ascende aos 78.000 distribuídos por 38 instituições de ensino superior.[63] Só nos últimos cinco anos, o crescimento das instituições de ensino superior foi na ordem dos 260%, passando Moçambique de 14 em 2004, para as já referidas 38 (Noa, 2011).

Este crescimento exponencial do ensino superior tem sido acompanhado por um processo de descentralização universitária. Assim existem algumas universidades públicas e privadas com delegações fora da capital e universidades privadas com as suas sedes em cidades da província. São exemplos desta descentralização universitária a já referida Universidade Católica que em 2008, para além das delegações mencionadas, também tinha polos em Sofala, Cabo Delgado e Cuamba (Niassa); o Instituto Superior Jean Piaget com sede na cidade da Beira; a Universidade Mussa Bin Bique, instituição Islâmica com polos em Nampula e Inhambane; a Universidade do Lúrio com sede em Nampula e polos em Pemba e Lichinga. Existiam, já em 2008, outras instituições privadas com polos nas províncias como sejam o Instituto Superior Cristão, a Universidade Maria Mãe da África e a Universidade S. Tomás de Moçambique (Governo de Moçambique, 2008).

---

[62] Entrevista ao jornal O País, 8 Março 2010, p. 9 (citado em Noa, 2011).

[63] Não foi possível confirmar se este aumento exponencial de alunos e instituições em apenas dois anos se verificou de facto, pois não foi possível obter outros dados. No site do Instituto Nacional de Estatísticas de Moçambique há poucos dados sobre o ensino superior e grande parte dos documentos do site do Ministério da Educação e Cultura de Moçambique não estão disponíveis para consulta. No entanto, os dados que apresentamos aqui são oficiais e foram obtidos em sites do governo de Moçambique (no portal do governo de Moçambique e no blogue do presidente da república).

ANA BÉNARD DA COSTA

O processo de descentralização universitário em Moçambique (se excetuarmos o caso da delegação da Universidade Pedagógica-UP da Beira) inicia-se em paralelo com o processo de privatização do ensino superior e tal ocorre durante os acordos de paz em Roma firmados a 4 de Outubro de 1992. Durante as negociações a Renamo exigia que o norte e o centro do país fossem completados com instituições de ensino superior que, até então, só existiam na capital do país e a igreja católica prontificou-se a contribuir para tal. Como refere o vice-reitor Christian Zeininger, num texto disponibilizado no site da Universidade Católica de Moçambique:

> A Universidade Católica de Moçambique (UCM) foi lançada no contexto das Conversações de Paz em Roma, ao serviço da paz e da reconciliação e para corrigir uma injustiça estrutural, a da concentração de todas as instituições de ensino superior em Maputo, com a exceção de uma pequena delegação da UP na Beira. Nasceu como apoio da Universidade Católica Portuguesa e do seu Reitor de então, Dom José da Cruz Policarpo, que se deslocou duas vezes a Moçambique para agilizar os primeiros contactos com o Governo e garantir a qualidade da nova instituição com o seu prestígio.

A par desta preocupação de descentralização do ensino superior, os fundadores desta universidade – a Conferência Episcopal de Moçambique (CEM) – tinham como objetivo, segundo as informações do Diretor da Faculdade de Ciências de Educação, professor Villanculos, "a formação para a reconciliação e consolidação da paz no país. Daí a formação em direito (justiça)". Criada por Decreto-Lei em 1995, a UCM foi inaugurada oficialmente em 10 de Agosto de 1996. Na altura foram abertas duas faculdades: a de Economia e Gestão na Beira e a de Direito em Nampula. Em 1998 abre em Nampula a Faculdade de Ciências de Educação, em 1999 a Faculdade de Agricultura em Cuamba, em 2000 a Faculdade de Medicina na cidade da Beira e é ainda criada a Faculdade de Gestão de Turismo e Hotelaria e Informática em Pemba.

Paralelamente e nos inícios do período de paz (1993), surge a ideia da criação de um núcleo do Instituto Superior Pedagógico (instituição pública) em Nampula. O primeiro diretor, Professor Doutor Adelino Zacarias Ivala, natural desta cidade, é nomeado na mesma altura que a delegação é criada. A ele juntam-se nove professores, todos naturais desta província e, como refere o próprio em entrevista a um órgão de comunicação social, "como eram oriundos daqui, era só uma pontinha de sensibilização, para regressarem a casa" (Zambézia On Line, 2008). Posteriormente, em 1998, é criada pelo Centro de Formação Islâmica, e com sede em Nampula, a Universidade Mussa Bin Bique (UMBB), começando a funcionar dois anos depois. Da transformação da Escola Militar Marechal Samora Machel surge em 2005 a Academia Militar (AM), único estabelecimento militar de ensino superior no país.

Em 2006 é criada a Universidade do Lúrio (Unilúrio),[64] a primeira universidade pública de Moçambique com sede fora da capital, em Nampula. Esta universidade entra em funcionamento em 2007 com a abertura da Faculdade de Ciências de Saúde em Nampula e cerca de 140 estudantes. Em 2008 a universidade abriu a Faculdade de Engenharia e Ciências Naturais em Cabo Delgado, Pemba, com cerca de 80 estudantes. Em 2009 inicia as suas atividades em Lichinga, no polo de Niassa. A sua instalação no distrito de Sanga, localidade de Unango, iniciou-se em 2010 com a construção do campus cuja conclusão está prevista para 2012 (Mandinga, 2011).

Este processo de descentralização universitário, iniciado nos anos 90, é particularmente visível em Nampula onde na época do trabalho de campo (2009) existiam seis universidades (UP, UCM, Unilúrio, UMBB, a Politécnica e a AM) com mais de uma dezena de faculdades. O número de estudantes do ensino superior matriculados em universidades desta cidade tem vindo progressivamente a aumentar. De acordo com as informações disponíveis, se em 2007 a Unilúrio, por exemplo, tinha 140 estudantes (os dados abaixo indicam um número ligeiramente inferior), em 2011 previa-se que esse número ascendesse aos 1.200 distribuídos pelos polos de Nampula, Pemba e Lichinga (Ferrão, 2011).

De acordo com os dados fornecidos pelo chefe do departamento de ação pedagógica da Direção Provincial de Educação de Nampula (DPE, 2009) e relativos aos anos de 2007 e 2008, o número de estudantes inscritos nas universidades nesta cidade nestes dois anos é o seguinte:

---

[64] Blogue da Universidade do Lúrio ("Publicações UniLúrio"): http://unilurio.blogspot.com/.

ANA BÉNARD DA COSTA

Quadro 10.1. Estudantes inscritos em instituições
de ensino superior em Nampula (2007 e 2008)

	2007	2008
UP	4626	4894
UNILURIO	131	131
AM	146	329
UCM	575	1022
UMBB	189	243
A Politécnica	87	87
Total	5754	6708

Fonte: Dados fornecidos pela DPE de Nampula.

Em 2008 Nampula concentra cerca de um quarto (24%) dos estudantes universitários de Moçambique.[65]

De acordo com dados do Ministério da Educação e Cultura de Moçambique (MEC/MCT, 2005) sobre a distribuição percentual dos estudantes que concluíram o ensino superior nas diferentes províncias de Moçambique em 2004, Nampula era, nesse ano, a terceira província do país com maior percentagem de diplomados em universidades aí estabelecidas (1,8%) (Maputo concentrava 5,4%, a segunda província era Manica com 3% e as quartas províncias Inhambane e Gaza com 0,7%).

No quadro abaixo apresentam-se os dados dos censos de 1997 e 2007 (INE),[66] relativos à percentagem da população com o nível superior concluído e à sua evolução entre esses anos e distribuição por província.[67]

---

[65] Esta percentagem é obtida face aos dados disponíveis no portal do Governo de Moçambique e acima mencionados e segundo os quais existiam em 2008, 28.000 estudantes do ensino superior neste país.

[66] Site do Instituto Nacional de Estatística (Moçambique): http://www.ine.gov.mz.

[67] Estes dados não significam que estas pessoas tenham concluído este nível de ensino na província onde residiam na altura da realização dos censos.

O IMPACTO DAS INSTITUIÇÕES DE ENSINO SUPERIOR NOS PROCESSOS DE ....

Quadro 10.2 . População com o nível superior concluído (1997 e 2007)

	1997	2007
Maputo cidade	3,3%	14,2%
Maputo Província	0,8%	5,7%
Sofala	0,2%	3,3%
Gaza	0,1%	1,3%
Nampula	**0,0**%	**1,1%**
Manica	0,1%	0,7%
Inhambane	0,0%	0,9%
Niassa	0,0%	0,9%
Zambézia	0,0%	0,6%
Cabo Delgado	0,0%	0,3%
Tete	0,0%	0,3%
País	0,3%	2,3%

Fonte: INE

Como se pode verificar houve um aumento significativo de pessoas formadas ao nível do ensino superior entre os anos de 1997 e 2007, estando a maioria concentradas em Maputo (cidade e província) e as restantes distribuídas de forma desigual pelas províncias. A segunda província de Moçambique com maior número de pessoas com o ensino superior é Sofala, seguida por Gaza, ocupando Nampula o quarto lugar. Estes dados demonstram a coexistência de uma certa descentralização (pelo menos espacial) das instituições de ensino superior e, simultaneamente, a persistência da concentração em prol de Maputo (cidade e província).

Se em termos globais do país, e em termos das províncias, o número de pessoas com o ensino superior é relativamente reduzido face à população total, constituindo esta situação uma preocupação do atual Ministro de Educação de Moçambique, que numa entrevista ao jornal *O País* refere que num universo de 20 milhões de habitantes, Moçambique tem apenas 1,9% (cerca de 75 mil estudantes) no ensino superior, quando a média africana é de 5,5%,[68] em termos comparativos e analisando a situação do ensino

[68] Entrevista ao jornal *O País*, 8 Março 2010, p. 9 (citado em Noa, 2011).

ANA BÉNARD DA COSTA

superior de Moçambique ao longo dos anos, estes números revelam um crescimento exponencial que acarreta consigo um conjunto de problemas que têm sido amplamente discutidos nesse país. Francisco Noa coloca nos seguintes termos alguns destes problemas:

> Sem pôr em causa a legitimidade deste alargamento, todo este processo não deixa, contudo, de suscitar algumas questões, nomeadamente sobre a sustentabilidade dessa expansão, sobre o papel de estado na regulação da abertura e do funcionamento das IES's, sobre a credibilidade e a qualidade de muitas dessas iniciativas, sejam públicas ou privadas e sobre o impacto e a eficácia da política e das estratégias adotadas. (Noa, 2011, p. 232)

Questões deste tipo foram levantadas por pessoas ligadas a instituições de ensino superior em Nampula que se interrogaram sobre o papel que estas instituições estão a ter no desenvolvimento desta cidade e da província, que adiante se abordarão. Antes de discutir o impacto que o processo de descentralização universitário tem tido em Nampula importa descrever em breves palavras a situação económica e social desta província bem como referir alguns dos entraves que se colocam ao seu desenvolvimento e que são salientados em estudos recentes.

Nampula: situação económica e social e perspetivas de desenvolvimento

Nampula é a província mais populosa de Moçambique e conta com 4.1 milhões de habitantes e uma densidade populacional (50,4%) próxima da que existe na cidade de Maputo. A sua capital, a cidade de Nampula, é a terceira maior cidade do país. Esta província que centraliza a atividade económica das regiões do norte de Moçambique, contribui em 13% para o produto interno bruto, gera 8% do emprego formal existente no país e a média anual do seu crescimento económico desde 2003 tem sido de 8% (Banco Mundial, 2010, p. 70).[69] Rica em minérios, tem atraído nos últimos anos investimentos avultados com vista à exploração deste sector, continuando, no entanto, a agricultura de pequena escala (familiar e de

---

[69] Segundo outra fonte "A província de Nampula tem 11% do território nacional (≈81 mil Km²), 21% da população nacional: (≈4,1 milhões de habitantes), ≈14% do PIB nacional", tem ainda uma taxa média de crescimento anual do PIB nos últimos 12 anos de 6,5% e do PIB *per capita* de 4% (Castel-Branco, 2010, p. 2).

subsistência) a constituir a sua principal atividade económica e a maior fonte de emprego. Apesar destes índices económicos favoráveis, esta província não tem conseguido reduzir os seus índices de pobreza que se têm mantido nos 54% nos últimos anos revelando os baixos níveis de desenvolvimento em que grande parte da sua população vive. Nomeadamente, somente 31% da população tem acesso a água potável e apenas 13% tem eletricidade (Banco Mundial, 2010, 70).

Um economista moçambicano, Carlos Castel-Branco, aponta num documento apresentado por ocasião da apresentação pública do Plano Estratégico Provincial de Nampula, "PEP Nampula 2020", os motivos principais dos baixos níveis de desenvolvimento económico da região (Castel-Branco, 2010). Este autor refere, nomeadamente, que o peso económico da província de Nampula (PIB) para o PIB nacional não é proporcional ao peso da sua população na população nacional e para que essa proporção se atinja será necessário que a economia de Nampula cresça a um ritmo bastante maior do que a economia nacional durante a próxima década. O mesmo autor menciona que esse crescimento só será possível se houver uma alteração na política de investimentos, pois esta província recebeu apenas 12% do investimento privado total do país, sendo 90% aplicado em apenas dois projetos: florestas e areias pesadas. Para Castel-Branco a ausência de alternativas económicas a estes mega projetos impede a província de diversificar as suas fontes de rendimento, única forma de promover um verdadeiro desenvolvimento económico e social, e acrescenta que o facto de os maiores grupos económicos moçambicanos terem a sua origem em Nampula, não altera esta situação pois "o grosso do seu investimento não é diretamente produtivo, é sobretudo aplicado fora de Nampula e a atividade mais visível desses grupos tende a ser comércio urbano fortemente baseado em importações" (Castel-Branco, 2010, p. 7).

Assim, os grandes investimentos económicos realizados na província bem como algum, e ainda muito insuficiente,[70] desenvolvimento de infraestruturas (estradas, portos) traduziram-se em limitadas capacidades de geração de emprego. Tal é atribuído quer à deficiente relação entre estes investimen-

---

[70] "Nampula tem apenas 11 por cento estradas nacionais revestidas e 16 por cento das estradas nacionais não revestidas, e as estradas principais não estão relacionadas com, nem ligam os principais centros de produção e mercados (...) pouco mais de metade dos seus distritos tem serviços de extensão agrária; Apenas cerca de 40 por cento dos seus distritos têm bancos e outros sistemas financeiros" (Castel-Branco, 2010, p. 13).

tos e a situação económica da província em termos gerais, quer à falta de capacidades em termos de recursos humanos (Banco Mundial, 2010, p. 80).

Os indicadores relativos à educação na província e apresentados no quadro abaixo, são reveladores dos baixos níveis de desenvolvimento humano que ainda se registam pois, apesar de se ter verificado nos últimos anos um aumento das taxas de frequência escolar, sobretudo nos primeiros níveis de ensino, a taxa de analfabetismo mantém-se extremamente elevada e superior à média nacional (50,4%) e existem grandes diferenças entre as taxas de frequência dos primeiros e dos últimos níveis de ensino (primário, secundário e superior).

Quadro 10.3. Evolução da população total, urbana e por nível escolar na província de Nampula e no País

	Província de Nampula		País	
Anos	*1997*	*2007*	*1997*	*2007*
População total	3.063.456	4.084.656	16.075.708	20.632.434
População urbana (em %)	25,0	28,6	29,2	30,4
Taxa de analfabetismo, total (em %)	71,7	62,3		49,2
Ensino Primário do 1º Grau	47,5	91,9	66,8	107,3
Ensino Primário do 2º Grau		61,1		80,1
Ensino Secundário do 1º Ciclo	3,9	27,4	6,9	41,6
Ensino Secundário do 2º Ciclo		12,5		18,2
Ensino Superior	0,0	1,1	0,3	2,3

Fonte: INE, 2007. (n.d. não disponível)

Apesar do documento do Banco Mundial, acima citado, se focar nas "perspetivas para os polos de crescimento em Moçambique" e de abordar em cada um destes polos (sendo um deles Nampula) as potencialidades económicas existentes, não existe qualquer referência, no caso de Nampula, à importância que o ensino superior e o aumento do número de estudantes formados possa ter neste crescimento. Apenas é referido o facto de a falta de capacidades a nível provincial constituir um entrave ao desenvolvimento e menciona-se que o projeto da refinaria de Nacala (Ayr--Petro) tem de investir na formação do seu pessoal através do apoio a uma escola técnica como exemplo de uma boa prática que deveria ser seguida por outros mega-investimentos da região (Banco Mundial, 2010, p. 84).

Esta ausência de menções ao ensino superior e à importância que este pode vir a ter no desenvolvimento da província é sintomática do desfasamento que existe entre, por um lado, os investimentos e as políticas económicas e, por outro, as políticas e os investimentos nas áreas consideradas como sociais (educação e saúde). Se este desfasamento existe ao nível deste importante documento produzido por um organismo como o Banco Mundial, que tem impulsionado grandemente o desenvolvimento deste nível de ensino em Moçambique através da concessão de consideráveis fundos,[71] existirá também a outros níveis, nomeadamente nos termos das políticas que são implementadas, em particular as que se relacionam com os processos de descentralização e as que conduzem os destinos do ensino superior em Moçambique.

De facto parece não haver grandes preocupações em alicerçar a expansão do ensino universitário nesta província e o aumento de quadros superiores, quer aos grandes projetos económicos da região, quer à criação de alternativas económicas a esses projetos que permitam à província diversificar as suas fontes de rendimento económicas e promover um verdadeiro desenvolvimento económico e social da sua população. Assim, apesar de um número relativamente elevado de universidades e faculdades estas "não estão focadas na formação (com qualidade) em especialidades produtivas; e o número de escolas técnicas (que existem apenas a nível básico) e de estudante em formação técnico-profissional são inferiores ao das universidades" (Castel-Branco, 2010, p. 13).

Ao nível de Nampula o "desinteresse" que o ensino superior desperta na direção provincial está espelhado no documento do plano de desenvolvimento da província para 2008 (Governo da Província de Nampula, 2007),[72] onde este nível de ensino tem apenas umas breves referências de escassas linhas a uma Universidade Pública, a UP.

---

[71] Em 2010 o Banco Mundial aprovou uma soma equivalente a 40 milhões de dólares para apoiar a execução do Projeto de Educação Superior, Ciência e Tecnologia (HEST) delineado pelo governo de Moçambique (Mozbuzz, 2010).

[72] O único dos planos de desenvolvimento que está disponível no site da direção provincial de Nampula (que tem, comparativamente a outros sites de direções provinciais de Moçambique, muito pouca informação atualizada, nomeadamente relativa aos dados do último recenseamento em 2007).

ANA BÉNARD DA COSTA

As universidades de Nampula

O contributo que o aumento exponencial de instituições de ensino superior em Moçambique e de estudantes que as frequentam está a dar ou poderá vir a dar ao desenvolvimento de Moçambique tem sido muito discutido e vários autores criticam as políticas que têm possibilitado este incremento do ensino superior referindo que esta massificação tem gerado a deterioração da qualidade deste nível de ensino assistindo-se "a uma deterioração gradual da qualidade dos processos e, consequentemente, dos produtos" (Noa, 2011, p. 227).

Outro académico, João Mosca, critica este aumento exponencial do ensino superior duvidando que Moçambique necessite de muitos quadros superiores para o seu desenvolvimento e considerando que este país necessita sobretudo de técnicos. Alerta para o facto de a massificação gerar desemprego ou subemprego e como tal insatisfação e frustração. Para este autor está-se a assistir atualmente à "dumbanenguização" do ensino superior (Mosca, 2009).[73] Acrescenta ainda:

Verifica-se a proliferação espacial de universidades, pequenas escolas e institutos universitários pelo país. Com "turbo docentes" e muitas vezes não capacitados. Sem instalações apropriadas, acervo bibliotecário, acesso à informação online, nem laboratórios. O bom objetivo de fazer chegar escolas superiores às zonas menos desenvolvidas, não deve ser à custa dos requisitos mínimos para que o ensino se possa realizar com qualidade. As universidades necessitam ter escala e massa crítica como condição para o bom ensino e aprendizagem.

As críticas aqui citadas e provenientes de dois moçambicanos, professores universitários de instituições de ensino superior nesse país, poderiam ser completadas por muitas outras que se recolheram ao longo do trabalho de campo em várias das entrevistas realizadas em Maputo e em Nampula a professores e responsáveis por outras instituições de ensino superior. Estas críticas que, fundamentalmente, se relacionam com a qualidade do ensino, tiveram eco ao nível do governo, que em 2010 "suspendeu o licen-

---

[73] O termo "dumbanenguização" remete para *dumba nengue*, nome como eram e ainda são conhecidos os mercados informais de rua. O autor refere-se desta forma à informalização do ensino superior.

ciamento de novas instituições de ensino superior devido à manifesta falta de qualidade patenteada por muitas delas" (Noa, 2011, p. 228).

No entanto, importa referir que algumas destas críticas, nomeadamente as relativas à qualidade (ou à sua ausência) do ensino superior, têm sido refutadas por alguns académicos moçambicanos. Por exemplo, Lourenço do Rosário, reitor da universidade *A Politécnica*, refere que o termo *qualidade* é vago e impreciso e que necessita de ser contextualizado para ser aferido pois "só esta postura nos vai permitir que, passo a passo, possamos de uma forma racional e com conhecimento de causa aspirar a patamares cada vez mais avançados com o avanço do conhecimento por nós próprios dominado" (Rosário, 2010). Outros contestam o facto de estas críticas não se basearem em estudos científicos, sendo necessário, como aponta o sociólogo Patrício Langa em entrevista ao jornal *Notícias*:

> (...) uma maior elaboração conceptual para podermos estabelecer a existência ou não do problema da qualidade ensino superior em Moçambique. Esse exercício ainda não foi feito. O que é que nós entendemos por qualidade de ensino superior? Que qualidade? Qualidade de quê? Qualidade para quê? Qualidade em relação a quê? Que tipo de parâmetros usamos para observar esse fenómeno? Existe problema de qualidade no ensino superior em Moçambique? Como se chegou a essa conclusão? Com que estudos? Com que dados? Como se manifesta o problema? Além da autoproclamação por parte das instituições, o que efetivamente distingue um estudante da Universidade Eduardo Mondlane de um outro da Universidade Sagrada Família? Que informação, critérios e elementos temos para fazer esse julgamento? Até agora, parece-me, nenhum. Tudo que existe é na base de perceções e convicções, mas sem fundamento teórico do conhecimento, nem evidência empírica sistemática. (Langa, 2010)

No entanto, e independentemente da qualidade das instituições de ensino superior de Moçambique necessitar de ser aferida cientificamente e contextualizada, não só em termos do continente e do país mas também localmente – se contribuem para o desenvolvimento das regiões onde se situam –, permanece o facto de até 2010 o seu licenciamento ter sido dado sem grandes preocupações. Algumas das instituições de ensinos superior de Nampula não possuíam, na altura do trabalho de campo, as condições mínimas em termos de recursos materiais e humanos, que garantissem, à partida, a qualidade do ensino que ministravam. Este facto foi apontado

ANA BÉNARD DA COSTA

pelo chefe do departamento de ação pedagógica da direção provincial de Nampula que referiu que, em muitas instituições de ensino superior, se continuava a recorrer a docentes recém-formados com fraca ou nenhuma experiência profissional; o mesmo foi igualmente salientado por muitos dos entrevistados e nas visitas feitas às instalações das universidades também se verificaram deficiências, em algumas delas em termos de infraestruturas, que apontam para essa conclusão.

Porém, convém salientar que houve dificuldade em obter, ao nível local, informações e dados estatísticos fidedignos relativos ao número de alunos e de docentes (e respetivo grau de formação) existentes nas universidades desta província, muito menos se conseguiram obter dados sistematizados sobre as origens desses estudantes ou sobre o seu destino profissional após a conclusão dos estudos. Essa informação daria alguma resposta em termos do impacto que as universidades estão a ter no desenvolvimento da região e no processo de descentralização em curso. O chefe do departamento de ação pedagógica da DPE de Nampula, referiu mesmo que "não há um banco de dados atualizado sobre o ensino superior em Nampula" (F.C., entrevista) e que uma tarefa de recolha de informações quantitativas que tinha recentemente realizado não tinha sido fácil. Considerou que a Unilúrio é a universidade mais organizada, seguindo-se A Politécnica, depois a UCN e por último a UMBB. Entregou uma cópia de alguns dados que tinha disponíveis e que, segundo ele, foram obtidos informalmente, pois:

> Ainda não foi criado o Gabinete de Apoio ao Ensino Superior na Direção Provincial de Educação e ando a pedir estatísticas às universidades mas é tudo informal pois formalmente estas dependem do Ministério da Educação e Cultura, da Direção de Coordenação do Ensino Superior (F.C., entrevista).

Os dados fornecidos por este funcionário provincial contradizem, em muitos casos, aqueles que foram obtidos nas universidades e/ou que estas disponibilizam nos respetivos sites, mas tendo em conta essas ressalvas é possível, por aproximação e agregando as diferentes informações recolhidas, traçar um retrato do ensino superior em Nampula.

A Universidade Pedagógica, a maior e mais antiga desta província, contava em 2008 com 4.894 alunos inscritos (DPE, 2009), 122 professores dos quais menos de metade lecionavam nessa instituição a tempo inteiro (54) e apenas 10 tinham o doutoramento, sendo que 6 destes trabalhavam aí a tempo parcial (Site da Universidade Pedagógica). Esta universidade

O IMPACTO DAS INSTITUIÇÕES DE ENSINO SUPERIOR NOS PROCESSOS DE ....

tem como vocação formar professores dos vários níveis de ensino mas tem igualmente servido para capacitar funcionários públicos e nos últimos anos estendeu os seus cursos para outros tipos de formações. Segundo informações retiradas de uma entrevista que Adelino Zacarias Ivala, primeiro diretor da Universidade Pedagógica de Nampula, concedeu ao jornal Zambézia On Line, esta IES tem sido procurada em "40 por cento por funcionários do Ministério da Educação, entre docentes e burocratas" (Zambézia On Line, 2008), não se destinando exclusivamente a formar professores pois e segundo a mesma fonte:

> (...) os outros 60% são jornalistas, enfermeiros, militares, polícias e jovens que vem da 12.ª classe, podem entrar todos e quando terminam o curso não há nenhum dispositivo que os obrigue a exercerem o professorado (...). Há dois anos para cá, lançamos a aposta de chegar à fase em que professores da UP, com formação adequada, devem ser entre 70 a 80 por cento. Para isso recorremos aos jovens que terminam a sua licenciatura. A única coisa que damos é emprego. Iniciamos essa experiência em 2005/6, fazendo para eles uma formação suplementar em Metodologia de Ensino Universitário. Acabamos resolvendo um problema concreto com os nossos próprios recursos, pois o corpo docente que não passava de 16/20, passou a partir de 2006/7 a integrar 40 novos docentes.

Se, na opinião da já referida fonte da DPE, a situação desta universidade não é ideal, ela é consideravelmente melhor do que aquela em que se encontra a universidade islâmica Mussa Bim Bique. Esta universidade, propriedade do Centro de Formação Islâmica, teria em 2008, segundo a DPE, 243 alunos inscritos; mas em 2009 (data do trabalho de campo) esse número seria de 600 (informações da Dr.ª Norath, responsável pedagógica da universidade), não tinha um único professor doutorado e apenas nove professores efetivos num total de 80, se incluirmos os que aí lecionavam a tempo parcial. A universidade tem duas licenciaturas em Nampula, uma em Ciências Agrárias e outra em Gestão e Contabilidade. À época do trabalho de campo tinham sido licenciados dois grupos de alunos (o primeiro grupo em 2007) e segundo as informações da responsável pedagógica, Dr.ª Norah, todos que se licenciaram em Ciências Agrárias conseguiram emprego, alguns em ONG internacionais (CARE). Os que se formaram em gestão "tiveram mais dificuldades e alguns arranjaram emprego, outros foram para Maputo".

ANA BÉNARD DA COSTA

A Mussa Bim Bique funciona provisoriamente em instalações arrendadas, devido ao facto de a construção do seu campus ainda não ter sido materializada, embora a cerimónia do lançamento da primeira pedra tenha ocorrido há mais de quatro anos (Pinto, 2010). Não tem reitor, mas segundo a Dr.ª Norah tem "um Vice-reitor, o Doutor Amim Hamir Hassan (...) que não é de Nampula, nasceu em Tete, cresceu em Maputo, tem nacionalidade portuguesa e é nomeado pelo Centro de Formação Islâmica com sede na Beira (...) o líder [reitor] ainda não surgiu mas está para surgir por causa das exigências do Ministério da Educação".

De acordo com esta responsável a universidade tem uma biblioteca e um centro de pesquisa com ligação à internet, mas um estudante contactado referiu que "a internet não é um espaço livre pois dão lá as aulas de informática (...) quando preciso vou à Universidade Católica onde há internet" (O.M., entrevista). A Dr.ª Norah referiu que esta universidade era aquela que tinha as propinas mais baratas entre as universidades privadas da cidade (800 USD/ano) mas que os estudantes que a frequentam o fazem porque não terem conseguido vaga nas universidades públicas. Segundo esta responsável, "todos preferiam frequentar a universidade pública".

As razões para esta escolha, conforme apontadas pelos estudantes contactados que frequentam essa universidade, prendem-se quer com o preço relativamente reduzido das propinas e com o facto de não terem conseguido entrar na universidade pública, quer com o facto de esta universidade ser a única a ministrar o curso que pretendiam em horário pós-laboral. O facto de esta universidade ser islâmica também condiciona a frequência já que, de acordo com as informações disponíveis, "os que estudam no Centro Cultural Islâmico de Nampula têm acesso direto à UMBB, não fazem exames de admissão e as propinas são diferentes" (O.M., entrevista). A responsável pedagógica contactada afirmou, no entanto, que embora a universidade se regesse por princípios islâmicos, há mais estudantes e professores não-muçulmanos do que muçulmanos.

Já depois do trabalho de campo foram relatados nos órgãos de comunicação social um conjunto de situações confusas que aparentemente se relacionavam com lutas entre diferentes fações da direção da universidade e do Centro de Formação Islâmica, que envolveram em Maio de 2010 a suspensão do vice-reitor sob acusação de desvio de fundos e a sua posterior recondução, em Julho do mesmo ano, ao mesmo cargo. Estas notícias, bem como outras relativas a subornos praticados por professores desta

O IMPACTO DAS INSTITUIÇÕES DE ENSINO SUPERIOR NOS PROCESSOS DE ....

universidade em Quelimane, greves dos estudantes de Nampula contra o aumento das propinas e reclamando melhores instalações de ensino, não abonam a favor desta instituição universitária que se mantém, no entanto, há mais de 10 anos em funcionamento.

A Universidade Católica de Nampula era em 2008 a segunda universidade da província em termos de número de estudantes – 1.022 de acordo com as informações da DPE (2009) – com boas instalações, computadores e biblioteca. Segundo as informações disponibilizadas no blogue Campus, em 2010 graduou 281 estudantes sendo a maioria (219) da Faculdade de Ciências de Educação e Comunicação e a minoria em Direito (Blogue Campus, 2010). Os seus alunos, na opinião do diretor da Faculdade de Ciências de Educação e Comunicação, professor Villanculos, não têm grandes problemas de colocação após a licenciatura: "Muitos dos formados tem enquadramento no estado e nas províncias como procuradores e juristas e também conseguem emprego em ONG e empresas (...) os que querem ficar na cidade demoram mais tempo a ter emprego, nas províncias é mais fácil".

O maior problema com que esta universidade se debate é o da escassez de professores no quadro. Segundo o professor Villanculos:

A UCN tem um bom nome na qualidade da formação e ganha às de Maputo. Tivemos sempre alunos de todo o pais (...) é comparativamente mais barata que as outras privadas (...) 1.300 USD/ano (...) a UCN foi um bem e é um bem para o norte do país (...) a ministra do trabalho foi formada aqui (...) Não têm problemas de vagas (...) Têm um corpo docente a tempo inteiro mas todos os anos estamos a perder docentes (...) Muitos dos formados [em direito] têm enquadramento no estado e nas províncias como procuradores e juristas e também emprego em ONG e empresas.

O valor simbólico que esta universidade (ainda) parece deter em Nampula e no resto do país, não está dissociado da história que lhe deu origem e a sua importância é relatada nos seguintes termos por um dos entrevistados, ex-diretor pedagógico da Faculdade de Direito da UCN:

A Universidade Católica foi desenhada num contexto de pós-guerra (...) a ideia era criar um polo académico com sede na Beira, um sonho do bispo D. Manuel, e a ideia do direito foi para as pessoas terem acesso à cidadania e aos direitos humanos (...) a promoção do desenvolvimento que era de extrema importância (...) e criou-se uma massa crítica necessária, diversificou-se o pensamento crítico para a área da especialidade, ampliaram-se as capacidades das províncias em recursos humanos. Neste sentido é inquestionável o seu valor (...) saíram até agora cerca de 600 advogados e juízes da UC (...) O curriculum da UC em Nampula incluí a componente local e saberes locais com aulas sobre direitos costumeiros e é sensível aos valores católicos ética e moral (...) Na altura (ano 2000) os estudantes da UC eram procurados pelo país. (A.M., entrevista)

A importância que esta universidade privada detém em Moçambique, pelo menos em termos de número de estudantes e do seu grau de implementação no país (está presente atualmente – 2011 – em sete das 11 províncias), não parece no entanto traduzir-se num peso político correspondente ao nível das políticas de desenvolvimento do ensino superior em Moçambique pois, como afirma o professor Villanculos, a "participação da UC na reforma do sistema universitário de Moçambique foi mínima. Fizeram a reforma e só depois foram informados".

Se a qualidade de algumas instituições de ensino superior é contestada pelos próprios responsáveis dessas instituições, e se alguns destes apontam a massificação do ensino superior como causa próxima para esse problema, já outros referem que a fraca qualidade do ensino não é um problema específico das universidades mas resulta da situação geral que o país vive em termos económicos e sociais. Por exemplo, um dos principais problemas apontados e relacionado com a circulação de docentes entre universidades (os chamados "docentes turbo") e com as dificuldades que estas têm de assegurar um corpo docente fixo, é atribuído à escassez dos salários que as universidades pagam aos professores que, para sobreviver, têm de se desdobrar por vários empregos. Esta mobilidade poderia trazer algumas vantagens, nomeadamente ao nível da partilha de informações entre universidades e da organização de ações de formação conjuntas, no entanto tal não ocorre. Como refere o ex-diretor pedagógico da Faculdade de Direito da UCN:

As universidades em Nampula crescem viradas para si mesmas, fortalecem-se antes de se virarem para fora. Este atraso [ao nível da partilha e da comunicação interuniversitária] prende-se à ideia que as universidades têm de que precisam de se fortalecer e proteger e por isso ficam fechadas (...) mas em Nampula e nas universidades não há muitos debates e conferências mas há convívios informais entre os professores das diferentes

O IMPACTO DAS INSTITUIÇÕES DE ENSINO SUPERIOR NOS PROCESSOS DE ....

universidades. Não há exclusividade, os professores circulam entre as diferentes universidades, há muita rotação, não há quadros fixos, mesmos os diretores. (A.M., entrevista)

Para além da mobilidade, a situação socioeconómica dos professores também facilita, segundo alguns informantes, os subornos. Uma das estudantes da UC referiu em entrevista que o "problema da UP é o suborno para darem os certificados, na UC não há esse problema" (S.N., entrevista). Notícias surgidas em jornais e na internet, relacionadas com este aspeto (situação socioeconómica em que vive a população do país), descreviam a situação de precariedade em que viviam alguns dos estudantes desta cidade e que os obrigariam a prostituírem-se para conseguir sobreviver (MZOnline, 2008). Independentemente da veracidade de tal notícia, as dificuldades económicas foram mencionadas por grande parte dos estudantes contactados como um dos principais problemas com que se debatiam. Muitos eram naturais de outras localidades e províncias e se alguns residiam com familiares; outros viviam com colegas ou nas residências universitárias. Todos os estudantes afirmaram que tinham dificuldade em arranjar emprego. Foi aliás dito sem hesitação que "não há qualquer hipótese de um estudante universitário arranjar emprego em Nampula" (B.M., entrevista). Os que exercem alguma atividade fazem-no no sector informal. Houve também quem referisse que deu explicações para se sustentar enquanto estudava, outros conseguiram bolsas e outras são casadas e os maridos trabalham.

Para além das universidades mencionadas, como já foi referido existe em Nampula uma outra universidade pública de criação mais recente, a Universidade do Lúrio. Esta universidade tem vindo a crescer exponencialmente desde o início das suas atividades em 2007. Em 2008 contava com 131 alunos inscritos (DPE, 2009) e 19 professores que, segundo as informações do Diretor Pedagógico da Unilúrio "passarão para 34, na sua maioria estrangeiros, concretamente oriundos da República de Cuba" (A.C., entrevista). Em 2010 tinha 1.200 estudantes distribuídos pelos polos de Nampula Pemba e Lichinga (Ferrão, 2011). Em Nampula funcionava, à época do trabalho de campo, a Faculdade de Ciências de Saúde e, mais recentemente (2010), foi inaugurada a faculdade de Arquitetura. Segundo as informações do Diretor Pedagógico:

As faculdades foram escolhidas em função das áreas que faziam falta ao desenvolvimento e às áreas sociais (...) A formação em Ciências de Saúde

em Nampula vêm preencher uma importante lacuna pois o rácio médico/
/população é nesta província (1/50 mil habitantes) inferior à média
do país (1/40 mil habitantes) e à partida podemos notar que era a área
com mais problemas. (...) a outra intenção foi a de assegurar a manutenção dos quadros que irão sair desta universidade na própria província.
(A.C., entrevista)

Refere este entrevistado que cerca de metade dos estudantes são provenientes das regiões do norte e os restantes vem do resto do país porque
"aqui há vagas". Afirma ainda que os estudantes pagam uma propina de
300 USD/ano e que há alguns que têm bolsas de estudo. Esta política de
bolsas de estudo tem vindo a desenvolver-se nesta universidade. Na sua
mensagem de abertura do ano escolar de 2011, o reitor refere que têm
tido o apoio dos Estados Unidos e de empresas como a João Ferreira dos
Santos e a COSMAM para o efeito (Ferrão, 2011).

Esta universidade tem apostado em parcerias com universidades estrangeiras, nomeadamente de países como Cuba, Portugal e Brasil, para suprir
as lacunas em termos de corpo docente e simultaneamente conseguir o
apoio para a formação pós-graduada dos seus professores. Para além disso
participa em vários projetos de investigação internacionais (um dos quais
recebeu um prémio da Fundação Gulbenkian) que lhe permitem ter acesso
a fundos que, entre outras coisas, se destinam a equipar a vários níveis as
suas faculdades.

Toda esta dinâmica era já bem visível dois anos após o início das suas
atividades e as diferenças em termos de instalações, da sua qualidade e da
quantidade de equipamentos (por exemplo computadores e laboratórios)
entre esta universidade e as restantes que foram alvo de estudo nesta
investigação, e eram notórias.

Deste resumo sobre a situação das universidades de Nampula salientam-
-se algumas conclusões.

A maior universidade desta província em termos de número de alunos, a UP, destina-se fundamentalmente à formação de professores dos
vários níveis de ensino e à requalificação de funcionários do estado. Por
exemplo, em 2010, segundo os dados disponíveis, graduaram-se 819 estudantes sendo 186 do departamento de Línguas, 133 de Ciências Naturais
e Matemática, 243 de Ciências Sociais e 257 de Ciências de Educação
e Psicologia (Blogue Campus, 2010). Os formandos desta universidade
não parecem ter problemas de emprego após a licenciatura já que tem

havido um aumento significativo de escolas de todos os níveis de ensino e há falta de professores diplomados mas, e segundo a opinião de um dos docentes desta universidade, os que se licenciam "dão aulas de não importa o quê (...) vão aceitando o que há" (J.M., entrevista). A esta universidade, no país em geral e em Nampula em particular, concorrem todos os anos muito mais estudantes do que as vagas disponíveis; os excluídos, que têm os recursos suficientes para tal, inscrevem-se nas universidades privadas: a Universidade Católica e a Universidade Mussa Bin Bique. Entre estas duas, como se verificou, há grandes diferenças quanto à credibilidade do ensino que ministram e à sua dimensão, mas os responsáveis contactados de ambas estas instituições afirmaram que não havia problemas de vagas e que os seus diplomados não tinham, de uma forma geral, dificuldade em arranjar emprego. A universidade do Lúrio, de criação mais recente, ainda não tinha graduado nenhum estudante na altura em que foi realizado o trabalho de campo, porém a criação de uma licenciatura em Ciências da Saúde, uma área onde existem enormes carências de quadros ao nível da província parece, à partida, votada ao sucesso,[74] se considerarmos como sucesso apenas as taxas de emprego (ou as informações qualitativas que se obtiveram sobre este aspeto). Analisando outro tipo de variáveis que nos fornecessem informações sobre as condições sociais e económicas em que este "emprego" se pode traduzir para os que dele auferem rendimentos, as qualidades profissionais de quem o exerce e o "bem" ou o "mal" que esse exercício profissional faz ou fará às populações a quem serve, teríamos certamente outra apreciação sobre o impacto que a formação de quadros superior está a ter, quer especificamente nos licenciados, quer em termos gerais no desenvolvimento socioeconómico da província. Na impossibilidade de obter esses dados, analisam-se seguidamente as informações disponíveis, cruzando as opiniões dos entrevistados com dados gerais sobre o desenvolvimento da província.

Ensino superior e desenvolvimento: o caso de Nampula
Quando questionados sobre o impacto das universidades no desenvolvimento de Nampula (província e cidade) e das suas populações, as opiniões

---

[74] "Há 800 médicos em Moçambique dos quais um terço está em Maputo (...) O rácio no país entre médico/paciente é de um para 40 mil, enquanto em Nampula é de um para 50 mil" (A.C., entrevista).

ANA BÉNARD DA COSTA

dos entrevistados divergem. Muitos dos que consideram que existe um efeito positivo estão diretamente interessados nos projetos de formação a que estão ligados e a sua opinião não é, por isso, isenta. Pelo contrário, aqueles que foram entrevistados e que por vários motivos abandonaram as instituições de ensino superior a que no passado pertenceram são da opinião que nos últimos dez anos o desenvolvimento que é possível assistir em Nampula não tem qualquer relação com a academia e, simultaneamente, consideram que a fraca qualidade do ensino prestado não advoga visões otimistas para o futuro. Igualmente é apontado o facto de estas instituições não estarem a servir a população local pois muitos dos estudantes são originários de outras províncias, nomeadamente do sul de Moçambique, segundo as informações dadas por investigadores, docentes e estudantes das universidades:

> Em 1999 foi feito um levantamento sobre a origem dos estudantes e havia muito poucos de Nampula a maioria vinha da Zambézia. (B.M., entrevista)

> Há poucos alunos macuas, talvez pela cultura (....) aqui [UP] a maior parte vem da Beira, de Lichinga (...) a cultura é responsável, os do litoral só querem pesca e casamento (...) as inscrições criam dificuldades além de se ter que alugar quarto (A.M., entrevista)

> As pessoas de Nampula são mais pobres e têm menos acesso à universidade, dependem de bolsas que já acabaram (...) os macuas são os pobres daqui. É difícil ter bolsas, as bolsas são para os filhos dos chefes (...) a maior parte dos meus colegas vêm do Sul, outros são funcionários do estado, estudantes--trabalhadores (...). Há muitas empresas mas o que estão empregados não querem os universitários pois têm medo que os venham substituir. (O.M., entrevista)

Um responsável da Universidade Católica menciona que cinquenta por cento do corpo docente desta instituição é macua mas que, no geral, os macuas não têm representatividade ao nível dos órgãos de poder pois:

> No país todo há pouca percentagem de macuas nos diferentes poderes, a sua cultura é depreciada e considerada pobre (...) os macuas são considerados os mais atrasados e têm esse complexo mesmo ao nível do poder (...) são fortes em número (são seis milhões) mas não ao nível da afirmação. (V., entrevista)

O ex-diretor pedagógico da Faculdade de Direito da Universidade Católica, atualmente coordenador de uma ONG, é da opinião que o contributo das universidades para o desenvolvimento cultural de Nampula é diminuto e que aqueles que se aí formam não criam empresas nem geram emprego. Acrescenta que o aumento de IES em Nampula não tem sido acompanhado por um investimento na qualidade do ensino e que esta tem vindo a diminuir ao longo dos anos. Como exemplo refere o caso da Universidade Católica:

> A Universidade Católica já foi uma universidade de elites mas grande parte dos docentes foram-se embora por não haver uma inserção profissional – não há um plano de progressão na carreira. Não houve investimento na qualidade e agora ainda há menos (...). Os empresários e empregadores de Nampula tiram pouco partido das universidades (...) A ideia que Nampula é uma cidade académica é um mito. (...) Não existe uma articulação entre as universidades e os sectores produtivos (...) Agora em Nampula há mais escritórios de advogados mas maior parte dos que se formam vão trabalhar para o estado (...) Em Nampula muitos dos que tem um curso superior estão numa posição de subemprego – os encargos e o peso social desta situação é incrível – retribuição às famílias é o problema. (...) Nampula não está mais desenvolvida por ter mais universidades, o que está melhor é que aumentou o número de estudantes. (A.M., entrevista)

Esta opinião é partilhada por um professor da Universidade Pedagógica de Nampula que afirma que o impacto das universidades ainda não é visível na província de Nampula e que:

> Há muitas universidades, muitos graduados mas não há reflexão, Os investimentos sociais e económicos na cidade são estrangeiros, Não há muito engajamento político, a democracia não está muito desenvolvida. Há muito receio em falar em política, têm medo que falem mal deles. A maioria dos estudantes colabora com a Frelimo para ter emprego. Não é fácil fazer carreira politica (...) as relações familiares são muito importantes. (V.G., entrevista)

Porém outros entrevistados têm uma opinião diferente, Adelino Zacarias Ivala, refere que o problema da qualidade do ensino superior em Nampula não é um problema específico desta cidade ou das universidades que aí se localizam mas um problema geral que se relaciona com a

ANA BÉNARD DA COSTA

situação socioeconómica do país. Considera como fatores de sucesso desta universidade o facto de "ter arrancado com apenas 46 estudantes e hoje ter acima de quatro mil a frequentarem 13 cursos, bem como dos esforços de expansão para os distritos (...) polos distritais como Nacala, Angoche e Ribáuè" (Zambezia On Line, 2008).

Esta universidade que, como mencionado, tem como vocação formar professores para os vários níveis de ensino tem contribuído, neste aspeto específico, para o desenvolvimento da província, se se considerar que, só por si, o aumento das escolas e de número de alunos é disso sinónimo. Os estudantes que aí se formam não têm problemas em termos de enquadramento profissional pois, e como refere uma das entrevistadas, professora nesta universidade: "Há falta de professores no secundário, estão a abrir muitas escolas novas no país inteiro"(A.C.M., entrevista). A Universidade Pedagógica não tem um número de vagas suficientes para responder à procura e todos os anos "deixa 3 mil de fora que não entram nos 13 cursos que esta Universidade leciona" (A.C.M., entrevista).

Outro entrevistado, também docente na UPN, refere:

As universidades têm contribuído para o desenvolvimento de Nampula, o impacto das universidades na cidade é positivo, há preocupações dos pais em ter os filhos a estudar. No meio dos estudantes ir para a universidade virou moda (...) Há muitos professores agora nas escolas secundárias e primárias dos distritos com licenciatura, Entre os jovens é prestígio estar na universidade (...) Nampula é também capital financeira do país, a exibição não é só ter carro é também ter curso. (J.R.M., entrevista)

Embora seja ainda cedo para aferir o impacto da universidade do Lúrio em termos da formação das populações locais, o reitor informa, num texto publicado no site desta instituição (Ferrão, 2010a), que a Unilúrio tem desenvolvido esforços nesse sentido, nomeadamente promovendo as ligações entre a universidade e as escolas secundárias através da realização de "aulas de preparação". Estas aulas são dirigidas aos alunos dos últimos níveis do ensino secundário e têm como objetivo capacitá-los para que consigam ingressar na universidade. Através desta iniciativa e segundo as palavras do reitor, em 2010 a universidade teve "uma percentagem inédita de 33 por cento de alunos oriundos da província de Nampula" (Vertical, 2010).

Paralelamente, esta universidade desenvolve um programa – "Um Estudante, Uma Família" – que, na opinião dos seus responsáveis, aproxima esta instituição de ensino superior da comunidade e traz benefícios para a população. Este programa, que em 2010 abarcava mais de 500 famílias (Ferrão, 2010a), iniciou-se:

(...) logo no primeiro ano (...), é uma equipa interdisciplinar que acompanha e recolhe dados [relativos a questões de saúde] sobre uma família (...) temos uma metodologia muito diferente da Universidade de Maputo, muito participativa, através desse programa estudante/família e de termos turmas pequenas não mais de 40 alunos, boas instalações, recursos didáticos, laboratórios. (A.C., entrevista)

Um dos estudantes refere o seguinte sobre este programa: "estou há um ano no projeto das famílias com a mesma família que é pobre (...) todos os semestres fazemos um relatório, recolhemos informações sobre plantas medicinais (...) somos cinco estudantes por grupo" (J.M.P., entrevista). Para além deste programa a Unilúrio tem procurado envolver-se com a comunidade e a sociedade civil através diversas iniciativas. Nomeadamente, estabeleceu estreitas relações com o régulo das zonas onde a universidade se situa e este mediou as ligações entre a universidade e as populações locais de forma a poder implementar-se o programa acima referido. A importância que este régulo teve para a universidade é assinalada num texto da autoria do reitor (disponível no site da Universidade) onde este o homenageia por ocasião do seu falecimento (Ferrão, 2010b). A universidade procurou também estabelecer relações com representantes da associação dos curandeiros e estes visitaram-na e puderam conhecer os laboratórios onde "se identificam os princípios ativos das plantas, frutas e outras" (Ferrão, 2010a). Com esta iniciativa a universidade pretendeu "diminuir o fosso entre a ciência e o conhecimento não científico. Quando mais de 70% da nossa população ainda recorre à medicina tradicional, nenhum de nós pode ficar alheio a esta realidade" (Ferrão, 2010a). Paralelamente, estudantes e professores participaram em diversas campanhas e iniciativas de promoção da saúde pública junto das comunidades, tais como a Feira da Saúde e a Campanha de Saúde Oral (distribuição de escovas e pastas de dentes à comunidade) bem como em iniciativas culturais (reabilitação de jogos tradicionais e participação no festival de cinema Dokanema, feiras do livro) e iniciativas relacionadas com a promoção do empreendorismo (Feira do Empreendorismo). A universidade tem ainda contactado as empresas da região de forma a estabelecer acordos que possibilitem aos estudantes a realização de estágios.

ANA BÉNARD DA COSTA

Estas e outras iniciativas são de louvar, mas permanece a interrogação relativamente ao real impacto que terão no desenvolvimento da região. Se não tiverem sustentabilidade e se não se desenvolverem de forma continuada e crescentemente mais aprofundada e articulada com outro tipo de iniciativas, nunca serão mais do que interessantes "experiências", sem impacto no desenvolvimento socioeconómico da região e das suas populações. Ninguém discute a utilidade de distribuir pastas e escovas de dentes à população e de identificar cáries em crianças, mas a melhoria da saúde oral de uma população exige muito mais. Também parece ser interessante a iniciativa de relacionar os estudantes de Ciências de Saúde às famílias, mas se estas não puderem ser encaminhadas para hospitais e médicos em caso de doença (porque não existem), se não conseguirem comprar os medicamentos por falta de recursos, esta iniciativa poderá ser votada ao insucesso e ser até contraproducente, gerando expectativas que não se cumprem e contribuindo para aumentar a desconfiança das populações. O exemplo do que aconteceu na campanha contra a cólera realizada em 2009, onde funcionários da Cruz Vermelha de Moçambique, de outras ONG e polícias foram alvo de manifestações violentas por parte da população em várias zonas da província de Nampula (que originaram inclusive algumas mortes), que os acusava de disseminarem a epidemia, é elucidativo das consequências negativas que certas iniciativas bem--intencionadas, podem vir a gerar.

Como refere Castel-Branco "a questão de fundo e mais difícil consiste em conseguir passar de uma boa ideia e experiência em micro escala (que pode ter grande impacto nas feiras e exposições mas pouco impacto na vida das pessoas)" (Castel-Branco, 2010, p.20) para iniciativas mais abrangentes continuadas e integradas. Se tal não ocorre, as experiências não serão sustentáveis e não poderão melhorar a vida das pessoas de forma substancial.

Conclusões

Qual o impacto das instituições de ensino superior no desenvolvimento local de Nampula? Para esta pergunta que guiou a investigação não foi possível obter uma resposta clara e fundamentada. Tal decorreu, quer das limitações temporais da pesquisa de terreno, quer da dificuldade de obter dados fidedignos, quer do facto de os dados obtidos muitas vezes não coincidirem, quer ainda de estes não existirem ou não terem sido disponibilizados. Porém, outros fatores, consideravelmente mais relevantes, contribuíram e contribuem para as dificuldades em obter uma resposta concreta para esta questão.

A relação entre as universidades e o processo de desenvolvimento de Nampula não é uma relação linear e não pode ser analisada isoladamente. Nela intervêm um conjunto múltiplo de fatores de ordem política, social, económica e cultural, tanto ao nível do contexto macro do país, da província e da cidade, como ao nível do contexto micro das estratégias dos diferentes grupos e unidades sociais. Este amplo conjunto, pleno de articulações e de implicações mútuas, intersecta a vida das universidades e condiciona toda e qualquer relação que as universidades tenham com os designados processos de desenvolvimento local. Importa por isso considerar as universidades na sua íntima relação com o contexto envolvente, não esquecendo que estas não constituem universos marginais à sociedade onde se inserem.

As universidades de Nampula, do ponto de vista físico dos edifícios, equipamentos e infraestruturas, do ponto de vista dos recursos humanos que agregam, professores, alunos, funcionários, dirigentes, e ainda do ponto de vista das ideologias e políticas educativas e pedagógicas, não são instituições à margem da sociedade onde se inserem. As universidades, por muito distantes que pareçam estar da realidade vivencial de um qualquer bairro da cidade de Nampula, de uma qualquer aldeia das suas vastas regiões rurais e das lógicas que enquadram a realidade vivencial dos habitantes que aí residem, em termos de objetivos e conteúdos programáticos, efetivamente não o estão. As universidades, tal como qualquer escola ou qualquer outra instituição, reproduzem a sociedade, estão inseridas na sociedade e não podem ser dissociadas do contexto e dos atores sociais que constituem a sua essência fundamental. Podem encontrar-se nas universidades (eventualmente não em todas e nem sempre) as mesmas lógicas plurais (Sardan, 1998), o mesmo grau de informalidade, de esquemas, de (des)adaptações e de "desenrascanços" que se encontram, salvaguardando as óbvias diferenças, em qualquer mercado da cidade de Nampula.[75]

---

[75] Na imprensa moçambicana surgem regularmente notícias que espelham esta realidade, referentes a situações que ocorrem nas universidades: roubos, subornos, assaltos, desvio de provas de exames e até mortes. Mas poder-se-ia falar também das condições físicas em que o ensino universitário muitas vezes decorre: turmas superlotadas, aulas dadas em quartos arrendados, ausência total de bibliotecas ou de meios informáticos.

ANA BÉNARD DA COSTA

A consciência deste facto leva os académicos moçambicanos a falarem, quer da "dumbanenguização" do ensino superior (nos termos já mencionados neste texto), quer da necessidade de contextualizar as universidades localmente para aferir dos seus parâmetros de qualidade. Outros ainda, como Francisco Noa, colocam um conjunto de interrogações relativas à forma como "a democraticidade interna, a transparência de processos, a independência intelectual e a liberdade académica" (Noa, 2011, p. 236) são exercidas e salientam que o carácter impositivo das políticas e das posturas governamentais põe em causa a autonomia das universidades públicas e que esta, nas universidades privadas, está limitada pela sua necessidade de sobrevivência.

A questão colocada no início deste texto poderia igualmente surgir para muitos outros contextos nacionais, no continente africano ou nos outros continentes – ou seja, será que a formação de quadros superiores é motor de desenvolvimento? Ou será que quando isso acontece é porque nas sociedades em causa existem múltiplos outros fatores propiciadores de desenvolvimento? Este é um debate antigo e não será aqui o espaço para o aprofundar, o que não impede que se constate o que esta análise demonstrou relativamente a Nampula e às suas universidades. Estas, e independentemente da sua qualidade e do número de formandos, não constituem, nem poderão constituir por si sós, por todas as razões apontadas ao longo do texto o motor do desenvolvimento social e económico da província. Esta é a opinião de muitos dos entrevistados e aqueles que discordaram não apontaram mais nenhum fator de desenvolvimento para além da evolução quantitativa de universidades, formandos e diplomados.

Uma conclusão semelhante surge no relatório da avaliação do impacto do programa de bolsas de estudo provinciais (MEC/Ernst & Young, 2008).[76] De acordo com este relatório, a maior parte dos bolseiros são de origem urbana, o número de bolseiros que regressam às províncias de origem é reduzido e os que regressam não têm a capacidade de gerar

---

[76] O governo moçambicano implementou em 2002 o programa de Bolsas de Estudo Provinciais que visava "contribuir não só para a expansão do acesso ao ensino superior, através do financiamento da educação de pessoas que, de outro modo, jamais conseguiriam ingressar, mas também para minimizar as assimetrias regionais, assegurando o retorno dos bolseiros às províncias de origem" (Noa, 2011, p. 232).

mudanças socioeconómicas pois as economias locais também não têm capacidade de os integrar.

Por último, importa destacar aquilo que de positivo este texto também constatou. Existem potencialidades e iniciativas extremamente interessantes quanto à formação que as instituições de ensino superior realizam em Nampula; existem também, por parte dos formandos, grandes expectativas e sonhos de concretização dos saberes que estão a adquirir; e existem, igualmente, na província de Nampula, múltiplos campos nas áreas económicas, sociais e culturais onde estes quadros superiores poderão, de facto, vir a ter um papel fundamental contribuindo para o seu desenvolvimento. Importa e só, o que aparentemente é mais difícil e que acima já se mencionou: alicerçar a expansão do ensino universitário e o aumento de quadros superiores aos grandes projetos económicos da região e à criação de alternativas económicas a esses projetos. A criação de alternativas económicas permitiria uma diversificação de fontes de rendimento e, desta forma, a promoção de um verdadeiro desenvolvimento económico e social da sua população.

Bibliografia

Banco Mundial. (2010, Agosto). *Prospects for Growth Poles in Mozambique.* Acedido em 10 de Novembro, 2011, de http://siteresources.worldbank.org/INTMO-ZAMBIQUE/Resources/FINALMozambiqueGrowthPolesAUG19.pdf

Blogue Campus. (2010, 15 de Abril). *UCM gradua 281 Estudantes em diversas especialidades.* Acedido em 12 de Fevereiro, 2011, de http://campusmz.blogspot.com/2010/04/ucm-gradua-281-estudantes-em-diversas.html.

Blogue do Presidente da República de Moçambique. (2010, 9 de Março). *Ensino Superior em Moçambique: Expansão, qualidade e eficiência.* Acedido em 3 de Fevereiro, 2011, de http://armandogue-buza.blogspot.com/2010/03/ensino--superior-em-mocambique-expansao.html.

Castel-Branco, C. (2010). *Reflexões sobre o Pilar Económico do PEP Nampula 2020.* Acedido em 20 de Fevereiro, 2011, de http://www.iese.ac.mz/lib/noticias/2010/PEP2020_PilarEconomico_CNCB.pdf.

Cruz e Silva, T. (2005). Instituições de Ensino Superior e Investigação em Ciências Sociais. A herança colonial, a construção de um sistema socialista e os desafios do século XXI. In Cruz e Silva, T.; Araújo, M. G. M., & Cardoso, C. (Orgs.), *Lusofonia em África. História, Democracia e Integração Africana* (pp. 33-44). Dakar: CODESRIA.

DPE. (2009). Situação do ensino superior na província de Nampula (dados fornecidos a pedido da autora). Nampula: Direcção Provincial de Educação.

Ferrão, J. (2010a). *Mensagem do Reitor, por ocasião do encerramento do Ano Lectivo de*

2010. Acedido em 4 de Março, 2011, de http://unilurio.blogspot.com/2010/12/mensagem-aos-discentes-docentes-e.html.

FERRÃO, J. (2010b). *Até Sempre Régulo Marrere*. Acedido em 4 de Março, 2011, de http://unilurio.blogspot.com/p/homenagem.html.

FERRÃO, J. (2011). *Abertura Oficial do Ano Lectivo 2011 na UniLúrio*. Acedido em 4 de Março, 2011, de http://unilurio.blogspot.com/2011/07/mensagem-da-reitoria-por-ocasiao-do.html.

Governo da Província de Nampula. (2007). *Nampula - Plano Económico e Social - Orçamento para 2008*. Acedido em 20 de Fevereiro, 2011, de http://www.nampula.gov.mz/documentos/programas/PESOP.pdf

Governo de Moçambique. (2008). *Instituições de Ensino Superior em Moçambique*. Acedido em 1 de Novembro, 2008, de http://www.portaldogoverno.gov.mz/Informacao/edu/subfo_inst_ens_sup/.

LANGA, P. (2010, 30 de Agosto). Entrevista. *Jornal Notícias*. Acedido em 10 de Fevereiro, 2011, de http://www.jornalnoticias.co.mz/pls/notimz2/getxml/pt/contentx/1079054

MANDINGA, F. (2011, 22 de Novembro). Resgatado sonho de Samora Machel de construir cidade em Unango. *Notícias Sapo (Moçambique)*. Acedido em 24 de Novembro, 2011, de http://noticias.sapo.mz/aim/artigo/307622112011174112.html

MEC/Ernst & Young. (2008). *Relatório de Avaliação de Impacto do Programa de Bolsas de Estudo Provinciais (2002-2007)*. Maputo: Ministério da Educação e Cultura /Ernst & Young.

MEC/MCT. (2005, Dezembro). Dados Estatísticos sobre o Ensino Superior e a Investigação Científica em Moçambi-

que, 2004. Maputo: Ministério da Educação e Cultura e Ministério da Ciência e Tecnologia. Acedido em 10 de Fevereiro, 2011, de http://www.mec.gov.mz/img/documentos/20071110051111.pdf.

MESCT. (2004). *Dados Estatísticos do Ensino Superior e Instituições de Investigação, 2003*. Acedido em 8 de Novembro, 2008, de http://www.mct.gov.mz/docs/indica03.pdf

MOSCA, J. (2009). *Oração de Sapiência na Universidade Politécnica*. Documento disponibilizado pelo autor.

MOZBUZZ. (2010, 8 de Março). *Banco Mundial investe no ensino em Moçambique*. Acedido em 3 de Março, 2011, de http://mozbuzz.com/pt/component/content/article/357-banco-mundial-investe-no-ensino-em-mocambique.html

MZOnline. (2008, 14 de Agosto). *Moçambique: Reportagem do 'Zambeze' leva jornalistas a julgamento*. Acedido em 20 de Junho, 2009, de http://www.mzonline.po.gs/modules/news/index.php?start=50&storytopic=6.

NOA, F. (2011). Ensino Superior em Moçambique: políticas, formação de quadros e construção da cidadania. In Costa, A. B., & Barreto, A. (Org.) *Actas do Congresso internacional Portugal e os PALOP: Cooperação na Área da Educação*. ISCTE-IUL, Lisboa, Março 29-30, 2010 (pp.225-252). Lisboa: Instituto Universitário de Lisboa (ISCTE-IUL), Centro de Estudos Africanos, Escola Superior de Educação e Ciências Sociais – Instituto Politécnico de Leiria.

PINTO, M. J. (2010). O Papel das Instituições Islâmicas no ensino superior em Moçambique: estudo de caso da província de Nampula. In Costa, A. B., & Barreto, A. (Orgs.), *Actas do Congresso internacional Portugal e os PALOP: Cooperação na Área da Educação* (29-30 de Março, 2010). Lisboa: CEA/ISCTE.

ROSÁRIO, L. (2010, 26 de Novembro). *O Ensino Superior e cooperação internacional - A Universidade Africana e o mundo. Jornal Notícias.* Acedido em 10 de Fevereiro, 2011, de http://www.jornalnoticias.co.mz/pls/notimz2/getxml/pt/contentx/1134428

SARDAN, J.-P. O. (1998). *Anthropologie et développement.* Paris: Karthala.

Site da Universidade Católica de Moçambique. (n.d.). Documento acedido em 7 de Março, 2010, de http://www.ucm.ac.mz/cms/images/pdfs/JornalPublico.pdf.

Site da Universidade Pedagógica. (n.d.). *Corpo Docente.* Acedido em 7 de Julho, 2009, de http://www.up.ac.mz/delegacoes/nampula/estatisticas/corpo-docente/view

UNESCO. (2006). *Country Basic Information. The Republic of Mozambique.* Acedido em 4 de Novembro, 2008, de http://www.ibe.unesco.org/fileadmin/user_upload/archive/Countries/WDE/2006/SUB-SAHARAN_AFRICA/Mozambique/Mozambique.htm.

Vertical. (2010, 10 de Maio). Jornal diário, acedido em 5 de Março, 2011, de ftp://mta.mcel.co.mz/jornais/2010/Maio/10/2066.pdf.

Zambézia On Line. (2008, 11 de Fevereiro). *Notícias.* Acedido em 15 de Fevereiro, 2009, de http://www.zambezia.co.mz/noticias/94/3886-up-delegacao-de--nampula-a-universidade-que-veio--do-nada~

11

Microempreendedorismo, associativismo, participação e desenvolvimento local: o caso de Moçambique

DIPAC JAIANTILAL,
CLÁUDIO MUNGÓI,
CARLOS LAUCHANDE

Introdução

A perspetiva de análise das dinâmicas do microempreendedorismo e associativismo em Moçambique contempla duas dimensões da economia: a formal e a informal, devido à complementaridade que estes dois sectores desempenham na geração de emprego e de renda e da consequente importância do seu papel no combate à pobreza.

O microempreendedorismo e o associativismo enquadram-se como uma resposta endógena, entre outros fatores, a défices de formulação e//ou implementação de políticas públicas de criação inclusiva e socialmente equilibrada da riqueza, ou como por vezes se denomina, de combate à pobreza. A promoção de ações e atividades possibilita que os ativos dos pequenos empreendedores possam ser potencializados mediante a associação de indivíduos e outras formas coletivas de produção e gestão, gerando impactos mais rápidos e sustentáveis, o que Gaiger (2006) denomina por "economia solidária".

Na economia solidária tanto se podem incluir ações exercidas por indivíduos ou coletividades, como por microunidades (bairros), desde que se orientem por princípios de mudança e desenvolvimento social. Nela valorizam-se alguns tipos de diferença, inclusive de base local, como resposta ao processo de globalização e políticas verticais, visando a construção de "utopias" comprometidas com o desenvolvimento local através da promoção do empreendedorismo e do associativismo.

É assim que a construção social do desenvolvimento local é dinamizada por associações que refletem os interesses plurais de instituições e indivíduos que atuam em territórios delimitados com vista à promoção do desenvolvimento económico dessa microunidade económico-territorial. O trabalho na promoção das micro e pequenas empresas a nível urbano ou rural pode criar, além disso, um circuito de oferta de serviços e produtos úteis também para as grandes empresas, permitindo que o território local urbano e/ou rural possa ter uma distribuição do benefício económico com equidade na população local.

A descentralização como estratégia para o desenvolvimento local do país implica numa ampla participação de atores locais e não locais comprometidos com a exploração e aproveitamento dos ativos locais para o benefício das comunidades, contribuindo deste modo para a redução dos níveis de pobreza. O local contempla uma série de fatores – políticos, económicos, sociais e ambientais – que devem ser enquadrados como elementos determinantes e indissociáveis do processo de descentralização. O aproveitamento racional e integral destes fatores pressupõe a materialização efetiva de mecanismos que conduzam a uma descentralização e desconcentração de competências, recursos e funções, com vista a dar um novo ímpeto aos empreendimentos no processo de desenvolvimento local.

Revisitar conceitos e a sua aplicabilidade no contexto de algumas regiões específicas de Moçambique, incluindo a perceção dos atores locais em relação aos mecanismos de descentralização e desenvolvimento local constitui um elemento enriquecedor do artigo, cuja disseminação e replicabilidade poderão acrescentar valor ao universo das pesquisas e das preocupações existentes na esfera política, económica e social em relação a esta temática.

Aspetos teóricos e perspetiva analítica

Desde 1990 muitos governos dos países africanos e a comunidade doadora despertaram interesse no desenvolvimento económico local como estratégia para impulsionar o crescimento económico das comunidades menos desenvolvidas. Contudo, o desenvolvimento económico de certas localidades e regiões em África continua criticamente dependente de intervenções do governo central, embora muitas destas intervenções sejam implícitas e discretas mais do que baseadas em políticas explícitas orientadas para o desenvolvimento económico local.

O microempreendedorismo e o associativismo, através da promoção de ações e atividades que possibilitem a reconstrução da base comum e da sociedade tomada como um todo, constituem uma resposta endógena a essa apatia e falta de políticas explícitas do governo.

As associações podem alcançar progressivamente a própria sustentabilidade, mediante a prestação de serviços, o coinvestimento em projetos, fundos de financiamento, doações, joias, outras fontes legais. Podem ser também resposta imediata a situações de crise, por vezes sujeitas a desaparecimento precoce quando a dimensão individualista se sobrepõe a opção coletiva

O empreendedorismo, segundo Gaiger,

> (...) pode ser entendido como sendo uma qualidade de pessoas singulares que cumprem funções nas organizações, sendo aceitável que seja analisado como conceção e estilo de comportamento de indivíduos: se em determinada organização ninguém demonstra tais conhecimentos e aptidões individualmente, será impossível encontrá-los no coletivo. Esse nível de análise faz muito sentido no caso das organizações económicas sob comando de um ou de poucos indivíduos, cabendo aos demais, um papel subordinado e passivo. Todavia, é um equívoco conceber o empreendedorismo estritamente nesse plano, pois mesmo nas empresas privadas de comando centralizado, quando apenas o poder acionista e as chefias forem empreendedores, os demais ficando alheios, será muito difícil alcançar o êxito. (Gaiger, 2006, p. 3)

Em outros termos, significa o facto de

> um elemento comunitário, de ação e gestão conjunta, cooperativa e solidária, apresente no interior dessas unidades económicas efeitos tangíveis

e concretos sobre o resultado da operação económica. Efeitos concretos e específicos nos quais se possa discernir uma particular produtividade dada pela presença e crescimento do referido elemento comunitário, análogo à produtividade que distingue e pela qual se reconhecem os demais fatores económicos. (Razeto, 1993, p. 40-1)

Em termos analíticos foram definidas três hipóteses norteadoras de análise, para serem examinadas face aos dados recolhidos pelos autores em Moçambique através de inquéritos e entrevistas realizados em 2010:

1) As associações em Moçambique surgem num contexto de extrema pobreza, como resposta à situação de vulnerabilidade, onde estas são um mecanismo de sobrevivência. Muitas destas associações são resultantes das experiências e valores religiosos e culturais que foram resistindo a várias vicissitudes impostas pelo estado.

2) A microempresa rural tem por vezes origem nas associações, quando alguns dos associados mais empreendedores reduzem a sua condição de vulnerabilidade e começam a produzir numa lógica individual e mercantil.

3) A participação dos atores locais na esfera de decisões estratégicas e a definição do distrito como *locus* da vida política, económica e social do país retiraria os distritos da letargia e a passividade que atualmente se encontram pois o desenvolvimento local é intrínseco ao processo de descentralização. Contudo, a descentralização a nível micro ainda é deficitária, facto que limita o desenvolvimento das associações e micro empreendimentos.

Metodologia

A metodologia incluiu a revisão bibliográfica e levantamentos na vertente qualitativa e quantitativa. Na vertente quantitativa administrou-se um inquérito a uma amostra de associações e empreendimentos individuais e coletivos, tanto formais como informais. Com este inquérito pretendeu-se aferir aspetos relacionados com a tipologia, participantes e atores envolvidos, grau de satisfação dos participantes, formas de gestão e participação, atividades desenvolvidas e redes estabelecidas.

A população-alvo foi constituída por associações de pequenos produtores agrícolas, de vendedores do mercado, artesãos, pescadores, e por microempresas das mais diversas finalidades do sector formal e informal

(Quadro 11.1). Uma amostra destas categorias de associações foi selecionada para a aplicação do inquérito em três distritos da província nortenha de Nampula e num distrito da província central de Manica.

Quadro 11.1. Tamanho da amostra de inquéritos
e entrevistas por sectores

	Associações						Micro empreendedores					
	Comércio/ pequena indústria		Agricult./ pecuária/ construção/pesca		Artesãos e outros profissionais		Agricult./ pecuária/ construção/pesca		Artesãos profissionais		Comércio/ pequena indústria	
	F	I	F	I	F	I	F	I	F	I	F	I
Inquéritos	20	40	20	40	20	40	20	40	20	40	20	40
Entrevistas	4	8	4	8	4	8	4	8	4	8	4	8

F= Formais, I= Informais.
Fonte: Inquérito realizado no âmbito do projeto de pesquisa.

Na perspetiva qualitativa, uma parte dos microempreendimentos e associações foi sujeita a entrevistas semiestruturadas, dirigidas aos líderes e recolha de informação documental para posterior análise.

Retrospetiva histórica do desenvolvimento do tecido socioeconómico em Moçambique
Período colonial
Moçambique, um país independente há trinta e cinco anos, herdou do sistema colonial português poucas infraestruturas, baixa capacidade produtiva e fraco desenvolvimento do capital humano. Políticas coloniais baseadas na escravatura, no trabalho forçado, na exportação de mão-de--obra para a África do Sul, a opção por um sistema agrícola de plantações de monoculturas sob comando de companhias concessionárias estrangeiras, o estabelecimento de uma estrutura ferroviária desintegradora sob o ponto de vista de integração territorial, entre outros fatores, destacaram-se

no conjunto de características mais relevantes da economia colonial em Moçambique.

As políticas e ações de intervenção da administração colonial portuguesa em Moçambique visavam, acima de tudo, a ocupação efetiva do território e o consequente domínio político e administrativo sobre os povos nativos com vista à exploração de recursos naturais e de mão-de-obra. Para a materialização destes objetivos a administração colonial apostou na conceção de planos económicos (Rolim *et al.*, 2002) iniciados formalmente em meados da década de 1930.

Newitt (1997, citado por Rolim *et al.*, 2002) assinala a este propósito que em Moçambique foram identificados polos de desenvolvimento nos três principais corredores: (i) o caminho-de-ferro até à Ilha de Moçambique e o porto de Nacala no Norte do país; (ii) o caminho-de-ferro de Tete e o aproveitamento do rio Zambeze no Centro e (iii) o esquema de irrigação do Vale do Limpopo e Umbelúzi na região sul do país.

Os planos desempenharam um papel bastante modesto na integração territorial e muito menos se centraram no homem como objetivo primeiro e final a atingir. Os planos em referência estavam em sintonia com a estratégia da política da administração colonial portuguesa. Ou seja, desarticular as estruturas de coesão social e integração territorial de Moçambique, a dominação e humilhação dos moçambicanos, elementos estes contrários a qualquer esforço para um efetivo desenvolvimento nacional.

Período pós-independência

Nos primeiros anos da independência nacional o paradigma dominante de desenvolvimento em Moçambique estava associado aos modelos protecionistas com forte influência estruturalista, quer radical, por parte das escolas de tendência marxista, quer por parte dos defensores da chamada "substituição de importações", da escola da CEPAL (Comissão Económica para a América Latina – das Nações Unidas). Na prática, os primeiros defendiam o encerramento do país ao mercado financeiro internacional, sendo o desenvolvimento orientado para o mercado interno e para a rápida industrialização através da acumulação de capital derivado da agricultura. Os segundos, por sua vez, embora não tão radicais em relação ao investimento externo e consequente necessidade de paridade da moeda no mercado internacional, advogavam que os termos de troca entre o produto agrário do terceiro mundo e o produto industrial dos países do centro eram de tal forma desfavoráveis aos países pobres que a alternativa viável seria a indústria nacional cobrir as necessidades do mercado interno.

Desde a data da independência nacional em 1975 até o final da década de setenta, verificaram-se várias mudanças de pensamento que se refletem no quadro das políticas de desenvolvimento económico e social de Moçambique. Para alguns teóricos é a chamada fase das "certezas absolutistas" do poder do estado centralizado, com o lançamento do plano prospetivo indicativo, em 1980, o quadro das políticas de desenvolvimento económico e social de Moçambique para dez anos, com vista à utopia de "vencer o subdesenvolvimento numa década". À luz deste pensamento, a partir do terceiro congresso da Frelimo em Fevereiro de 1977 – na época, partido único – foi oficialmente adotada para a área agrícola a chamada "estratégia de socialização do campo". Tal estratégia, que se constituía num instrumento de materialização da política económica de Moçambique assentava em dois eixos: (i) o sector empresarial estatal como forma de produção dominante, baseado em grandes projetos; e ao seu redor (ii) o sector cooperativo (composto por camponeses que se mantinham ligados também à produção familiar).

Na verdade, tratou-se de mais um modelo impositivo, do tipo *top-down*, com forte presença de verticalidades, que mais uma vez contrariou as redes sociais e as estruturas políticas e administrativas pré-existentes.

A década de 1980 foi caracterizada por uma crise económica gerada por erros de gestão, pelo conflito armado e por calamidades naturais. A conjugação destes fatores colocou o país numa situação de dívida, o que, posteriormente, constituiu um fator decisivo para a adesão de Moçambique às políticas impositivas do Banco Mundial e do Fundo Monetário Internacional como alternativa para se refazer da situação prevalecente. Simultaneamente, pairavam em muitos as dúvidas sobre os papéis relativos do estado e do mercado. Cedo o poder se retratou na "ofensiva política e organizacional" lançada por Samora Machel, então presidente da república.

Assim, é a partir desta adesão que Moçambique inicia a implementação do programa de reajustamento económico (PRE) que consistia no pacote de reformas de políticas económicas cujo objetivo visava a criação da estabilidade macroeconómica e um crescimento económico baseado nas exportações dentro do pressuposto de que essas medidas iriam permitir estancar os problemas da dívida externa, e reativar os mecanismos de incentivo pelo mercado.

O PRE incluía – como tipicamente o faziam os programas de reajustamento estrutural – a reforma por via de políticas estruturais, tais como a privatização das empresas estatais, a remoção dos subsídios à indústria e à agricultura doméstica e a liberalização do comércio internacional através da redução ou remoção dos direitos sobre as importações. As reformas no âmbito do PRE estavam basicamente ligadas a mudança de um sistema de economia planificada centralmente para um sistema confiando às forças de mercado a garantia da eficiência do funcionamento da economia nacional.

Em 1999, na sequência de críticas públicas, o Banco Mundial e o Fundo Monetário Internacional abandonaram os PRE e adotaram uma nova abordagem – os documentos de estratégias de redução da pobreza (DERP), designados em língua inglesa por *poverty reduction strategy papers* (PRSP). Sob esta nova abordagem, os governos de países africanos são chamados a desenvolver as suas próprias estratégias nacionais de redução da pobreza, que passam a servir de base para os doadores internacionais avaliarem os empréstimos e concederem a ajuda. Foi assim que nasceu em Moçambique um instrumento chamado PARPA (Valá, 1998, p.14; Ministério do Plano e Finanças, 2001 e 2006; Negrão, 2002), cuja elaboração vai atualmente na terceira versão.

Resultados da investigação
Nesta secção reportam-se os principais resultados dos inquéritos e das entrevistas. Os gráficos e as tabelas encontram-se no fim do texto, em anexo.

Razões para o surgimento das associações e dos empreendimentos
A forma como surgem as associações e os empreendimentos, bem como as fontes do seu capital inicial, são aspetos preponderantes na perceção sobre a dinâmica de funcionamento. O Gráfico 11.1 apresenta os resultados do inquérito e sugere que o desemprego é a principal motivação da constituição, tanto das associações (70%), como das microempresas (79%). Fatores relacionados com o desenvolvimento comunitário são apresentados com muito pouca frequência (6%) como razões para a constituição das associações. Este facto pode estar a revelar a predominância do sentido utilitário da associação para fazer face aos grandes níveis de vulnerabilidade.

Gráfico 11.1. Motivação para a criação do empreendimento

Motivação	micro empresa	associação
Outro	0	4,8
Alternativa organizativa e de qualificação	0	0,4
Desenvolvimento comunitário de capacidade e ...	4,1	6
Motivação social, filantrópica ou religiosa	2,7	0,8
Condição exigida para ter acesso a financiamentos e outros a	1,4	1,6
Desenvolvimento de uma actividade toda(as) são donos(as)	1,4	1,6
Uma fonte complementar de renda para os(as) associados...	2,7	4,4
Obtenção de maiores ganhos num empreendimento...	8,1	10
Uma alternativa do desemprego	79,7	70,4

Fonte: Inquérito realizado no âmbito do projeto de pesquisa.

Um aspeto de destaque está relacionado com a fonte de recursos para o financiamento inicial, onde os fundos próprios (Gráfico 11.2) são mais expressivos entre as associações (59%) do que entre as microempresas (33%), enquanto os empréstimos são mais comuns entre as microempresas (15%) do que entre as associações. Este aspeto pode estar relacionado com o facto de, entre os mais vulneráveis, a solidariedade social poder vir a constituir-se como única forma de fazer face a um estado cujas instituições oferecem muito poucas oportunidades aos mais vulneráveis da sociedade.

Gráfico 11.2. Origem dos recursos para o início das atividades do empreendimento.

Fonte: Inquérito realizado no âmbito do projeto de pesquisa.

A microempresa rural tem por vezes origem nas associações, quando alguns dos associados mais empreendedores reduzem a sua condição de vulnerabilidade, e começam a produzir numa lógica individual, de microempresa.

Pode concluir-se que, de facto, as associações surgem num contexto de extrema pobreza como resposta à situação de vulnerabilidade, onde estas são um mecanismo de sobrevivência. As entrevistas indicaram que muitas destas associações são resultantes das experiências e valores religiosos e culturais que foram resistindo a várias vicissitudes impostas pelo estado ao longo de décadas.

Localização e nível de operacionalidade

Os dados ilustram que mais de 50%, tanto das associações como das microempresas, estão localizadas na zona rural (Gráfico 11.3). Não é de estranhar pois de acordo com o censo de 2007, 70% da população Moçambicana está localizada na zona rural.

Gráfico 11.3. Localização

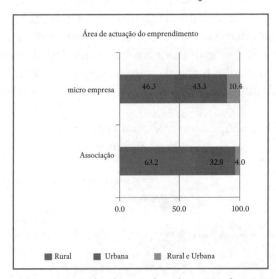

Fonte: Inquérito realizado no âmbito do projeto de pesquisa.

Não sendo possível referenciar todas elas, apresentam-se como exemplos as seguintes, incluindo as suas características gerais: (i) associações de regantes, que se constituem para fazer uso de sistemas de regadios naturais ou artificiais junto dos rios ou lagoas nas zonas baixas; (ii) associações de comercialização agrícola, que desempenham um papel na definição dum preço mais justo (evitando assim concorrência entre os camponeses), acrescentam o valor dos produtos facilitando o armazenamento, organizando feiras agrícolas, celebrando contratos a prazo com retalhistas; (iii) associações de pequenos produtores agropecuários, para utilização de um trator ou de animais de tração para lavrar as suas terras, mediante pagamento de uma taxa bonificada em relação à praticada no mercado ou através da partilha de custos, e o uso intensivo destes meios; (iv) associações para aquisição do direito de uso e aproveitamento da terra (DUAT), nos casos onde haja potencial para conflito de terras (junto de estradas nacionais, terras nas margens dos rios, terrenos com infraestruturas agrárias, etc.); (v) associações para culturas de rendimento e ligações com empresas fomentadoras; (vi) associações para gestão dos recursos naturais e ecoturismo; (vii) associações de poupança e crédito; viii) associações culturais, religiosas e recreativas, etc.

É evidente que as microempresas são mais comuns nas zonas urbanas do que nas rurais, pois parte dos microempreendedores são artesãos e os mercados onde os seus produtos são vendidos localizam-se em zona urbanas. É interessante notar que acima de 2/3, tanto das associações como das microempresas, estão em funcionamento (Quadro 11.2), isto é, enraizaram-se com maior ou menor sucesso no local onde estão inseridas. Contudo, é de destacar que perdem o impacto inicial após os primeiros anos de apoio técnico e financeiro, entrando geralmente em estado de hibernação.

Quadro 11.2. Situação atual

	Associação		micro empresa	
	Count	%	Count	%
Em funcionamento/operando	174	72.19917	52	80
Em implantação	66	27.38589	13	20

Fonte: Inquérito realizado no âmbito do projeto de pesquisa.

O local de funcionamento e o equipamento, tanto para as associações como para as microempresas, é pertencente aos seus membros. A percentagem, tanto de microempresas como de associações, com equipamentos a crédito é de perto de 4% e 6% respetivamente (Gráfico 11.4 e 11.5). Este facto sugere que, por um lado, a pouca disponibilidade de oportunidades de financiamento para *start up* e, por outro, o receio de assumir o risco, constrangimentos legais e capacidade de gestão constituem as principais razões desta situação.

Gráfico 11.4. Situação da sede ou do local de funcionamento do empreendimento

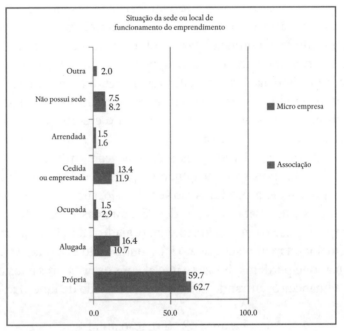

Fonte: Inquérito realizado no âmbito do projeto de pesquisa.

Dada a importância das associações agrícolas e dos pequenos camponeses – que podem ser considerados pequenos empreendedores quando produzem para o mercado, quer dizer, quando há excesso da produção para autoconsumo – parece-nos importante mencionar os problemas operacionais que estes operadores do sector agrário sentem: (i) usam o trabalho manual (dificuldades de obter enxadas, catanas, machados, limas, pás, botas etc.), não têm assistência técnica de técnicos agrónomos, têm falta de adubos e fertilizantes, e de sementes de boa qualidade, o que determina a sua fraca produtividade e rendimento; (ii) os problemas do mercado para a produção camponesa não têm tido solução adequada. Certos produtos

Gráfico 11.5. Situação do financiamento do equipamento do empreendimento

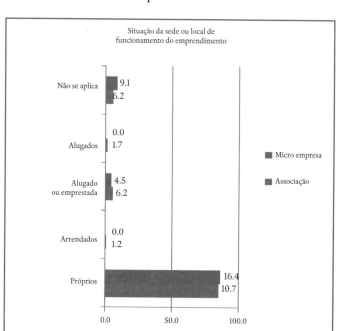

Fonte: Inquérito realizado no âmbito do projeto de pesquisa.

estratégicos como os cereais não têm mercado assegurado, mesmo que a produção aumente, e o armazenamento de excedentes continua problemático. Há casos em que a produção é comprada a preços baixos, pouco satisfatórios e desencorajadores para as campanhas seguintes; (iii) falta de apoio (ou apoio insuficiente) do governo e dos serviços distritais, bem como das ONG, e associações de nível mais elevado, até em termos de informação de mercados e preços para a coordenação entre a produção e o mercado, que sejam úteis para as decisões dos produtores; (iv) poucas vezes são beneficiadas através dos fundos públicos descentralizados, como os fundos de iniciativa local (FIL) e, quando o são, são-no tardiamente em relação às necessidades e pedidos.

Os baixos rendimentos *per capita*, derivados deste conjunto de fatores, levam a que se registem fluxos de migração cada vez maiores do meio rural para as cidades, à mira de melhores condições de vida e principalmente de emprego. Estas expectativas são muitas vezes goradas devido à insuficiente criação de empregos que também se enfrenta nas cidades, como demonstram estudos de vários municípios (Cruzeiro do Sul, 2011a; 2011b; 2011c; CEPKA, 2010; entre outros).

Devido ao facto de a agricultura em Moçambique ser uma atividade essencialmente feminina, a maior parte dos membros destas associações são mulheres de uma certa idade. As mais jovens optam por atividades urbanas ou pelo comércio informal com capacidade de geração rápida de rendimentos. Contudo, em áreas como o artesanato e a marcenaria, a presença de homens é mais assinalável.

Há registo de algumas associações que têm mostrado uma certa resistência às adversidades e, por esse motivo, dão sinais de um certo desenvolvimento, em particular as que se baseiam nas redes de solidariedade existentes, quer antigas, quer mais recentes – é o caso das associações culturais, artesanais e de poupança e crédito. As últimas surgem como alternativa local – a maioria dos membros e a totalidade dos dirigentes são mulheres – para enfrentar problemas da vida, face ao desemprego e outros males, e para conseguir investir no que são as suas necessidades.

Número de associados nos empreendimentos

Sobre o número de participantes os dados sugerem, como seria aliás de esperar, que entre as associações o número de membros é muito maior do que nas microempresas. É de destacar que o número médio de membros nas associações é de 36 enquanto nas microempresas é de 18 (Quadro 11.3).

Era de esperar que o número de membros nas microempresas fosse ainda mais baixo pois são projetos individuais. Estes valores nas microempresas incluem sindicatos (associações) de microempresas, os quais foram considerados no grupo das microempresas. Enquanto as associações de microempreendedores visam a criação de um ambiente de negócios favorável a maior lucratividade e competição, por outro lodo as associações solidárias têm por objetivo o bem comum através da partilha equitativa dos meios de produção, mercados e benefícios. Em particular há pequenos microempresários do sector informal que se associam para a defesa dos seus interesses, pois o seu nível de vulnerabilidade é bastante crítico. Quando o negócio cresce, há tendência de alguns destes microempresários passarem para o sector formal, e aparentemente a associação solidária deixa de ter para esses o mesmo significado.

Quadro 11.3. Número de participantes

Tipo emprendimento		Número de participantes sócios(as) (pessoas físicas associadas)	Número de participantes sócios(as) (Homens)	Número de participantes sócios(as) (Mulheres)
Associação	Mean	35.6	20.7	15.4
	Std Deviatio	74.6	47.6	22.7
	Median	17	10	8.5
Micro empresa	Mean	18.13	12.11	4.75
	N	32	19	8
	Sdt Deviatio	25.2	26.9	5.1
	Median	12	5	2

Fonte: Inquérito realizado no âmbito do projeto de pesquisa.

A participação da mulher nas associações é muito mais alto que nas microempresas, pois as primeiras possuem o triplo de membros do género feminino relativamente às últimas. Este facto pode estar a refletir o facto de as mulheres terem tendência para criar mais associações do que os homens. Isto pode estar relacionado com facto de estarem mais expostas a uma situação de vulnerabilidade do que os homens devido a problemas de descriminação da mulher na sociedade tradicional, divórcios e viuvez precoce.

Fontes de matéria-prima, mercados para a produção/cadeia de valor

A principal fonte de matéria-prima para as associações são os próprios associados (29%) seguidos das empresas privadas (23%), enquanto para as microempresas as empresas privadas são a principal fonte de matéria-prima. Este facto poderá estar a refletir a atitude das associações ao criarem uma rede de interação entre elas.

Os produtos, tanto das associações como dos microempreendimentos, são vendidos diretamente ao consumidor, o que ilustra que estamos perante artesões e camponeses com muito pouca capacidade de venda a grosso. Este facto é consistente com a resposta dada tanto pelas associações como pelas microempresas sobre as principais dificuldades dos seus empreendimentos.

Os principais problemas destes empreendimentos são a falta de mercado para os seus produtos (50%) e a incapacidade de manter a regularidade na sua produção. Cerca de 50% destes empreendimentos não possuem algum tipo de meio de divulgação dos seus produtos. Mesmo os empreendimentos que usam algum tipo de promoção dos seus produtos são muito pouco abrangentes. Para as associações, os meios mais comuns de divulgação são a conversa (boca-a-boca) e as rádios comunitárias. Estes meios têm um raio de ação reduzido. Esta poderá ser uma das causas fundamentais para o fraco crescimento destes empreendimentos.

Benefícios sociais

Nas associações os benefícios sociais são mais evidentes se compararmos com as microempresas. As associações têm maior tendência do que as microempresas para participar em fóruns, articular com outras associações e desenvolver trabalhos comunitários. As poucas microempresas com ações de solidariedade, embora tenham como objetivo o lucro, estão ainda numa fase embrionária e em situação de vulnerabilidade. Consequentemente, a participação destas microempresas em fóruns e em ações de solidariedade tem como provável objetivo encontrar oportunidades de mercado, partilha de riscos, apoios para a expansão dos empreendimentos.

Descentralização, participação, e desenvolvimento local

Para Mazula descentralização é "a criação de entidades autónomas distintas do estado, paralelas a ele. Deixa de haver hierarquia administrativa e começam a estabelecer-se relações entre pessoas jurídicas diferentes, com atribuições e responsabilidades juridicamente definidas por lei" (Mazula, 1998, p. 60).

Rondinelli define descentralização como a "transferência ou delegação de autoridade judicial e políticas para efeito de planificação, tomada de decisões e gestão de atividades públicas do governo central a suas agências, a organização no terreno de tais agências, unidades subordinadas do governo, empresas publicas semiautónomas ou autoridades de desenvolvimento regional, governos autónomos ou organizações não--governamentais" (Rondinelli & Nellis, 1986, p. 5).

Moçambique iniciou, em princípios dos anos 90, o programa de reforma dos órgãos locais do estado com vista a dinamizar o processo de descentralização. Este processo tem como objetivo a reformulação do sistema de administração local do estado e a sua transformação em órgãos locais com personalidade jurídica e dotados de autonomia administrativa, financeira e patrimonial, como parte integrante de um conjunto de reformas políticas, económicas e administrativas em curso.

Um dos aspetos fundamentais da descentralização é o nível de participação na gestão das várias dimensões da vida, como sejam a decisão sobre a gestão dos recursos naturais ou sobre a construção de infraestruturas e educação.

Esta secção debruça-se em primeiro lugar sobre os níveis de participação nestes domínios de gestão de problemas locais, e a seguir nos órgãos consultivos onde, por lei, têm assento, nos níveis distritais, de localidade e de postos administrativos, os denominados conselhos consultivos, baseando-nos em dados de um estudo recente sobre descentralização e desenvolvimento local (Cruzeiro do Sul, 2011c) realizado em alguns distritos do país (Monapo e Ilha de Moçambique, província de Nampula; e Matutuíne e Boane, província de Maputo).[77]

Área de gestão de recursos naturais

A área de recursos naturais parece ser a mais deficiente em termos de participação. Em Monapo e em Boane, mais de 60% (Gráfico 11.6) dos agregados não participa ou não sabe sobre as decisões relativas a atribuição de terras e recursos naturais. Matutuíne parece ser o único local onde acima de 50% dos agregados participa através da consulta comunitária. Em Monapo e Boane menos de 5% dos agregados já participou na consulta comunitária.

Gráfico 11.6. Participação em reuniões sobre gestão dos recursos naturais

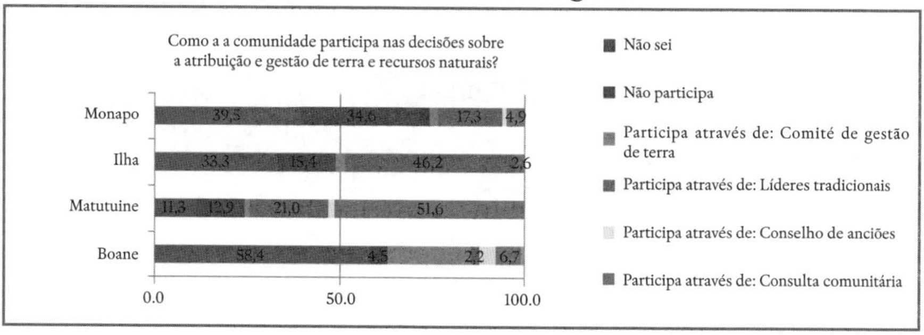

Fonte: Inquérito realizado no âmbito do projeto de pesquisa.

---

[77] Este estudo envolveu principalmente inquéritos a membros de associações e entrevistas a líderes políticos locais.

Como atrás nos referimos, excetuando Matutuíne, em todos outros distritos cerca de 60% (Gráfico 11.7) dos agregados não sabe como se materializa o acordo de atribuição de terra. Está-se perante uma situação em que é possível que usurpação de terras acontece com a total passividade da população, pois esta não conhece a legislação em vigor. Este facto é confirmado pela perceção das pessoas sobre quem toma a decisão sobre a atribuição de terras é o governo provincial, central ou a administração do distrito. Isto é, os agregados estão alheios aos processos de decisão (Gráfico 11.8).

Gráfico 11.7. Forma de materialização do acordo de atribuição de terra

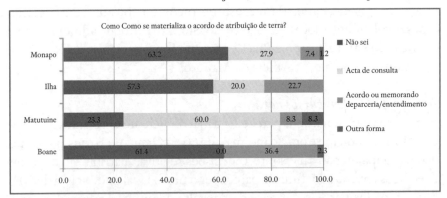

Fonte: Inquérito realizado no âmbito do projeto de pesquisa.

Gráfico 11.8. Processo de decisão sobre a atribuição de terra

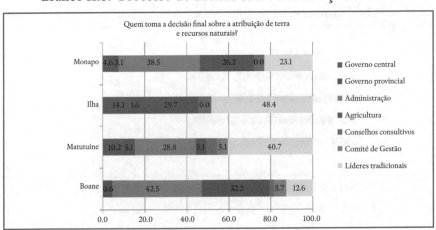

Fonte: Inquérito realizado no âmbito do projeto de pesquisa.

Nesta área a descentralização ainda necessita de alguma vontade política para se realizar. A experiência de Matutuíne poderá ser um facto a considerar na procura de soluções para a capacitação das populações nos processos de decisão sobre os recursos naturais. Contudo é de destacar que Matutuíne é o único distrito onde se encontra localizada uma reserva especial e, consequentemente, há programas específicos de gestão participava dos recursos naturais. Adicionalmente, a procura de terras por parte de operadores turísticos, sobretudo de origem Sul-africana, estará a concorrer para o estabelecimento de estratégias de defesa contra uma eventual usurpação de terras.

É bastante estranho que no distrito de Boane, a 20 Km da cidade de Maputo, 60% dos associados não tenha conhecimento das formas de atribuição da terra. Neste distrito o valor da terra no mercado informal é bastante superior à dos restantes, consequentemente será mais propenso a formas fraudulentas de usurpação da terra. A acrescentar este facto a questão relacionada com a falta de divulgação para o direito de uso e aproveitamento de terra poderá ser outro fator a ser considerado.

Participação na área de decisões sobre infraestruturas

Há um conhecimento entre os associados sobre as reuniões sobre infraestruturas. Acima de 80% dos associados estão informados sobre o tipo de infraestruturas a ser construídas no seu distrito. Acima de 80% dos associados participam sempre ou às vezes nas reuniões sobre as decisões relativas as infraestruturas. Os fatores que explicam este grande nível de participação nesta área estão possivelmente associados às campanhas para construção de infraestruturas, como sejam escolas de material não convencional e abertura de estradas precárias. Outro fator a considerar são as ONG, pois estas usam a participação como forma de promover a construção de furos de água.

Participação na área de educação

O "conselho da escola" é considerado o principal mecanismo de participação dos pais na escola. Os resultados mostram que, em todos os distritos, mais de 70% dos agregados sabe sobre a existência do conselho da escola. Contudo, grande parte dos pais considera que as suas preocupações não são consideradas, ou são muito pouco consideradas (Gráfico 11.9).

Gráfico 11.9. Atitude da escola perante as preocupações da comunidade

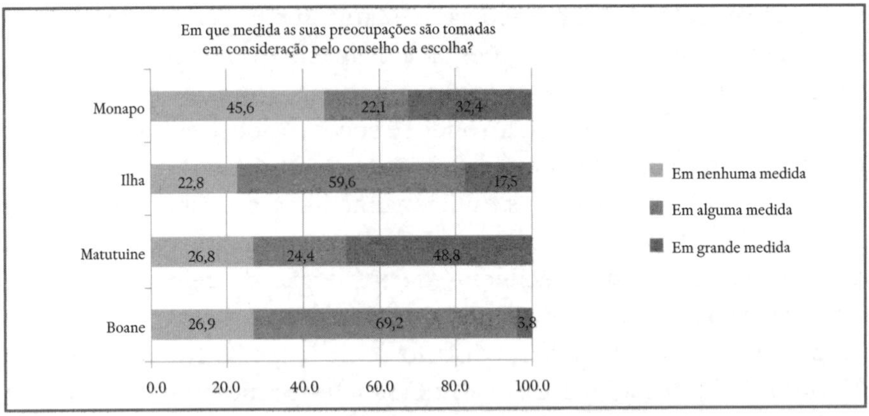

Em que medida as suas preocupações são tomadas em consideração pelo conselho da escolha?

- Monapo: 45,6 | 22,1 | 32,4
- Ilha: 22,8 | 59,6 | 17,5
- Matutuine: 26,8 | 24,4 | 48,8
- Boane: 26,9 | 69,2 | 3,8

(eixo: 0.0 20.0 40.0 60.0 80.0 100.0)

Legenda:
- Em nenhuma medida
- Em alguma medida
- Em grande medida

Fonte: Inquérito realizado no âmbito do projeto de pesquisa.

Os níveis de analfabetismo poderão ser um fator que explica esta pouca participação efetiva. Outro fator tem a ver com a problemática da liderança na escola. Numa pesquisa de Carlos Lauchande e Alberto Cupane realizada em 2008 no âmbito da sua atividade no Cruzeiro do Sul, argumenta-se que grande parte dos diretores é produto da socialização de processos de gestão bastante autocráticos e, por consequência, têm muitas dificuldades em funcionar num clima que exige abertura, participação e consulta nos processos de decisão. É assim que, em muitas escolas, o processo de descentralização ainda é de certa maneira cosmético, pouco sistemático, sem uma contextualização na dinâmica do desenvolvimento da comunidade local.

A capacidade de liderança em processos de descentralização deve ser uma das dimensões básicas dos diretores das escolas. É necessário que a seleção de diretores tenha em consideração esta dimensão, pois parece ser uma das determinantes para o sucesso do programa de descentralização.

Conselhos consultivos nas políticas de descentralização e seu impacto na dinâmica local

Existem três categorias de conselhos consultivos: (i) conselhos consultivos distritais; (ii) conselhos consultivos do posto administrativo e (iii) conselhos consultivos de localidade ou povoação.

O conselho consultivo constitui a entidade de maior articulação e interação entre as comunidades e o governo ao nível administrativo respetivo.

É também através deste órgão que são canalizadas para as comunidades algumas decisões de governação e do desenvolvimento local.

A respeito da composição e estrutura organizacional, os conselhos consultivos são constituídos maioritariamente por homens, provenientes das localidades, do posto administrativo e da sede distrital, cuja tarefa fundamental reside na consciencialização da comunidade em matérias sobre direitos e deveres. Trata-se de um canal de articulação com o governo distrital que demonstra as assimetrias em relação ao género ainda prevalecentes a nível das instituições de poder nos distritos.

Atualmente os conselhos consultivos têm focalizado os seus esforços no processo de seleção dos mutuários ao fundo de iniciativas locais, gestão, finalidades e consciencialização sobre a necessidade de devolução. Paralelamente, tratam de informar a comunidade que o fundo de desenvolvimento comunitário tem por objetivo promover o desenvolvimento comunitário através da criação de postos de trabalho, produção de alimentos e geração da renda.

Na estrutura organizacional dos conselhos consultivos existem diferentes órgãos, especificamente a presidência e a assembleia, responsáveis pela tomada de decisões referentes a diferentes assuntos. Regra geral, verifica-se o processo de descentralização para a tomada de decisões no conselho. A realização de atividades relacionadas com a comunidade requer a consulta ao líder comunitário – o "régulo" e o chefe do "grupo dinamizador". Estes, por sua vez, informam o presidente do conselho consultivo, responsável pela tomada da decisão final.

Embora prevaleça uma estrutura vertical, evidências demonstram a existência de mecanismos horizontais para a tomada de decisões, sendo muito frequente que a decisão das bases em relação a um determinado assunto seja assumida pelas lideranças. Todavia as consultas às bases e a participação livre dos elementos no conselho consultivo nem sempre acontece, o que cria conflitos e mal-estar entre a população e as autoridades. Um dos participantes na Ilha de Moçambique mencionou que "quanto à participação em geral, se há alguém que quer dizer algo, é logo "conotado". (...) o administrador é que manda, não havendo qualquer autonomia dos (outros membros do) conselho consultivo".

Uma vez que os conselhos consultivos desempenham um papel importante em relação ao fundo de iniciativas locais, estes se veem orientados a respeitar os critérios básicos para a aprovação dos projetos, nomeadamente a objetividade, clareza, finalidade, etc., e os mesmos devem ser do conhecimento da comunidade. Contudo, este processo de alocação e gestão dos FIL nem sempre decorre da melhor maneira, havendo queixas de parcialidade na sua atribuição, quer por via da partidarização, quer por via do nepotismo ou corrupção: "as concessões de fundos estão partidarizadas. O conselho é chamado a aprovar projetos já aprovados a nível da administração influenciados pelo partido (Frelimo)", disse um dos inquiridos em Monapo. Outro declarou que "promessas de dar aos chefes 15% do valor pedido ao FIL podem levar a aprovação do projeto, e isto impede que haja reembolsos, pois os chefes estão comprometidos (...). Se o pagamento aos chefes não for efetuado, os poucos que assim o fizeram, são alvo de supervisões constantes e controle rigoroso de devolução, e caso haja algum atraso nos depósitos mensais, há o chamamento imediato à administração para responder".

Estas práticas podem estar a causar uma diminuição do potencial dos FIL na dinamização das economias locais. Outra prática que contribui no mesmo sentido é a da burocratização. "Apesar de os chefes gritarem nos comícios de 'luta contra a pobreza e corrupção', tal não acontece, e não sabem o que é lutar contra a pobreza. Retêm os interessados em fazer negócios. Pedem uma série de documentação, para além do bilhete de identidade e do cartão de eleitor, a certidão narrativa: pedem os estatutos, e se o recebem dizem que 'o estatuto está errado, procure falar com o técnico de planificação, ele é que sabe'. Quando se vai ao técnico de planificação este remete a um advogado seu conhecido em Nampula, ou diz que se quiser que ele faça, tem que fazer um pagamento de 6000 MTN", declarou um cidadão no distrito de Monapo.

A pouca eficácia das reuniões dos conselhos é também influenciada pela pouca qualificação dos membros – "Há membros que não sabe explicar o que é o Conselho" –, embora este aspeto não seja decisivo, pois as pessoas no fundo sabem o que querem.

Considerações finais

Resumem-se a seguir as conclusões principais da pesquisa efetuada e tecem-se algumas considerações finais:

1. A dinâmica de funcionamento das microempresas é bastante similar à das associações em grande parte dos aspetos, notados no texto, e com

certa divergência em muito poucos aspetos. Este aspeto de similaridade entre as associações e microempresas é, fundamentalmente, reflexo da resposta a situações de extrema vulnerabilidade/pobreza.

2. Nas zonas urbanas são desempregados com alguma capacidade, como artesãos, que iniciam negócios no sector informal. Nas zonas rurais são camponeses praticando uma agricultura principalmente de subsistência, com dificuldade em encontrar mercados para os seus produtos, insumos e formação para melhorar a produção que, com o apoio das ONG, formam associações para encontrar respostas possíveis às situações de dificuldades económicas e sociais. Alguns dos associados, quando conseguem adquirir alguma independência financeira, deixam posteriormente as associações e criam o seu negócio individual conservando a experiência vivida nas associações.

3. Entre o discurso e a prática do desenvolvimento local com a participação dos atores locais, nomeadamente associações e microempresas, e os órgãos de poder local e seus conselhos consultivos, ainda se regista um grande fosso, devido a vários fatores, uns de ordem política, outros de ordem económica e outros ainda de ordem cultural. As constatações de campo evidenciam que:

a) Os níveis de participação dos cidadãos nos processos de tomada de decisão, no acesso aos serviços públicos, incluindo a transparência na gestão do bem comum, quer nas instituições públicas, quer nas associações, ainda são pouco expressivos.

b) Os indicadores referentes ao sector de educação, um dos fatores--chave para o processo de descentralização, ainda apresentam níveis bastante baixos. Por exemplo, a participação dos pais nos conselhos de escola não se faz sentir como está definido nos documentos orientadores.

c) No plano macro, ou seja, nacional, a gestão e alocação de recursos, sobretudo financeiros, ainda se encontra muito dependente das estruturas centrais. Perante este quadro, as estruturas locais agem sob comando das estruturas centrais, aliado ao facto de estas possuírem fraca capacidade instalada para arrecadação de receitas próprias e, por esta via, reduzirem o seu grau de dependência em relação ao comando central ou provincial.

d) A dita desconcentração de competências até ao nível distrital, do posto e da localidade, é muito limitada na vertente financeira.

É aqui que se observa um dos maiores nós de estrangulamento do processo de descentralização como fator importante, se não mesmo decisivo, para a promoção do desenvolvimento local.

e) Ao nível das associações que fazem parte da sociedade civil, também se verificam os efeitos dos fatores culturais fortemente relacionados com a concentração de poder e a forma de gestão do património coletivo, evidenciando uma forte tendência para a formação de estruturas verticalizadas, isto apesar das regras formalmente democráticas permitindo ampla horizontalidade nas relações dentro das associações. Os conselhos reproduzem o mesmo modelo governamental em que o chefe é que toma as decisões. Outra possível base de explicação para tipo de relações encontradas pode ser encontrada nas chefaturas originadas da tradição mas muito corrompidas com a vigência por longo período do modelo sob dominação colonial.

f) A importância dada à pessoa do chefe retira em boa medida o exercício de participação e democracia nos processos de tomada de decisão, implementação e benefícios materiais, sociais ou mesmo financeiros aos outros membros das associações. Nestes casos, longe de atingirem interesses coletivos do grupo, as associações apresentam-se como instrumentos para viabilizar interesses minoritários e subjugação dos membros que, por motivos de vária ordem, incluindo os mais diversos tipos de chantagem ou coerção, se sujeitam à condição de membros fictícios destas organizações. A ideia de democracia associada à participação, a expansão das liberdades de opinião e, sobretudo, da partilha dos objetivos, são muito pouco evidentes.

g) Quanto aos FIL, para além do problema do reembolso, há vários casos de corrupção e nepotismo que, se não forem neutralizados por sistemas próprios de concessão de fundos sob forma de empréstimos, prejudicam os objetivos para que foram instituídos.

Deve ressaltar-se, contudo, que as associações nas áreas culturais, artesanais e de poupança e crédito – e algumas rurais de camponeses que sejam de carácter endógeno – resistem ao teste do tempo. É de sublinhar também que uma boa parte destas têm mulheres na liderança, embora não exclusivamente.

Diante deste quadro, as associações podem minimizar a vulnerabilidade e a pobreza de alguns membros, através de maiores probabilidades de acesso à terra ou a exploração coletiva de um sistema de regadio, embora regra geral não estejam a evoluir na direção de se tornarem empresas coletivas, ou de transformarem sistematicamente os seus membros em empreendedores agrícolas individuais. A acontecer, tal facto é fruto do acaso, isto é, existem outras variáveis explicativas da génese do microempreendedor.

Torna-se óbvio que o desenvolvimento local deve contar não só com as associações e microempreendedores, mas também com as pequenas e médias empresas, e suas ligações a grandes empresas e a cadeias de valor, num ambiente em que um nível de descentralização adequado, mas real, favoreça o seu desenvolvimento o mais harmonioso possível.

Bibliografia

CEPKA. (2010). *O Nível de Participação das Comunidades nos Planos Estratégicos de Desenvolvimento Distritais*. Nampula: CEPKA.

Cruzeiro do Sul. (2011a, Janeiro). *Estudo sobre o Perfil da Pobreza e Potencialidades Económicas no Distrito de Mocímboa da Praia*. Maputo: Cruzeiro do Sul.

Cruzeiro do Sul. (2011b, Janeiro). *Estudo sobre o Perfil da Pobreza e Potencialidades Económicas no Distrito de Mocuba*. Maputo: Cruzeiro do Sul.

Cruzeiro do Sul. (2011c, Março). *Descentralização e Desenvolvimento Local – Experiências a partir de alguns Distritos de Nampula e Maputo*. Relatório de Pesquisa. Maputo: Cruzeiro do Sul.

GAIGER, L. (2006). Racionalidade dos formatos produtivos autogestionais. *Revista Sociedade e Estado*, 21(2), 513-44.

MAZULA, A. (1998). *Autarquias Locais em Moçambique – Antecedentes Locais em Moçambique*. Maputo: INCM.

Ministério do Plano e Finanças. (2001). *Plano de Acção para a Redução da Pobreza Absoluta 2001-2005*. Maputo: Ministério do Plano e Finanças.

Ministério do Plano e Finanças. (2006). *Plano de Acção para a Redução da Pobreza Absoluta 2006-2009*. Maputo: Ministério do Plano e Finanças.

NEGRÃO, J. (2002). *Para que o PARPA resulte: reflexão epistemológica sobre um processo candente*. Coimbra: Universidade de Coimbra.

NEWITT, M. (1997). *História de Moçambique*. Lisboa: Europa-América.

RAZETO, L. (1993). *Los Caminos de la economia de solidariedad*. Buenos Aires: Editorial Lumen-Humanitas.

ROLIM, C., *et al.* (2002). *A Economia Moçambicana Contemporânea: Ensaios*. Maputo: Gabinete de Estudos/Ministério do Plano e Finanças.

RONDINELLI, D. A., & Nellis J. R. (1986). Assessing Decentralization Policies in Developing Countries: A Case for Cautious Optimism, *Development Policy Review* 4(1), 3-23.

VALÁ, C. S. (1998). A Problematização do Alívio à Pobreza em Moçambique. *Extra*, 21, pp.6-18.

12

O funcionamento dos órgãos locais no município da Ilha de Moçambique: estudo de um caso típico

LUIS FILIPE PEREIRA

Introdução

Na reforma da administração pública em Moçambique há tentativas de pôr em prática um processo de descentralização e de desconcentração de poderes ao nível central e provincial para os órgãos locais, apesar de não ter sido aprovado o projeto lei de descentralização que está ainda em preparação.

A província de Nampula tornou-se, durante anos, um laboratório onde várias experiências foram realizadas pela governação e pela sociedade civil, onde se destaca o apoio das Nações Unidas e de algumas ONG internacionais como por exemplo a SNV, financiada pelos Países Baixos. Importa referir, como diz Salvador Forquilha, em "Governação distrital no contexto de reformas administrativas em Moçambique" (Forquilha, 2010), que os programas de ajustamento estrutural dos anos 80 trouxeram a necessidade de instituições públicas mais eficazes e culminaram, nos anos 90, com a importância de melhorar o papel de governação local como forma de responder à problemática do desenvolvimento e redução da pobreza.

LUIS FILIPE PEREIRA

Por isso, foi na Constituição de 1990, pouco antes do acordo de paz entre a Frelimo e a Renamo que se fez, segundo Forquilha, "a abertura do espaço político que criou as bases para uma governação local assente em princípios democráticos de inclusão e participação local" (Forquilha, 2010, p. 31). Neste quadro, segundo a lei 3/94, foram criados 128 distritos rurais e 23 distritos municipais urbanos. Estes órgãos não ficaram dependentes do poder local instituído. Depois de uma maior reflexão da governação e parlamento, e tomando em conta os resultados eleitorais, foi feita a revogação desta lei. Em 1997, o parlamento moçambicano aprova a lei 2/97 que define os poderes políticos e económicos dos órgãos locais. Os 128 distritos passam a ser geridos pelos órgãos de administração local do estado. Nos municípios, são eleitos por via direta e secreta as assembleias municipais, os presidentes do conselho municipal e alguns vereadores, visto que a outra parte é escolhida diretamente pelo presidente do município. Foi introduzido nesta altura o princípio do gradualismo para a criação dos novos municípios.

Relativamente às funções dos governos locais/distritais, estes passam a ter autonomia orçamental, administrativa e fiscal sob a tutela legal do Ministério da Administração Estatal (MAE) e do Ministério do Plano e Finanças (MPF). Na lei 8/2003, regulamentada em 2005, cria-se a LOLE (lei dos órgãos locais do estado) que faz a desconcentração de poderes para a administração dos órgãos locais. Para além do administrador do distrito, com as suas direções e serviços, há o administrador de posto e o chefe da localidade.

As equipas técnicas distritais preparam os planos distritais e consultam os conselhos locais, do qual fazem parte as autoridades comunitárias, algumas mulheres e ainda alguns representantes dos sectores económicos, religiosos e de comunicação, e representantes de organizações da sociedade civil. Embora existam outros órgãos como os fóruns locais, comités comunitários, o principal interlocutor junto do administrador do distrito a nível local é o conselho consultivo que defende os interesses das populações locais no processo de planificação. Há já alguns anos foram criados os fundos distritais, sendo sete milhões de meticais o montante a ser atribuído pelos administradores distritais aos candidatos que apresentem projetos de geração de rendimento. Este processo levantou dois grandes problemas: o primeiro estava relacionado com os critérios de atribuição dos fundos que geraram muitas reclamações e insatisfação dos residentes, principalmente nos distritos; o segundo estava associado ao nível do retorno dos contratos de empréstimo efetuados, que é muito baixo, oscilando entre os 5% e os 20%. Embora haja maior circulação de dinheiro no distrito, não é visível o impacto na transformação da realidade socioeconómica do distrito ou do posto. No que se refere aos conselhos locais que funcionam junto da administração distrital, embora a lei não seja muito clara, a maior parte das vezes funcionam apenas como órgãos de consulta e não como órgãos de participação efetiva.

Importa ainda saber como reagem as comunidades, as populações locais, aos novos conceitos importados de descentralização, democracia, funcionamento dos órgãos locais. Nos resultados da recolha de informação no terreno, pode-se perceber que as comunidades procuram alternativas quando não se sentem integradas ou não participam na resolução dos seus problemas. Algumas vezes estas comunidades fecham-se nas suas formas de organização social. Óscar Monteiro, na análise do tema da descentralização – "conceito de descentralização e descentralização dos municípios" – considera que as iniciativas devem resultar do interesse e da capacidade organizadora das pessoas que vivem nas localidades ou bairros e devem ser apoiadas pelos próprios municípios ou pela governação aos vários níveis. Sugere que cada nível deve ter os seus próprios meios e gerir os seus recursos de modo a que todos os grupos sociais se sintam integrados. Sugere ainda que a reformulação do estado deveria partir das iniciativas de base dos cidadãos (Monteiro, 2011).

Depois destas considerações seria importante questionar até que ponto o processo de descentralização estará a criar o espaço político para os representantes das comunidades e das instituições locais participarem na discussão dos planos e acompanharem a implementação de programas que contribuem para dar resposta às suas necessidades e ainda para a redução da pobreza. Como poderão ser as pessoas e as instituições locais os atores do seu próprio desenvolvimento?

A descentralização aparece muitas vezes identificada com os municí-pios e eleições municipais. Contudo, a tradição centralizadora *top-down* prevalece sobre a tradição da democracia popular que existiu na fase da luta de libertação nacional onde a participação e o diálogo com as populações caracterizava o processo político. Esta tradição centralizadora poderá conciliar-se com o processo de descentralização que começa a dar os seus primeiros passos. Esta visão hierarquizada resulta de um longo processo histórico onde se misturam as influências do modelo colonial, as necessidades da luta para a conquista da independência, a atuação das chefaturas e dos processos de organização que surgiram na fase pós-independência.

Mas veja-se como funcionam as instituições e os órgãos locais e a participação das pessoas e suas organizações neste caso específico da Ilha de Moçambique. Importa referir que a Ilha de Moçambique foi antiga capital colonial e é uma sociedade matrilinear onde a maior parte dos habitantes pratica o islamismo. As principais atividades socioeconómicas são o turismo, a pesca, o comércio formal e informal e a agricultura do lado continental do distrito.

Quadro institucional referente à Ilha de Moçambique

Em Moçambique existe uma legislação de proteção do património para o país, como um todo, e outra mais específica sobre a Ilha de Moçambique. Esta legislação abrange tanto o património cultural (leis, regulamentos e políticas), como o natural ou ambiental (planeamento e o ordenamento territorial, gestão do solo urbano e águas marinhas), sendo aplicável às ações de conservação, turismo e outras áreas conexas. A Ilha dispõe ainda de um estatuto específico, além de ser protegida pela convenção do património mundial da UNESCO. O quadro institucional local é constituído pelo conselho municipal da Ilha de Moçambique (CMIM), pelo governo distrital da Ilha de Moçambique (GDIM) e pelo gabinete de conservação da Ilha de Moçambique (GACIM). A este quadro administrativo junta--se a sociedade civil, que se encontra organizada sob várias formas. No seu conjunto, as principais características deste quadro particularmente complexo são sintetizadas a seguir.

Atribuições do conselho municipal da Ilha de Moçambique

A Lei nº 2/97, de 18 de Fevereiro, institucionaliza as autarquias como forma de poder local (Artigo 272). A 31 de Maio de 1997, através da Lei nº 10/97, foi criado o conselho municipal da Ilha de Moçambique, sendo composto pela parte insular e pelo posto administrativo do Lumbo. As atribuições desta autarquia compreendem as áreas seguintes: desenvolvimento económico e social local; meio ambiente, saneamento básico e qualidade de vida; abastecimento público; saúde; educação; cultura, tempos livres e desporto; polícia municipal; urbanização, construção e habitação.

O conselho municipal da Ilha de Moçambique foi criado em 31 de Maio de 1997 (Lei nº 10/1997 e conta com os seguintes órgãos e serviços:

- Assembleia municipal composta por deputados eleitos pelos partidos;
- Gabinete do presidente do conselho municipal;
- Gabinete de estudos e assessoria;
- Serviço de inspeção e fiscalização municipal;
- Serviço de finanças e património;
- Serviço de urbanização e gestão ambiental;
- Serviço de saneamento, espaços verdes, cemitério e manutenção;
- Serviço de turismo.

Governo do distrito da Ilha de Moçambique

O Decreto nº 11/2005 de 10 de Junho aprova o regulamento da Lei nº 8/2003 dos órgãos locais estatais (LOLE). Em consonância com a LOLE, o distrito da Ilha de Moçambique compreende a região insular e o posto administrativo do Lumbo (parte continental), com um administrador distrital. O governo distrital da Ilha de Moçambique é composto pelos seguintes órgãos:

- Secretaria distrital;
- Gabinete do administrador distrital;
- Serviços distritais;
- Serviço distrital de planeamento e infraestruturas;
- Serviço distrital de educação, juventude e tecnologia;
- Serviço distrital de saúde, mulher e ação social;
- Serviço distrital de atividades económicas;
- Serviço distrital do turismo e da pesca;
- Conselho consultivo distrital composto por 50 membros escolhidos a nível do distrito;
- Conselho consultivo do posto administrativo composto por 20 membros (mínimo);
- Conselho de localidade composto por 10 membros (mínimo).

Gabinete de conservação da Ilha de Moçambique

O gabinete de conservação da Ilha de Moçambique (GACIM) foi criado pelo Decreto nº 28/2006 do conselho de ministros. O mesmo diploma define como áreas sectoriais de intervenção do GACIM, a proteção arquitetónica, histórica e arqueológica e a proteção ambiental e o turismo cultural. Para efeitos da prossecução das competências estipuladas na última alínea, a APIE procedeu, em Abril de 2008, à transferência formal para o GACIM de 125 imóveis da Ilha de Moçambique que se encontravam sob sua gestão. As receitas resultantes da gestão dos contratos de arrendamento em questão passaram a reverter a favor do GACIM. Este processo gerou necessariamente algumas reações por parte da assembleia e do conselho municipal. Por sua vez, o Decreto nº 27/2006 de 13 de Julho, que define o estatuto específico da Ilha de Moçambique, assegura a aplicação das normas da UNESCO relativas à proteção do património mundial. Nesse sentido, este estatuto estabelece as regras e mecanismos de articulação e coordenação entre os diferentes intervenientes no processo de desenvolvimento e conservação da ilha e promoção do investimento nacional e estrangeiro na região.

Não obstante, as competências do CMIM na área de gestão do espaço urbano, ao abrigo do estatuto específico da Ilha de Moçambique, com a criação do GACIM, implicam que este passe a assumir funções ao nível da conservação, restauro e edificação do património. Assim, passou a ser necessária a autorização/aprovação prévia do GACIM para a execução de projetos de conservação, restauro e proteção do património cultural; para a realização de modificações, internas ou externas, às características arquitetónicas do património edificado; para a utilização de material diferente do original e a introdução de elementos estranhos na arquitetura; para a construção e reconstrução de edifícios.

É, por outro lado, necessário o parecer favorável do GACIM para a autorização da ocupação duradoura e permanente dos espaços públicos, nomeadamente com toldos, alpendres, vitrinas e guarda-ventos. Apesar das funções atribuídas ao GACIM, ele representa uma estrutura central – o Ministério da Cultura – e não tem um carácter deliberativo, tendo por isso que passar as suas propostas pela consideração do CMIM.

Sociedade civil

As organizações e associações profissionais e culturais constituem um elemento incontornável do quadro institucional, social, cultural e económico da ilha. De entre estas organizações, destacam-se, pela sua importância na sociedade civil e pelo seu número, as oito confrarias religiosas existentes, todas elas islâmicas, refletindo a importância da tradição religiosa e cultural muçulmana. São organizações centrais na vivência da grande maioria da população da ilha. Igualmente, com elevado número de associados, são os agrupamentos ou associações culturais da Ilha de Moçambique, ligados à expressão artística musical. Estas associações constituem-se também em redes de solidariedade corporativa e são, frequentemente, um veículo de mobilização social e política, dada a proximidade dos grupos com uma ou outra força partidária.

Complementarmente, existem associações ligadas à promoção do desenvolvimento da Ilha de Moçambique, como a associação Watana Wamiravo, a associação Olaleia, a associação dos pequenos empresários de turismo da Ilha de Moçambique, a associação de pescadores, grupos culturais e a associação dos amigos da Ilha de Moçambique. Esta última é, indubitavelmente, a de maior visibilidade na região, cruzando-se, frequentemente, de uma forma ou de outra, com iniciativas e projetos em curso. Assim, não obstante algumas carências, o movimento associativo da sociedade civil na região da Ilha de Moçambique é rico e diversificado, com características que potenciam o seu desejável envolvimento no processo de gestão, conservação e desenvolvimento da ilha. Nas associações de carácter socioprofissional destaca-se a associação dos pescadores da Ilha de Moçambique. Algumas destas organizações da sociedade civil participam nas reuniões dos conselhos consultivos.

Principais instrumentos legais referentes à conservação da Ilha de Moçambique

O quadro institucional e administrativo acima apresentado rege--se pelos vários instrumentos legais (para além dos apresentados) para diferentes áreas importantes da conservação do património da Ilha de Moçambique, como ambiente e turismo.

No domínio da gestão do território

Os principais instrumentos existentes no domínio da gestão do território são:

- Lei nº 19/97 de 1 de Outubro – lei de terras – a qual estabelece que a terra é propriedade do estado e não pode ser vendida ou, por qualquer forma, alienada, hipotecada ou penhorada (artigo 3).

LUIS FILIPE PEREIRA

A lei atribui competências aos presidentes dos conselhos municipais e de povoação e aos administradores do distrito, nos locais onde não existam órgãos municipais, para autorizar pedidos de uso e aproveitamento da terra nas áreas cobertas por planos de urbanização e desde que tenham serviços públicos de cadastro. A lei considera zonas de proteção parcial (entre outras), a faixa da orla marítima e no contorno de Ilhas, baías e estuários, medida da linha máxima da preia-mar até 100 metros para o interior do território (artigo 8). Nas zonas de proteção total e parcial não podem ser adquiridos direitos de uso e aproveitamento da terra, podendo, no entanto, ser emitidas licenças especiais para o exercício de atividades determinadas;

- Decreto nº 60/2006 de 26 de Dezembro – regulamento sobre a gestão do solo urbano – respeitante ao regime de uso e aproveitamento da terra nas áreas de cidades e vilas. De acordo com este regulamento, o serviço de cadastro de terras é gerido pelos órgãos locais (artigo 1). Os planos de ordenamento das cidades, vilas e dos assentamentos humanos ou aglomerados populacionais, classificam-se em: plano de estrutura urbana; plano geral e parcial de urbanização; e plano de pormenor;[78]

- Lei nº 19/2007 de 18 de Julho – regulamento sobre o planeamento e ordenamento territorial – atribui a competência do governo distrital para a elaboração e aprovação dos instrumentos de ordenamento territorial (planos) ao nível distrital (artigo 13). Nas autarquias, os planos do território são elaborados e aprovados pelos órgãos competentes para o efeito (artigo 13);

- Código das posturas municipais de 2006: as posturas sobre o património material do sítio do património mundial da Ilha de Moçambique são, na essência, um código de posturas municipais que regem as suas ações de direção e monitoria no território do município, nomeadamente no quadro do saneamento, meio ambiente e cemitérios; publicidade, vias públicas, transporte e trânsito; mercados

[78] "O plano de estrutura urbana estabelece a organização espacial da totalidade do território do município (...) as infraestruturas e os equipamentos sociais existentes. O plano geral e parcial de urbanização é instrumento de gestão territorial de nível municipal. O plano de pormenor define com detalhe a tipologia de ocupação de qualquer área específica do centro urbano pronunciando-se sobre os usos do solo e condições gerais de edificações" (Decreto nº 60/2006).

O FUNCIONAMENTO DOS ÓRGÃOS LOCAIS NO MUNICÍPIO DA ILHA DE MOÇAMBIQUE: ...

e atividades económicas; cultura e diversão pública; construção e urbanização; conservação e restauro do património edificado; impostos, licenças, taxas e multas. O código das posturas municipais está atualmente em revisão.

No domínio da cultura

Os principais instrumentos no domínio da cultura são:

- Convenção da UNESCO para a proteção do património mundial, cultural e natural (1972) – na qualidade de estado-parte da convenção de 1972, Moçambique compromete-se a assegurar a identificação, proteção, conservação, apresentação do património cultural e natural situado no seu território, transmitindo o seu legado às futuras gerações. Neste contexto, o estado Moçambicano é responsável pela gestão e monitoria da Ilha de Moçambique, devendo preparar e submeter relatórios sobre o estado de conservação do sítio ao centro do património mundial;
- Convenção da UNESCO para a salvaguarda do património cultural imaterial (2003) – a principal finalidade desta convenção é salvaguardar o património cultural imaterial. Assim, a salvaguarda do património por parte dos estados-parte inclui a adoção de medidas que visam assegurar a viabilidade da conservação do património cultural imaterial, incluindo a identificação, documentação, investigação, preservação, proteção, promoção, valorização, transmissão – essencialmente pela educação formal e não formal – e revitalização dos diversos aspetos deste património.

Noutros domínios

Nos outros domínios conexos às problemáticas das várias áreas com impacto direto e/ou indireto sobre o património da Ilha de Moçambique, existem igualmente vários instrumentos legais referentes, por exemplo, ao meio ambiente (Lei nº 20/97 – lei do ambiente; Decreto nº 45/2006 – regulamento para a prevenção da poluição e proteção do ambiente marinho costeiro), obras públicas (Decreto nº 2/2004 – regime de licenciamento de obras particulares) e turismo (Lei nº 4/2004 – quadro legal para o fomento e exercício das atividades turísticas; Decreto nº 44/2006 – regulamento de mergulho amador).

No âmbito da descentralização, as escolas primárias passam a ser geridas pelo município. Os salários já estão a ser pagos pelo serviço distrital de educação.

Efetividade do quadro legal e institucional na gestão e conservação da Ilha de Moçambique

A coordenação interinstitucional dos diferentes atores com responsabilidades pela gestão e desenvolvimento da região da Ilha de Moçambique encontra-se prevista em diversos instrumentos legais:

- A LOLE (artigo 12) define a coordenação dos planos, programas, projetos e ações dos órgãos locais do estado com os órgãos das autarquias locais, a nível do respetivo território;
- O estatuto específico da Ilha de Moçambique (artigos 2, 4, 5, 6, 7, 9 e 14) que tem como um dos seus objetivos específicos definir as regras de articulação e coordenação entre os diferentes órgãos do governo para o desenvolvimento integrado e conservação sustentável da Ilha de Moçambique, estabelece:
  - A articulação entre o GACIM e o CMIM no quadro da conservação, restauro e proteção de património e da ocupação permanente ou duradoura do espaço público;
  - A articulação entre o GACIM e o governo distrital, e entre estes e a sociedade civil, para a realização de programas de educação ambiental e patrimonial (CESO-CI 2009).

O estatuto orgânico do GACIM realiza a coordenação da sua atividade, a nível local, com o governo distrital, o CMIM e demais instituições (artigo 18). Possui uma comissão técnica (artigos 14 a 16) que tem como competências aconselhar o GACIM sobre o conteúdo de programas, que contribuem para a informação atualizada do decurso dos programas e projetos de conservação na Ilha, sob tutela dos vários intervenientes.

Contudo, parece evidente haver um elevado número de autoridades institucionais na Ilha de Moçambique (GDIM, CMIM, GACIM), em algumas situações, com sobreposição de áreas como no caso do turismo, da educação, da gestão do património ou com posições divergentes, o que favorece zonas de confusão institucional e de vazio sem capacidade de decisão. Na realidade, num cenário em que ao CMIM e GDIM, cujos âmbitos territoriais têm correspondência exata, acresce uma terceira

O FUNCIONAMENTO DOS ÓRGÃOS LOCAIS NO MUNICÍPIO DA ILHA DE MOÇAMBIQUE: ...

entidade com funções administrativas (GACIM). A articulação interinstitucional e sempre difícil e por vezes conflituosa. Isto deve-se, ao facto de haver estruturas a mais e ainda por que a legislação e regulamentação mencionada são insuficientes para a definição de mecanismos efetivos de coordenação. Acresce ainda uma aparente ausência de clareza na perceção da repartição de atribuições entre os diferentes intervenientes. Importa lembrar que a parte insular (cidade) tem cerca de 12.000 habitantes e 1,2 km² de superfície e a parte continental, zona rural tem cerca de 36.000 habitantes que vivem da agricultura e pesca e alimentam o comércio da parte insular. A superfície é de 144 km².

O CMIM é o ator principal na gestão do património histórico edificado da Ilha de Moçambique. A emissão de licenças para construção ou reabilitação de edifícios compete ao CMIM como também é da sua competência a manutenção dos espaços públicos e infraestruturas urbanas. No entanto, não tem sido prática cumprir com as posturas municipais. Na resposta às tentativas do GACIM de introduzir regras sobre reabilitações e novas construções, em conformidade com o espírito da convenção da UNESCO de 1972, as posturas municipais mostram-se insuficientes, provando assim, que tais pareceres não são vinculativos ou não são respeitados.

A salvaguarda e defesa de valores estéticos, históricos e ambientais urbanos, sobretudo no que concerne ao uso e aproveitamento dos espaços vazios e desocupados, sejam eles públicos, comunitários tradicionais, semiprivados ou privados está a ser desrespeitada por tentativas de aproveitamento unicamente privado. Este facto reflete não só mudanças demográficas culturais mas, e sobretudo, uma grande ausência de autoridade. De facto a gestão do património na sua globalidade é realizada por muitos parceiros e por muitas vias sem coordenação ou controlo por parte do GACIM como responsável pela gestão do património cultural. A gestão duma grande parte dos edifícios em ruínas continua inexistente, ou não efetiva, de modo que estas são alvo de intervenções, que qualquer indivíduo ou instituição pode efetuar sem sanção.

Por outro lado, os instrumentos de implementação da lei do ordenamento do território aos níveis do distrito e do município (planos de urbanização) ainda não estão elaborados e aprovados, o que significa que não existem critérios objetivos e estabelecidos para avaliação e aprovação de projetos que dizem respeito ao património histórico edificado na Ilha de Moçambique (subaproveitado ou em ruína). As autorizações para a refuncionalização dos edifícios têm sido dadas sem critérios efetivos, resultando numa crescente ocupação para fins recreativos privados (casa de férias) o que pode constituir uma ameaça ao equilíbrio de toda a cidade.

O cadastro de terras ao nível da cidade está incompleto, existindo somente alguns fragmentos não atualizados. O desconhecimento da situação económico-jurídica do solo urbano e do seu tipo de ocupação, uso e aproveitamento impede a gestão efetiva do mesmo, o que tem dado origem a ampliações e novas construções privadas ocupando espaço público (sobretudo na Cidade de Macuti), tendo como resultado uma degradação e insalubridade crescentes do ambiente urbano. O CMIM tem emitido licenças de construção de carácter permanente na orla marítima em discordância com a lei de terras (artigos 8, 9 e 11) o que ameaça o estatuto da Ilha como património mundial, pelo facto de não serem tidas em conta as regras de conservação inerentes. Por outro lado, a morosidade dos processos de transferência de propriedade e de direito de uso e aproveitamento de terra têm atrasado muito a iniciativa privada disponível para a reabilitação dos imóveis e para o desenvolvimento económico e social da Ilha.

Modelo de gestão da Ilha de Moçambique

A nível nacional existe um modelo de gestão para locais históricos, a ser implementado para cada caso específico, que consiste na gestão participativa e compartilhada entre os sectores público e privado. Da análise feita acima sobre a efetividade do quadro institucional, depreende-se que é necessária uma ação mais coordenada das diversas instituições e atores públicos locais e uma clareza acrescida das respetivas atribuições, com vista a uma gestão efetiva do património da Ilha de Moçambique. Deste modo, considerando os recursos humanos, a capacidade financeira e organizacional existente, define-se a forma de articulação dos diferentes atores e intervenientes no âmbito da sua implementação.

O papel conselho municipal da Ilha de Moçambique (CMIM)

De acordo com a Lei 10/97 de 31 de Maio, as atribuições da CMIM na gestão da Ilha de Moçambique compreendem, entre outras:

- Executar tarefas e programas económicos, culturais e sociais de interesse local (recolha, depósito e tratamento de resíduos; manutenção de jardins, mercados e das vias de acesso);

O FUNCIONAMENTO DOS ÓRGÃOS LOCAIS NO MUNICÍPIO DA ILHA DE MOÇAMBIQUE: ...

- Conceder licenças para habitação ou outra utilização de prédios;
- Emitir licenças e alvarás;
- Alienar ou onerar bens imóveis próprios;
- Exercer os poderes e faculdades estabelecidas na lei de terras e seu regulamento;
- Conceder licenças para construção, reedificação ou conservação, bem como aprovar os respetivos projetos, nos termos da lei;
- Ordenar, após vistoria, a demolição total ou parcial, ou beneficiação de construções que ameacem ruína ou constituam perigo para a saúde e segurança pública.

No contexto do presente modelo de gestão do património da Ilha, as atribuições do CMIM compreendem igualmente:

- Aprovar o plano e preparar o respetivo orçamento para a implementação das atividades nele previstas sob a responsabilidade do CMIM;
- Fazer a coleta de taxas e receitas;
- Implementar as atividades previstas no plano, que sejam da responsabilidade do CMIM;
- Melhorar as bases ou condições para uma gestão do património da ilha assente na participação comunitária, na valorização e apoio das associações culturais e das iniciativas locais.

Gabinete de conservação da Ilha de Moçambique (GACIM)

De acordo com o Decreto nº 28/2006 de 13 Julho, as atribuições do GACIM na gestão da Ilha de Moçambique compreendem:

- Promover e planificar a atividade de pesquisa científica sobre a ilha;
- Analisar e avaliar os projetos de novas construções;
- Analisar, avaliar e dar parecer sobre os projetos de conservação e reabilitação de edifícios classificados;
- Promover o conhecimento e o respeito pelas leis e princípios nacionais e internacionais sobre a preservação e conservação do património edificado;
- Prestar assistência técnica e orientar as atividades inerentes à pesquisa, preservação e valorização do património da ilha no seu todo;
- Orientar as entidades especializadas na supervisão, fiscalização e inspeção das atividades de pesquisa subaquática, bem como no restauro de bens móveis e imóveis da ilha;

- Promover programas educativos sobre património cultural e meio ambiente da ilha;
- Organizar um arquivo de informação sobre o património da ilha através da criação de um banco de dados informatizado ou de outro tipo;
- Promover o turismo cultural e comunitário na ilha e o turismo massivo no continente;
- Promover assessoria e parceria para assistência e apoio técnicos aos projetos de conservação, reabilitação e desenvolvimento sustentável da ilha;
- Gerir contratos de arrendamento de edifícios classificados ou em vias de classificação.

No contexto do presente modelo de gestão do património da ilha, as atribuições do GACIM compreendem igualmente:

- Implementar as atividades apresentadas no plano sob responsabilidade do GACIM; não existe um plano único, embora tenham sido aprovados pelo Ministério da Cultura o plano de gestão da ilha e o plano integrado de desenvolvimento depois de longas discussões e de um acordo estabelecido com os órgãos locais. Neste caso, prevalece a vontade dos órgãos locais que nem sempre coincide com o interesse das comunidades locais;
- Melhorar as bases ou condições para uma gestão do património da ilha assente na participação comunitária, na valorização e apoio das associações culturais e das iniciativas locais.

Governo do distrito da Ilha de Moçambique (GDIM)
As atribuições do GDIM compreendem igualmente:

- Implementar as atividades apresentadas no plano sob a responsabilidade do GDIM;
- Promover e apoiar as iniciativas de desenvolvimento local (indústrias culturais, feiras, festivais) com a participação das comunidades locais na solução dos seus problemas;
- Aprovar os candidatos aos projetos de desenvolvimento do distrito (7 milhões de meticais).

Ministério da Cultura (MC)

As atribuições do MC compreendem:

- Adotar medidas apropriadas de âmbito legal, científico, técnico, administrativo e financeiro com vista à identificação, proteção, conservação, apresentação e reabilitação do património cultural e natural da ilha e, quando se verificar necessário, recorrer à assistência e cooperação internacional para o efeito;
- Promover o património da ilha como fator integral de desenvolvimento socioeconómico, de identidade cultural e de unidade nacional;
- Incentivar a participação das comunidades, instituições públicas e sector privado na planificação e implementação de programas e ações para o desenvolvimento sociocultural da ilha;
- Preparar, em coordenação com o GACIM, o relatório anual sobre o estado de conservação da Ilha de Moçambique, a ser submetido ao centro do património mundial da UNESCO.

Comunidade da Ilha de Moçambique

A responsabilidade dos ilhéus compreende:

- Respeitar e valorizar, divulgando a importância do património cultural da ilha;
- Respeitar o quadro legal referente à construção, conservação e reabilitação do património cultural da Ilha de Moçambique;
- Colaborar com as instituições responsáveis pela gestão e conservação da ilha;
- Propor programas e ações que promovam a igualdade de acesso dos ilhéus aos benefícios inerentes à gestão do património cultural da ilha;
- Promover, patrocinar e realizar iniciativas culturais, nos vários domínios, tais como festivais, concursos, debates, concertos, exposições e participar nas atividades de coordenação de atividades referentes à gestão da ilha;
- Contribuir, através das várias organizações e associações, para o aumento da consciência de unidade nacional e cultural dos ilhéus, de modo a que estes sintam uma maior responsabilidade na defesa do seu próprio do património.

UNESCO

A UNESCO pode/deve, sempre que solicitada:

- Assessorar as autoridades do estado parte da convenção (MC/ /GACIM) na implementação de ações (em concordância com os princípios plasmados nas convenções da UNESCO) referentes à salvaguarda do valor excecional universal da Ilha de Moçambique;
- Apoiar programas de disseminação do significado cultural da Ilha de Moçambique e a participação das comunidades locais (ilhéus) na preservação do respetivo património cultural e natural;
- Providenciar assistência técnica e financeira ao estado parte (MC/GACIM) sempre que necessário.

Conselho nacional do património cultural (CNPC)

Em adição às competências definidas pela Lei 10/88, o CNPC pode/deve, sempre que solicitado:

- Apoiar a implementação do plano através da coordenação e harmonização dos esforços dos diferentes intervenientes a nível do estado (ministérios);
- Aconselhar, sempre que solicitado, sobre ações e aspetos da gestão da ilha com base nos relatórios produzidos pelo comité de gestão, DINAC/GACIM.

Comité de gestão da Ilha de Moçambique (CGIM)

O comité de gestão deverá atuar como guardião deste sítio do património mundial e o seu dever primordial é garantir a conservação do património cultural da Ilha de Moçambique. O comité de gestão funciona como órgão coordenador para a gestão e conservação do património, no quadro da responsabilidade que lhe foi atribuída.

O comité inclui membros representativos das várias competências institucionais e sensibilidades culturais, sociais e religiosas, incluindo, no essencial, o número indispensável dos seus representantes.

Fórum

Com vista a assegurar que a gestão do património da Ilha tenha em conta as preocupações das comunidades, em termos de conservação e contribuição do património cultural para o desenvolvimento socioeconómico, o comité de gestão deverá criar um fórum de debate. Este fórum irá assegurar que a comunidade esteja melhor representada no processo de tomada de decisão sobre o futuro da Ilha de Moçambique. O fórum terá lugar três vezes por ano, por ocasião dos encontros do comité de gestão.

Recursos financeiros

Todas as instituições locais, nomeadamente o conselho municipal (CMIM), o governo distrital (GDIM) e o gabinete de conservação da Ilha de Moçambique (GACIM) recebem fundos do estado para pagamento de salários e despesas de funcionamento, o que significa que têm uma autonomia relativa. O município recolhe alguns tributos junto dos bazares e comerciantes informais e pequenos empreendedores turísticos. Os estudos feitos por Weimar, Hassam e Chimunuane (2010) sobre o potencial tributário demonstram que é possível aumentar as receitas fiscais e não fiscais dos municípios estudados no centro e norte do país. O município da ilha beneficia de alguns projetos e ainda do programa de apoio a 13 municípios do centro e norte do país, subsidiado por alguns países do norte da Europa em cooperação com o Banco Mundial. O distrito tem que administrar os já referidos 7 milhões de meticais e tem a responsabilidade, no âmbito da descentralização, de pôr a funcionar os conselhos consultivos que normalmente reúnem duas ou três vezes ao ano, onde estão presentes as organizações da sociedade civil e autoridades comunitárias. O GACIM vai alugando as suas instalações como forma de aumentar as suas receitas.

Conclusões provisórias

1. Apesar de a descentralização ser um processo longo e complexo, ele está em curso e depende da conjuntura dos interesses sociopolíticos e da capacidade local;

2. Como se pôde observar, as tarefas das várias instituições e órgãos locais – como o conselho municipal e o governo distrital – repetem-se. Daí as dificuldades de coordenação e possibilidades de conflitos;

3. A situação complica-se mais quando surgem as interferências dos órgãos centrais com representação nos órgãos locais. Contudo importa reconhecer que há ainda falta de competências a nível local;

4. O mau funcionamento das instituições não resulta da falta de órgãos ou estruturas porque neste caso existem estruturas a mais para administrar um território tão pequeno. Daí resultam as dificuldades de coordenação

dos planos e programas em curso. Pode dizer-se que há questões de poder e competição nas funções atribuídas a cada órgão, particularmente entre o município e o governo do distrito;

5. A lógica parece assentar numa imitação do modelo das estruturas coloniais onde o administrador e o presidente da câmara alimentavam conflitos pela sobreposição de áreas e competência e questões de estatuto e poder;

6. As taxas de analfabetismo na zona rural do distrito são elevadas, o que dificulta a compreensão e intervenção dos membros dos conselhos consultivos. O uso da língua portuguesa nas reuniões acaba por tornar-se um fenómeno de exclusão;

7. Nos trabalhos de pesquisa publicados pelo IESE (2011), os inquiridos mostram índices baixos de conhecimento, conceitos importados como "descentralização" e "democracia", e apresentam dificuldades em perceber o funcionamento da sociedade;

8. Os entrevistados no terreno da pesquisa realizada confirmam que a maior parte das vezes são apenas auscultados e não participam na tomada de decisões;

9. Os recursos financeiros são escassos mas são muitas vezes mal geridos. Daí a insatisfação manifestada por alguns membros dos conselhos consultivos.

Anexo

Síntese das entrevistas aos membros dos conselhos consultivos da Ilha de Moçambique

CC Distrito (12 entrevistas efetuadas)

- O administrador é o presidente. Existem ainda o secretário, dois vogais, um porta-voz e uma comissão técnica que analisa os pedidos de fundos da OIIL dos projetos de geração de rendimentos. Nestes conselhos consultivos participam também as organizações da sociedade civil e grupos religiosos e as autoridades comunitárias;
- Há 12 mulheres e 38 homens. As mulheres não têm tido participação ativa, para além da desproporção no nível de escolaridade;
- Quanto à participação em geral, se há alguém que quer dizer algo de novo, é logo "conotado". Predomina a verticalidade e há una-

nimidade em tudo – o administrador é que manda, não havendo qualquer autonomia do CC (é "uma fachada" diz um entrevistado). Os entrevistados queixam-se que são apenas consultados para legitimar as decisões tomadas;

- "As concessões de fundos estão partidarizadas", "O CC é chamado a aprovar projetos já aprovados ao nível da administração, influenciados pelo Partido". A metodologia para a aprovação, após a análise, não é clara;
- O nível de conhecimento das leis é variável entre os membros do CC. Alguns mostram um desconhecimento completo da lei e do papel dos CC;
- Apesar de a lei prever a existência de comissões várias, apenas existe a referida "comissão técnica" que prepara tecnicamente os planos, com uma linguagem complexa e técnica, que a maioria dos membros não consegue acompanhar;
- Os líderes religiosos queixam-se de serem chamados apenas quando há sessões e quando há visitas de alto nível (um dos entrevistados);
- "A descentralização de poderes e de competências depende, em suma da vontade dos políticos, de quem tudo depende".

Associações culturais
São fundamentalmente constituídas por mulheres que dançam principalmente o *Tufo* e o *Hisope*, embora haja alguns tocadores que são homens. Alguns destes grupos existem há mais de 60 anos e vivem da solidariedade dos associados. Pela sua força, interferem em várias decisões nos bairros, divulgam mensagens e tem uma atitude crítica nas suas canções.

Associação religioso-social "Quadriya Bagdade"
Faz apoio social e humanitário, e também divulgação religiosa (islamismo). Tem cerca de 5.000 membros por todo o país. Tem origem no Zanzibar e foi trazida pelo Sheik Issa no século XIX. Há uma estrutura de chefia, composta por *sajadas* e *halifas*. A prestação de contas é feita através dos *ziarats*, uma espécie de assembleias gerais; recebem apoio financeiro e técnico de ONG nacionais e estrangeiras, e de indivíduos (estes apoios são muitas vezes mal vistos; há necessidade de cada grupo organizado ter estatutos; capacidade de obter apoios na base de projetos específicos como "uma casa típica", ou "educação cívica na base de aspetos culturais típicos",

LUIS FILIPE PEREIRA

etc.). "Os apoios do governo a iniciativas locais são na base do nepotismo". Há possibilidade da criação de uma fundação e de bases culturais para o desenvolvimento económico e social sustentável e endógeno. Há uma ameaça de criação de conflitos de identidades, a ser ultrapassada através de uma educação cívica e cultural desde a infância.

Grupos de poupança e crédito rotativo (3 líderes entrevistadas)

- Surgem como alternativa da mulher local – a maioria dos membros e a totalidade dos dirigentes são mulheres – para enfrentar problemas da vida, face ao desemprego e outros males que grassam, e assim conseguirem comprar o que necessitam. Exemplos de produtos que puderam comprar: mota, talhão, cama, chapas de zinco para cobertura/feitura de suas casas, alargamento de negócios de carvão, etc.;
- Há um sentido de solidariedade entre os membros nos momentos de dor (falecimentos) e, além disso, confraternização nos bons momentos. Raramente estão oficializadas;
- O maior grupo de poupança e crédito rotativo ("Axinene") tem 90 membros agrupados em 3 grupos. Cada grupo tem uma presidente, uma das quais é presidente de todos os grupos (começou com 30 membros, mas foi criando em cada ano um novo grupo de 30 membros cada). No primeiro ano receberam apoio em formação da IDPPE de Nacala. Os outros grupos são compostos por 30 membros (26 mulheres e 4 homens – com 1 homem como conselheiro) e outro com 30 exclusivamente mulheres. Há tesoureiras e malas onde guardam o dinheiro que emprestam aos seus membros a uma taxa de juro de 10% que terão de ser devolvidos no prazo máximo de dois meses;
- Para comunicação entre os membros há um voluntário pivô para ir de casa em casa comunicar assuntos e reuniões que não sejam feitas nos dias programados (sábado, ou outro dia da semana);
- Em caso de conflitos a direção é informada e toma as rédeas do assunto, que é depois levado a um encontro coletivo onde é tomada a decisão, o que tem tido bons resultados;
- Não beneficiam do OIIL, embora tenham conhecimento da sua existência, pois tal pode criar problemas de reembolso aos grupos, além de que há falta de transparência na forma como é concedido um fundo do OIIL;

- Os registos contabilísticos são feitos em três cadernos por três pessoas diferentes. Os cadernos de caixa podem ser controlados por todos os membros que a qualquer momento sabem quanto existe na caixa;
- Os fundos se reforçam com o dinheiro de (i) multas em caso de incumprimento do regulamento e (ii) multas por não se ter poupado durante dois meses consecutivos. As multas revertem para um fundo de ação social que é repartido por todos os associados;
- O património pode ser as esteiras sobre as quais se sentam nas reuniões;
- Em caso de morte de um associado, este é substituído pelo filho/a mais velho/a a residir no bairro/cidade.

Associação de artesãos "Forte Amizade"

- Objetivo de possibilitar aos membros (a mulher em particular) o ganho do seu sustento e não ser dependente;
- Em vias de estar registada e de ser publicada em B.R.;
- 35 associados (20 mulheres e 15 homens) no bairro de Namuitula/ /Lumbo;
- Produziram diversos produtos, já comercializaram metade do produzido, o mercado consumidor é Nampula e Inhambane. Parceria com Casa de Artes e Casa da Cultura, ambas em Nampula;
- Receberam apoio em transporte e extensão pelo programa das Vilas do Milénio;
- Não receberam apoio do OIIL;
- Não têm contabilidade formal mas possuem bons registos estatísticos;
- Património: oficinas, bancos e algumas ferramentas.

Bibliografia

CANHANGA, N. de J. (2007). *Os Desafios da descentralização e Dinâmica de Planificação Participativa na Configuração das Agendas Politicas Locais.* Maputo: IESE.

Centro de Integridade Pública (2010). *Governação Local em Moçambique. Desempenho de distritos e autarquias locais aquém do planificado.* Maputo: eDesign.

Cruzeiro do Sul (2002). *Levantamento Socio-económico do distrito da Ilha de Moçambique e Mossuril.* Relatório de Pesquisa. Maputo: Cruzeiro do Sul.

Cruzeiro do Sul (2011). *Descentralização e desenvolvimento local.* Relatório de Pesquisa, Maputo: Cruzeiro do Sul.

FORQUILHA, S. C. (2010). *Governação Distrital no contexto das reformas da Administração Publica em Moçambique*. Maputo: Instituto de Estudos Sociais e Económicos (IESE).

FORQUILHA, S. C. e Orre, A. (2011). Transformação sem mudanças? Os conselhos locais e o desafio da institucionalização democrática em Moçambique. In Brito, L., et al. (orgs.). *Desafios para Moçambique*. (pp. 35 -53). Maputo: Instituto de Estudos Sociais e Económicos (IESE).

IESE. (2011). *Desafios para Moçambique*. Maputo: Instituto de Estudos Sociais e Económicos.

JOPELA, A. (2009). *Plano de Gestão e Conservação da Ilha de Moçambique*. Maputo: CESO-Ministério da Cultura.

MONTEIRO, O. (2011). *Descentralização, Município e empoderamento das comunidades*. Maputo: Cruzeiro do Sul e IESE.

NEGRÃO, J. (2010). *Repensando a terra e as modas do desenvolvimento rural*. Maputo: Cruzeiro do Sul – IID.

WATE, T. (2009). *Anteprojecto de Descentralização*. Maputo: Ministério da Administração Estatal.

WEIMER, B., Hassam,M., & Chimunuane, O. (2010, Novembro). *Estudo sobre Potencial Tributário no Município da Cidade de Cuamba*. Programa Conjunto de Apoio à 13 municípios do Centro e Norte de Moçambique (P-13), em cooperação com o Banco Mundial. Nampula: Ministério para a Coordenação da Acção Ambiental, Centro de Desenvolvimento Sustentável – Zonas Urbanas (CDS-ZU).

Conclusão geral
Retrospetiva e perspetivas

13

Angola e Moçambique: de uma descentralização prometida a uma descentralização tímida

YVES-A. FAURÉ

Como foi indicado na introdução geral, não se trata neste capítulo de realizar uma comparação, passo a passo, dos processos de descentralização – objetivos, conteúdos, resultados e efeitos. Seria uma tarefa extremamente complexa e não necessariamente útil tendo em vista que os contextos dos dois países, as orientações políticas, as condições económicas e os desafios dos governos são diferentes, apesar dos fatores que aproximam Angola e Moçambique e que justificam que o estudo os reúna. De forma menos ambiciosa e mais pragmática tenta-se, nas páginas seguintes, analisar as evoluções e as situações – nos dois países – em relação à questão da descentralização a partir de alguns pontos de observação.

A problemática da descentralização nos contextos nacionais : similaridades e especificidades

O pano de fundo histórico e político

Seria difícil entender o estado da questão da descentralização, tanto os progressos quanto os retrocessos, sem fazer referência ao pano de fundo

YVES-A. FAURÉ

histórico e político dos dois países que apresenta factos fundamentais, alguns semelhantes, outros específicos, destacando o surgimento tardio da problemática que estamos a abordar. Na medida em que vários aspetos históricos são mencionados pelos autores nos capítulos anteriores, limitar--nos-emos a relembrar apenas alguns elementos.

Nos dois casos, a independência foi conquistada tardiamente, no final de duradouros e trágicos conflitos armados de libertação (Angola, 11 de Novembro de 1975; Moçambique, 25 de Junho de 1975).

Em Angola, ao conflito contra o colonizador, sucedeu-se a luta armada entre os três movimentos que tinham enfrentado o poder português (MPLA, UNITA, FLNA). A partir de 1991 houve uma fase de transição para a democracia e para a liberalização económica, com a participação de instâncias internacionais e outros parceiros internacionais. Mas um novo conflito armado surgiu entre o MPLA, que dominava a arena política e militar, e a UNITA, que não aceitou os resultados das primeiras eleições em 1992. Após anos de avanços e retrocessos no processo de paz, finalmente esta chega em 2002 com a morte do líder da UNITA. Foi a partir deste ano que a questão da abertura política favorável ao desenvolvimento da cidadania e a questão da reorganização da administração pública, tendo em conta os interesses regionais e locais, foram colocadas na agenda governamental, pelo menos como promessas e engajamentos oficiais. Há que reconhecer que esse período é muito limitado para implementar um processo de descentralização e ainda mais para ambicionar avaliar resultados e efeitos concretos e consistentes.

Neste contexto nacional, três pilares parecem ter condicionado o processo de descentralização no sentido de a limitar. Observa-se um processo tendencialmente democrático – acompanhado de uma proclamação de objetivos, de medidas legislativas, etc. – mas sem concretização no terreno sob a forma de, por exemplo, decisões técnicas, administrativas, financeiras, etc. Por outro lado, a dependência económica do petróleo fez com que outras dimensões da sociedade e da economia angolana fossem de uma certa forma esquecidas e isso impediu a expressão e o surgimento de modelos alternativos de crescimento e desenvolvimento. Uma consequência notável foi o fraco interesse pelo meio rural, tanto em termos de atividades produtivas como em termos da vida social e da organização institucional do mesmo. Basta lembrar que a capital Luanda concentra cerca de 30% da população total e 70% da riqueza económica do país.

Tratando-se de Moçambique, pode resumir-se a história pós-independência recorrendo a Fialho Feliciano (2008). Este autor identificou dois períodos ao longo de trinta anos: o primeiro, entre 1975 e 1984, inspirado nas experiências russa e chinesa, caracterizado pelo estabelecimento de um estado centralizado – onde o partido único, a FRELIMO, retira a sua legitimidade da guerra de libertação nacional, transformando-se num partido-estado – no qual um conjunto de medidas políticas e sociais coercivas foram implementadas, como por exemplo as aldeias comunais e os campos de reabilitação ideológica; a adoção de uma economia planificada, implicando a nacionalização da terra, a estatização de empresas, etc. Fragilizado pela guerra civil que afetou o aparelho produtivo e por causa do desfasamento em relação à evolução da economia à escala internacional (com a chamada globalização que iria aprofundar-se) e enfrentando os efeitos das crises externas (custo da energia, depreciação das *comodities*...), o modelo fracassou: as contas públicas e das empresas estatais mostraram enormes défices e a dívida externa explodiu, ultrapassando duas vezes o PIB. A partir de 1984 o país optou pela economia de mercado, aderindo ao FMI e ao Banco Mundial, e foram tomadas medidas visando a liberalização da economia. A partir de 1992 e do acordo de paz com a RENAMO, as orientações favoráveis ao pluralismo político, à democratização e à descentralização completaram a abertura económica. Foi então reconhecida a importância das questões locais, relegitimadas as autoridades tradicionais e tomadas algumas medidas legais de lançamento de um processo de autarquização (o chamado "pacote" de leis autárquicas, entre 1995 e 1998, organização das eleições municipais em 1998, 2003 e 2008).[79]

A evolução constitucional moçambicana sintetiza bem estas mudanças políticas e económicas. A Constituição de 1975 consagrou o regime de partido único (FRELIMO) e a confusão partido-estado. A propriedade privada não era reconhecida e o governo instalou o sistema de economia centralizada e planificada, fundado sobre a propriedade dita coletiva. A Constituição de 1990 introduziu o estado de direito democrático: sepa-

---

[79] Sobre uma abordagem antropológica dos limites da experiência socialista e centralizadora do primeiro período pós-independência (aldeias comunais, sistema de reeducação dos dissidentes, etc.), sobre a passagem para o regime pluralista caracterizado por eleições concorrenciais e a respeito das dificuldades de assimilação da competição política inerente à democracia, ver por exemplo Cabaço (2001). Uma análise detalhada e equilibrada encontra-se em Francisco (2010).

YVES-A. FAURÉ

ração mas interdependência dos poderes, pluralismo (multipartidarismo e primeiras eleições multipartidárias), reconhecimento da economia de mercado; a propriedade e iniciativas privadas foram garantidas, assim como a liberdade de empreendimento e de investimento. A Constituição de 2004 confirmou e prolongou as orientações políticas e económicas da Constituição de 1990.[80]

Tanto em Angola como em Moçambique, a transição que se pode perceber nas orientações das políticas públicas enfrentou desafios importantes e semelhantes. Tratava-se de passar de uma situação de emergência para uma situação dominada pela preocupação com o desenvolvimento, de passar de uma situação de guerra para uma situação de paz, do monopartidarismo para o pluripartidarismo, de passar, enfim, de uma economia centralizada para uma economia de mercado. Perante estes enormes desafios, é possível compreender as dificuldades, a lentidão e até mesmo os entraves e os retrocessos nos processos de descentralização. Os dois países tiveram que alterar paradigmas coletivos.

Além disso, o acordo de paz – que verdadeiramente conduziu à cessação do conflito – ocorreu em 1992 em Moçambique e apenas em 2002 em Angola. O diferencial diacrónico pode explicar o atraso da descentralização em Angola em comparação ao estado da mesma em Moçambique. Outro facto importante é que o passado recente de conflitos armados nos dois países, de guerra civil, ligados a determinadas localidades, províncias e regiões e relacionados com certos grupos étnicos, deixou receios vivos e intensos e suspeitas sobre temáticas que têm a ver com as autonomias locais. De tal forma que as questões de desconcentração e de descentralização constituem dossiers politicamente muito sensíveis para os governantes e dirigentes dos partidos dominantes. De certa forma, a desconcentração e a descentralização revelaram-se uma necessidade em determinada altura, mas uma necessidade que os governos quiseram controlar para não alterar as suas respetivas hegemonias no campo político. No capítulo 5 ficou clara a descentralização em curso em Moçambique em relação àquilo que ainda pode apenas ser considerado desconcentração em Angola.

---

[80] Em Novembro de 2010 o parlamento moçambicano iniciou um novo processo de revisão da constituição através da criação de uma comissão *ad hoc*, provocando a reação da oposição – RENAMO e o Movimento Democrático Moçambicano, principalmente – que pretendia um referendo sobre o assunto.

Fatores económicos diferentes mas exercendo igualmente pressão para a descentralização

Angola e Moçambique, além das enormes disparidades em termos de pujança e de dimensão – à escala macroeconómica e macrofinanceira, o primeiro é um país muito mais rico do que o segundo – têm economias em crescimento mas que simultaneamente apresentam fragilidades, enfrentando ambos os aparelhos produtivos problemas sérios.

Sendo um dos países mais pobres do planeta, Moçambique tornou-se elegível para as iniciativas internacionais do tipo do programa de apoio aos países muito endividados. A partir do final dos anos 90, com as reformas do sector público e do regime económico, o país atingiu um crescimento de cerca de 8% ao ano, a taxa mais elevada no conjunto dos países africanos importadores de petróleo. Os fluxos de ajuda internacional alimentam, em cerca de 50%, os recursos orçamentais do estado. Inúmeros indicadores atestam uma melhoria da situação em várias áreas nos últimos anos (dívida, pobreza, escolarização, mortalidade infantil, infraestruturas, etc.). Por exemplo, e de acordo com os dados do PNUD, o rácio da população pobre em relação ao limiar de pobreza nacional passou de 69,4% em 1996 para 54,7% em 2008. Contudo, o crescimento teve tendência a diminuir nos últimos anos – 8,7% em 2006, 7,3% em 2007, 6,7% em 2008 e 6,3% em 2009 – e está longe de ter beneficiado o conjunto da população. As revoltas urbanas dos anos 2008 e 2010 contra os preços elevados mostraram a exasperação dos moçambicanos face ao aumento dos preços dos produtos e serviços básicos, que se tornaram inacessíveis (alimentação, transportes coletivos, etc.). Apesar da implementação, desde 2001, de um programa estratégico, o PARPA (plano de ação para a redução da pobreza absoluta), revisto em 2006 (PARPA II), o monopólio, lícito ou ilícito, das oportunidades económicas e dos frutos do crescimento pelas elites políticas, os favores tributários concedidos aos investimentos estrangeiros e aos chamados megaprojetos, sem efeitos positivos reais em prol das populações, fazem parte dos fatores que mostram o contraste entre os dados e resultados macroscópicos de certa forma animadores e as difíceis condições de vida da grande maioria da população.

A exploração do petróleo, desde 1973, contribuiu para o impulso económico de Angola, expresso nas taxas de crescimento anual do PIB que atingiram níveis espetaculares – até 20% – alternando, entretanto, com fases de quebra importantes já que esta atividade é muito sensível à conjuntura

YVES-A. FAURÉ

internacional: por exemplo o crescimento do PIB foi apenas de 0,7% em 2009. Este sector domina toda a economia nacional dado que representa cerca de 60% do PIB, 90% do valor das exportações e cerca de 66% das receitas fiscais. Como muitas das atividades extrativas para a exportação, o sector tem poucas relações com os outros sectores produtivos nacionais, tanto do ponto de vista dos consumos intermédios, como do ponto de vista dos efeitos ou ligações a jusante (sobre este aspeto ver por exemplo IESE, 2010). A natureza do regime económico angolano é rentista. Ele enriquece uma pequena camada da sociedade que se aproveita dos bens importados favorecidos pela sobrevalorização da moeda nacional e que desanima os sectores produtivos do país. Foi recentemente demonstrado que, desde o início do ciclo do petróleo, a produção agrícola e agroindustrial está em declínio, que a indústria de transformação estagnou nos 5% do PIB e que se passou a basear em três produtos (fabrico de pão, de cerveja e de refrigerantes) e que, nestas condições, há um risco muito elevado de surgir aquilo a que os economistas designam de *dutch disease* ou doença holandesa (ver por exemplo Moreira Carneiro, 2010). Aparentemente próspera, enriquecendo as suas elites e negligenciando as camadas populares, a economia angolana sofre de graves limites estruturais.

Os dois países estão a enfrentar, naturalmente com meios diferentes em termos de natureza e de amplitude, desafios importantes e um pouco seme-lhantes. No plano macroeconómico, o interesse de Angola e de Moçam-bique é reduzir as suas dependências respetivas – em relação à produção do petróleo por um lado e em relação à ajuda financeira internacional por outro – e de diversificar as bases dos seus sistemas produtivos.[81] Trata-se também, em relação à nossa investigação, de integrar as comunidades urbanas e rurais na dinâmica económica e de equipar as suas províncias e municípios de uma estrutura institucional, político-administrativa, ao mesmo tempo suficientemente autónoma *vis-à-vis* os governos e, igual-mente, suficientemente sensível à participação dos cidadãos. Só assim esta poderá favorecer vários polos de crescimento e, de forma geral, sustentar

---

[81] Chamando a atenção sobre os riscos da quase monoprodução petrolífera em Angola e sobre a prioridade dada pelas autoridades moçambicanas aos megaprojectos, principalmente incidindo sobre os recursos do subsolo (mineração), energia, etc., as agências multilaterais aconselham investir nos sectores da agricultura (70% da população de Moçambique), no turismo, nas pequenas e médias empresas (Banco Mundial, 2007).

as atividades económicas regionais e locais, torná-las endógenas pela constituição de um verdadeiro mercado interior. No entanto, nos dois países, as visões, necessidades e interesses ficam muitas vezes limitados aos das capitais nacionais.

Assim, tanto em Angola como em Moçambique, a questão da participação cívica, da criação de um aparelho político-administrativo próximo das realidades locais e as questões económicas, estão fortemente relacionadas. Os diversos capítulos aqui apresentados focam precisamente as diferentes escalas de intervenção sobre a realidade, uma compreendendo a atuação governamental de nível local e as dinâmicas de desenvolvimento endógeno. Eles permitem identificar como falham os mecanismos de participação e fiscalização devido à falta de conhecimento e poder dos atores locais não-governamentais (capítulo 1), a difícil articulação entre a intervenção ao nível nacional e as dinâmicas locais (capítulos 7 e 8), a nem sempre correspondente relação entre as estruturas concebidas para liderar o desenvolvimento local e a sua efetiva realização (capítulo 10) tendo em conta as distâncias existentes entre uns e outros (capítulo 11) e as indefinições em relação ao seu papel (capítulo 12).

A descentralização na organização político-administrativa

Em Angola viu-se que houve, nos últimos anos, uma política em prol dos níveis locais da administração do estado mas o resultado é uma municipalização sem descentralização. Mesmo incompleta, a descentralização avançou em Moçambique, fazendo com que houvesse um desdobramento do quadro político-administrativo: por um lado, uma administração do estado continuando a cobrir o território nacional e, por outro, os municípios cujos dirigentes são eleitos e que têm atribuições próprias, ainda que limitadas.

Uma estrutura unitária em Angola

A Constituição de 2010 proclama que "A República de Angola se organize territorialmente, para fins político-administrativos, em províncias e estas em municípios, podendo ainda estruturar-se em comunas" (artigo 5). O país "é um estado unitário que respeita, na sua organização, os princípios da autonomia dos órgãos do poder local e da desconcentração e descentralização administrativas, nos termos da Constituição e da lei" (artigo 8).

Pode-se desde já constatar que os dois conceitos de desconcentração e de descentralização, apesar de serem de natureza política e administrativa

YVES-A. FAURÉ

diferentes, encontram-se no conjunto dos mesmos postulados constitucionais. Ver-se-á, nos parágrafos seguintes, o que se pode pensar desta confusão. É possível resumir a organização dos poderes em Angola da seguinte forma: no topo, o presidente da república que lidera o governo composto de ministérios, eles próprios apoiados pelas administrações centrais; as províncias são dirigidas pelos governadores nomeados pelo governo e os municípios são dirigidos pelos administradores municipais nomeados pelos governadores. À escala local, ao nível dos municípios (163 em Angola) e sob sua jurisdição, podem existir comunas.

Uma vez aprovado o estatuto orgânico municipal pelo Ministério da Administração Territorial (MAT), a estrutura orgânica do município é composta por um administrador municipal e seu adjunto, pelos administradores comunais e respetivos adjuntos. As administrações municipais angolanas funcionam com os seguintes serviços: primeiro os serviços de apoio, que são de três tipos: consultivo (conselho municipal de auscultação e concertação social), técnico (secretaria e secção de estudos, planeamento e estatística) e instrumental (gabinete do administrador municipal, gabinete do administrador municipal adjunto e centro de documentação e informação).

Os serviços ditos executivos são compostos pelas secções dos Assuntos Económicos e Produtivos, Assuntos Sociais, Serviços Comunitários e Fiscalização; e Secções dos Ministérios da Educação, Saúde, Assistência e Reinserção Social, Antigos Combatentes e Veteranos de Guerra, Juventude e Desportos, Família e Promoção da Mulher; Habitação, Agricultura e Desenvolvimento Rural; Registo e Identificação Civil e, enfim, pelas Procuradoria e Tribunal Municipal, Delegação Municipal do Ministério do Interior e Repartição Municipal das Finanças.

As administrações municipais angolanas possuem planos de ação anuais, semestrais, trimestrais e mensais, um plano quinquenal – no período atual de 2009 a 2013 – bem como um plano de desenvolvimento integrado (PDI) com uma visão até 2025. Elaborados pelos sectores de estudos e planeamento das administrações municipais, alguns destes planos são levados aos conselhos municipais de auscultação e concertação (CMACS) para aprovação. Existem também relatórios de atividades – mensais, trimestrais, semestrais e anuais – que dizem respeito às atividades internas das administrações municipais seguindo um modelo aprovado pelo conselho de ministros. Estes relatórios são encaminhados para os governos provinciais. Todas estas operações mostram que os municípios estão totalmente inseridos no quadro hierárquico da administração do estado, sendo apenas uma representação local deste. Esta realidade corresponde bem ao conceito de desconcentração.

Uma estrutura dupla em Moçambique

Enquanto a organização político-administrativa em Angola se molda num quadro único – todos os níveis, todas as entidades se enquadram hierarquicamente na administração nacional submetida ao poder executivo – em Moçambique a organização da administração pública é mais complexa, misturando aspetos de desconcentração e de descentralização e mostrando verdadeiros passos, ainda que modestos, no sentido da descentralização que já se pode perceber em alguns princípios proclamados na Constituição de 2004. Assim, o artigo 7 afirma que a República de Moçambique "organiza-se territorialmente em províncias, distritos, postos administrativos, localidades e povoações" e que "as zonas urbanas estruturam-se em cidades e vilas". O artigo 8 proclama que "Moçambique é um estado unitário que respeita na sua organização os princípios da autonomia das autarquias locais". A confusão já assinalada entre os conceitos de desconcentração e de descentralização, contudo, persiste porque, por exemplo, o artigo 129 diz que "a elaboração e execução do plano económico e social são descentralizadas provincial e sectorialmente" mas sabe-se que a província é apenas uma organização desconcentrada do estado. Ao mesmo tempo, dentro deste quadro desconcentrado, existem alguns elementos de descentralização, na medida, por exemplo, em que o artigo 142 confirma a existência, a par dos governadores, de assembleias provinciais, eleitas por sufrágio universal direto com mandato de cinco anos. As competências destas últimas são as de i) fiscalizar e controlar a observância dos princípios e normas da Constituição e das leis na província; ii) aprovar o programa do governo provincial, fiscalizar e controlar o seu cumprimento. Estes elementos aproximam o órgão consultivo e deliberativo a uma organização descentralizada, independentemente de se poder avaliar o real poder da assembleia, problema que será analisado numa secção a seguir.

O capítulo IV da constituição consagra os princípios gerais dos órgãos locais do estado (artigos 262 e seguintes) mas foi a lei 8/2003 de 19/05 – regulamentada pelo Decreto 11/2005 – que estabeleceu os princípios e as normas de organização, competências e funcionamento dos órgãos do estado ao nível das províncias, distritos, postos administrativos, localidades, povoações. Esta organização territorial da administração visa, conforme o artigo 3 da lei, o descongestionamento do escalão central e a aproximação dos serviços públicos das populações. Ao nível da província, o governador é nomeado pelo presidente da república e dispõe de secretaria, de diretores provinciais e chefes de serviços, que formam o governo provincial. Os diretores são nomeados centralmente com base num parecer dos governadores, enquanto os chefes de serviços são nomeados pelo governador. No âmbito do distrito, o administrador é nomeado pelo ministro. Ele dispõe de um gabinete e é rodeado de diretores de serviços. Em Moçambique, os distritos parecem ser as unidades mais funcionais do sistema territorial do aparelho do estado. Sem ter muitos poderes, que na verdade estão circunscritos aos governadores provinciais e, em última instância, na presidência, os distritos constituem a base da planificação do desenvolvimento económico nacional e constituem uma intersecção onde são levadas a cabo várias ações (iniciativas, articulações, informações, etc.). Este esquema é duplicado nos níveis mais baixos da administração – postos administrativos, localidades, povoações – entretanto com menos serviços, equipamentos e competências.

Até este ponto, a análise situa o contexto, como no caso de Angola, no quadro da administração desconcentrada, apesar de os artigos constitucionais e legais referirem, a respeito dos órgãos locais do estado, de desconcentração e de descentralização. Trata-se de desconcentração porque o objeto é apenas distribuir os serviços do estado central pelo território nacional e aproximá-los das populações. Contudo, depois do final da guerra civil e do acordo de paz de 1992, novas formas de governação foram associadas ao quadro urgente de reconstrução nacional de Moçambique. A organização da administração até então altamente centralizada, tornou-se numa questão política. O assunto culminou com a emenda da Constituição em 1994 que dava, em princípio, mais poderes de decisão aos níveis mais locais do governo. Contudo, este dispositivo não foi posto em prática. Finalmente, após passos hesitantes, a lei 2/97 estabeleceu o quadro das autarquias locais (municípios), ainda chamada de "descentralização política" porque previa eleições locais. Inicialmente, o governo criou 33 municípios fora da estrutura da administração central. As autarquias incluíam 23 cidades e 10 vilas. Mais 10 municípios foram criados mais tarde, o que faz que o total seja agora de 43 autarquias. Em 1998, 2003 e 2008 foram organizadas as eleições locais (assembleias municipais e presidentes dos conselhos municipais). Fora dos municípios, a população continua a ser governada pela administração do estado.

Os primeiros municípios que foram criados em 1998 sofriam de carências ao nível das estruturas organizativas, infraestruturas, capacidade em termos de tributação, enquanto aumentava a pressão gerada pela procura de mais serviços pelas comunidades. A criação de municípios não parece implicar resultados inatingíveis. Existem indicadores que mostram a criação de determinados serviços bem como de dados sobre os municípios – serviços públicos, infraestruturas, dados demográficos e económicos. Contudo, o processo de seleção autárquica aparentemente não se baseou estritamente em critérios demográficos mas incluiu também a dimensão política já que existem municípios demograficamente menores que certas cidades que não passaram a municípios. Daí que muitos dos resultados obtidos em termos de funcionamento possam estar enviesados.

De acordo com os artigos da lei de 1997, as autarquias podem ser apresentadas da seguinte forma resumida: as autarquias são pessoas coletivas públicas, dotadas de órgãos representativos próprios. Elas são os municípios e as povoações. Os municípios correspondem à circunscrição territorial das cidades e vilas. As povoações correspondem à circunscrição territorial da sede dos postos administrativos. A administração do estado pode manter a sua representação e serviços na circunscrição territorial da autarquia local. As autarquias locais estão sujeitas à tutela administrativa do estado; elas dispõem de poder regulamentar próprio sobre matérias integradas no quadro das suas atribuições. Têm como órgãos uma assembleia, que tem o poder deliberativo, e um órgão executivo que responde perante esta. A assembleia é eleita por cinco anos através de sufrágio universal direto, segundo o sistema de representação proporcional. O órgão executivo é dirigido por um presidente eleito por sufrágio universal. As autarquias locais dispõem de quadro de pessoal próprio.

Como referido, em Angola as atribuições dos municípios são bastante gerais por reproduzirem, à escala local, as competências dos órgãos superiores do estado. Em Moçambique, o facto de os municípios ficarem fora da administração territorial do estado que continua a ser presente e ativa no país inteiro, fez com que as funções das autarquias passassem a não ser tão gerais. Elas são limitadas aos assuntos de interesse meramente local – rede viária urbana, construção de habitações, policiamento das ruas;

YVES-A. FAURÉ

escolas, postos de saúde, regulamentação do comércio e das atividades económicas locais, administração e gestão dos mercados públicos e feiras, matadouros, recolha de lixo, arrecadação de alguns impostos e taxas, etc. Apesar de serem circunscritas, as competências locais são reconhecidas e atribuídas pelo governo em função da capacidade de cada município de assumir determinadas funções, em função da disponibilidade em termos de meios técnicos, de infraestruturas, de organização e das competências de gestão do pessoal. Trata-se de uma forma de testar as competências das autarquias e representa uma forma gradual de estender a descentralização. Contudo, este procedimento cauteloso impõe ao mesmo tempo negociações entre os municípios e os ministérios, com resultados sempre incertos.

O financiamento insuficiente das autarquias e dos órgãos locais

Os aspetos financeiros ligados aos processos de descentralização constituem uma chave essencial para julgar a realidade e a amplitude das novas orientações governamentais. Pelo menos duas pistas devem ser consideradas para avaliar a situação. Uma primeira fonte de financiamento deveria ser proveniente das transferências financeiras do estado central como contrapartida da transferência de atribuições aos níveis locais da administração. Raramente se pode verificar uma tal proporcionalidade já que é difícil avaliar o custo ou o preço de uma determinada função transferida para um município por falta de contabilidade analítica que possa detalhar cada serviço público. Outra razão é que os processos de descentralização estão geralmente ligados às intenções de reduzir a despesa pública da administração central e que muitas vezes as transferências de competências são uma oportunidade de poupar os recursos governamentais. Até mesmo nos países industrializados, as autarquias encaixam-se neste tipo de comportamento do aparelho central. Uma outra fonte de financiamento dos órgãos descentralizados – a par das doações de parceiros externos e da possibilidade de contrair empréstimos, ambos fontes aleatórias e não renováveis ao longo do tempo – baseia-se na capacidade de arrecadar impostos, taxas e contribuições locais, o que exige competências técnicas e informações detalhadas sobre o potencial fiscal dos municípios.

Os dados financeiros à escala local, fiáveis e sistemáticos, tanto em Angola como em Moçambique, não estão frequentemente disponíveis e as investigações de campo não permitiram compensar esta fraca e reduzida informação acessível sobre o assunto. Todavia, o projeto teve acesso a dados limitados e fragmentados, que permitem um julgamento global sobre o estado financeiro da descentralização.

As modestas transferências angolanas em relação à relativa riqueza do estado
De uma maneira geral, em Angola, os financiamentos têm como fonte o chamado ROT (receitas ordinárias do tesouro). Dentro do orçamento geral do estado (OGE) existem dois fundos que beneficiam os municípios: o fundo de gestão municipal (FGM) e o orçamento de despesas ordinárias do estado. As receitas municipais são as taxas, as multas e os impostos. Elas são depositadas na conta única do tesouro (CUT) através da repartição municipal de finanças.

Os municípios angolanos tornaram-se recentemente unidades orçamentais. O Decreto-Lei nº 2/07 de 3 de Janeiro sobre a desconcentração administrativa esclarece as responsabilidades das diferentes estruturas ao nível local. Posteriormente, o governo aprovou em Agosto de 2007 o programa de melhoria da gestão municipal (PMGM), estabelecendo unidades orçamentais nos 66 municípios (dos 163 existentes) selecionados como pilotos. Estes conseguiram submeter planos e orçamentos, até 300.000 dólares no início do programa e até 500.000 dólares em 2010. Na verdade, o Decreto-Lei nº 2/07 classifica os municípios usando uma tipologia de três níveis – A, B, C – de acordo com o grau de desenvolvimento económico--social, a densidade populacional, a realidade orgânica funcional e os recursos potenciais dos municípios. Esta classificação foi usada nitidamente na distribuição das verbas anuais do FGM. Os municípios pertencentes à categoria A receberam cinco milhões de dólares americanos enquanto os demais estão atualmente à espera da libertação das verbas.

É possível fazer um apanhado das capacidades financeiras dos municípios angolanos a partir da exploração de alguns estudos que foram feitos na série de perfis dos municípios. No orçamento municipal da Matala (Huíla), no ano 2008, as despesas com o pessoal foram de 84,5 milhões de kwanzas, as despesas com bens e serviços atingiram 14,9 milhões de kwanzas e as despesas enquadradas no programa de melhoria de gestão municipal – ou seja despesas de investimentos – situaram-se perto dos 60 milhões de kwanzas. O total anual das despesas é mais ou menos de 160 milhões. Como no ano 2008 a população estimada da Matala era de 223.000 habitantes, as despesas totais municipais anuais *per capita* foram de 717 kwanzas, ou seja 5,4 euros por pessoa e as despesas correntes (pessoal, bens e serviços) foram 446 Kwanzas ou seja 3,3 euros por pessoa (República de Angola/Governo Provincial da Huíla/Administração Municipal da Matala, 2009). No município do Cubal, em relação às receitas cobradas pelo município, foram arrecadados 7,9 milhões de Kwanzas no ano de 2008, o que representa apenas 2,1% das despesas de bens e serviços do município e ainda menos relativamente ao orçamento total, tendo em conta as despesas com pessoal e o programa de melhoria de gestão municipal que não estavam disponíveis. As receitas são principalmente provenientes de registos, licenças e taxas (velocípedes, mercado municipal, matadouro, construção, etc.) e multas (República de Angola/Governo Provincial de Benguela/Administração Municipal do Cubal, 2009).

O financiamento dos investimentos locais depende das decisões governamentais e, da parte dos municípios, da elaboração de um plano de desenvolvimento local (PDL) ainda chamado plano de desenvolvimento municipal (PDM). De entre os 163 municípios angolanos, 19 tinham montado, em 2010, um plano, 42 começavam a desenvolver capacidade para este e outros 102 não tinham esta capacidade. O PDL/PDM visa apoiar o governo na implementação da sua estratégia de desenvolvimento a longo prazo denominada *Angola 2025*. Trata-se de, entre outras metas, reduzir as assimetrias regionais e locais principalmente através de ações como a construção ou a reabilitação da rede de infraestruturas básicas, o reforço das capacidades institucionais locais com o objetivo de que os municípios possam gerir seus recursos humanos e financeiros de forma eficaz. Metade dos municípios participantes conseguiu integrar os seus planos de desenvolvimento local nos planos de investimento anuais provinciais. O PDL/PDM irá fornecer pacotes de assistência técnica e apoio financeiro aos municípios participantes. Os financiamentos previstos vão para as infraestruturas sociais e económicas (98,5 milhões de dólares), para o desenvolvimento económico local (10,2 milhões) e para o fortalecimento institucional local (32,9 milhões) (FAS, 2010).

Quanto aos orçamentos das províncias, no ano de 2009, as transferências do governo representam apenas 14% das despesas totais do orçamento geral do estado (OGE). Finalmente os números mostram o nível muito modesto das transferências fiscais e a fraca capacidade financeira dos órgãos locais. Além disso, os economistas do Centro de Estudos e Investigação Científica de Luanda demonstraram que o modo de alocação dos recursos às províncias provoca e agrava claramente as assimetrias entre elas (CEIC/UCAN, 2009).

O financiamento em Moçambique aquém das necessidades

Em Moçambique, o sistema tributário autárquico é atualmente definido pela lei de finanças municipais nº 1/2008 de 16 de Janeiro. A par dos impostos do estado, a lei determina os impostos e outros tributos de que beneficiam os municípios. São eles o imposto pessoal autárquico, o imposto predial autárquico, o imposto autárquico sobre veículos, o imposto autárquico de sisa (transmissões de imóveis), a contribuição de melhorias (valorização imobiliária privada devida a obras públicas), as taxas por licenças concedidas e por atividade económica, as tarifas e taxas sobre a prestação de serviços. As multas vêm completar as receitas municipais. Existem, em cada categoria de impostos e tributos, diferentes taxas, tarifas e isenções. Além das contribuições, os orçamentos autárquicos são alimentados pelas transferências do estado, sejam diretas, sejam através de alguns fundos. Alguns municípios beneficiam também de financiamentos de parceiros estrangeiros, que são recursos pontuais, aleatórios e não duradouros.

Quando se trata de verificar o peso de cada tipo de receita e de avaliar, na realidade, as capacidades financeiras dos municípios, tanto em termos de funcionamento corrente dos serviços públicos como em termos de investimentos, constatamos, como no caso angolano, que são poucas e fracas as informações pormenorizadas sobre os orçamentos das entidades descentralizadas e até mesmo das administrações desconcentradas.

Alguns dados podem ser explorados a partir dos relatórios dos parceiros (QAD/PAP). No ano 2004 houve um aumento de recursos alocados às províncias comparativamente ao período 2000-2001. A repartição entre as províncias é desigual, favorecendo as províncias de Maputo, Sofala, Niassa e Tete. Em termos de financiamento *per capita* para investimento, Maputo, Niassa e Sofala recebem significativamente mais do que as províncias da Zambézia e Nampula, ao mesmo tempo que estas províncias são as mais pobres do país, assim como Inhambane e Tete. A porção dos orçamentos dos 128 distritos atinge apenas 1,2% dos recursos do estado e os 33 municípios receberam menos de 1% do orçamento de estado, beneficiando 50% os cinco maiores municípios. O fundo de compensação das autarquias (FCA) e o fundo de investimento de iniciativas locais (FIIL) transferiram, no ano de 2004, apenas 1,8% dos recursos orçamentais do estado.

Os recursos destinados aos distritos nos anos 2005 e 2006 continuaram a ser definidos de maneira uniforme, ou seja, sem usar critérios para diferenciar as situações e as necessidades. Enquanto a lei afirmava que o FCA

YVES-A. FAURÉ

e o FIIL deveriam transferir 3% dos recursos do estado, somente 1% foram alocados aos municípios. A partir do ano 2006 foi lançado o programa OIIL – mais conhecido pela sociedade moçambicana como o "programa 7 milhões" (de meticais). Decidido pelo presidente atual, depois do primeiro ano de mandato, este dispositivo deveria ser usado com um conselho consultivo cooptado na localidade. O principal desafio do programa é contribuir, nas zonas rurais, para a produção e venda das produções. No início este programa foi considerado um sucesso mas surgiram alguns conflitos e debates sobre as regras de acesso e de uso desta fonte. Poucos reembolsos foram realizados e os beneficiários entenderam que este apoio financeiro era a fundo perdido. Em 2007 foram aplicados três critérios na alocação do OIIL – população, superfície e índice de pobreza – sendo transferido para os distritos um valor representando 3,4% do orçamento de estado. O OIIL financiou 1.726 projetos de produção de alimentos, 1.603 projetos de geração de rendimento, 592 projetos de geração de emprego e 624 projetos nas demais áreas.

No mesmo ano de 2007 os municípios receberam 1% do orçamento de estado. Paralelamente às transferências do tesouro, as receitas próprias dos municípios representavam cerca de 43% do orçamento total dos municípios, podendo ser usadas para despesas correntes e de investimento.

No ano 2008, a alocação dos recursos do orçamento do estado era a seguinte: administração central 63%, províncias 32%, distritos 4%, municípios 1%. Em conjunto, a dotação territorial (províncias, distritos, municípios) era de cerca 37% do total. Foi a partir do mesmo ano que o governo descentralizou alguns fundos sectoriais para as províncias e para os distritos: planificação e gestão nas áreas de águas, estradas, agricultura e infraestruturas de educação e saúde, fundos até então geridos pelos ministérios.

Os recursos atribuídos em 2009 aos 128 distritos para o OIIL, apesar de mostrarem um crescimento de 55% em relação ao ano 2006 aquando do lançamento do programa, representavam apenas 3% do total do investimento interno do país. Além disso, o OIIL foi muito criticado, não no seu início porque foi celebrado como uma iniciativa pertinente mas ao longo do funcionamento no dia-a-dia do programa. As principais queixas referem-se à formalização dos procedimentos para a implantação do OIIL; à ausência de monitoria e acompanhamento dos projetos financiados; à falta de experiência dos beneficiários na gestão de negócios; à ausência de

ANGOLA E MOÇAMBIQUE: DE UMA DESCENTRALIZAÇÃO PROMETIDA A UMA ...

uma rede bancária e outras instituições financeiras na maioria dos distritos; à falta de envolvimento dos Conselhos locais; a falta de provedores de *inputs* de produção na maioria dos distritos; baixo nível de reembolso, etc.

No que concerne os municípios, os orçamentos previstos não foram totalmente executados. Sucessivamente, nos anos 2007 e 2008, a proporção dos orçamentos executados foi de 38,7% e 82,5% nos municípios rurais, 37,1% e 40,5% nos municípios urbanos, 74,9% e 56,3% nos municípios da cidade capital. Isto mostra a fraqueza dos aparelhos administrativos locais: falta de formação e competência, previsões além das possibilidades reais, falta de informação, etc. Por fim, no mesmo ano, as receitas municipais próprias, em relação aos orçamentos, representavam 52,1% nos municípios rurais, 46,6% nos municípios urbanos e 58,1% nos municípios da cidade capital.

A partir dos dados financeiros detalhados de cada um dos 33 municípios então existentes foi possível calcular que as receitas próprias locais representavam, no ano 2000, 36% do total das receitas autárquicas, 64% provindo das transferências do estado, incluindo o FCA, o FIIL e a comparticipação da APIE (República de Moçambique, MAE, 2002). Todos estes últimos dados mostram o crescimento ao longo do tempo dos recursos próprios dos municípios. Entretanto, esta tendência é mais o resultado do nível ainda muito modesto das transferências do estado do que dos esforços dos executivos locais para arrecadar mais dinheiro. De facto, um estudo do Banco Mundial indicava que, em 2008, o total dos orçamentos municipais moçambicanos era de cerca de 12 dólares americanos *per capita*, o que é muito baixo mesmo por comparação com outros países da região (na Tanzânia é de 23 dólares) (Banco Mundial, 2009). O estudo confirmava que, em proporção à receita nacional, as transferências do estado para os municípios não chega sequer a 1% e é por isso que a proporção das receitas próprias aparece bastante elevada (cerca de 50%). Lembra-se que inicialmente o compromisso governamental era de dotar as autarquias com cerca de 3% do OGE. Esta meta foi revista por baixo para 1,5%. O argumento das autoridades centrais é que nem todos os municípios têm uma estrutura organizativa e pessoal formado e capacitado para gerir valores de vulto.

A morosidade da desconcentração e da descentralização fiscal continuam a ocorrer na gestão do orçamento de estado no ano 2010. Os recursos para as administrações centrais representam 87,5% do total, para as províncias 8,1%, para os distritos 3,8% e para os municípios 0,6% (FDC/

UNICEF, 2010). No fim de contas, verifica-se uma forte centralização dos destinos e usos dos recursos do orçamento de estado e a parte destes, dedicada à estrutura descentralizadas, é ainda pequena.

Foi entretanto apontado pelo Banco Mundial um problema específico. Com efeito, a ajuda internacional a algumas autarquias representa um valor geralmente maior várias vezes do que o total dos orçamentos municipais. Contudo, trata-se de financiamentos irregulares, imprevisíveis, ligados a projetos e às vezes para cobrir a assistência técnica estrangeira. Esta situação torna difícil a elaboração e a gestão dos orçamentos municipais. Por fim, o Banco recomendava que o governo moçambicano não transferisse novas atribuições para as autarquias sem a correspondente transferência de recursos (Banco Mundial, 2009).

Informação e formação: pré-requisitos da descentralização
Uma política de descentralização não pode ser colocada em prática sem mobilizar, a montante do processo, uma série de instrumentos que preparam e enquadram as novas orientações e as novas competências transferidas para o nível local. Neste sentido, duas áreas são particularmente tocadas pelas mudanças.

O trabalho de preparação e informação
O exemplo moçambicano, mais avançado do que o caso angolano, é emblemático do volume e da importância dos trabalhos preparatórios no plano jurídico. Embora o processo não seja satisfatório para alguns, nem suficientemente aprofundado para outros, não isento de debilidades, fraquezas e limites, por outros termos incompleto, apenas no período 1997-2007 as autoridades moçambicanas prepararam, negociaram, aprovaram e publicaram 16 leis, 12 decretos e três resoluções a respeito da descentralização, o que significa um enorme trabalho legislativo e de regulamentação que foi necessário para iniciar uma política e uma organização dos poderes, muito diferentes, senão opostas, às linhas governamentais anteriores (República de Moçambique/MAE, 2008). Em Angola, alguns instrumentos de regulação foram elaborados e aprovados pelas autoridades. De entre estes, a lei sobre o regime financeiro local, a lei de desconcentração dos poderes do central para o local, a lei sobre a administração local. Apesar destes esforços realizados nos dois países, sabe-se que a legislação ainda está incompleta, faltando, por exemplo, regras ou aprofundamentos legais sobre assuntos

como finanças públicas locais, gestão local urbana, papel das autoridades tradicionais, etc.

Na área de finanças públicas, foram desenvolvidos, em Moçambique com o apoio externo, inúmeros novos e complexos instrumentos de contabilidade, de gestão e de controle através da implementação do sistema de finanças autárquicas. Foi e continua a ser uma enorme tarefa porque apresenta um formato muito inovador em relação ao sistema extremamente centralizado da administração dos órgãos do estado.

De uma forma geral, a descentralização não pode existir sem estarem disponíveis informações sobre os territórios em causa. Não se trata apenas de completar e enriquecer o processo de descentralização através de elaboradas considerações sociais, culturais e históricas do meio humano envolvido. Trata-se sobretudo de tornar mais eficaz o processo, de torná-lo adaptado às situações locais. Daí a importância de conhecer as estruturas e dinâmicas demográficas, sociais, económicas e financeiras, os potenciais entraves e dificuldades, bem como identificar as iniciativas futuras que a descentralização tem de despoletar. Estudos sobre as vocações produtivas, sobre as potencialidades de um território determinado (região, província, município), sobre a viabilidade da exploração económica são indispensáveis para uma tomada de decisões adequada e para rentabilizar os investimentos (Rocha, 2006).

Neste sentido, tanto em Angola como em Moçambique, os primeiros estudos e as primeiras investigações de campo foram e continuam a ser realizados visando montar, à escala municipal, um retrato relativamente completo e atualizado dos territórios. Várias vezes realizadas com a ajuda de associações, ONG nacionais ou internacionais, agências de consultores, etc., estes produtos são colocadas na tutela das autoridades centrais, mesmo sem terem sido sempre encomendados por elas. Em todo o caso, os estudos não poderiam ser executados sem o acordo e o apoio destas autoridades.

Em Angola é possível citar a série dos perfis dos municípios realizados em algumas províncias para compensar ou ultrapassar as lacunas informativas e fundamentar os planos de desenvolvimento municipais (PDM). Os documentos produzidos podem constituir uma base para a planificação participativa. As obras realizadas e publicadas fornecem inúmeras informações qualitativas e quantitativas segundo um modelo quase semelhante: história do município, caracterização física e ambiental,

YVES-A. FAURÉ

caracterização demográfica, caracterização institucional (administração, autoridades tradicionais, sociedade civil, instituições religiosas, sector privado, partidos políticos), caracterização social (direitos e exercício da cidadania, educação, cultura, lazer e desporto, saúde, água, saneamento, energia, habitação, justiça e proteção, transportes e comunicação), caracterização económica e produtiva (agricultura, pecuária, pesca, comércio, indústria, hotelaria e turismo, emprego e formação profissional, serviços financeiros). Apesar do interesse destes trabalhos informativos, menos de 20% dos municípios possuem os respetivos estudos e documentos. Os dados recolhidos parecem fiáveis e por vezes provocam uma tensão com os dados oficiais dos ministérios. Na medida em que falta um censo populacional nacional, os últimos podem estar distantes das realidades. Os perfis dos municípios não são instrumentos perfeitos mas constituem um passo importante no conhecimento das situações locais para iniciar um processo de planificação dos projetos e dos investimentos. Estudos semelhantes existem em Moçambique ao nível local, feitos por agências de consultoria, ONG e associações visando ajudar os dirigentes municipais na gestão dos serviços e na planificação das atividades. Todavia, um problema especificamente angolano parece limitar os esforços feitos em matéria de informação. Isso é, a ausência de censo demográfico: o último foi realizado antes da independência (1970). Sabe-se que é um assunto politicamente sensível no país e que exige uma mobilização eficaz de muitos meios. Contudo, o efeito da sua inexistência é que todos os dados económicos, financeiros e sociais são questionáveis e não facilitam os estudos e a elaboração de planos e outros perfis municipais.

A formação dos recursos humanos

Outro aspeto importante nos processos de descentralização é a formação e a capacitação do pessoal administrativo local. Várias iniciativas neste sentido foram e continuam a ser tomadas em Moçambique pelos ministérios, pelas instituições de ensino técnico e superior, pelas associações e ONG nacionais, pelos parceiros internacionais. Em Angola, os mesmos esforços parecem estar mais concentrados, de acordo com duas fontes institucionais principais. Conforme o Decreto-Lei nº 23/07 e o memorando sobre a melhoria da gestão municipal, aprovado pelo conselho de ministros de 22/08/2007 que visa facilitar as práticas para o desenvolvimento local através do programa de municipalização, o Ministério do Planeamento iniciou alguns módulos de formação nos seguintes temas: desenvolvimento organizacional e institucional, planeamento e gestão de recursos, gestão de informação municipal, gestão financeira, ordenamento do território (República de Angola/MP, 2010). O Ministério da Administração Territorial (MAT) participa em ações de capacitação dos quadros da administração municipal. Alguns responsáveis têm beneficiado de formações organizadas pelo MAT sobre os seguintes assuntos: descentralização administrativa; gestão do orçamento geral do estado (OGE); sistema integrado de gestão financeira do estado e sistema integrado de gestão do património do estado; planeamento e gestão municipal; sistema de informação territorial (SIT); contratação pública e fiscalização de obras, etc. Outras formações são organizadas pela cooperação internacional, por exemplo o tema da liderança, elaboração e gestão de projetos integrados, propostos pela cooperação Alemã (GTZ).

Em Luanda, o Instituto de Formação da Administração Local (IFAL) é um órgão-chave, subordinado ao MAT, que contribui para a formação e capacitação do pessoal envolvido nos serviços e nos projetos locais. O primeiro objetivo da instituição é formar os dirigentes locais, depois os funcionários municipais, seguidamente os responsáveis e animadores das ONG, finalmente as autoridades tradicionais através estágios, cursos, reuniões de formação e informação. Trata-se de fornecer aos responsáveis o conhecimento e ideias de políticas voltadas para as administrações locais e também de favorecer a elaboração de estudos, levantamentos, publicações e monografias. O IFAL organiza cerca de 60 formações por ano, sendo 22 propostas em Luanda e as restantes nos quatro centros regionais, de acordo com a política de desconcentração das atividades. São distribuídas cada ano 200 bolsas de formação. Temas como a elaboração do orçamento pelas administrações municipais, a realização de planos participativos, etc., são abordados nas sessões de cursos. Duas áreas interessam particularmente os funcionários locais: as questões ligadas às finanças públicas e à saúde. Visto que em Angola a descentralização se encontra apenas esboçada, o objetivo oficial e quase que explícito é transformar os administradores atuais em futuros autarcas. Uma leitura realista, distanciada da que é apresentada pelo governo, sugere uma interpretação um pouco diferente. Tratar-se-ia de preparar os atuais administradores, cuja lealdade política é uma condição para assumir o posto, para ganhar as futuras eleições locais e manter o domínio do MPLA à escala local.

A participação, a sociedade civil e a descentralização

Os processos de descentralização são conceptualizados e apresentados formalmente como estando vinculados à participação da sociedade civil e, na esfera ideal, à extensão da democracia. Esta articulação parece, pelo menos em tese, bastante lógica na medida em que as novas orientações tendem a aproximar o aparelho administrativo das comunidades, melhorar as decisões públicas no sentido dos interesses da coletividade e, por isso, facilitar a capacidade de influência e de controle das populações sobre as escolhas oficiais. Não se trata apenas de elevar a eficiência do aparelho administrativo mas também de encontrar novas vias para legitimar os detentores de poder público.

A questão do papel da sociedade civil nestes processos apresenta-se, pelo menos, sob dois ângulos. Existe, por um lado, a participação esperada e procurada pelos governos na organização e no funcionamento das estruturas descentralizadas ou criadas. Poder-se-ia qualificar esta participação como uma participação institucionalizada, sem prejulgar a sua realidade concreta. Deste primeiro tipo fazem parte os vários conselhos previstos, tanto em Angola como em Moçambique, pelas leis de desconcentração e descentralização. Por outro lado, mesmo sendo pouco organizadas e sem meios importantes, as sociedades civis não são criadas pelos governos e não dependem totalmente destes. Elas têm uma vida própria, uma atuação própria. E, nos processos que aqui se analisam, elas tomaram iniciativas e expressaram ideias e projetos independentemente das orientações e expectativas dos dirigentes políticos nacionais. Esta dupla forma de participação será explorada a seguir, primeiro através da análise dos conselhos locais acompanhando as reformas descentralizadoras e, posteriormente, através da análise das organizações da sociedade civil (OSC).

A participação procurada gera uma fraca resposta

O nível municipal ou local não é apenas um quadro para organizar as estruturas públicas, fazer funcionar os serviços do estado, etc. O nível municipal representa, na realidade, a escala de ação da sociedade civil, do exercício da cidadania. O desafio da descentralização não é meramente técnico-administrativo no sentido de racionalizar e tornar mais eficaz o funcionamento da burocracia pública; o desafio é também plenamente político na medida em que se trata de favorecer a livre expressão de ideias, facilitar a diversidade de projetos de ação e de modelos de organização coletiva, incentivar a participação das comunidades/populações, elevar o grau de cidadania, ou seja, instalar e fortalecer a democracia. A descentralização representa ao mesmo tempo oportunidades e desafios para a larga maioria dos membros da sociedade civil que não têm o hábito de tomar iniciativas, de propor projetos, de criticar o desempenho dos dirigentes e administradores.

Em Angola, o mesmo Decreto-Lei nº 2/07 de 3 de Janeiro já mencionado estabeleceu os conselhos de auscultação e concertação social (CACS) aos níveis provincial, municipal e comunal. O objetivo principal desta medida é o de favorecer a participação dos representantes da sociedade civil na análise dos planos e relatórios das respetivas administrações. Foi um progresso: até 2007 apenas os governadores e administradores podiam constituir os conselhos municipais. Outra meta perseguida através da criação dos CACS foi permitir aos cidadãos ganhar experiência nos assuntos locais (informação sobre a situação, elaboração de planos de desenvolvimento, intervenção nos debates, etc.). Na esfera municipal, existem dois instrumentos de participação e consulta: o conselho municipal de auscultação e concertação social (CMACS) cujo objetivo fundamental é apoiar a administração municipal na apreciação e tomada de decisões de natureza política, económica e social no referido território, devendo examinar e aprovar, por exemplo, o programa de desenvolvimento integrado (PDI) e tratar de assuntos organizativos e programáticos do município; existe, paralelamente, o fórum municipal que integra os administradores comunais, as autoridades tradicionais, representantes dos diversos sectores, igrejas, empresários e organizações da sociedade civil. O objetivo principal do fórum municipal é o de ajudar na organização e no desenvolvimento comunitário.

A partir das entrevistas feitas com pessoas conhecedoras das situações analisadas e da exploração da documentação disponível, é possível dizer que se os CACS foram criados e se eles funcionam mais ou menos dentro das regras, a participação concreta e ativa está longe de ser uma realidade. Os membros dos CACS não constituem uma representação equilibrada da sociedade civil já que os integrantes são nomeados pelos administradores e o fenómeno de acumulação de funções – responsáveis de igrejas, de partidos, de associações, donos de empresas, etc. que são muitas vezes cooptados pelos CACS – tem como consequência imobilizar as lideranças locais. Previstas para se realizarem de três em três meses, as reuniões são submetidas a uma agenda decidida pelos administradores. Formalmente,

YVES-A. FAURÉ

deveriam ser apresentados nos CACS planos, relatórios e projetos para aprovação mas o conformismo não favorece apreciações críticas e a formulação de ideais alternativas. Entretanto, alguns CACS participaram na discussão dos planos de desenvolvimento: Benguela, Caála, Matala, Kwanza Sul, etc. Persiste, em vários casos, uma certa desconfiança dos cidadãos em relação às administrações municipais.

Em Moçambique, foram criados os conselhos consultivos locais (CCL) com vista a assegurar a participação das comunidades na identificação e resolução de problemas locais. O texto oficial indica que "os órgãos locais do estado, visando o desenvolvimento económico sustentável, articulam-se com as comunidades locais. Esta articulação visa garantir a participação das comunidades locais na conceção e implementação dos programas económicos, sociais e culturais, em prol do desenvolvimento local" (República de Moçambique/MAE, 2008b, p. 2). Integram os conselhos locais, as autoridades comunitárias, os representantes de grupos de interesse de natureza económica, social e cultural, escolhidos pelos conselhos de escala local proporcionalmente à população de cada nível territorial. Os fóruns locais e os comités comunitários participam destes conselhos. O número de membros dos conselhos depende do nível do órgão: distrito (31-50 membros), posto administrativo (21-40), localidade (10-20), povoação (5-10). Cerca de metade dos conselhos de nível superior devem provir de conselhos inferiores. Dentro as atribuições dos conselhos, no domínio da vida económica, estão a segurança alimentar, a abertura e manutenção das vias de acesso e de valas de drenagem, a abertura de poços de água, o fomento da produção e comercialização pesqueira, agrícola e pecuária, bem como o comércio, a indústria e outras oportunidades para emprego e negócios locais. Eles devem também intervir para aprovar a proposta dos pedidos de concessão de financiamento aos projetos do fundo de apoio à iniciativa local. As investigações de campo, as leituras de documentos especializados, as entrevistas realizadas, conduzem mais ou menos à mesma conclusão que a do caso angolano. Até mesmo quando os conselhos funcionam de maneira regular, a participação é geralmente conformista, acatando os membros, as propostas e os documentos dos administradores.

As iniciativas próprias das organizações da sociedade civil
Fora da participação institucionalizada enquadrada nas estruturas descentralizadas, as organizações da sociedade civil lidam de forma diversa com

ANGOLA E MOÇAMBIQUE: DE UMA DESCENTRALIZAÇÃO PROMETIDA A UMA ...

diversas questões e têm uma visão que não se confunde necessariamente com as orientações governamentais.

No caso de Moçambique – onde se encontram expectativas e limitações bastante semelhantes dentro da sociedade civil – a apresentação e a análise das OSC feita por Francisco (2010) é bastante completa. Contudo, a situação neste país permite evocar e chamar a atenção sobre um ponto interessante e que parece pouco abordado pelos investigadores. Geralmente os estudos e os trabalhos a respeito das OSC referem-se às entidades e às lideranças associativas oriundas ou representantes principalmente do meio urbano. É verdade que a formação dos animadores urbanos referidos, a capacidade de expressar-se, de aceder à comunicação social, de mobilizar--se, etc. parecem *a priori* superiores às daqueles do meio rural. Contudo, a crescente problematização das questões da terra em Moçambique, o fenómeno da especulação fundiária que prejudica as comunidades campo-nesas, as dificuldades enfrentadas pela produção agrícola, a falta de infra-estruturas e os obstáculos de acesso aos mercados, a fraca preocupação dos sucessivos governos com o sector agropecuário – por exemplo, apenas uma organização participou no fórum governamental das terras, o orçamento de estado não é muito dedicado ao sector, etc. – ou, por outros termos, a grande vulnerabilidade dos agricultores de tipo familiar, obrigam a ter em consideração os engajamentos de muitas organizações civis, das mais modestas às mais importantes, em direção ao meio rural. Muitas destas intervenções visam ajudar as comunidades, por longo tempo fragilizadas pela guerra, para fazer reconhecer oficialmente os seus direitos de posse e uso das terras num quadro jurídico estável e com objetivos sustentáveis. A ação destas organizações é difícil e até ingrata, pouco assinalada pela imprensa, pouco levada em conta pelas autoridades. Mas elas continuam a agir com obstinação apesar dos fracassos que enfrentam.[82] Para além destas entidades e ações frequentemente localizadas, uma das mais importantes associações é a UNAC, nascida em 1987 fora das organizações oficiais cria-das pelo poder, que tem mais de 86.000 membros e é composta por 2.100

---

[82] De entre os vários obstáculos, encontram-se por exemplo o cancelamento pelas autori-dades da conferência sobre as terras, a substituição do cadastro por um novo por causa da corrupção ligada aos comportamentos de pessoas poderosas e aos interesses de empresas do *agrobusiness*, às dificuldades de obtenção de certificados coletivos de propriedade em prol dos pequenos produtores, etc.

YVES-A. FAURÉ

associações locais e 80 uniões distritais e apoiada por 17 ONG. As ações desenvolvidas referem-se aos apoios para aumentar a produção – parte importante dos produtos agrícolas consumidos não são moçambicanos apesar do enorme potencial no país – facilitar o escoamento das produções, reforçar e disseminar o micro-crédito, etc. Não obstante os limites, todos os esforços de todas as associações atuando no meio rural participam, no fim de contas, numa forma de descentralização a par das políticas que visam mais as estruturas institucionais.

Sabemos que em Angola muitos atores e observadores têm um julgamento bastante pessimista sobre a autonomia e auto-organização das OSC. Para eles, por exemplo, os CACS não têm capacidade de influência no âmbito da sociedade civil. Por outro lado, não existe um verdadeiro movimento social, afirmando-se que nem mesmo os estudantes têm esta capacidade. Todas as associações estariam a reboque das iniciativas formais governamentais, as associações de naturais não seriam criações espontâneas mas teriam ligações com o poder, sendo os seus dirigentes cooptados pelas autoridades, promovidos pelo regime. Nesta perspetiva, seria como se a própria sociedade fosse criada pelo governo. Esta visão não é, contudo, totalmente falsa, encontrando correspondência parcial com a realidade. Contudo, não se pode ocultar uma outra faceta, que mostra a capacidade de iniciativa e de apresentar propostas por parte das OSC, entre outros, no âmbito das questões da descentralização.

O principal objetivo da conferência organizada em 2007 pelo fórum das organizações da sociedade civil de Angola (FONGA) foi o de afirmar a importância e o papel da sociedade civil na consolidação da paz, na democratização da sociedade, facilitar o progresso e o bem-estar social, apoiar a aproximação entre diferentes atores, sobretudo entre as instituições do estado, as empresas e a sociedade civil. A maioria das atividades e das operações concretas desenvolvidas pelas OSC (associações, ONG, fundações, instituições religiosas, etc.) levantam questões fundamentais políticas: inclusão e participação, cidadania, monitorização das políticas públicas, ambiente jurídico-legal e direitos individuais e coletivos, etc. Por outro lado, a escala das intervenções diárias das OSC é a do território local, dos municípios e comunas e uma das ações mais recorrentes das OSC é exercer *lobbying* com os principais atores locais e obter o empenhamento das autoridades. Daí a sensibilização quase que "natural" das OSC no tema da descentralização. Quanto mais as autoridades e as administrações locais tiverem margem de iniciativa e de decisão, mais o trabalho das OSC será facilitado, apesar de o termo descentralização não ter estado presente na conferência de 2007 (FONGA, 2008).

Já na segunda conferência das OSC que aconteceu em Novembro de 2008, o assunto da descentralização foi objeto da segunda área temática deste grande evento. Tendo em conta que o governo angolano tinha colocado em marcha tanto o processo de desconcentração de poder como de preparação da descentralização, os representantes das OSC notaram que estas medidas do governo constituíam uma oportunidade no sentido de reforçar a influência dos cidadãos sobre a tomada de decisões nos assuntos de seu interesse. Os interventores e responsáveis da conferência salientaram que as estruturas criadas recentemente, os CACS, poderiam ser espaços de negociações entre os cidadãos e os poderes e um instrumento de controle das políticas públicas (Segunda Conferência Angolana da Sociedade Civil, 2009).

Interessante é notar que as OSC estabelecem uma diferença político-administrativa muito correta entre os dois processos, lembrando que a desconcentração é uma extensa delegação de poderes às administrações municipais e comunais enquanto a descentralização representa uma transferência de poder para órgãos locais, que passarão a ser eleitos.

O anexo IV do relatório da II conferência recorda os princípios avançados pelas OSC no processo constituinte angolano. De entre outros, a respeito do assunto aqui tratado, as OSC exigiam i) a separação e a interdependência dos poderes, bem como a descentralização e desconcentração do poder político; ii) o sufrágio universal, direto, secreto e periódico para a designação dos titulares eletivos dos órgãos de soberania e do poder local; iii) a definição de uma data fixa para a realização das eleições legislativas, presidenciais e autárquicas (Segunda Conferência Angolana da Sociedade Civil, 2009, pp. 107-109). Por fim, os animadores da conferência formularam uma série de questões muito pertinentes que poderiam ajudar a avaliar o estado do processo de descentralização: i) quem escolhe os representantes da sociedade civil para o diálogo com as estruturas administrativas locais; ii) como assegurar que as estruturas administrativas cumprem as obrigações em relação aos seus constituintes; iii) como se interligam as autoridades tradicionais com estes processos; iv) que capacidade têm as OCS para participar de forma eficaz e informada; v) como podem as OSC contribuir para relacionar as questões

YVES-A. FAURÉ

locais com os processos nacionais, quebrando o isolamento de que frequentemente sofre o nível local (Segunda Conferência Angolana da Sociedade Civil, 2009).

Pode-se dizer que as OSC angolanas foram muito sensíveis aos processos político-administrativos, dando mais poder de decisão, mais iniciativas, mais recursos ao nível local, municipal ou comunal; que as OSC foram favoráveis em participar das estruturas de negociação e concertação com as autoridades em cada localidade; que as OSC viram boas oportunidades nos processos em curso para melhorar o seu desempenho e contribuir para o bem-estar das populações; que as OSC tomaram estes processos para tentar influenciar e controlar as decisões dos poderes e as políticas públicas; enfim, que as OSC tiveram uma definição diferenciada e muito exata entre a desconcentração e a descentralização. Em que medida estas expectativas foram colocadas em prática, em que medida os objetivos de ação e de monitorização das OSC foram atingidos, em que medida elas puderam influenciar a elaboração da nova constituição no sentido de favorecer a desconcentração e a descentralização, são coisas difíceis de ser medidas e julgadas. Elas não impediram que os dois processos fossem controlados e contidos pelo governo central de forma que a desconcentração tenha sido acompanhada de um processo forte de manutenção da centralização. Mais à frente, dão-se exemplos de alguns instrumentos desta recentralização. Quanto à descentralização, como receavam as OSC, o processo permaneceu virtual, apenas previsto pela nova constituição. No quadro da desconcentração, as OSC continuaram a agir, a propor, a participar, mas dentro dos limites dos poderes ainda robustos dos governadores e dos administradores municipais. Apenas para dar um exemplo, as OSC sedeadas na província do Huambo organizaram uma reunião para analisar o processo de descentralização administrativa e financeira em curso em Angola e o funcionamento dos CACS. Isto confirma a pressão que as OSC exercem em termos de participação e de monitoria sobre as políticas públicas referidas (*Jornal de Angola*, 25 de Agosto de 2010, p. 32).

Finalmente, pode-se concluir que a participação institucionalizada, procurada e até "forçada" pelas autoridades, não é muito ativa. A participação mais "espontânea" e paralela àquela esperada pelos governos por parte das organizações da sociedade civil é mais efetiva, embora mais dificilmente se enquadre nos moldes governamentais.

O papel da cooperação internacional

É do senso comum a opinião geral de que os processos de descentralização iniciados e concretizados em África nos últimos 20 anos foram induzidos e muitas vezes impostos de fora dos países em causa. É verdade que as crises financeiras dos estados, tanto relativamente aos orçamentos públicos como às balanças de pagamentos, à instabilidade e às fases periódicas de baixa dos preços das matérias-primas e das *comodities,* ao desperdício por parte dos governos dos recursos nos projetos tanto grandiosos como improdutivos, a corrupção, etc., facilitaram as pressões externas com vista a reformar as políticas e os comportamentos estatais. Correlacionada com esta evolução, houve no mesmo período uma enorme onda ideológica e mundial crítica da organização e do funcionamento dos aparelhos públicos e a favor do papel das iniciativas privadas e da economia de mercado. As cooperações internacionais, baseando-se nestas constatações e nestes ideais, não se privaram de pressionar e até intervir nas orientações governamentais em vários países africanos, sejam as agências multilaterais e através do condicionamento das ajudas financeiras, sejam os países parceiros nas relações bilaterais, sejam ainda as instituições privadas e ONG do norte industrializado que contribuíram neste sentido. Esta realidade é bem conhecida e foi muitas vezes explorada em diversos estudos. Daí que a questão seja menos duvidar destes factos atestados do que questionar, no presente estudo de caso, em que medida, até que ponto e de que forma as pressões exteriores intervieram eventualmente nos processos de descentralização em Angola e em Moçambique. Será que se confirmam? Será que, se confirmadas, elas têm uma amplitude e forma semelhantes nos dois países? Podemos explicar os dois processos a partir do papel da cooperação internacional ou os dois governos foram suficientemente autónomos para ter definido com soberania as novas políticas em curso? Finalmente, o estudo das reorganizações dos aparelhos públicos permite analisar a natureza dos poderes governamentais e o grau de independência na determinação das orientações dos países. Há que estudar sucessivamente os dois casos que se apresentam de maneira muito diferente.

Em Moçambique, o peso relativamente importante dos parceiros

No ano de 2005, a delegação da União Europeia em Moçambique iniciou um processo de harmonização das ajudas dos doadores ao país criando uma base de dados com referência a todos os projetos de cooperação, incluindo logo depois os dados das Nações Unidas e formando, por consequência, a chamada ODAmoz. Pouco depois, com a preocupação da apropriação do instrumento pelo governo moçambicano, a gestão foi passada para a direção de investimento e cooperação (DIC) do Ministério da Planificação e Desenvolvimento (MPD). A ODAmoz tornou-se a principal ferramenta para apreciar as obrigações do país perante os doadores e permitir os desembolsos trimestrais dos financiamentos externos. Esta base de dados fornece ao governo, às cooperações e, de forma mais geral ao público, informações sobre o estado de andamento dos referidos projetos.

Simultaneamente, na sequência de algumas iniciativas dos doadores levadas a cabo desde 2000, foi assinado com o governo moçambicano um memorando de entendimento (MdE) para definir a ajuda ao programa de apoio direto ao orçamento do estado. São atualmente 19 os doadores que formam os parceiros da ajuda ao programa (PAP) que se comprometeram a apoiar Moçambique a fim de reduzir a pobreza no âmbito do programa PARPA (plano de ação para a redução da pobreza absoluta). Um novo MdE foi assinado em Abril de 2009 de modo a melhorar a qualidade das informações e da cooperação. Este novo MdE inclui um quadro de avaliação do desempenho (QAD) que define as prioridades e abrange uma série de indicadores. Este QAD fornece informações atualizadas sobre os projetos e os programas, que condicionam as decisões dos doadores de liberar ou não tranches de financiamento. Existe uma revisão anual do QAD e do governo moçambicano a partir de relatórios sectoriais.

No âmbito do QAD e do PAP atuam cerca de 30 grupos de trabalho dedicados tanto às questões temáticas definidas como a questões transversais. Os grupos de trabalho, chamados "pilares", dedicam-se aos seguintes assuntos: i) pobreza e gestão macroeconómica; ii) governação; iii) desenvolvimento económico; iv) capital humano; v) assuntos transversais. O grupo de trabalho sobre a governação tem três linhas de atuação: i) a reforma do sector público; ii) a descentralização; iii) a justiça e o quadro legal. Cerca de 15 países europeus e os Estados Unidos estão representados neste grupo, mas são a União Europeia e o Banco Mundial que lideram o grupo.

É interessante explorar os relatórios anuais do grupo de trabalho para a descentralização de forma a dar uma ideia objetiva sobre os avanços do processo e sobre os obstáculos e as contradições que o mesmo enfrenta na realidade quotidiana e local. O período analisado (2005-2008) constitui apenas um momento no processo geral de descentralização que começou

ANGOLA E MOÇAMBIQUE: DE UMA DESCENTRALIZAÇÃO PROMETIDA A UMA ...

na verdade no início dos anos 2000. Contudo, houve na segunda metade da década uma aceleração com medidas concretas tomadas pelo governo moçambicano. Ver-se-á, por outro lado, os limites destes avanços mas a visão destes anos (2005-2008) fornece um bom panorama resumido, tanto das boas intenções, como das dificuldades na implementação da descentralização.

O relatório de 2005 assinalava a importância tanto de integrar os planos de desenvolvimento dos distritos e os orçamentos distritais nos processos de planificação e de orçamentação à escala nacional como de ter em conta o contexto estratégico do governo através dos objetivos do PARPA, da reforma do sector público e do plano quinquenal do governo. O grupo de trabalho lamentava a ausência de uma repartição transparente dos orçamentos pelos diferentes sectores das províncias e dos distritos e a estagnação dos orçamentos distritais apesar do compromisso do governo em matéria de descentralização. Por fim, o relatório questionava a dinâmica municipal assinalando que o governo estava mais focalizado na consolidação do que na expansão quantitativa e qualitativa deste processo ou seja, a timidez das autoridades nacionais foi criticada (QUAD/PAP, 2005).

Alguns progressos notáveis foram mencionados no relatório de 2006. O governo definiu o distrito como a base para o desenvolvimento e para o combate à pobreza, com uma alocação anual de sete milhões de meticais para os orçamentos distritais. O Decreto 11/05 regulamentou a lei dos órgãos locais do estado, determinando as estruturas e o modo funcional das províncias e dos distritos. Da mesma forma, um importante documento oficial visando o período 2006-2010 formulou a estratégia e a política para o desenvolvimento municipal. O relatório incentivava o governo a priorizar a política de descentralização, sobretudo para esclarecer a divisão de papéis, competências e responsabilidades entre os poderes provinciais, distritais e municipais e propor a criação de novos municípios (QAD/PAP, 2006b). Na sua sequência, outro documento de 2006 mencionava pontos positivos atingidos em termos de descentralização. Faziam parte deste julgamento favorável o aumento significativo de auditorias e inspeções nas administrações distritais e municipais, a consolidação do orçamento de investimento de iniciativa local (OIIL), que representava um passo importante no processo de descentralização fiscal e na transformação dos governos distritais em unidades orçamentais do estado. Todavia, estes avanços não ocultaram algumas preocupações do grupo de trabalho: o primeiro esboço de política nacional de descentralização não atendia às premissas e expectativas nascidas da revisão proclamada em 2006; as transferências fiscais para os municípios não correspondiam ao PARPA II e outros documentos relativos à descentralização; a participação ativa da sociedade civil na preparação e na monitoria dos planos de desenvolvimento constituía um verdadeiro desafio; por fim o grupo receava uma perda de fôlego do programa nacional de planificação e finanças descentralizadas (PPFD) (QUAD/PAP, 2006c).

A aprovação pelo conselho de ministros da proposta visando a descentralização de fundos sectoriais nos sectores das águas, estradas, agricultura e infraestruturas da educação e saúde foi tido como ponto muito positivo no relatório de 2007. Da mesma forma, foi louvada a extensão do programa de planificação e finanças descentralizadas. Todos os distritos beneficiaram de apoio técnico na elaboração de planos e orçamentos operacionais e na programação do OIIL. Mais de 80% dos distritos já tinham planos estratégicos distritais de desenvolvimento (PEDD) elaborados e aprovados. Persistiam, contudo, algumas preocupações do grupo de trabalho no que dizia respeito à liderança e coordenação intersectorial no processo de descentralização, ao diálogo entre parceiros e o governo, a participação comunitária, apesar do estabelecimento dos conselhos locais em todos os distritos – problemas de representatividade e de clareza na tomada de decisões.

Por fim, o relatório do ano 2008 exultava a criação pelo governo de mais 10 autarquias (totalizando 43 municípios) e a realização de eleições municipais em Novembro. Da mesma forma, era notória a descentralização de recursos financeiros e de competência para os níveis provinciais e distritais. O relatório assinalava como positivos os progressos na participação e na consulta comunitária e esperava que o guião de funcionamento dos conselhos locais, aprovado pelos ministros da Administração Estatal e da Planificação e Desenvolvimento pudesse ultrapassar os problemas da institucionalização dos mesmos conselhos. A questão da liderança e da coordenação intersectorial do processo de descentralização deveria ser resolvida pelo estabelecimento, dentro do Ministério de Administração Estatal, da unidade técnica de descentralização (UTD). De entre os pontos preocupantes, o grupo de trabalho notava que, apesar de o lançamento do OIIL ser um passo importante, existia uma fraqueza dos instrumentos que regulam as atividades referidas, uma falta de transparência na alocação dos fundos, uma ausência de prestação de contas e uma baixa taxa de reembolso.

Esta revisão e análise dos relatórios permitiram mostrar os progressos e os constrangimentos do processo de descentralização e o empenho da parceria internacional neste domínio. As dificuldades e os atrasos apresentados são confirmados por outras fontes de informação. Nota-se finalmente que os PAP seguem os conceitos e os pareceres do governo, falando ao mesmo tempo de desconcentração e de descentralização, fazendo no entanto a diferença entre os dois sistemas, o primeiro tratando da delegação de competências e recursos aos órgãos territoriais do estado, o segundo tratando do poder local e da municipalização.

Um dos importantes projetos nesta área é financiado pelo fundo de solidariedade prioritária (FSP) do Ministério dos Negócios Estrangeiros e Europeus (MAEE) em Paris. Foi iniciado no final de 2007 para uma duração de três anos. Neste quadro de cooperação, um assistente técnico francês apoia a Inspeção Geral das Finanças (IGF) de Moçambique. O projeto foi colocado em prática segundo dois eixos interligados: primeiro, para reforçar a partir da IGF as capacidades de controle interno das administrações locais; ao mesmo tempo, são desenvolvidas ações de formação dos atores desconcentrados e descentralizados na área de finanças públicas. Finalmente, o objetivo fundamental reunindo os dois eixos é o de apoiar a boa governação financeira local em Moçambique.

As atividades enquadradas neste projeto baseiam-se sobre a IGF e suas delegações regionais com vista a elevar a competência dos corpos de controle e de auditoria e sobre as administrações territoriais do estado e as administrações municipais para capacitar os gestores, tanto os funcionários como os responsáveis eleitos, através dos institutos e escolas moçambicanas especializadas na formação de administração pública. As primeiras províncias beneficiadas pelo projeto são as de Maputo, Sofala e Nampula, que representam experiências-piloto.

O projeto faz parte da reforma geral das finanças públicas em Moçambique através do programa de planificação e finanças descentralizadas (PPFD).[83] Para além do governo e do PNUD, o projeto é cofinanciado por alguns países (Países Baixos, Noruega, Suíça e Irlanda) e foi posto em prática nas províncias de Nampula e Cabo Delgado (PNUD, 2004).

---

[83] Para uma avaliação recente ver Valá (2009).

YVES-A. FAURÉ

A ação da cooperação francesa pode ser vista como uma resposta adequada no relatório do ano 2005 do grupo de trabalho sobre a descentralização elaborado pelos parceiros da ajuda ao programa (PAP) que destacava a necessidade de melhorar o sistema muito fraco de gestão financeira dos poderes locais caracterizado por uma ineficiência, falta de prestação de contas, ausência de transparência (QAD/PAP, 2005).

O que se aprende da visão e do julgamento dos parceiros doadores na área da descentralização em Moçambique que se refere a este período (2005-2008) no qual o processo parece já bem implementado? As cooperações bilaterais e multilaterais (Banco Mundial, União Europeia) mostram-se bem presentes no acompanhamento deste assunto junto do governo moçambicano. Por outro lado, qual é o peso, a força de influência dos parceiros ao longo do processo estudado? Por um lado, a monitoria feita pelos grupos de trabalho, os dados recolhidos, os estudos realizados e as análises e avaliação realizadas são uma chave para o desbloqueamento dos financiamentos exteriores nesta área. Abordados como ligados às condicionalidades, os recursos comprometidos pelos parceiros do PAP parecem testemunhar uma postura dominante. E, na verdade, não se abstêm de formular, todos os anos, uma série de críticas e de recomendações expressas entre palavras de ordem e palavras diplomáticas. De facto, houve nas relações entre o governo moçambicano e os parceiros estrangeiros, em certos sectores da ajuda, alguns conflitos e ameaças por parte dos últimos de não liberar algumas parcelas do financiamento, esperando influenciar as ações do estado moçambicano e fazer cumprir os objetivos definidos pelas duas partes.[84]

Ao mesmo tempo, as avaliações apresentam cada vez mais possibilidades de ultrapassar as dificuldades, de prosseguir mais e melhor no

---

[84] Por exemplo, o grupo dos 19 países doadores e agências internacionais (G19) que apoiam diretamente o orçamento geral do estado, os conhecidos parceiros de apoio programático (PAP), atrasaram em quatro meses o desembolso prometido ao orçamento de 2010, exigindo mais clareza nas contas do estado (GMD, 2010). Outra vertente das divergências entre os doadores e o governo inclui as questões eleitorais, a segunda vaga de reformas relativas à ética, transparência e boa governação (Jaintilal, 2010). Outro exemplo no domínio da agricultura: um acordo interafricano decidiu dedicar 10% dos orçamentos dos estados aos sectores agrícolas. Em Moçambique o orçamento de estado aloca 3% dos recursos à agricultura enquanto ela emprega 70% da população. Os parceiros fazem pressão, a par das forças internas, para que a agricultura sacrificada esteja doravante no centro das preocupações do poder central.

processo de descentralização. Noutros termos, a cooperação internacional desdobra as suas críticas apresentando uma série de vias de saída, nunca afastando uma perspetiva bastante otimista, confiando no longo prazo na possibilidade de o governo estabelecer uma verdadeira descentralização.

Por outro lado, os relatórios analisados declaram que apenas o governo é mestre das políticas públicas, seja em termo de objetivo final, de ritmo e de conteúdo das reformas – apesar do diálogo e de as negociações continuarem a existir com os parceiros. Trata-se da soberania do estado que os parceiros, apesar da sua riqueza relativa, não podem afetar sem arriscar uma crise diplomática. E a questão da descentralização não parece um assunto suficientemente importante para se tornar um *casus belli*. Ainda, o governo não só tem os seus próprios interesses e linhas ideológicas, como deve também contar com as OSC moçambicanas que participam, mais ou menos, no processo em andamento e com a existência de organizações nacionais que não são desprovidas de capacidade de pressionar as autoridades centrais, como, por exemplo, a Associação Nacional dos Municípios de Moçambique (ANAMM), muito presente nas iniciativas e nos eventos e encontros ligados às reflexões e à política de descentralização.

Entre os parceiros internacionais, não existe uma visão totalmente partilhada sobre a descentralização. Cada entidade membro do PAP, e particularmente os países, têm diferentes conceções das estruturas de poderes em função da história e de experiências políticas próprias, em suma, em função da cultura política idiossincrática. As reflexões dentro do PAP, os estudos e os relatórios, representam assim mais um compromisso negociado do que uma linha monolítica. Existe uma *troika*, que corresponde a três representantes dos parceiros bilaterais. Contudo, não existe necessariamente um acordo pois existem acordos bilaterais e cada país que ajuda possui interesses próprios. Por exemplo, os Estados Unidos permanecem fora da ajuda orçamental. As autoridades moçambicanas abordaram países como a Índia e a China e estes recusaram-se a integrar as suas ajudas no pacote da ajuda internacional e no orçamento.

A elaboração e a enunciação da política de descentralização pelo governo reafirmam as metas que correspondem, pelo menos em tese, às características de uma verdadeira descentralização e à sua efetivação faz-se de maneira gradual segundo a perspetiva adotada pelo governo. Por exemplo, as autoridades decidiram esperar três anos antes de concretizar no terreno o Decreto 33/06 relativo à transferência de poderes e atribuições

YVES-A. FAURÉ

aos municípios em novas áreas (educação, etc.). Este prazo foi prolongado por mais de dois anos porque as autarquias devem mostrar a sua capacidade em assumir as novas responsabilidades. Por essa razão, o município de Maputo passou a gerir escolas e postos de saúde a partir de Janeiro de 2010. Desta forma, as críticas e as recomendações dos parceiros focam mais nas etapas do processo, evidentemente provisórias e incompletas, do que na filosofia geral da descentralização. A porta fica cada vez mais aberta para fazer avançar e melhorar o conteúdo do processo.

Assim, para concluir, tendo em conta as informações e a perspetiva, pode-se falar, sem dúvida, da influência exercida pelos parceiros. Mas se se aceitar ir mais longe no julgamento e falar de dominação, parece mais adequado relativizar e falar de dominação paternalista do que de uma dominação brutal e direta. É preciso indicar que esta análise é limitada às medidas e às aplicações concretas do processo de descentralização. Revela-se evidente que a orientação geral em prol da transferência de poderes e funções à escala local está correlacionada, em conjunto com a democratização e a passagem a um regime multipartidário, com os acordos assinados com o FMI e com o Banco Mundial (liberalização das economia, privatizações, abertura ao capital estrangeiro, etc.). Neste "pacote" global, sem dúvida nenhuma, a pressão internacional foi muito forte. Contudo, parece necessário estabelecer uma certa nuance: se as reformas económicas foram adotadas com celeridade pelo governo moçambicano, as reformas políticas foram muito mais lentas e de aceitação difícil, temendo o poder central perder a sua hegemonia e os seus interesses face a uma oposição da RENAMO, então ativa (cf. Lachartre, 1999). Um exemplo disso foi uma primeira lei de 1994 sobre as eleições locais que proclamava que os executivos locais são nomeados pela lei. Finalmente, sob pressão da oposição, principalmente da RENAMO, uma lei de 1997 consagrou o princípio da eleição dos presidentes e vereadores dos municípios. Ao contrário dos receios do partido dominante, nunca a hegemonia da FRELIMO foi contestada nas eleições municipais. Ao longo dos escrutínios, os partidos de oposição e principalmente a RENAMO, perderam as primeiras conquistas minoritárias até as últimas eleições que consagraram a vitória quase total da FRELIMO – 42 nas 43 assembleias municipais e 41 de 43 nas presidenciais (AWEPA/CIP, 2008).

Torna-se, portanto, evidente que, para além das orientações de tipo neoliberal mais ou menos impostas ao governo moçambicano, fragilizado então por uma crise económica e financeira extremamente grave – a dívida externa aproximou dos 300% do PIB nos anos 90 – existe e persiste uma dependência em termos de finanças públicas pois os parceiros internacionais contribuem por ano de 45% a 50% para o orçamento total do estado, ou seja, 500 milhões de dólares, e o fluxo global da ajuda externa atinge 1,2 mil milhões dólares (incluindo ONG, empresas, etc., e acordos específicos bilaterais).

Assim, constata-se que estes assuntos, remetendo a questões politicamente sensíveis que incluem a soberania ou sendo apenas pormenores de programas amplos, cada vez mais a capacidade de autonomia e/ou de resistência das autoridades nacionais parece demonstrada. O processo de descentralização faz parte deste tipo de assuntos e daí a impaciência dos parceiros e do universo associativista moçambicano face à linha cautelosa e gradual das autoridades nacionais.

Em Angola, a influência limitada dos parceiros

Na verdade, existe uma pletora de doadores e parceiros internacionais que têm programas e atuam na área da descentralização, sejam os órgãos multilaterais (Banco Mundial, PNUD, o último principalmente através, por exemplo, do projeto de descentralização e governação local no Bié), sejam as cooperações bilaterais (por exemplo o Reino Unido através do *Luanda Urban Program*), sejam as ONG do norte (*CARE International, Save the Children*) em colaboração com entidades nacionais (*Development Workshop*, CDPA, etc.). O que não significa que as orientações e decisões governamentais nesta área estejam condicionadas à proporção desta presença estrangeira.

As ações dedicadas direta ou indiretamente às questões das administrações locais estão enquadradas no Fundo de Ação Social (FAS). Trata-se de uma instituição governamental criada no dia 28 de Outubro de 1994 pelo Decreto 44/94 sob tutela do Ministério do Planeamento e dotada de personalidade jurídica e meios de atuação. O Banco Mundial participou nesta criação. Contudo, uma tentativa anterior de agendar o tema da descentralização foi a do PNUD que fracassou por falta de apoio real das autoridades angolanas. A primeira missão do FAS foi a do combate à pobreza porque havia urgências sociais. Depois, a entidade foi envolvida em questões municipais e na descentralização, devido às recomendações dos parceiros que achavam que a melhoria das condições de vida das comunidades e a eficácia dos projetos, por terem a ver com outros fatores e dimensões, dependiam de mudanças mais sistemáticas de âmbito local. Com efeito, a preocupação com o desenvolvimento local passa por interesses municipais na medida em que é a esta escala que devem ser geridos os projetos e os financiamentos sociais (combate à pobreza, educação, água, saneamento, habitação, saúde, etc.), o que supõe reformas institucionais estruturais e económicas, para facilitar a distribuição de rendimentos, a geração de empregos, o fortalecimento do mercado local, etc. (FAS, 2005). Inicialmente, em 2004, o FAS estava presente em quatro províncias, em 2006 em nove e atualmente possui 15 representações regionais/provinciais, mais quatro representações mais leves.

Uma segunda fase do FAS, chamada FAS II, sem perder de vista os objetivos iniciais, é mais explícita a respeito do assunto aqui tratado. Ela possui uma componente, em parceria com o Banco Mundial e uma equipa brasileira, visando o desenvolvimento municipal através do reforço da capacidade dos atores locais, a elaboração de perfis municipais e de planos diretores. São 12 os municípios que beneficiam desta ação. No início do FAS, houve algumas dificuldades porque os municípios não eram unidades orçamentais e não podiam incluir a elaboração de projetos. A situação era bastante complicada e a condição de êxito do programa baseava-se nos fatores pessoais do administrador, a sua motivação e participação, condição aleatória diferente do padrão geral de abordagem de um projeto. Entretanto, houve iniciativas de alguns administradores de províncias no sentido de se aproximarem da sociedade civil, dos empresários, etc., mas enfrentaram dificuldades. De entre as conquistas do programa, pode-se citar o facto de os responsáveis e animadores locais das ações do FAS terem podido beneficiar da formação no IFAL. O interesse para a elaboração de perfis – atualmente cerca de 20 foram realizados – e planos diretores, aumentou e os planos são agora financiados pelo plano nacional de investimento público (PIP).

Por outro lado, a timidez governamental sobre a descentralização explica os limites das ações nesta área. O exemplo apresentado a seguir é emblemático da ausência de fôlego neste sentido: foi feita uma tentativa de institucionalizar um grupo de descentralização associando o FAS, o PNUD e as OSC. Houve um ou dois encontros mas o desejo do MAT de controlar o processo contribuiu para o colapso desta iniciativa. Outro fator limitativo foi a ausência de articulação dos principais atores do governo com os municípios: o MAT, Planeamento, Finanças possuem fraca coordenação das ações, políticas e programas para os municípios. Tendo em conta a estrutura do poder angolano, a legitimação e o ânimo dos projetos sustentando a descentralização só podem vir da Presidência da República. Os problemas que enfrentam os projetos locais dos parceiros, tanto externos como nacionais é que, se houve um processo de municipalização em Angola, os municípios são até agora apenas um escalão territorial da administração do estado e não um órgão verdadeiramente descentralizado. Durante este tempo, as ações para a descentralização são feitas tangencialmente, indiretamente, através de programas sociais e a partir de uma estrutura de exceção, como é o FAS, e não a partir de uma entidade plenamente integrada no organograma da administração angolana. Também, a partir de iniciativas de ONG e de consultores, de entre os vários atores externos. Tudo isso limita a pressão potencial da cooperação internacional, o que diferencia o país da situação moçambicana onde existem orientações e um quadro mais claro, ainda que apenas incipientes, para a descentralização.

Angola apresenta pois uma peculiaridade neste domínio. Tendo em conta o peso das inúmeras e abastadas empresas estrangeiras do sector petrolífero, a agência USAID (Agência Americana para o Desenvolvimento Internacional) assinou acordos com empresas americanas presentes em Luanda para desenvolver programas na área da descentralização ou das realidades locais. Exemplos, os acordos com a Chevron que beneficiam as municipalidades do Bié, Cabinda, Cuando Cubango e Huambo; o acordo desta com a Laza Kaplan que criou um programa para Lunda Norte, etc. A intervenção das empresas privadas não é uma novidade completa mas é um passo recente em Angola. Isto representa uma nova fórmula de parceria com patrocinadores empresariais enquanto até agora a cooperação para o desenvolvimento era principalmente levada a cabo por governos parceiros, agências multilaterais, associações e ONG, nos limites de influência que se observaram acima. A USAID, no seu pensamento e nas suas atuais orientações, favorece claramente a entrada de um novo ator: as empresas privadas, apresentadas como podendo complementar ou até mesmo substituir-se às cooperações estatais que enfrentem problemas de recursos. Esta via liberal é condicente com o peso do sector privado estrangeiro em Angola, particularmente no sector do petróleo. Mas ela reproduz também, à escala de Angola, as novas tendências ideológicas – a chamada enfaticamente "responsabilidade social" das empresas – que visam envolver mais as empresas nas questões sociais e ambientais nos lugares e contextos onde elas operam, seja para corrigir imagens negativas das mesmas empresas – poluentes, provocando mais desigualdade, atuando com pouca preocupação em termos de direito do trabalho, etc. – seja como mecanismos paliativos perante a insuficiência dos serviços públicos.

Apesar de serem implementados com a anuência do Ministério da Administração do Território, estes programas em relação à descentralização, desenvolvimento local ou municipal (etc.) dão uma forte impressão de dispersão, fraca ligação e coordenação entre as ações dos diferentes patrocinadores. O que parece dominar é o individualismo dos atores, a pletora e a confusão dos projetos, a fraca integração num desenho conjunto, o que faz com que, nestes novos rumos da cooperação, a influência estrangeira seja limitada por ser atomizada.

Os processos de descentralização: complexos e dialéticos

O lento e tímido andamento angolano

Em Angola, a questão da descentralização – que é por ora mais um projeto do que uma realidade concreta, como será argumentado na conclusão – mostra alguns avanços mas também estagnações, lentidões e limites evidentes, tanto do ponto de vista das medidas concretas como do ponto de vista das orientações e disposições políticas das autoridades nacionais. O dossier provoca sentimentos confusos, perplexidades e ambiguidades, refletindo o vaivém do seu tratamento nas diferentes ondas históricas do país nas quais se percebem fases de otimismo e fases de pessimismo, momentos de interesse oficial e momentos de desalento, fases favoráveis e passos ativos, alternando com fases onde se abranda a marcha. Esta indecisão, ao longo do tempo, continua ainda presente. Atualmente, a questão não se encontra estagnada porque permanece sempre aberta; mas, ao mesmo tempo, não há animação governamental real e forte nesta direção. Trata-se de um processo complexo – pelas razões mencionadas no início do texto e como será confirmado na conclusão – e, também, de um processo repleto de contradições. É verdade também que a principal base económica de Angola – a exploração e exportação do petróleo – torna o país muito vulnerável aos choques externos, podendo alterar as suas finanças. Por essa razão, teve lugar recentemente uma contração de 40% do PIB, de um ano para outro, o que dificulta a continuidade dos projetos em geral.

ANGOLA E MOÇAMBIQUE: DE UMA DESCENTRALIZAÇÃO PROMETIDA A UMA ...

Esta incerteza no andamento do processo descentralizador em Angola faz com que o balanço atual que se pode realizar mostra ao mesmo tempo, em cada campo, avanços e restrições. A tentativa feita a seguir não pode fazer esquecer que os modestos elementos de descentralização observados em Angola não constituem um quadro suficientemente amplo, avançado e antigo para permitir uma avaliação do tipo da que foi feita em Moçambique pelo e a pedido do Banco Mundial para o período 1997-2008. É óbvio que seria muito prematuro no caso angolano.

Na esfera local, um passo importante foi a existência de um orçamento municipal próprio, que significa que o estado atribui um pouco de poder ao nível local. Contudo, o processo decisório continua a ser de cima para baixo. As pessoas entrevistadas na ocasião da elaboração dos perfis municipais notam uma melhoria de infraestruturas de funcionamento nas sedes municipais enquanto criticam a insuficiência de infraestruturas funcionais nos outros lugares. De facto, a capacidade financeira do estado angolano contribuiu para transferências fiscais de vulto em prol dos órgãos administrativos territoriais, o que a diferencia do caso moçambicano bem menos pecuniário. As ações de investimento na capacitação do pessoal também representam um progresso evidente. Simultaneamente, a falta de pessoal técnico qualificado, especializado, por exemplo na elaboração de projetos, planos, etc., é destacada por muitas pessoas, bem como as falhas respeitantes às ferramentas nas áreas de gestão, de administração financeira, etc. Outro ponto salientado por muitos é o reforço institucional proporcionado pelas ONG internacionais, o que não compensa o número ainda limitado de pessoal nas administrações comunais. Os planos diretores são a cada ano mais numerosos mas não chegam aos municípios mais distantes. O desenvolvimento dos equipamentos, dos meios de transporte pelo sector privado e os esforços feitos pelo governo na recuperação e renovação das estradas – investimentos cruciais em termos de prosperidade local – são factos muito positivos mas em quantidade e com um ritmo insuficiente face aos atrasos e destruições, enquanto a conservação dos produtos agrícolas e alimentares é uma questão essencial tanto para o crescimento dos produtos locais como para o abastecimento dos mercados urbanos onde permanece uma procura significativa. Contudo, como heranças das guerras, existem ainda muitas zonas com minas, o que gera atrasos e sobrecustos na implementação das infraestruturas e das unidades de produção. Não existe praticamente nenhum banco ao nível local para transferir e gerir os

YVES-A. FAURÉ

fundos e os financiamentos de projetos e obras, o que faz com que a gestão financeira pelo governo central seja uma maneira de negar a incipiente descentralização.

De forma geral, existem no país fatores e forças que incentivam no sentido da descentralização. São eles, por exemplo, a recuperação da paz, o processo, ainda que modesto, da democratização, a dinâmica das OSC (associações, ONG, Fóruns, etc.). Na área económica, Rocha insiste com muita razão na ligação entre a questão das políticas do desenvolvimento regional ou local e a questão da desconcentração e da descentralização (Rocha, 2006; 2010). De acordo com as análises deste especialista, depois da independência Angola não se interessou muito pelos programas de desenvolvimento regional devido à filosofia socialista de centralização económica e devido à guerra. Entre o final de 1980 e 1991, o governo criou o gabinete de planeamento da região do sul de Angola (Huíla e Cunene) e foi elaborado um trabalho abrangente sobre as potencialidades de desenvolvimento da região e sobre as políticas a levar a cabo, sobretudo para conter os avanços da guerrilha da UNITA. Em 1995 o modelo de desenvolvimento comunitário ressurgiu temporariamente no programa de reabilitação comunitária e reconciliação nacional, com alguns projetos implementados no domínio das infraestruturas. Uma nova lei-quadro do sistema de planeamento conferiu uma certa autonomia às regiões relativamente à preparação e execução dos programas de desenvolvimento regional mas, dado que as regiões-plano não são definidas pelo governo angolano, a lei não foi posta em prática. Contudo, este instrumento de regiões-plano era e permaneceu extremamente importante por causa das enormes movimentações das populações provocadas pela guerra; por outro lado, não se pode localizar os investimentos fora do mercado de consumo e do mercado do trabalho. A falta de ordenamento do território não permite a elaboração de uma verdadeira política regional. No programa do governo para 2005-2006 a vertente regional mereceu alguma consideração através do programa de melhoria e aumento da oferta de serviços sociais às populações, cuja implementação se estendeu por vários anos. O plano de desenvolvimento económico e social de médio prazo (2009-2013) – que não chegou a ser aprovado pela assembleia nacional, mas que serviu de base ao programa do MPLA, vencedor das eleições de 2008 – tinha uma forte componente regional através dos programas de desenvolvimento económico que cada uma das 18 províncias elaborou. Rocha conclui que hoje pode dizer-se que os governos provinciais gozam de alguma autonomia para, dentro das orientações gerais e centrais, elaborarem programas que promovam o crescimento económico dessas zonas.[85]

Por outro lado, vemos que o processo angolano de descentralização enfrenta limitações cuja explicação principal se procura na esfera política. Para além das dificuldades e dos obstáculos técnicos e contextuais que não permitem um desenvolvimento mais amplo e concreto da descentralização, a falta de ânimo, de engajamento firme, de interesse profundo e, finalmente, a ausência de legitimação pelas autoridades superiores do país, caracterizam a evolução histórica da abordagem oficial do assunto e o estado atual do processo. É óbvio que os fatores limitadores se encontram tanto do lado da herança da administração colonial portuguesa fortemente centralizada como do facto de os anos de guerra que tiveram como consequência institucional a concentração dos poderes nas mãos do governo e mais que tudo na função do Presidente da República.[86] Mas os atores governamentais atuais continuam a moderar e a retardar o processo de descentralização e quando toleram um avanço querem mantê-lo sob controle. Isto remete para a problemática da dominação das populações e da gestão do território nacional, ambição de todos os governos no mundo mas particularmente agudo em Angola. Ademais, nenhum governo é totalmente monolítico e o andamento do processo de descentralização depende também de divergências políticas dentro o círculo dos dirigentes. Outro aspeto a ser levado em conta é o facto de os administradores municipais serem nomeados e daí ligados ao poder central, o que pode gerar uma parte da desconfiança por parte das comunidades e dos líderes locais relativamente a eles. Por fim, a hierarquia administrativa – dentro dos órgãos e serviços do estado – é também uma hierarquia política. Esta redundância institucional tende a limitar as perspetivas de descentralização por causa da hegemonia exercida pelo partido que domina o cenário nacional.

Uma característica tradicional e forte do campo partidário angolano é o monolitismo das formações; Ricardo de Sousa ilumina através desta

---

[85] O autor agradece ao professor Alves da Rocha os comentários complementares às suas obras publicadas que ele fez numa entrevista em Luanda. Os erros e omissões permanecem responsabilidade do autor.

[86] Em termos financeiros, é bem conhecido que o gabinete da presidência da república é mais importante do que o conjunto dos ministérios, administrando diretamente, entre outras fontes, financiamentos exteriores.

YVES-A. FAURÉ

característica a impossibilidade de os partidos e das suas formações armadas, durante a guerra civil (1975-2002) conseguirem fazer negociações sérias e claras e assinar a paz, o que fez com que este episódio sangrento terminasse na vitória de um, o MPLA. Para preservar os benefícios da guerra contra o colonialismo português e depois como resultado do combate às dissidências internas ao partido e contestações externas, o MPLA tornou-se partido único, conforme o modelo marxista-leninista, investiu nas estruturas do estado, estabeleceu uma presidência muito forte, o controlo do sistema judicial, e tudo isso reforçou o seu monolitismo. Este processo deu "início a uma cultura generalizada de medo, conformismo, falta de iniciativa e submissão na sociedade" (Sousa, 2009, p.48 e ss.). A concentração do poder na presidência pode ser visto através do facto de, desde os anos 80, o gabinete do presidente ter sido criado e tratar de maneira quase que exclusiva dos negócios estrangeiros e das receitas do petróleo. O país, estando então em guerra civil, desdobrou o governo presidencial e passou a acumular um poder militar. Como reflexo remoto do fim da guerra fria, o regime angolano começou a abrir-se para introduzir um sistema multipartidário, organizar as eleições em 1992, adotar algumas reformas económicas e "recuperar" as autoridades tradicionais. O fator do monolitismo destacado por Sousa pode explicar, sem dúvida, o funcionamento do MPLA ao longo dos anos de conflitos, assim como o modo de governação angolano, uma vez que este partido tomou conta do estado, organizando-o numa forma muito centralizadora e gerando uma enorme concentração do poder no presidente da república e no seu gabinete. Este processo é ainda vigente, apesar das reformas políticas, em direção ao pluralismo; e económicas, em direção ao liberalismo.

Outro fator parece importante, ligado ao anterior, mas que apresenta alguma especificidade: a severidade e a longa duração da guerra civil angolana. A adversidade, a conflituosidade, incentivaram um processo de governação extremamente centralizado, visto como uma aposta eficaz para fazer face aos riscos políticos e enfrentar os ataques militares. Aparentemente, esta cultura de suspeição contra o inimigo, transformando o poder numa fortaleza, norteia ainda muitas orientações atuais do governo angolano. Seria assim possível compreender a cautela com que o poder avança no processo da descentralização. Uma concessão às reclamações e expectativas internas e a algumas modestas pressões externas, bem como ao espírito da época (o *zeitgeist* alemão), levaram certamente o governo a comprometer-se a iniciar a descentralização do aparelho político-administrativo no país, o que está presente nas declarações oficiais e na nova constituição angolana. Contudo, trata-se mais de um processo virtual, uma promessa para o futuro, do que um engajamento com concretização imediata. A preocupação de não perder uma parte do poder, a obsessão de controlar o território e as comunidades, a desconfiança dos partidos nacionais e líderes regionais sobre os quais pesa uma suspeita de deslealdade, o medo do risco de ver reaparecer reivindicações autonomistas, etc. podem ajudar a esclarecer a atitude do governo em relação à descentralização: aceita-se formalmente o princípio mas leva-se tempo a materializá-lo.

O processo tão avançado quanto problemático em Moçambique

Para avaliar o estado atual da descentralização em Moçambique, é possível basear a análise num estudo coordenado pelo Banco Mundial sobre os primeiros 10 anos (1998-2008) da política de municipalização. Este estudo, realizado com seis parceiros de cooperação internacional, mostrou esforços, êxitos e limites na autarquização (Banco Mundial, 2009). Os avaliadores confirmam que houve assim iniciativas e melhoramento nas seguintes áreas: receita e gestão financeira; planeamento e orçamento participativos e fiscalização por parte dos cidadãos; reestruturação organizacional; coordenação municipal-distrital; requalificação urbana; gestão dos resíduos sólidos; parcerias público-privadas; infraestruturas de mercados; meio ambiente. Mas estes são apenas exemplos pontuais e não realidades gerais em todos os municípios. Os autores destacaram uma série de constrangimentos sistémicos e de desafios ao desenvolvimento autárquico. Aqui limita-se a análise à referência aos problemas e limites no campo político, sabendo que o trabalho de elaboração de críticas e recomendações mais técnicas tocou outras dimensões e áreas (planeamento municipal, finanças, organização e recursos humanos, pobreza, prestação de serviços). Apesar de o "pacote autárquico" ter sido aprovado em 1997 e reformulado nos anos 2007 e 2008 e enquanto se aguardava pelo novo documento sobre a política e estratégia de descentralização, no atual enquadramento jurídico-político nem todas as responsabilidades autárquicas estão claras. Em alguns sectores, os mandatos são formulados com nitidez (principalmente em relação a infraestruturas viárias locais, de drenagem, de gestão dos cemitérios, parques e jardins; para o comércio, o licenciamento do transporte privado e de edifícios); noutros, as funções exigem esclarecimentos entre o desempenho das diferentes instituições públicas (gestão do espaço e solo urbano, proteção do ambiente, promoção da agricultura e pecuária, etc.). Houve pouca transparência na seleção de novos municípios e os limites municipais não são claros. Existe, nas assembleias municipais, uma distorção de representatividade, não permitindo a legislação eleitoral uma representação por áreas – enquanto vários municípios abrangem zonas urbanas, periurbanas e rurais. As autarquias estão sub-representadas nas estruturas da política nacional, o seu papel é pouco compreendido pelas populações,[87] a cultura do funcionamento governamental ainda é forte e é persistente a ligação aos partidos nacionais.

Na área da governação municipal o estudo informava que a eficácia dos municípios é relativamente boa em função da forte limitação dos recursos recebidos. Nesta condição, deve emergir uma cultura de impostos municipais. Enquanto a democracia representativa, ou seja, formal, parece razoável, a democracia participativa, ou seja substantiva, deixa a desejar. Apesar de os processos de planeamento e de orçamento participativos terem sido iniciados, os fóruns de participação limitam-se a ser instâncias meramente consultivas. A equidade na governação é reduzida sobretudo em termos de género. Por fim, a responsabilização é fraca na maioria das autarquias e exige ser institucionalizada (Banco Mundial, 2009).

Outros estudos têm mostrado falhas adicionais. Assim, uma avaliação realizada em várias localidades por quatro ONG moçambicanas, incluindo o Grupo Moçambicano da Dívida, concluiu que os distritos examinados não realizaram mais de 50% das atividades inscritas no plano PESOD e a taxa atinge os 60% tratando-se das atividades inscritas nos planos anuais dos municípios (CIP, 2010). Outra avaliação, interna, na medida em que foi feita por um alto funcionário, grande especialista nas zonas rurais, chega a este resumo: no processo de descentralização "as perspetivas são boas, mas o caminho é ainda sinuoso" (Valá, 2009, p. 226 e ss.).

Encontra-se disponível um ponto de vista mais crítico. Analisando a organização e o funcionamento das instituições de participação e consulta

---

[87] Uma prova desta fraca compreensão por parte da população do regime municipal pode ser lida nos resultados das primeiras eleições autárquicas em 1998: a abstenção atingiu 85% dos resultados eleitorais, o que permite falar de "democracia sem povo" (Braathen & Jortgensen, 1998). Mas a participação melhorou nas eleições de 2003 e 2008 já que as taxas de abstenção foram de 72% e 57%, o que mostra o interesse crescente das populações (AWEPA/CIP, 2008).

comunitária – ou seja, os conselhos locais ao nível do distrito, posto administrativo, localidade e povoação, fóruns locais e comités de desenvolvimento comunitário – criadas pela lei dos órgãos locais do estado, Forquilha (2010) conclui que, ao contrário do que se esperava de um dispositivo legal abrindo, em princípio, novos espaços de participação e consulta, aconteceu um processo inverso de recentralização. A institucionalização dos conselhos locais permitiu ao estado e seus agentes, aos diferentes níveis da administração territorial, manter o controlo do processo através da constituição dos conselhos e também porque estes se limitaram a meras consultas sem poder deliberativo. A fraca capacidade dos membros dos conselhos, a falta de cultura de prestação de contas, reforçam esta tendência à recentralização (Forquilha, 2010). Contrastando com este julgamento e a partir de uma perspetiva de desenvolvimento rural, a avaliação de alguns conselhos consultivos locais mostra os avanços observados em termos de participação sem entretanto esquecer uma série de limites (Valá, 2009).

Por ser mais avançado do que em Angola, o processo de descentralização não é, contudo, linear em Moçambique. Por exemplo, houve uma primeira tentativa e observou-se uma tendência a municipalizar todos os locais. O facto de o principal partido de oposição, a RENAMO, ter ganho as eleições em novos municípios, incentivou o governo a definir condições mais estritas para novas áreas se tornarem municípios.

Para compreender a evolução e o estado atual, bastante complexo, bem como algumas dimensões ambivalentes dos componentes do processo de descentralização, parece produtivo referir a natureza do partido que domina o cenário moçambicano. A FRELIMO possui duas tradições, duas tendências, a centralizadora e a popular. Existe uma sobreposição dos dois modelos nesta formação. Da mesma forma que em Angola, a herança colonial e os traços da guerra favoreceram a centralização para controlar as populações e o território. Mas para além destas variáveis, em parte explicativas, há que ter em conta a orientação ideológica da FRELIMO: por um lado, as referências ao marxismo-leninismo engendraram uma forma de organização político-administrativa muito centralizadora quase militar; por outro lado, a tradição popular pesou para que todas as zonas estivessem representadas no desenho geral, para que as estruturas político-administrativas estivessem perto das populações e para que as comunidades pudessem participar nos processos decisórios. Esta vertente, além das recomendações e pressões exteriores já assinaladas, explica os avanços em termos de municipalização. Mas esta tendência encontra-se também na organização territorial da administração do estado e nos conselhos consultivos criados ao nível dos diferentes escalões hierárquicos e geográficos do aparelho do estado ou seja, no âmbito da desconcentração.

A complexidade dos modelos e das referências conceptuais produz alguns efeitos sob a forma de confusões e contradições atuais. Por exemplo, Maputo é uma grande cidade logicamente elevada a município, com competências e meios próprios mas, ao mesmo tempo, o governo colocou uma governadora no município, diferente do governador da província de Maputo. O caso da cidade de Beira é similar: nesta cidade, existe um presidente do município e um administrador. As presentes intenções do governo não são, portanto, muito claras. Pretende aprofundar e expandir a descentralização e, no mesmo movimento, quer aumentar o número de distritos.

Os funcionários territoriais do estado entrevistados na pesquisa de campo veem a descentralização como um modelo concorrencial da organização clássica do estado. Apesar de as eleições municipais terem dado vitória aos membros da FRELIMO, pode-se antecipar um confronto entre duas legitimidades, entre uma linha político-administrativa – funcionalismo público, competência técnica, proximidade do partido – e uma linha político-eleitoral que fundamenta a sua autoridade do sufrágio universal. Daí os conflitos já existentes entre presidentes de municípios e governadores e chefes de distritos.

Como pedras no sapato, enormes desafios são colocados aos rumos dos municípios: eles possuem poucos recursos financeiros e fracos meios e instrumentos de ação, enquanto a pobreza urbana é maior que a pobreza rural, fenómeno ampliado pela migração crescente do campo para as cidades, como atesta a taxa de urbanização que está em crescimento em Moçambique.

O presente e o futuro da descentralização nos dois países

Abre-se propositadamente a análise aos factos, às decisões e aos procedimentos que remetem tanto à desconcentração quanto à descentralização, deixando às vezes ilesa a confusão entre os dois conceitos contida muitas vezes nos discursos e documentos oficiais. Com efeito, não se tratava no início do estudo de impor uma definição estrita e académica dos dois regimes de organização das estruturas político-administrativas. Por razões metodológicas, os dois termos foram usados como verdadeiras pré-noções no sentido *durkheimiano* ou seja, como ferramentas e ideias provisórias, embora em alguns dos capítulos eles apareçam claramente destrinçados (capítulos 1, 2, 5). Se não fosse este o caso, o risco teria sido eliminar do estudo factos que, afinal de contas, sem serem chamados ou enquadrados na descentralização, podem ser levados em conta. De forma contrária, outro risco teria sido levar em consideração fenómenos associados à descentralização mas que, após uma análise mais profunda, não podem ser assimilados à descentralização. Assim, a pré-noção é apenas um conhecimento primário, precário, superficial de um fenómeno antes de o estudar de maneira mais atenta. Trata-se dos nomes pelos quais se designam os factos sociais na vida de todos os dias, permanecendo-se ainda no senso comum. A sua função essencial é permitir a exploração, a investigação. Seguidamente, surge a fase da reflexão científica que aplica critérios, caracteriza e seleciona na realidade os factos que correspondem às definições afinadas e rigorosas, independentemente do sentido que os atores dão às suas ações e aos fenómenos que encontram.

É, portanto, este o momento de apreciar as realidades estudadas a partir de definições mais estritas destes conceitos, fazendo uso de critérios robustos. Se o exame dos processos e dos resultados se manteve bastante aberto, indica-se muitas vezes que os factos analisados, decisões, procedimentos, comportamentos e funcionamentos práticos, etc., se referem a uma das duas formas organizativas e, no plano geral, identifica-se o que faz parte de um projeto, ou seja, do mundo virtual, e o que faz parte do real concreto, da aplicação na realidade. Ademais, tentou-se mostrar, para além dos textos, das intenções e das proclamações oficiais, como as regras previstas são colocadas em prática, como as estruturas funcionam realmente. Esta perspetiva conduziu a que o conjunto de capítulos resultasse em análises umas vezes focadas numa escala de intervenção e atuação sobre as realidades locais concebida e colocada em prática pelas estruturas nacionais (capítulos 1, 2, 3, 5) e uma outra, mais preocupada com as dinâmicas do desenvolvimento endógeno. Em muitos capítulos, contudo, elas combinam-se, apostando-se antes na discussão sobre a sua articulação tendo em conta estudos de caso específicos (capítulos 4, 7, 8, 10, 11 e 12). Com efeito, sabe-se – princípio básico das ciências sociais – que podem existir diferenças entre uma visão, uma intenção, um projeto, uma proposta, um desejo, um objetivo, etc. e as suas realizações concretas, da mesma forma que existem variações, às vezes enormes, entre os efeitos e resultados esperados de uma decisão e os efeitos e resultados observados na realidade.

YVES-A. FAURÉ

Dos projetos às realidades: o filtro para uma definição criteriosa da descentralização

Com base no retorno aos conceitos e às definições rigorosas, será possível caracterizar os processos estudados nos dois países e avaliar em que medida correspondem ou não à descentralização, sabendo, contudo, que os estudos aqui apresentados, embora variados, não dão conta da totalidade de questões que ainda há a colocar. Descentralização e desconcentração são termos bem diferenciados que têm conteúdos e parâmetros próprios que remetem para as estruturas organizativas das administrações públicas e que são induzidos por visões, representações e modelos dissemelhantes em relação aos poderes e às relações entre estes e a sociedade. Por consequência, constituem dois paradigmas bem diferentes apesar dos seus aparentes laços de parentesco. Para resumir, de um lado existe uma abordagem tendencialmente *top-down* e, do outro lado, tendencialmente *bottom-up*.

Quando se trata de desconcentração, a administração do estado aproxima-se das populações, dos cidadãos, fragmentando e disseminando os serviços públicos centrais no interior do país, sendo os agentes funcionários dependentes das administrações centrais, ou seja, do governo.

Para verificar a existência da descentralização temos que observar a realidade e efetividade pelo menos dos seguintes elementos: i) organização das eleições locais de forma concorrencial (o povo escolhe as autoridades locais, municipais, provinciais); ii) dispor de um orçamento próprio do município (ou da província) elaborado pelas autoridades eleitas; iii) controlar um mínimo de contribuições locais, arrecadados pelas autoridades eleitas que completam as transferências de recursos do orçamento de estado. Além destes critérios básicos e formais, poder-se-ia acrescentar outras características funcionais da descentralização, por exemplo, a possibilidade de tomar medidas e engajar políticas à escala local, planear, priorizar os investimentos dedicados à localidade descentralizada. Assim, o poder de decisão, de ação e de intervenção ou regulação, a capacidade financeira, pelo menos parcialmente autónomos das autoridades centrais, completam o desenho administrativo da descentralização. Tudo isso não impede a fiscalização *a posteriori* por parte das administrações do estado e das jurisdições competentes (administrativas, financeiras, etc.). A descentralização não significa plena liberdade e independência dos órgãos referidos. Dessa forma, o poder de planear ações e investimentos de interesse local não pode evitar a necessidade de preservar a coerência dos planos locais, regionais e nacionais.

Se estes critérios não forem conferidos, dificilmente se poderia falar de descentralização apesar da existência das chamadas administrações locais: estas não seriam verdadeiras autarquias. Da mesma forma, não podemos confundir a descentralização e a existência dos chamados poderes locais porque pode haver poderes oficiais localizados (nas comunas, nos municípios, nas províncias) mas que são nomeados pelas autoridades governamentais centrais. Na mesma linha de reflexão, a municipalização não é sinónimo de descentralização se o primeiro termo não se traduz na realidade pelos poderes e meios que definem a descentralização.

Em Angola, os municípios não representam a figura emblemática da descentralização como geralmente acontece em vários países, e as comunas ainda menos. Apesar de ter reconhecido os municípios como unidades orçamentais, apesar de a possibilidade destes elaborarem perfis e planos, etc., os municípios são e continuam a ser uma extensão geográfica e uma reprodução territorial das estruturas centrais do estado, quer nas suas formas organizativas quer no modo de funcionamento (CDPA, 2010). Observamos elementos descentralizados mas não de maneira completa e sistemática. Em Angola, o que domina o cenário é a desconcentração que preserva ainda a forte centralização do poder. Esta desconcentração não se refere apenas aos órgãos administrativos mas também aos órgãos de controle, justiça, etc. nos dois países, como é exemplo o tribunal administrativo localizado em Maputo, que foi desdobrado em tribunais administrativos localizados nas províncias de Sofala, Zambézia e Nampula no final do ano 2010.

Em Moçambique a situação é mais heterogénea. De um lado, existe um desenho desconcentrado da administração do estado, ainda muito importante e, de outro, os municípios têm a maioria das características de autarquias e, por isso, aproximam-se bastante da descentralização. Como efeito de uma análise mais profunda, há que expressar reservas na medida em que nem todos os municípios dispõem ainda de competências substanciais transferidas a partir dos ministérios e muito deles sofrem de meios de ação cuja quantidade e qualidade não permitem o pleno desabrochar da descentralização.

Para além desta abordagem formal, ou seja, a partir de parâmetros objetivos que são ou não confirmados, resta uma outra forma mais interpretativa, mais subjetiva de tratar o assunto. Esta apela ao grau de autenticidade, de efetividade da descentralização e faz entrar no julgamento um leque de nuances. Não se trata de constatar a existência de elementos da descentralização mas sim a qualidade do seu conteúdo. Por isso, trata-se de uma abordagem mais especulativa onde a apreciação do mesmo elemento pode provocar diferentes opiniões. O caso quase emblemático é a questão da participação do cidadão no processo de descentralização ou nos procedimentos de tomada de decisão. É sempre possível usar indicadores e graduações para ajudar a análise mas a avaliação final inclui uma parte quase irredutível de interpretação e orientação pessoal. Quaisquer que sejam as dificuldades encontradas nesta forma de analisar as coisas, aparecem como dominantes as opiniões dos atores e dos investigadores, como mostram várias contribuições nesta obra coletiva, segundo a qual tanto o nível e a qualidade de participação, como as formas da tomada de decisões não confirmam a consistência da descentralização nos dois países.

Nestas condições, faz sentido uma questão: por que os governos mantêm uma espécie de confusão, até nos documentos formais, oficiais, jurídicos, entre os dois conceitos? Quais são os interesses que levam os dirigentes a falar de forma misturada da desconcentração e da descentralização? Nesta altura, pode-se apenas avançar hipóteses explicativas. Primeiro, mesmo sendo ainda uma projeção, uma perspetiva, os projetos governamentais incluem o objetivo de estabelecer a descentralização prosseguindo até ao fim os processos de descompressão da centralização e do autoritarismo associados à mesma. Pode ser que esta promessa se mantenha durante longo tempo como tal mas, pelo menos na sua formulação, parece sincera. Proclamar o ideal da descentralização tem outra vantagem porque ela é, muitas vezes, mesmo por ser feita na esfera teórica, condicente com a democracia. Seguir o trilho da descentralização significa dar garantias que o caminho leva à democracia, o que alivia tanto as forças internas como as externas e pode amenizar as críticas ou as pressões.[88] Na política, a par com as mudanças que ela permite, estamos na esfera das representações e dos discursos. Estes têm uma função elocutória ou performativa segunda a qual, de uma certa maneira, "dizer é fazer". No entanto, isso não significa

---

[88] Deste ponto de vista, o diferencial económico-financeiro entre Angola e Moçambique faz com que as pressões sejam de amplitude bem diferente. Ademais, a forma de gerir as relações exteriores, mais num quadro bilateral no caso angolano – com a China, os Estados Unidos, o Brasil, Portugal, etc. – e mais num quadro multilateral no caso moçambicano, amplifica as distorções de peso das pressões.

que as proclamações e afirmações governamentais estejam sempre condenadas a ser apenas palavras de ordem. A prova é dada pelo andamento do tema da descentralização, diferente em Angola e Moçambique. Outro ponto é que, ao longo do tempo, os discursos não seguidos de aplicação podem gerar riscos pelas expectativas e reivindicações que engendram.

Tratando da descentralização, e apesar da abordagem e das considerações acima que parecem necessárias, não se pode manter uma visão exclusivamente institucional do objeto. Em jogo está, não só a organização político-administrativa, mas também outros importantes aspetos da vida social e económica. Por outros termos, para além da descentralização tal como abordada até agora, existem realidades já descentralizadas de facto nas sociedades, ainda que a sua estrutura institucional seja centralizada. A passagem de sistemas de economia planificada para uma economia de mercado segue em conjunto com a descentralização económica por se traduzir pela multiplicação, no território nacional, de centros de decisões microeconómicas próximas das realidades locais.

Mantendo o olhar apenas na dimensão institucional da descentralização corre-se o risco de não perceber o movimento da sociedade real, as ações dos agentes económicos. Alves da Rocha mostra exemplos de como iniciativas e realizações económicas locais foram bem-sucedidas em Angola fora do quadro formal de descentralização e de desconcentração significando que o poder "tem de ser conquistado e não solicitado" (Rocha, 2006, p. 177). Fora das capitais, no interior dos países, há polos locais ou regionais de crescimento, há fatores localizados de desenvolvimento que podem reforçar a descentralização institucional ou existir independentemente. Trata-se de polos antigos por renascer ou polos incipientes, favorecidos por fatores como estradas, caminho-de-ferro e outras infraestruturas de transporte. Em Angola podemos citar o Lobito, o maior porto do país que beneficia do caminho-de-ferro de Benguela, a Camabatela e a Caála (agropecuária), Calulo (agropecuária e serviços), Tômbwa e Baía Farta (pesca), Golungo Alto e Gabela (café), Santa Clara (comércio transfronteiriço), Dundo (diamantes), Soyo (petróleo e metalomecânica), Matala (agropecuária, caminho de ferro), Bailundo (agricultura). Em Moçambique, para além dos focos de turismo no litoral e de ecoturismo nos parques nacionais ou regionais, pode-se mencionar polos de agricultura (Chókwè/Gaza, Sussundenga/Manica, Angônia/Tete, etc.), atividades de serração na região de Inhaminga/Sofala, pesca e atividades portuárias (Nacala/Nampula,

Quelimane/Zambézia, Beira/Sofala, Inhambane, Angoche/Nampula), polos industriais de transformação, de mineração e de produção de energia (Vilanculos/Inhambane, Beira/Sofala, Chimoio/Manica, Nacala/Nampula, Nampula, Pemba/Cabo Delgado, Matola/Maputo), etc.

Do ponto de vista social, nos tempos da guerra existiam amplas zonas isoladas dos principais centros urbanos com auto-organização, iniciativas locais, hábitos e comportamentos de sobrevivência. A guerra provocou processos de autonomia, criatividade, concertação para a auto-organização a fim de sobreviver localmente. Tudo isso deixou traços na vida contemporânea no interior de Angola. Mais ou menos a mesma situação aparece em Moçambique, constituindo sinais de autonomia ao nível local, de capacidade de resistência e de resiliência, mantidas pelas condições de isolamento e pelas dificuldades de comunicação.

A avaliação da descentralização torna-se difícil pelo facto de existirem muitas expectativas associadas à mesma, muitos objetivos colaterais ou subjacentes que turvam a vista e o julgamento. Finalmente, a descentralização aparece como uma alavanca ou uma plataforma potencialmente repleta de externalidades: ela deveria favorecer a democratização e a participação dos cidadãos, a paz, o desenvolvimento económico local ou regional, o bem-estar das comunidades, etc. Contudo, estas associações devem ser questionadas.

A relação entre descentralização e desenvolvimento gerou tradicionalmente duas conceções. A primeira considera que só quando se atinge um certo nível de desenvolvimento é que se podem criar e estabelecer os municípios. A conceção contrária parte da ideia que a criação de municípios pode provocar o desenvolvimento. Esta segunda visão domina e fundamenta as orientações das agências multilaterais, das associações e ONG e as políticas públicas, apesar do seu carácter muito amplo, o que dificulta as demonstrações empíricas. Contudo, há indicações de que a relação existe neste sentido, a descentralização favorecendo a libertação de iniciativas, aproximando as comunidades dos processos de tomada de decisões, adaptando o quadro administrativo e governamental às realidades e às necessidades locais. No sector rural moçambicano, por exemplo, é claro que um dos impactos esperados da desconcentração – sabendo que a descentralização no sentido estrito se refere apenas às aglomerações urbanas deste país – é o de desencadear o empreendorismo através das agências de desenvolvimento económico locais (ADEL). Mas a expe-

ANGOLA E MOÇAMBIQUE: DE UMA DESCENTRALIZAÇÃO PROMETIDA A UMA ...

riência é demasiado recente para se poder fazer uma avaliação criteriosa. Os especialistas na área de desenvolvimento rural apresentam apenas os resultados, já positivos, da agência de desenvolvimento económico local de Nampula (Valá, 2009), faltando, contudo, identificar uma amostra representativa passível de permitir extrapolar as conclusões.

Outra ideia é que a descentralização reforça e torna mais eficaz o combate à pobreza. Em Moçambique, as atribuições das autarquias aumentaram nos últimos anos. No início, os municípios eram simples fornecedores de serviços locais (parques, estradas, segurança pública, iluminação pública, policiamento municipal, recolha de resíduos sólidos, etc.). Posteriormente, foram reconhecidas novas responsabilidades mais complexas pelo Decreto 33/06: educação, cultura, ação social, ambiente, saúde. Tais atribuições não foram acompanhadas por receitas municipais, pela criação de emprego e pelo desenvolvimento das atividades económicas formais. No entanto, as autarquias são consideradas como tendo um papel muito importante na redução da pobreza através do acesso à terra, da organização de serviços, da facilitação da alimentação das comunidades através de ações e provisão de infraestruturas. Esta visão da interligação entre a descentralização e a redução da pobreza é a das agências multilaterais e de quase todas as cooperações bilaterais.[89] Mas este desafio colocado na lista das missões autárquicas é muito difícil de ser alcançado porque os estudos disponíveis mostram que a pobreza tem sido reduzida mais nas zonas rurais do que nas cidades, desde meados dos anos 90 e meados dos anos 2000, o que significa que nos municípios persistem bolsas de miséria (Banco Mundial, 2007). Em Angola, uma opinião partilhada considera que a transição do modelo de gestão centralizada para uma gestão descentralizada permitirá a curto e médio prazo uma série de mudanças que "se irão refletir na melhoria das condições de vida das populações dos municípios e comunas mais pobres e mais distantes" (CDPA, 2010, pp. 1-2).

Na medida em que as autarquias são o único órgão local a ser eleito, elas perspetivam-se, para muitos, como o instrumento de consolidação da democracia. Elas podem melhorar a representatividade das comunidades, favorecer a participação dos cidadãos nos processos de planeamento, orçamento e tomada de decisões. Alguns autores ligam a descentralização e a construção de um quadro de paz através de processos de inclusão social e

---

[89] Ver por exemplo, em relação à cooperação suíça, Raess (2007).

YVES-A. FAURÉ

política que as autarquias podem facilitar (Sitoe & Hunguna, 2005). Para resumir, a descentralização favoreceria a participação e o controlo dos cidadãos através de i) seleção dos líderes locais; ii) orientações das escolhas públicas; iii) influência sobre a tomada de decisões; iv) acompanhamento e monitorização das decisões e dos seus efeitos e resultados; v) possibilidade de exigir prestação de contas dos dirigentes; vi) sancionamento dos responsáveis por via das eleições. Contudo, verificou-se que a qualidade da participação, um dos pilares da democracia, deixa a desejar, seja em Moçambique, seja em Angola. Apesar de o caso moçambicano estar mais avançado em termos de descentralização, de serem realizadas eleições locais e estarem regulamentadas as atribuições e meios das autarquias, a participação não parece mais elevada nos municípios do que nos distritos onde existem os conselhos consultivos. Primeiro, o nível de participação eleitoral local permanece baixo, ainda que em crescimento ao longo dos diversos escrutínios e não se vê um envolvimento significativo das comunidades no funcionamento das autarquias. Assim, descentralizar não quer dizer fazer participar.

Outra externalidade positiva esperada da descentralização é a de elevar a eficiência económica: com centros de decisões mais próximos dos cidadãos e agentes económicos seria mais fácil identificar os problemas, as necessidades, a procura e as potencialidades locais. Isso favoreceria uma melhor alocação de recursos públicos o que, por essa razão, aumentaria o nível de rentabilidade dos investimentos e melhoraria o nível de bem-estar das comunidades. Esta ideia não é falsa mas a sua realização no quotidiano e no terreno exige tempo e exige que muitos problemas sejam resolvidos e muitos obstáculos sejam ultrapassados. O que uma leitura global dos estudos de caso aqui apresentados coloca em destaque é precisamente a forma desigual como se processam as transformações nestes dois países no âmbito da descentralização, em termos geográficos (capítulos 6 e 9), sectoriais (capítulos 10, 11 e 12) e comparativamente entre países da mesma região (capítulos 1 e 5).

A descentralização também é vista como uma oportunidade de aumentar a mobilização dos recursos: a descentralização das atribuições em matéria tributária – competência fiscal, capacidade técnica, existência de um aparelho administrativo local especializado, etc. – pode permitir arrecadar mais receitas e até mesmo adaptar o sistema de impostos e taxas às condições locais. Da mesma forma, o controle dos potenciais contribuintes tornar-se-ia mais fácil.

A descentralização tem um futuro

Apesar das dificuldades encontradas, da lentidão dos processos, da timidez e da prudência no engajamento dos governos, não parece arriscado dizer que a descentralização será reforçada e ampliada em Moçambique e que ela será implantada, no quadro municipal e talvez comunal, em Angola, nos próximos anos. Existem fortes indícios que levam a acreditar neste sentido. Uma das razões é demográfica: estudos realizados sob a tutela das Nações Unidas mostram que as populações urbanas vão continuar a aumentar de maneira significativa – por exemplo passando atualmente de 36% em Moçambique para 60% no horizonte de 2030 – mais do que os crescimentos populacionais nacionais. Esta tendência provocará graves problemas às aglomerações urbanas se não existir uma planificação adequada. As instalações informais aumentarão proporcionalmente aos desafios de saúde pública, aos problemas de transporte, de alojamento, de emprego, de educação e de serviços de proximidade. Os municípios – nível mais visível e eficaz da descentralização – tornar-se-ão o quadro e a escala incontornáveis para enfrentar estes desafios, antecipa-los, procurar soluções e mobilizar os instrumentos para gerir os seus efeitos.

Tratando-se de Angola, pode-se considerar que na área da administração municipal se está num período de transição cuja duração não é obviamente conhecida. Fala-se de transição porque, dentro de um certo prazo, os responsáveis públicos locais não mais serão nomeados mas antes passarão a ser pessoas eleitas. Restará um risco, uma vez que as eleições fundamentarão a gestão e a liderança da administração municipal: que as listas eleitoras sejam feitas, preparadas e impostas pelas direções nacionais dos partidos. Estima-se que serão realizados avanços importantes no caminho da descentralização porque um país tão extenso não poderá continuar ser dirigido exclusivamente a partir, politicamente, do centro do regime e, geograficamente, a partir da capital. A centralização não pode funcionar e ser eficaz de forma duradoura. A sociedade civil, os seus representantes e líderes, os corpos intermédios, as associações, ONG, igrejas, etc. terão um peso cada vez maior e reivindicarão mais poder à escala local. Por outro lado, a regionalização da economia, já observada, será ampliada porque se trata de um processo incontornável para reduzir a desigualdade e as assimetrias regionais que são gritantes. A diversificação da economia, o desenvolvimento de polos localizados, aproveitando as oportunidades

YVES-A. FAURÉ

e atendendo a uma procura crescente, beneficiarão o interior do país – incluindo o litoral. Mas como e quando irão ser dados os passos decisivos para a descentralização? Esta é uma incerteza justamente porque é algo complexo, não linear que tem a ver com muitos interesses diferentes e até mesmo divergentes e contraditórios. Por enquanto, no quadro do funcionamento atual do poder, o gabinete da presidência da república tem a capacidade tanto de retardar o processo como de o impulsionar.

Apesar de registar uma dezena de anos de antecedência no processo de descentralização e de ter implementado alguns instrumentos de uma verdadeira descentralização, ainda que limitada, Moçambique não se apresenta como um modelo para Angola, cuja riqueza relativa favorece um caminho e um ritmo próprios. De qualquer forma, a situação moçambicana é bastante diferente. Enquanto o processo de descentralização está avançado neste país, o seu desenvolvimento pode ser mais problemático: para além dos problemas técnicos encontrados – entre outros, a formação de pessoal qualificado em todas as áreas de competência potencial dos municípios – as condições económicas e financeiras não dão margem de manobra para reforçar e ampliar significativamente, a curto ou médio prazo, a descentralização.

Bibliografia

AWEPA/CIP. (2008). Relatório de síntese sobre as eleições autárquicas 2008. *Boletim sobre o processo político em Moçambique*, n.º 37, 2 partes. Acessível em http://macua.blogs.com/moambique_para_todos/2008/12/boletim-sobre-o-processo-.html

Banco Mundial (Coord.). (2009). *Desenvolvimento Municipal em Moçambique: Lições da primeira década*. Maputo: Banco Mundial.

Banco Mundial. (2007, Abril). *L'IDA en action. Le Mozambique: du redressement d'après-guerre à la relance de la croissance.* Acessível em: www.banquemondiale.org/ida.

Braathen, E., & Jortgensen, B.V. (1998). Democracy without People? Local government reform and 1998 municipal elections in Mozambique. *Lusotopie*, 1998, pp.31-39.

Brito, L. de, Castel-Branco, C. N., Chichava, S., & Francisco, A. (Org.). (2010). *Desafios para Moçambique 2010*. Maputo: IESE.

Cabaço, J. L. (2001). *Participação e Diferença no Processo Político Moçambicano*. Rio de Janeiro: Academia da Latinidade.

CDPA. (2010). *Programa de descentralização*. Luanda: Centro para o Desenvolvimento e Parcerias de Angola.

CEIC/UCAN. (2009). *Relatório económico de Angola*. Luanda: Centro de Estudos e Investigação Científica, Universidade Católica de Angola.

CIP. (2010, 6 de Julho). *Governos distritais municipais em Moçambique continuam a não realizar efectivamente os seus planos*. Aces-

sível em http://www.cip.org.mz/article.
asp?lang=&sub=archive&docno=14.

FAS. (2005). FAS III. *Caderno Amigo*, nº 1.
Luanda: Fundo de Apoio Social.

FAS. (2010). *Angola IV, Programa de Desen-volvimento local 2010*. Luanda: Fundo de
Apoio Social.

FAS. (n.d). *Plano de Desenvolvimento Muni-cipal e Perfis Municipais* (CD-ROM).
Luanda: Fundo de Apoio Social.

FDC/UNICEF. (2010). *Informes orçamen-tais*, nº 4. Maputo: FDC/UNICEF.

FIALHO FELICIANO, J. (2008). Vinte anos
de empresariado em Moçambique. In
Fialho Feliciano, J., & e Fonseca-Statter,
G., *Empresariado, Empreendedorismo e
Desenvolvimento em Angola e Moçambique*.
Lisboa: CEA.

FONGA. (2008). *Relatório Conferência
Nacional da Sociedade Civil. Novembro de
2007*. Luanda: Fórum das Organizações
não Governamentais Angolana/Editora
Cartoonarte.

FORQUILHA, S. C. (2010). Governação dis-trital no contexto das reformas de des-centralização administrativa em Moçam-bique. Lógicas, dinâmicas e desafios. In
Brito, L., Castel-Branco, C. N., Chichava,
S., & Francisco, A., *Desafios para Moçam-bique 2010* (pp.31-49). Maputo: IESE.

FRANCISCO, A. (2010). Sociedade civil em
Moçambique. Expectativas e desafios. In
Brito, L. de, Castel-Branco, C. N., Chi-chava, S., & Francisco, A., *Desafios para
Moçambique* (pp.51-106). Maputo: IESE.

GMD. (2010). Dívida. *Boletim Informativo*,
nº 2. Maputo: Grupo Moçambicano da
Dívida.

IESE. (2010). *Economia Extractiva e Desa-fios da Industrialização em Moçambique*.
Maputo: Instituto de Estudos Sociais e
Económicos.

INE. (2005). *Sector público em Moçambique*.
Maputo: Instituto Nacional de Esta-tística.

INE. (2010). *Projecções anuais da população
total, urbana e rural 2007-2040*. Maputo:
Instituto Nacional de Estatística.

JAINTILAL, D. (2010). Entrevista. *Journal
Savana*, 3 de Setembro.

LACHARTRE, B. (1999). Elections munici-pales et démocratisation au Mozambi-que. *Politique Africaine*, 75, pp.162-169.

MOREIRA CARNEIRO, E. (2010). *O desempe-nho dos sectores produtores de bens transac-cionáveis em Angola, no boom do início do
século XXI*. Luanda: CIS.

PNUD. (2004). *Projecto de Apoio à Planifica-ção e Finanças descentralizadas*. Relatório
de avaliação de meio-termo. Maputo:
PNUD.

QAD/PAP. (2005). *Working Group on Decen-tralization: Contribution to the JR 2005*.
Maputo: QAD/PAP.

QAD/PAP. (2006a). *Input to the Governance
Pillar* (Final Draft, 31 march 2006).
Maputo: QAD/PAP.

QAD/PAP. (2006b). *Pilar de Governação:
Revisão de Meio-Termo* (Setembro de
2006). Maputo: QAD/PAP.

QAD/PAP. (2006c). *Descentralização*.
Maputo: QAD/PAP.

QAD/PAP. (2007). *Revisão Conjunta,
Grupo de Trabalho para a Descentralização*.
Maputo: QAD/PAP.

QAD/PAP. (2008). *Revisão Conjunta,
Grupo de Trabalho para a Descentralização*.
Maputo: QAD/PAP.

RAESS, P. (2007). Quelques exemples
d'engagements de la DCC dans le pro-cessus de décentralisation. *Annuaire
suisse de politique de développement*, 26
(2), 247-248.

República de Angola/Governo Provincial
da Huíla/Administração Municipal da
Matala. (2009). *Perfil do Município da
Matala, Província da Huíla*. Luanda: EAL.

República de Angola/Governo Provincial
de Benguela/Administração Municipal

do Cubal. (2009). *Perfil do Município do Cubal, Província de Benguela*. Luanda: EAL.

República de Angola/MP. (2010). *Programa de Formação para Gestores Municipais*. Luanda: República de Angola/Ministério do Planeamento.

República de Moçambique/MAE. (2002). *Folha Informativa. Dados Municípios*. Maputo: República de Moçambique/ Ministério da Administração Estatal.

República de Moçambique/MAE. (2008a). *Legislação sobre Descentralização*. Volume 1. Maputo: República de Moçambique/ Ministério da Administração Estatal.

República de Moçambique/MAE. (2008b). *Proposta de guião sobre organização e funcionamento dos conselhos locais*. Maputo: República de Moçambique/Ministério da Administração Estatal.

ROCHA, M. J. A. da. (2006). *Economia e Sociedade em Angola*. Luanda: Editora Nzila.

ROCHA, M. J. A. da. (2010). *Assimetrias e Desigualdades Regionais em Angola*. Luanda: UCAN.

Segunda Conferência Angolana da Sociedade Civil. (2009). *Sociedade Civil Angolana: Veículo democrático de participação pública 2008/2009*. Luanda: Edições Firmamento.

SITOE, E., & Hunguana, C. (2005). *Decentralisation and sustainable peace-building in Mozambique: Bringing the elements together again*. Maputo: Centro de Estudos de Democracia e Desenvolvimento.

SOUSA, R. (2009). A natureza dos partidos nas perspectivas de partilha de poder nos processos de paz em Angola. In Rodrigues, C. U., & Bénard da Costa, A., *Pobreza e Paz nos PALOP* (pp.41-61). Lisboa: Sextante Editora.

Universidade Católica de Angola. (2010, Junho). *Relatório económico de Angola 2009*. Luanda: UCAN/Centro de Estudos e Investigação Científica.

VALÁ, S. C. (2009). *Desenvolvimento rural em Moçambique. Um desafio ao nosso alcance*. Maputo: Tipografia Peres.

ÍNDICE DE QUADROS

Quadro 1.1 – Evolução da descentralização em Angola aquando do início do projeto CORUS ... 28

Quadro 1.2 – Evolução da descentralização em Moçambique aquando do início do projeto CORUS ... 29

Quadro 2.1 – Descentralização na África subsaariana (2001) ... 44

Quadro 2.2 – Espécies de descentralização segundo James Manor e P.S. Reddy ... 48

Quadro 2.3 – Espécies de descentralização segundo Freitas do Amaral ... 50

Quadro 2.4 – Tipologia exemplificativa de direct voice mechanisms ... 52

Quadro 5.1 – A organização do poder político-administrativo em Angola ... 95

Quadro 5.2 – Domínios de atuação, órgãos de gestão, atribuições e relações institucionais dos Governos Provinciais e das Administrações Municipais e Comunais em Angola ... 96

Quadro 5.3 – Conselhos de auscultação e concertação social ... 102

Quadro 5.4 – Critérios distintivos entre a desconcentração e descentralização em Moçambique ... 104

Quadro 5.5 – Âmbito territorial e formas de organização administrativa em Moçambique ... 107

Quadro 5.6 – Níveis territoriais e formas de organização administrativa ... 110

Quadro 5.7 – Quadro comparativo (síntese) da administração local, em Angola e Moçambique ... 120

Quadro 6.1 – Municípios selecionados em 2006 e organização responsável ... 127

Quadro 6.2 – Municípios selecionados ... 131

Quadro 6.3 – Planos de Desenvolvimento realizados pelo FAS ... 137

Quadro 6.4 – Objetivos expressos nos PDM ... 137

Quadro 6.5 – Âmbito/programa governamental expresso nos planos ... 139

ÍNDICE

Quadro 6.6 – Áreas prioritárias de atuação identificadas nos PDM   141
Quadro 6.7 – Financiadores identificados nos planos   143
Quadro 7.1 – Oscilação das dinâmicas de centralização/descentralização política, administrativa, económica e fiscal em Angola   154
Quadro 7.2 – Orçamento geral do estado 2011 (despesas por local)   162
Quadro 7.3 – Orçamento Geral do Estado 2011 (despesas por região)   164
Quadro 7.4 – Orçamento geral do Estado 2011 (províncias com mais e menos despesa orçamentada)   164
Quadro 7.5 – Orçamento Geral do estado 2011 (despesa orçamentada por província/região)   165
Quadro 10.1 – Estudantes inscritos em instituições de ensino superior em Nampula (2007 e 2008)   218
Quadro 10.2 – População com o nível superior concluído (1997 e 2007)   219
Quadro 10.3 – Evolução da população total, urbana e por nível escolar na província de Nampula e no País   222
Quadro 11.1 – Tamanho da amostra de inquéritos e entrevistas por sectores   249
Quadro 11.2 – Situação atual   255
Quadro 11.3 – Número de participantes   259

Índice de figuras

Figura 5.1 – Funcionamento da planificação distrital em Moçambique   119
Figura 7.1 – Marcos das dinâmicas de centralização e descentralização em Angola   152

Índice de gráficos

Gráfico 3.1 – Composição das receitas federais   71
Gráfico 11.1 – Motivação para a criação do empreendimento   253
Gráfico 11.2 – Origem dos recursos para o início das atividades do empreendimento   253
Gráfico 11.3 – Localização   254
Gráfico 11.4 – Situação da sede ou do local de funcionamento do empreendimento   256
Gráfico 11.5 – Situação do financiamento do equipamento do empreendimento   257
Gráfico 11.6 – Participação em reuniões sobre gestão dos recursos naturais   261
Gráfico 11.7 – Forma de materialização do acordo de atribuição de terra   262
Gráfico 11.8 – Processo de decisão sobre a atribuição de terra   262
Gráfico 11.9 – Atitude da escola perante as preocupações da comunidade   264

ÍNDICE DE CONTEÚDOS

AGRADECIMENTOS   5

PRIMEIRA PARTE Aspetos gerais: problemática, comparações, instrumentos

1. Um tema digno de investigação: a construção do estudo   9
YVES-A. FAURÉ E CRISTINA UDELSMANN RODRIGUES

2. Processos de descentralização em África: breve panorama institucional   43
TIAGO DE MATOS FERNANDES

3. Trajetória do federalismo fiscal brasileiro e sua tendência de recentralização   55
JAIR DO AMARAL FILHO

4. A matriz de contabilidade social, as economias locais e as condições da
descentralização: uma aplicação à África Ocidental   75
YVES-A. FAURÉ

SEGUNDA PARTE Estudos de caso em Angola e Moçambique

5. Enquadramento institucional do processo de descentralização em
Angola e Moçambique   93
TIAGO DE MATOS FERNANDES

6. A descentralização em Angola e os Planos de Desenvolvimento Municipal   123
CRISTINA UDELSMANN RODRIGUES

ÍNDICE

7. Centralização, descentralização e desconcentração em Angola: aspetos económicos   149
CARLOS M. LOPES

8. Os novos espaços de participação em Angola   181
NELSON PESTANA

9. Descentralização e governação local em Angola: os desafios em termos de cidadania e de concentração dos recursos na capital do país   201
BELISÁRIO DOS SANTOS

10. O impacto das instituições de ensino superior nos processos de desenvolvimento local de Moçambique: o caso de Nampula   213
ANA BÉNARD DA COSTA

11. Microempreendedorismo, associativismo, participação e desenvolvimento local: o caso de Moçambique   245
DIPAC JAIANTILAL, CLÁUDIO MUNGÓI E CARLOS LAUCHANDE

12. O funcionamento dos órgãos locais no município da Ilha de Moçambique: estudo de um caso típico   271
LUIS FILIPE PEREIRA

CONCLUSÃO GERAL Retrospetiva e perspetivas

13. Angola e Moçambique: de uma descentralização prometida a uma descentralização tímida   295
YVES-A. FAURÉ

ÍNDICE DE QUADROS   355

ÍNDICE DE CONTEÚDOS   357